ISBN 978-3-409-14306-6   ISBN 978-3-322-89865-4 (eBook)
DOI 10.1007/978-3-322-89865-4

ALLES, was Sie hier erwartet:

ALLES KOMMUNIKATION – ein Ratgeber für's Leben!
Sie wollen Ihre *Ziele durchsetzen*, sei es im Privatleben
oder im Beruf. Sie wollen wissen, wie Sie wirken, sei es
gegenüber dem *Partner* oder dem *Kollegen*.
Deshalb ist **ALLES KOMMUNIKATION** für Studenten
und Freiberufler, *Unternehmer* und *Angestellte*, für
Einsteiger ebenso wie für *Aufsteiger*, einfach für *alle*.

Wie haben wir diesen Ratgeber *aufgebaut*? Stichworte:

I. SPRACHE
Verstehen Sie (deutsch)? Sie denken: JA. Und doch sind
Mißverständnisse die häufigste Quelle allen Übels! *Also:*
Reden wir über die Sprache, über *Verstehen* , (Scene-)
Dialekte und *fremde* Länder.

II. PRIVAT
Sie sind *allein?* Suchen Kontakt? Wollen *Freunde* nicht
verlieren? Sie setzen *Signale!* Manchmal *lügen* Sie! Es
kommt zu *Belastungsproben* und *Trennungen.*

III. BUSINESS
Sie sind *neu?* Und schon gibt es *Tratsch* im Büro?
Sie suchen nach *Strategien im Job?* Sie arbeiten im
Team? Sie wollen *Konflikte* managen?

IV. (SELF-)MARKETING
Wie *verkaufe* ich *mich* und meine Interessen? Als *Bewer-
ber* oder *beim Chef*. Vor allem gegenüber dem *Kunden!*
Schließlich am *Telefon* oder im (Geschäfts-)Brief.

V. ÖFFENTLICHKEIT
Reden und *Schreiben*, Moderieren und Präsentieren,
Körpersprache und Manieren, der *(TV-)Auftritt* und
die *Veröffentlichung*, die Pressemitteilung und die
Unternehmenskommunikation.

Noch Fragen? Prima! Auf geht's.

Bin kein Politiker!?

Sie waren so richtig ärgerlich; hatte man ihnen doch zu verstehen gegeben, Sie hätten Ihre Worte nicht so fein gewählt, wie man es erwartet habe. Ein Stück Ärger ist sicher berechtigt, ein Stück Vorwurf – vielleicht – auch? Mit Politikerreden sind wir selten einverstanden! Teils reden Sie endlos – damit a) die Kamera nicht abschwenkt – jedoch b) ohne Inhalt, damit sie auf nichts festgenagelt werden können.

Schlüsseltechnologie ...

Warum erinnern wir uns beim Thema Kommunikation so häufig an Politiker? Irgendwie verbinden wir mit dem Begriff eine gewisse Unlauterkeit. Politiker drehen die Worte stets so, daß sie dabei den Vorteil haben. Andererseits wählen wir diese Politiker, nicht zuletzt wegen dieser (und anderer) kommunikativen Fähigkeiten. Denn wo immer heutzutage irgendwas geregelt werden muß, da werden Kommunikatoren gefordert, die widerstreitende Interessen ausgleichen können und zugleich auch einseitige Entscheidungen vermitteln können! Für unsere Zukunft ist Kommunikation eine Schlüsseltechnologie für jedermann und jede Frau! Aber so wichtig Kommunikation in den letzten zehn Jahren auch geworden ist: Nur wenige von uns haben sich mit dieser Herausforderung hinreichend auseinander gesetzt. Woran liegt das?

Vielleicht wirken diese zwei Gründe zusammen: Einerseits denken wir oft, daß wir es eigentlich doch gar nicht nötig haben. Reden kann jeder. Und dann ist auch noch das Thema so trocken …

... Kommunikation

Im Privaten wie im Berufsleben: Ob Sie Ihre Kinder auf den rechten Weg bringen wollen oder Ihren Chef von einer neuen Technik überzeugen wollen, ob Sie sich mit Ihrem Partner streiten oder im Team Konflikte ausstehen wollen: Wenn Sie etwas wollen, müssen Sie in der Lage sein, es anderen zu vermitteln. Darum geht es hier!

Reden ist Gold ...

… behaupten wir kurzerhand und widerlegen damit den Volksmund, denn:
- Wer weiß, warum sich Menschen so und nicht anders ausdrücken,
- wer reden & präsentieren kann,
- wer zuhören kann,
- wer überzeugen & motiveren kann,
- wer schreiben kann, kurz:

Wer so auf der kommunikativen Klaviatur spielen kann, daß andere dies angenehm oder reizvoll finden, der hat die besten Karten im Beruf – und im Privatleben!

Wichtig: Dieses Buch ist ein Ratgeber, kein wissenschaftliches Lehrwerk. Wir wollen Ihnen praktische Tips und Hinweise geben. Und weil Kommunikation überall im Leben stattfindet – ja, beinahe das gesamte Leben kommunikatives Handeln ist –, deswegen geben wir Ihnen Ratschläge, Tips und Hinweise für dieses breite Spektrum, für (fast) jede denkbare Situation.

Wir helfen Ihnen!

Theorie ist mausgrau. So haben wir sie in viele farbige Beispiele verpackt. Egal, ob die Freundin zum x-ten Mal mit Auszug droht oder Sie Ihre Präsentationen mit brillianter Gestik krönen wollen – im folgenden behandeln wir alles, damit Sie kommunikativ glänzen können. Dabei sollte Ihnen eines klar sein: ***ALLES KOMMUNIKATION*** ist gut – aber Kommunikation ist nicht alles! Als Fähigkeit für Ihr berufliches Fortkommen unabdingbar, ist sie kein Karriereticket mit eingebauter Vorfahrt. Eines können wir allerdings versprechen: Die Lektüre wird Ihnen Spaß machen – und Nutzen bringen! Ihre

Christine Demmer &

Christine Demmer &

Kathrin Langer

Kathrin Langer

Kommunikation ...

Reden

... ist gold

Seite 3

Literatur

Führt weiter

Seite 195

Störung

B.Wiegmann

Seite 19

Kids - Bücher

F. Gotta

Kids + Bücher

H.Hoffmann

Seite 28   Seite 26

Sprache

nix gut ...

International

R. Feldmann

Seite 9   Seite 35

Kontakt

Rangehn!

Seite 44

Singles

Sehnsucht

Seite 41

Flirten

P. Hollinger

Seite 48

Kontakt-

Pflege

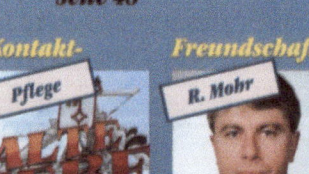

Seite 51

Freundschaft

R. Mohr

Seite 54

Leserbriefe

D. Ostle

Seite 184

Schnell lernen

Speidel-Frey

Seite 83

Das Knistern

im Büro

Seite 84

Gerüchte

K. Schüble

Seite 125

König

Kunde

Seite 136

Intern

M. Kremer

Seite 188

Im Team oder

alle allein

Seite 100

Konflikte

I. Fleischer

Seite 108

Schwierig?

H. Eisele

Präsentieren

S. Schneider

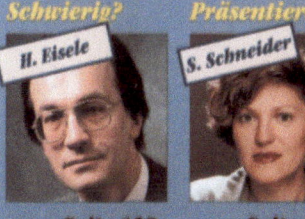

Seite 138

Seite 142

Öffentlich

reden

Seite 161

Presseinfo

R. Hörner

Seite 187

Neu

im Büro

FairPlay

Seite 75

Briefe

aber richtig

Am Telefon

K. Eichinger

Seite 153

Seite 150

Bodytalk

laute Gesten

Vorsicht

Kamera

Seite 177

Seite 172

GESPRÄCHSSTOFF

Photo: Siemens

GESPRÄCHS**STOFF**

Sprache

Schon Ötzi mußte reden

Keine Gedanken ohne Sprache, keine Sprache ohne Gedanken. Die Entwicklung des Menschen ist ohne die Entwicklung seiner Sprache, das wichtigste Mittel seiner Kommunikation, undenkbar. Doch die vielschichtigen Möglichkeiten der verbalen Kommunikation bringen auch Gefahren, Unverständnis, Mißverständnis, Mißbrauch – das genaue Gegenteil von Verständigung. Und selbst Schweigen ist nicht ohne!

Nonverbale Kommunikation: Gesten, Blicke, Berührungen, Bewegungen und „bedeutungsschwere" Symbole – Millionen möglicher Interpretationen. Nicht selten werden so aus harmlosen Streitereien haarsträubende Auseinandersetzungen. Tränen fließen. Der Abbruch der Beziehung erscheint als der letzte Ausweg aus der Misere. Das Unglück der Welt – nur, weil falsch gehört, verstanden, interpretiert wurde?

Die Sprache hinter der Sprache

Reif für die Insel?

Ein achtjähriger nepalesischer Junge und ein siebzigjähriger Physikdozent aus Chicago treffen sich auf einer menschenleeren Insel. Das Kind spricht nur nepalesisch; englisch und ein wenig deutsch spricht der Wissenschaftler. Was glauben Sie: Können die beiden einen Weg finden, ihre wechselseitigen

Bedürfnisse nach Nahrung, Wärme, Sicherheit, Anerkennung oder Liebe zum Ausdruck zu bringen? Können sich die beiden Gestrandeten verständlich machen? Können sie den Schicksalsgenossen verstehen lernen? „Ja, natürlich", werden Sie spontan antworten. Schließlich haben Sie schon als Kind die Geschichten von Robinson Crusoe und Freitag, von Tarzan und

Jane gelesen und wissen aus ihrem reichen Schatz an Urlaubserfahrungen, daß Menschen auch mit Händen und Füßen reden, in Zeichen sprechen und Blicke verstehen können, wenn es darauf ankommt.

Tatsächlich: Jeder konkrete Sachverhalt („*Ich habe Hunger*", „*Ich will schlafen*") läßt sich durch Mimik (Spiel der Gesichtszüge) oder Gestik (Spiel der Hände) darstellen.

Stellen Sie sich einen Pantomimen vor: Mit nichts anderem als seinem Gesicht und den Gebärden seines Körper macht er uns glauben, er stünde inmitten einer Feuersbrunst oder voller Angst vor einem strengen Lehrer.

Während der letzten hunderttausend Jahre hat sich der homo sapiens nicht nur körperlich, sondern auch geistig und emotional weiterentwickelt (jedenfalls glaubt man das – es gibt Forscher, Norbert Elias etwa, die sind da nicht so sicher). Der Mensch hat gelernt, in Bildern zu denken, Vorstellungen und Ideen zu produzieren und Gefühle differenziert auszudrücken. Wir haben uns die Welt des Geistes, die Welt des abstrakten Denkens erschlossen. Wir begnügen uns nicht mehr mit dem, was die Natur erzeugt – wir greifen in die natürlichen Prozesse ein und versuchen, sie nach unseren Bedürfnissen zu beeinflussen. Wir geben uns nicht mehr mit Antworten auf unsere Fragen zufrieden – wir stellen fortwährend neue Fragen, wir hinterfragen jede neugewonnene Antwort.

Die Genesis der Sprache

In den Anfängen der Menschheit reichten Nahrung, Wärme und ein Dach über dem Kopf, um nächtlichen Schlaf zu finden, vollkommen aus: Ein Hase auf dem Feuer, eine Strohmatte und eine vor wilden Tieren Sicherheit bietende Höhle – das war's. Dank der frühmenschlichen Intelligenz entwickelten sich erste Formen sozialer Gemeinschaft.

Denn einfacher als allein auf sich gestellt, das erkannte der frühe Mensch allmählich, war das Überleben innerhalb einer Gruppe. Hasen und Füchse konnte er allein erlegen, aber um ein Mammut niederzustrecken, bedurfte es der von mehreren Menschen aufgebrachten Körperkraft. Und das war noch nicht alles: Um die kollektive Kraft auf ein gemeinsames Ziel auszurichten, waren neue Verständigungsformen nötig, die – über Gesten und simple Laute hinaus – Mißverständnisse und dadurch ausgelöste Fehlhandlungen verringerten.

Der keulenschwingende Frühmensch brauchte die Hilfe anderer Menschen, und das mußte er ihnen signalisieren. Irgendwie. So entstanden die ersten Worte; nicht viel mehr als gutturale Laute, die für alle Gruppenmitglieder vernehmlich und zweifelsfrei dasselbe konkrete Ding benannten:

Hase, Mammut, Feuer, Baum, Schlaf, Wasser, Gefahr ...

Mit der zunehmend einfacheren Befriedigung der existentiellen Begierden schoben sich kulturelle Bedürfnisse in den Vordergrund: Die Sehnsucht nach dauerhafter Sicherheit, nach Anerkennung, Zuneigung, Individualität. Und auch diese Wünsche konnte sich der Frühmensch nicht jeweils aus eigener Kraft erfüllen. Er brauchte die anderen, und er war gezwungen, abstrakte Sachverhalte zu benennen, Dinge, auf die er nicht mit seiner Hand deuten konnte.

Immer mehr Wörter wurden erfunden, die Wörter wurden miteinander zu Sätzen verknüpft, und daraus entwickelte sich eine Sprache.

Das war die Geburtsstunde einer einigermaßen geordneten verbalen Kommunikation. Und genau hier fingen die Probleme mit der Kommunikation zwischen Menschen an.

Auge, Ohr, Haut, Geschmacksnerven und Tastsinn lassen uns die konkrete Welt entdecken. Unsere Sprache und die Fähigkeit, sie in Schrift und Ton zu konservieren, haben uns geholfen, diese konkrete Welt unseren Zeitgenossen und Nachkommen mitzuteilen.

Aber wie teilt man seine häufig nur abstrakt zu beschreibenden, vielschichtigen Bedürfnisse anderen Menschen mit, ohne Gefahr zu laufen, mißverstanden, ausgelacht oder verachtet zu werden?

Klar: Man spricht miteinander. Aber was ist, wenn die durch das gesprochene Wort ausgesandte Botschaft beim Empfänger nicht ankommt, ...

- weil er die Botschaft akustisch nicht verstanden hat? (Wir haben zu leise gesprochen.)
- Weil er die Botschaft inhaltlich nicht verstanden hat? (Wir haben die falschen Worte gewählt.)
- Weil er die Botschaft intellektuell nicht verstanden hat? (Wir haben ihn geistig überfordert.)

Solche Fälle fehlgeschlagener Kommunikation lassen sich meist schnell erkennen und beheben. Schwieriger wird es, wenn unsere Botschaft den Empfänger nicht erreicht, ...

- weil er die Botschaft anders als von uns beabsichtigt verstanden hat;

Das Gewicht der Worte ...

- weil er unsere Botschaft nicht verstehen will, weil er blockt;
- Weil er gleichzeitig mit unserer verbalen Botschaft andere Signale empfängt, die die Gültigkeit unserer Botschaft in Zweifel ziehen.

Gäbe es keine Kommunikationsprobleme zwischen Menschen, so gäbe es auch weniger Konflikte.

Aber: Auch wenn jeder Mensch alle Regeln und Untiefen der menschlichen Kommunikation kennen und beherrschen würde, gäbe es kaum weniger Auseinandersetzungen um Geld, Macht und Liebe.

Denn Kommunikation ist nicht mehr als ein Hilfsmittel – zugegeben: ein wichtiges –, um die menschliche Verständigung zu erleichtern.

Wer seine Wünsche, Bedürfnisse und Gefühle anderen gegenüber eindeutig zum Ausdruck bringen kann, ist überlegen. Wer richtig verstehen kann, was sein Gegenüber meint, auch wenn dieser die falschen Worte verwendet oder den Worten durch Gesten oder Mienenspiel widerspricht, ist erst recht überlegen. Aber alle kommunikative Überlegenheit nützt nichts, wenn diese Macht keine Chance hat, angewendet zu werden:

- Wenn dem brillianten Stilisten die Ideen ausgehen, hilft ihm seine schriftstellerische Begabung wenig.
- Wenn sich ein Ehepaar auseinandergelebt hat, sinkt die Bereitschaft, dem anderen aufmerksam zuhören zu wollen, auf den Nullpunkt. Und die Intensität der Beziehung auch.
- Wenn die Mitglieder einer Wohngemeinschaft in der Diskussion entscheiden wollen, wer den Abwasch

... *wird zuweilen unterschätzt!*

machen soll, gewinnt häufig nicht der sprachlich Begabteste – sondern derjenige, der zuerst geht.

Fazit: Wer richtig kommunizieren kann, besitzt gegenüber jenen, die das nicht können, einen relativen Vorteil. Kommunikationsfähigkeit hilft, die überall existierenden Herrschaftsstrukturen zu erkennen und sich innerhalb dieser Handlungsgrenzen bewegen zu können. Aber aufheben kann sie auch der größte Kommunikator nicht.

Mehr als gute Worte

„Du kannst mich einfach nicht verstehen!" ist nicht nur der Titel eines amerikanischen Bestsellers, sondern eine vielen Menschen nur zu bekannte Anklage.

Wie oft sagen wir Sätze wie: *„Nein, da hast Du mich völlig falsch verstanden", „Das habe ich so nicht gemeint", „Ich verstehe nicht, worauf Du hinaus willst",* oder *„Mensch, ver-*

steh' doch endlich!"

Wie sehr wir uns auch bemühen mögen, uns anderen verständlich zu machen und für andere verständlich zu sprechen: Oft genug erleben wir, daß der Kern unserer Aussage einfach nicht *rüberkommt.* Und wie oft hören wir einen Menschen reden und überlegen anschließend, was er uns eigentlich sagen wollte.

Kommunikation ist weit mehr als Sprache. Wissenschaftler haben festgestellt, daß nur etwa dreißig Prozent der menschlichen Verständigung über das Transportmittel Sprache, die verbale Kommunikation, ablaufen. Die restlichen siebzig Prozent bedienen sich nonverbaler Wege: Über den Ton, die Modulation der Stimme, die Körpersprache (Mimik, Gestik und Motorik) sowie Verhaltens- und Besitzsymbole wird ein Vielfaches dessen vermittelt, was Worte übertragen.

Aber während unsere Sprache, jedes einzelne Wort und seine Stellung im

Satz, eine im wesentlichen allgemeingültige Bedeutung für Sender und Empfänger der Botschaft haben, also kein „Mißverständnis" auftreten kann, lädt der weitaus größte Teil unserer Verständigung zwei gefährliche Kommunikationskiller ein: Die Aussendung falscher Signale und die falsche Interpretation von Signalen.

Haben Sie Ähnliches erlebt?

Fall 1: Sandra, 18 Jahre alt, hat sich in ihren gleichaltrigen Nachbarn Marco verliebt. Nichts wünscht sie sich lieber, als daß er sie auffordere, mit ihm irgendwohin zu gehen: Auf ein Bier, in die Pizzeria oder zum Tanzen. Gleichzeitig hat sie große Angst, vor ihm als aufdringlich zu erscheinen. Als er sie eines Tages fragt, ob sie sich für den Abend etwas vorgenommen habe, antwortet sie eilig: *„Nett von Dir, daß Du mich fragst. Heute habe ich wirklich Zeit. Normalerweise gehe ich jeden Mittwoch mit Uwe ins „Mirage", diese super Disco in der Altstadt. Kennst Du doch, oder?"* Unter einem Vorwand zieht sich Marco wieder zurück. Er glaubt, richtig verstanden zu haben.
Sandra hat falsche Signale ausgesandt. Marco hat aus seiner Sicht verständlich gehandelt: Aus der Aussage, daß Sandra regelmäßig mit Uwe zum Tanzen geht, folgert er, daß sie ihm damit sagen wollte: *„Tut mir leid, ich bin in festen Händen."* Wenn er Sandra einladen würde, so glaubt er, wäre er in ihren Augen ein Ersatzmann – und das will er nicht sein (wer wollte das schon?). Natürlich hätte er nachfragen

können: *„Willst Du mir damit sagen, daß Du nur mit mir ausgehen würdest, weil Uwe keine Zeit hat?"* Aber welcher Achtzehnjährige bringt schon die dazu nötige Souveränität und kommunikative Kompetenz auf?

Fall 2: Trotz des festen Termins wartet Michael schon eine dreiviertel Stunde lang auf den Personalchef. Der läßt sich noch nicht einmal durch die Sekretärin entschuldigen. Etwas zu lesen oder Kaffee gibt es auch nicht. So hat sich Michael den Ablauf des Vorstellungsgespräches nicht ausgemalt. Nach Ablauf der vollen Stunde nimmt er seinen Aktenkoffer und verläßt den Besucherraum. Am Ausgang teilt er der Empfangsdame kühl mit:
„Ich gehe jetzt. Dr. Bauer scheint auf meine Mitarbeit wenig Wert zu legen. Richten Sie ihm aus, daß ich verstanden hätte." Michael hat möglicherweise falsch verstanden.
Sicher war es schlichtweg unhöflich vom Personalchef, den Bewerber ohne Begründung und Entschuldigung so lange warten zu lassen. Aber auch Michael hat hier einen Fehler gemacht: Statt zu interpretieren, zu grollen und Aggressionen wachsen zu lassen, hät-

te er 15 Minuten nach Verstreichen des Termins um eine Erklärung bitten sollen. Denn vielleicht wurde „nur" vergessen, den Personalchef über das Eintreffen von Michael zu informieren? Kommunikation vollzieht sich niemals allein über Sprache. Stets sind andere Verständigungsvehikel mitbeteiligt. Dazu gehört auch die Kenntnis des anderen, die Erinnerung an frühere Verhaltensweisen, das Wissen um seine Überzeugungen und Werte: Der „Kontext" seiner Äußerungen und Handlungsweisen. Der Austausch von Informationen, Meinungen und Gefühlen funktioniert meist umso konfliktfreier, je besser wir den anderen kennen.

Verstehen ist Erfahrung

Fall 3: Kurz vor Mitternacht, auf einer Party bei guten Freunden. Leise flüstert Peter seiner Frau ins Ohr: *„Der Mitternachtskrimi im Ersten. Du oder ich?"* Lächelnd antwortet Gaby: *„Diesmal bist Du dran, mein Lieber."* Kurze Zeit später klopft Peter dem Gastgeber auf die Schulter: *„Tut mir leid, Michael, aber Gaby hat plötzlich rasende Kopfschmerzen bekommen. Ich würde ja gern noch bleiben, aber ich glaube, es ist besser, wenn wir uns verabschieden. Viel Spaß noch!"* – Draußen vor der Haustür grinsen sich Peter und Gaby spitzbübisch an. Sie haben sich verstanden.
Dieses Spiel ist Peter und Gaby bestens vertraut. Ohne lange Erklärung kann ein Partner dem anderen seinen Wunsch kundtun, die Party zu verlassen. Und auch die Methode dazu ist zu einem kleinen Ritual geworden.

Fall 4: Zwei ältere, gepflegte Damen sitzen im Café und plaudern miteinander. Eine leichenblaß geschminkte Punkerin schlendert kaugummikauend an ihnen vorüber. Hedwig und Martha, Freundinnen seit der Jugendzeit, betrachten das Mädchen ein paar Augenblicke lang. Danach tauschen sie einen vielsagenden Blick.

Hedwig und Martha verstehen sich. Sie gehören der gleichen Generation an. Sie sind vermutlich ähnlich erzogen und mit dem gleichen Vorrat an Werturteilen versehen worden. Sie denken in gleichen Bildern und kommunizieren in gleichen Metaphern. Sprache ist da häufig überflüssig.

Die verbale Kommunikation birgt relativ wenig Konfliktstoff, wenn die Gesprächspartner die gleiche Sprache reden. Sie verbindet ja nicht nur eine ähnliche Sinndefinition der Worte, sondern auch der gesamte historische, kulturelle, gesellschaftliche und politische Hintergrund der Sprachentwicklung. Es ist daher nicht einfach, abstrakte und komplexe Sachverhalte in einer fremden Sprache zu erklären. Verständnisbarrieren können aber auch auftreten, wenn zwar alle dieselbe Sprache sprechen, die Gesprächsteilnehmer aber unterschiedlichen Sprachgenerationen angehören.

Fall 5: ASTA-Fete in der Mensa. Im Vorraum schraubt der Hausmeister eine neue Birne in die Deckenlampe. Ein paar Studenten stehen unschlüssig herum. Sven stellt sich zu ihnen: *„Null Bock oder Statistik-Klausur im Kreuz? Mann, wer den Schein morgen versiebt, kann's doch immer noch mündlich rausreißen. Kommt*

in die Hufe!" Entschlossen stößt er die Schwingtür zur Mensa auf und geht mit seinen Kommilitonen hinein. Der Hausmeister blickt ihnen irritiert nach.

Der Hausmeister gehörte vermutlich einer anderen Generation an als die Studenten. Sprache lebt; sie verändert sich mit den Generationen. Daß dem Hausmeister manche Ausdrücke fremd und unverständlich waren, mag auch mit seiner Ausbildung zu tun haben. Wahrscheinlicher jedoch ist, daß ihm ein Spruch wie *alles in Butter* geläufiger ist als *No future.*

Sprache als Waffe?

Wer die Fallstricke zwischenmenschlicher Kommunikation kennt, der kann sie umgehen. Wer mit ihnen besonders gut vertraut ist, kann mit ihrer Hilfe sogar für ein gezieltes *Mißverständnis* beim Gesprächspartner sorgen. Wenn man die kombinierte Wirkung von Sprache, Körpersprache und Symbolen kennt, kann man mit Kommunikation täuschen, betrügen – und gegen Kollegen intrigieren:

Fall 6: Leutselig wendet sich der Forschungsvorstand an die ehrgeizige Che-

mikerin: *„Wie geht es denn mit Ihrem Projekt voran? Macht Ihnen die Zusammenarbeit mit Ihrem Projektleiter Spaß?"*

Ute überlegt und runzelt leicht die Stirn: *„Dr. Müller ist wirklich ein exzellenter Fachmann"*, antwortet sie zögernd, *„und sein Arbeitseinsatz ist gewaltig. Vor Mitternacht verläßt er nie das Labor. Die ganze Gruppe fragt sich, wann er einmal Entspannung findet. Naja, bei dieser Überlastung ist es kein Wunder, daß er schon mal etwas übersieht."* Utes Stimme senkt sich: *„Wir hoffen nur, daß er bis zum Projektende durchhält ..."*

Der Vorstand blickt nachdenklich. Er glaubt, verstanden zu haben.

Vor der ersten Aussage runzelt Ute die Stirn. Das versteht der Forschungsvorstand als klares Signal, daß die Chemikerin unsicher ist: Sie lobt nicht spontan und wägt sorgfältig ihre Worte. Er weiß, daß Mitarbeiter ihren Chef niemals an diesem vorbei an höherer Stelle kritisieren dürfen. Das weiß Ute auch, also beginnt sie mit einem verbalen Lob, gefolgt von einem dezenten Hinweis auf die Überlastung des Projektleiters. Sie weiß genau, daß der

...verstehen? Leicht gesagt ...

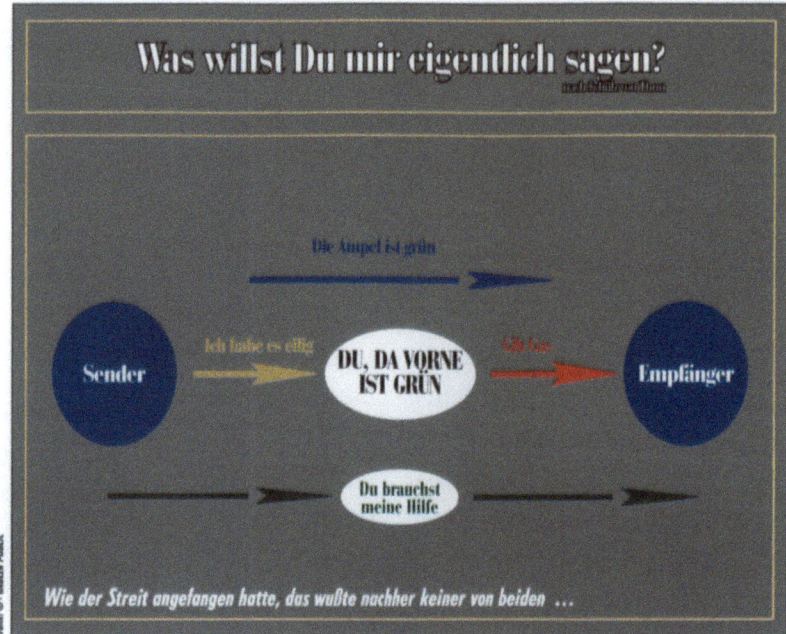

Was willst Du mir eigentlich sagen?

Die Ampel ist grün

Sender — Ich habe es eilig → DU, DA VORNE IST GRÜN → Ob Gas → Empfänger

Du brauchst meine Hilfe

Wie der Streit angefangen hatte, das wußte nachher keiner von beiden ...

Forschungsvorstand nun unsicher geworden ist, ob das Projekt planmäßig abgewickelt werden kann. Und genau das wollte sie erreichen.

Wir alle kommunizieren ständig: im Privatleben, im Freundes- und Kollegenkreis, mit Vorgesetzen, Kunden oder einer uns völlig unbekannten Gruppe von Menschen. Und während wir uns so angestrengt darum bemühen, das, was wir sagen wollen, in eine möglichst klare, leicht zu verstehende Form zu bringen, übersehen wir häufig die anderen siebzig Prozent der Kommunikation. Mit fatalen Folgen:

Sprache als Hindernis

Fall 7: Der Schlußapplaus im Saal klingt verhalten, Stühle werden gerückt, rasch strömen die Tagungsgäste zum Ausgang. Der Referent schaltet das Licht am Rednerpult aus und packt sein Manuskript zusammen. An der Garderobe wird er Ohrenzeuge einer harschen Kritik: *„Also, den letzten Red-*

ner hab' ich überhaupt nicht verstanden. Wie der genuschelt hat! Und auf die Fragen aus dem Publikum ist er gar nicht eingegangen, vermutlich hatte der seine Rede auswendig gelernt und war völlig überfordert. Schlecht vorbereitet, sage ich nur. Dafür habe ich nun wirklich kein Verständnis!"

Wer oft im Rampenlicht steht und anderen Menschen etwas vortragen muß, braucht die Kenntnis aller Faktoren, die im Verlauf eines Kommunikationsprozesses auf andere Menschen einwirken. Die geschliffenste Rede, die professionellste Präsentation, der eleganteste Festvortrag geht daneben, wenn nicht die vielen anderen Faktoren sorgfältig mitgeplant werden.

Wer die Ursachen der häufigsten Verständigungsprobleme kennt, ist anderen einen großen Schritt voraus.

Stellen wir uns vor, wir könnten

- aufmerksamer zuhören;
- uns in den anderen hineinversetzen;
- verbale Botschaften besser ent-

schlüsseln;

- die Bedeutung non-verbaler Botschaften erkennen;
- Gespräche nicht mit dem Ziel führen, partout Sieger sein zu wollen – und nicht unter dem schlechten Gefühl leiden, Verlierer gewesen zu sein (weil der andere siegen wollte!);

... dann würden wir uns auch sehr viel sicherer und souveräner im Kreise anderer Menschen bewegen. Denn: Nicht zu kommunizieren ist sowieso unmöglich!

Mit enormer Geschwindigkeit tauschen wir Nachrichten, Informationen, Gefühle untereinander aus. In unserer Gesellschaft wird morgen, mehr noch als heute, zählen, wie schnell wir den Inhalt einer non-verbal übermittelten Botschaft aufnehmen, prüfen und weiterverarbeiten können.

Die Fundamente der Sprache

„Grau ist alle Theorie!", sagt der Volksmund. Das stimmt in der Regel, nicht aber auf dem Feld der zwischenmenschlichen Kommunikation.

Bevor Sie sich in den folgenden Kapiteln Schritt für Schritt mit den Methoden richtiger Kommunikation vertraut machen, bereiten jetzt ein paar theoretische Bausteine das Fundament.

Kommunikation ist keine Einzelübung. Zur Kommunikation (aus dem lateinischen: communis = gemeinsam) gehören mindestens zwei: Lebewesen oder Kommunikationsteilnehmer (wie beispielsweise ein Computer).

Die Lehre von der Kommunikation, die Kommunikationswissenschaft, steht in enger Nachbarschaft zur Psychologie, zur Sozialpsychologie und zur Soziologie. Wie diese anderen Fachgebiete so ist auch die Kommunikationswissenschaft eine noch junge Disziplin. Die zwischenmenschlichen Kommunikationsprozesse wurden erst in den letzten Jahrzehnten genauer analysiert: Schulz von Thun, Watzlawick, Berne, Maslow gehören zu den bekanntesten Kommunikationsforschern.

„Es ist unmöglich, nicht zu kommunizieren!", heißt das erste Axiom des US-Kommunikationswissenschaftlers Paul Watzlawick. Denn Kommunikation, definiert als *„Austausch, Verständigung, Übermittlung von Inhalten durch Zeichen aller Art unter Lebewesen und/oder technischen Einrichtungen"*, findet bei nahezu jeder denkbaren Tätigkeit, in jeder empirischen Situation statt. Selbst der Einsiedler kommuniziert – wenn es denn sein soll, mit dem lieben Gott.

Über den zweiten Lehrsatz von Watzlawick läßt sich schon länger grübeln: *„Jede Kommunikation hat einen Inhalts- und einen Beziehungsaspekt der Art, daß letzterer den ersten bestimmt."*

Das heißt nichts anderes, als daß der Inhalt eines Gespräches oder einer schriftlichen Botschaft von der Beziehung zwischen Sender und Empfänger der Botschaft bestimmt wird.

Die Ampel ist grün!

Beispiel: Ein Auto wartet an einer Ampel. Die Beifahrerin sagt zum Mann am Lenkrad: *„Die Ampel ist grün."* Dieser Satz klingt wie eine simple, ein-

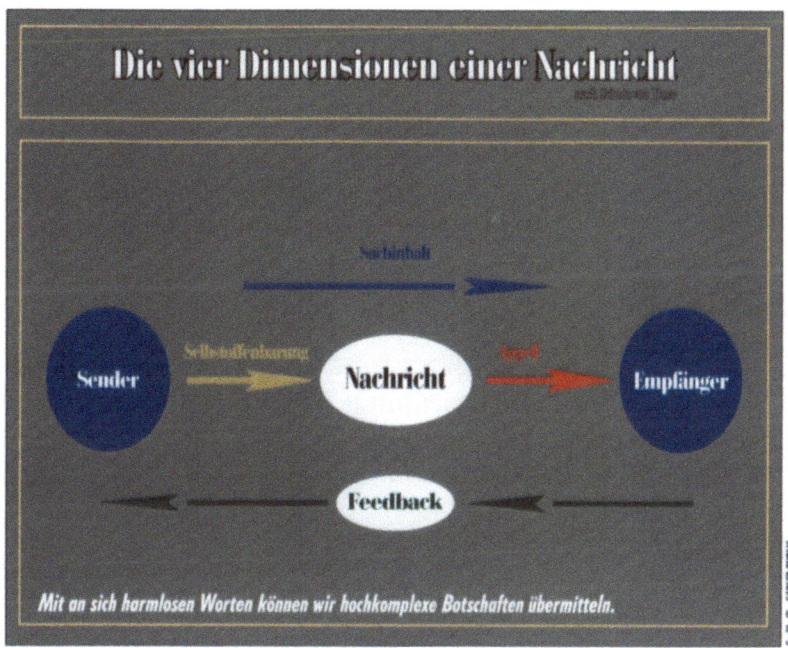

Die vier Dimensionen einer Nachricht
nach Schulz von Thun

Sender → Nachricht → Empfänger

Sachinhalt

Selbstoffenbarung

Appell

Feedback

Mit an sich harmlosen Worten können wir hochkomplexe Botschaften übermitteln.

Credit: © - CAREER PUBLIC

deutige Aussage mit dem Inhalt, daß die Ampel grün ist.

Doch je nach dem, wie der Satz ausgesprochen wird, kommt ein durchaus veränderlicher Beziehungsaspekt ins Spiel: Sagt sie es mit einem scharfen Unterton, so klingt die Botschaft wie eine Kritik und heißt eigentlich: *„Schläfst Du? Sieh doch, daß die Ampel längst auf grün geschaltet ist!"* Sagt sie es mit weicher Stimme, und hat er vielleicht zuvor liebevoll-gedankenversunken ihre Hand gestreichelt, mag die Botschaft lauten: *„Ich finde Deine Zärtlichkeit schön. Laß uns rasch nach Hause kommen!"*

Kommunikation enthält also stets mehr als eine Bedeutungsdimension. Sie ist voller – oft unbewußter – Ambivalenzen und Widersprüche. Und sie ist stets interpretierbar, Gegenstand subjektiver Wahrnehmung und Beurteilung.

Die 4 Aspekte einer Aussage

Kommunikation hat sogar, folgt man

Fritz Schulz von Thun, vier Aspekte. An dem oben beschriebenen Beispielsatz *„Die Ampel ist grün"* lassen sich die vier Seiten einer Aussage gut zeigen. Weil niemand ohne eine Absicht kommuniziert (Mitteilungscharakter der Botschaft), müssen wir also jede an uns gesandte Botschaft auf alle vier Bestandteile hin untersuchen.

Und hier liegen die meisten Kommunikationsprobleme, denn es geht immer darum, die tatsächliche Bedeutung einer Aussage, also ihre Substanz zu erkennen. Je nach Geschlecht und Empfindung dem anderen gegenüber, Lebensalter (siehe Kapitel 1 und 2), Abhängigkeitsverhältnis oder auch nur Lebensgefühl gegenüber dem anderen (siehe dazu Kapitel 3 und 4) und Kenntnis der kommunizierenden Person (Kapitel 5) lassen sich Selbstoffenbarungs-, Beziehungs- und Appellaspekt ein und derselben Botschaft völlig anders interpretieren:

Diese Komplexität schafft für allerlei Mißverständnisse ein weites Feld.

Hitparade:
aff, Klaus-
ler (20.15).

Die Reifeprüfung: Elaine
(K. Ross) verdreht Ben
den Kopf (20.15).

In Arizona ist
los: John W
Dave (17.15).

oldene Hit-
r Volksmu-

20.15 Die Reifeprüfung
Spielfilm

19.30 Der zwe
Spielfilm

Mann & Frau – zwei Sprachen

Sie lesen dieselben Zeitungen und sehen dasselbe Fernsehprogramm. Sie waren in derselben Schule und wurden vom selben Vater zur peinlichen Beachtung der deutschen Grammatik angehalten.
Doch sie sprechen verschiedene Sprachen: Bruder und Schwester, Geliebte und Geliebter, Mann und Frau.

Woher kommt das eigentlich? Und wie – vernünftig – damit umgehen?

Schwiiierig! Manch eine/r (ver-)braucht ein ganzes Studium – und weiß es noch immer nicht.
Vielleicht aber hilft dieses Kapitel schon ein wenig weiter. Wir schärfen Ihre Wahrnehmung! Wenn Sie dann Augen und Ohren offen halten, werden Sie entdecken, in welch unterschiedlichen Sprachen moderne Adams und Evas aneinander vorbeireden. Danach gilt dann das Dichterwort: Probieren geht über Studieren!

„Du verstehst mich nicht!"

Wo bleibt die Verbindung?

Freitagnachmittag, im Büro: Er, den Kopf aus seiner Bürotür steckend: „Wann klappt es endlich mit dem Telefonat nach Hongkong? Sie wissen doch, daß ich in einer Viertelstunde zum Flughafen muß!" (1)
Sie, betroffen: „Tut mir leid. Entschuldigung, ich ..."(2)

Er, knapp: „Sie sollen sich nicht entschuldigen. Sie sollen nur die Verbindung herstellen."(3)
Sie, mit den Tränen kämpfend: „Aber ich kann doch nicht mehr tun als andauernd wählen." (4) ... Pause ...
„Was haben Sie nur gegen mich?" (5)
Er, irritiert: „Was ... wieso? ... Versuchen Sie's weiter." (6)
Die Tür fällt laut ins Schloß. Kopf-

schüttelnd murmelt er vor sich hin: „Typisch. Warum nehmen Frauen immer alles gleich persönlich?"

Verstehen versus Verständnis

Andersherum gefragt: Warum haben so viele Frauen das Gefühl, daß Männer nie mit ihnen reden, sondern nur dozieren und an ihnen herummäkeln? Männer und Frauen verwenden im Privat- und Geschäftsleben, in der Politik, Wissenschaft und Technik zwar das gleiche Vokabular, aber wenn sie miteinander sprechen, fühlen sie sich oft mißverstanden. „Willst Du oder kannst Du mich nicht verstehen?" heißt der Vorwurf, dem der andere selten etwas entgegensetzen kann.
Zahllose Anekdoten und (schlechte) Witze in allen Sprachen der Welt legen ein beredtes Zeugnis ab von dem Unverständnis, mit dem Männer die Worte von Frauen und Frauen die Worte von Männern wahrnehmen: „Wenn eine Frau NEIN sagt, meint sie VIELLEICHT, wenn sie VIELLEICHT sagt, meint sie JA ..."
Aber erst in den letzten Jahren sind einige Sprachwissenschaftler der Ursache dieses Phänomens nachgegangen, und was sie entdeckten, klingt verblüffend:
Männer und Frauen sprechen unterschiedliche Sprachen! Sie reden, im Wortsinn, aneinander vorbei!
Gaby ist unzufrieden mit sich und deshalb nörgelig zu ihrem Mann. Der Grund: Sie fühlt sich zu dick. Aber eine

Diät hält sie nicht durch, und für regelmäßigen Sport fehlt ihr die Zeit. Sie erzählt ihrer besten Freundin von ihrem Kummer, und die sagt: *„Das kann ich gut verstehen, mir geht's genauso."* Auch Gabys Schwägerin versteht auf Anhieb, warum sich Gaby momentan überhaupt nicht leiden mag. Ehemann Peter hingegen reagiert ganz anders: *„Wo ist das Problem? Iß weniger oder geh Schwimmen, und dann bist Du die paar Kilo bald los."* Gaby hat sich durch die Gespräche mit ihrer Freundin und ihrer Schwägerin getröstet, verstanden gefühlt. Peters Worte hingegen scheinen ihr kalt, verständnislos und wenig einfühlsam - sie lassen Gaby noch mehr um ihre Attraktivität fürchten. *„Es scheint Dir ja ziemlich gleichgültig zu sein, wie ich aussehe"*, antwortet sie spitz.

„Warum denn das?", fragt Peter irritiert zurück.

„Weil Du das, was mich bedrückt, überhaupt nicht ernst nimmst. Wie kann ich neben dem Job und dem Haushalt regelmäßig schwimmen gehen?", lautet die Retourkutsche.

Gaby ist aufgebracht und denkt innerlich grollend: *„Männer!"*.

Peter hat keine Lust, den Dialog fortzusetzen. Er denkt: *„Weiber ..."*.

Knapp daneben ...

Wenn Frauen ihre Probleme einer anderen Frau berichten, reagiert diese in der Regel verständnisvoll: *„Das kann ich gut verstehen."*

Die Reaktion von Männern empfinden Frauen dagegen oft als kühl und frustrierend. Diese Einschätzung ist freilich in der Regel falsch – es gibt für dieses Phänomen allerdings eine Erklärung: Die verbale Kommunikation zwischen Männern und Frauen verläuft auf zwei völlig verschiedenen Ebenen. Männer bringen ihr Anliegen eher sachlich zum Ausdruck, und sie gehen davon aus, daß sich ihr Gesprächspartner ebenso verhält: *„Ich sage, was ich wirklich meine, und ich glaube, daß Ihre Worte Ihre Meinung wiedergeben."*

Die Sprache der Frauen hingegen funktioniert komplizierter. Sie geht über die rationale Informationsübermittlung hinaus und transportiert vor allem Emotionen: *„Ich gebe Ihnen eine Information und, darin versteckt, eine Botschaft über meine Gefühle Ihnen gegenüber, und ich werde Ihre Botschaft an mich daraufhin interpretieren, welche Gefühle Sie mir entgegenbringen."*

Was die Kommunikation zwischen Männern und Frauen häufig schwierig und manchmal unmöglich macht: Ebenso wie Männer sind Frauen felsenfest davon überzeugt, daß sich ihr Gegenüber – egal, ob männlich oder weiblich – genau wie sie verhält.

... ist auch vorbei.

Der Wortwechsel zwischen dem Chef und seiner Sekretärin hat das gezeigt.

- Er macht seinem Ärger Luft, glaubt aber, eine sachliche Frage gestellt zu haben. (1)
- Sie interpretiert seine Worten als persönliche Beschuldigung, auf die sie – wie man es ihr als Kind beigebracht hat –, spontan mit einer Entschuldigung reagiert. (2)
- Er begreift nicht, warum sie sich entschuldigt, hat aber nicht die Geduld nachzufragen. Unsicher geworden, ob sie seinen Wunsch richtig verstanden hat, und gereizt, weil die Zeit knapp ist, wiederholt er seine Forderung. (3)
- Sie glaubt, sich nicht genügend gerechtfertigt zu haben, und entschuldigt sich erneut. (4)
- Dabei wird ihr bewußt, daß sie ei-

---

	die Diskussion der Frage ergeben, ob es eine spezifisch weibli[che] Form der Fiktion gibt." (Joan Smith)		
Literatur:	HÖGEL, B. u. H.-Ö.: Ihr Fall, Miß Pinkerton. München 19[..] SMITH, Joan: Wer wohnt schon bei seinem Mann. München 19[..] CROSS, Amanda: Albertas Schatten. München 1990		
OPPERMANN	"Es ist wahrscheinlich besser zu heiraten als zu morden ..."		
	Mi 16	2 st	S 2/E 07
Arbeitsform:	Proseminar		
Inhalt:	Der (häusliche) Mord als Fortsetzung der Ehe mit anderen M[it]teln soll anhand von zwei Theaterstücken der amerikanisc[hen] Bühnenliteratur aus der Feder zweier Dramatikerinnen vor d[em] Hintergrund klassischer Muster aus männlicher Feder behan[delt] werden.		
Literatur:	GLASPELL, Susann: Trifles. 1961; TREADWELL, Sophie: Machi[nal] 1929; Texte in (vermutlich eigener) deutscher Übersetzung [zu] Beginn des Semesters (Bibliothek oder S 1/E 05). Dazu: Stoff[be]arbeitung Medea/Penthesilea		
ORTHEIL	Prosa-Stilübungen I		
	Mo 16	2 st	S 2/209
Arbeitsform:	Proseminar		
Teilnehmerkreis:	Diplom Kulturpädagogik		
Inhalt:	Gebrauch theoretischer Figuren, Stilanalyse, Stiltraining.		
Literatur:	QUENEAU, Raymond: Stil-Übungen		

---

gentlich keine Schuld trägt. Also geht sie zum Gegenangriff über und versucht ihrerseits, bei ihm Schuldgefühle zu wecken. (5)

- Er ist nun gänzlich verwirrt, weiß sich aber nicht anders zu helfen, als seine Bitte ein weiteres Mal zu wiederholen (6) und den in seinen Augen unfruchtbaren Dialog abrupt zu beenden: Türe zu, Schluß.

Tür zu und Schluß?

Ein solches Gesprächsfinale ist nicht nur für beide Partner unbefriedigend, es ist auch nicht zu Ende! Irgendwann später kommt der Ärger wieder auf den Tisch. Doch dem Problem wirklich zu Leibe rücken kann nur, wer seine Wurzeln kennt. Wenn wir verstehen lernen, wie solche Kommunikationsbarrieren entstehen, können wir damit zwar nicht alle Mißverständnisse aus der Welt schaffen, aber häufig ihre unerfreulichen Folgen – schlechte Gefühle dem anderen gegenüber – vermeiden.

Die amerikanische Soziolinguistin Deborah Tannen hat die These aufgestellt, daß Mädchen eine andere Sprache beigebracht wird als Jungen, selbst wenn sie in demselben Kulturkreis, in derselben Nation, Gemeinde oder sogar in derselben Familie aufwachsen. Tatsächlich haben mehrere Untersuchungen bewiesen, daß Erwachsene mit Mädchen anders sprechen als mit Jungen, so daß beiden Geschlechtern von Anfang an ein unterschiedliches Sprechverhalten und damit einhergehend auch eine andere Wahrnehmung anerzogen wird.

Verstärkt wird diese geschlechtsspezi-

fische Kommunikation im frühen Kindesalter, wenn Mädchen mit anderen kleinen Puppenmüttern und Jungen mit anderen kleinen Indianern spielen. Das geschlechtsspezifische Sprechen und Verstehen („Genderlekte") lernen sie im Sandkasten.

Das kann man schon bei dreijährigen Kindern beobachten: Mädchen zanken sich weniger als Jungen um ein Spielzeug. Sie scheuen häufiger vor Konflikten zurück und gehen konfliktträchtigen Situationen und Gesprächen gern aus dem Weg. Sie geben nach, verlieren also, weinen oder schmollen – und geben ihm damit das Gefühl, schuldig zu sein.

Der (kindliche) Vorwurf *„Du bist schuld!"* ist ein typischer Mädchensatz, während Forderungen wie *„Das ist meins!"* von Sprachwissenschaftlern als charakteristische Aussage von Jungen bezeichnet werden.

Gefühl und/oder Härte

Die Erklärung hierfür: Jungen spielen eher in großen, hierarchisch strukturierten Gruppen. Sie erteilen Anweisungen und sind es gewohnt, die Anweisungen anderer, als überlegen akzeptierter Jungen zu befolgen. Ein ungeschriebenes, aber ausgetüfteltes Regelwerk stellt Gewinner und Verlierer auf den jeweils festgelegten Platz. Jede Aktion, jedes Wort ist auf das Aushandeln eines höheren Status', auf Sieg und Gewinn ausgerichtet.

Mädchen dagegen spielen mit ihrer besten Freundin oder in kleinen Gruppen, in denen sie Intimität und Nähe suchen. Weil ihnen alles daran liegt,

vom anderen gemocht zu werden, kämpfen sie nicht gerne um Statuspositionen – Kampf bedeutet für mindestens eine Konkurrentin die Niederlage, und wer unterliegt, wird bestimmt nicht mehr geliebt. Sehr früh erfahren Mädchen, wie sie mit Schuldvorwürfen ihre Spielkameraden so verunsichern können, daß diese selbst am Sieg keine Freude mehr empfinden. Das nutzen sie weidlich aus!

Dieses antrainierte Sprachverhalten hat auch dann noch Bestand, wenn die Spielwelten der Kinder dem Erwachsenenalltag gewichen sind.

Das ist die eigentliche Crux: Hinter der rhetorischen Frage der Sekretärin: *„Was haben Sie nur gegen mich?"* steckt der weinerliche Vorwurf der Vierjährigen: *„Du magst mich nicht."* Und die von Hilflosigkeit zeugende fortwährende, variationslose Wiederholung einer Forderung ist nichts anderes als der männliche Rückzug auf das Sprachverhalten eines fünfjährigen Buben: *„Nein, ich will jetzt mit der Katze spielen!"* Daß der Junge unbedingt jetzt mit der Katze spielen will, versteht die Vierjährige zwar nicht, aber sie wird nachgeben, weil sie sich damit sein Wohlwollen zu sichern glaubt.

Konsens oder Konflikt

Der Konsens mit Gleichaltrigen ist auch für den vierzehnjährigen Backfisch noch lebenswichtig. Oft sucht sie ihn dadurch zu gewinnen, daß sie vorgibt, die Gefühle und Erfahrungen ihrer Freundinnen aus eigenem Erleben bestätigen zu können.

Männliche Teenies hingegen brüsten

Trennungsgrund Sprachstörung

Alle vier Minuten wird hierzulande eine Ehe geschieden, in der Regel in Trauer, Wut und Haß. Was treibt Menschen auseinander, die doch so gern miteinander glücklich wären?

Nach meinen Erfahrungen als Scheidungsanwältin sind es im wesentlichen drei Gründe:

1. Glückserwartung

In unserer Gesellschaft, in der es nur selten noch um den täglichen Kampf gegen Hunger und Kälte geht, sind die meisten Menschen heute geprägt von einer hohen Glückserwartung für ihr Leben. Je unerfreulicher der Arbeitsalltag, je mehr Hektik und Streß, je mehr Isolation als einzelner in der Massengesellschaft, desto größer wird diese Sehnsucht nach Glück. Erfüllung sucht und erhofft man im privaten Glück, in einer Liebesbeziehung, möglichst ausschließlich, möglichst ein Leben lang:

Wir überfordern uns ständig.

2. Rollenzuweisung

Männliche und weibliche Rollenzuweisungen sind im Wandel. Seit mehr als hundert Jahren haben Frauen den ihnen zugewiesenen Platz an Herd und Wiege in Frage gestellt und verändert. Heute wollen viele Frauen beides, Beruf und Familie.

Viele Männer dagegen halten an ihrer traditionellen Alleinzuständigkeit für Beruf und Karriere fest; Haus- und Familienarbeit weisen sie fast ausschließlich Frauen zu:

Die Konflikte liegen auf der Hand.

3. Kommunikationsverlust

Den nach meinen Erfahrungen wichtigsten Grund für das Scheitern von Partnerschaften nenne ich zuletzt: *„Wir können nicht miteinander reden, nicht über uns und was uns bewegt"* – dies ist das Resümée fast jeder Scheidungsakte. Eine Mandantin ergänzte: *„Und wenn wir miteinander reden, dann ist es so, als wenn er chinesisch spricht und ich spanisch."*

Lebendige Kommunikation ist jedoch die unverzichtbare Basis jeder Partnerschaft. Vorbei sind die Zeiten, in denen Frau und Mann durch gemeinsame Arbeit auf dem Bauernhof oder im Handwerksbetrieb miteinander verbunden waren. Spätestens seit der Romantik heiraten Menschen aus Liebe. Durchaus zarte Gefühle wie Liebe, Verständnis und Vertrauen bilden also die Grundlage heutiger Beziehungen – und die sollen nun ein Leben lang halten. Gleichzeitig aber hat niemand von uns gelernt, mit diesen fragilen Zuständen umzugehen. In Schule und Ausbildung werden wir auf Leistung und Sachverstand programmiert.

Gefühle, vor allem positive Gefühle, bleiben nur durch ständigen Austausch lebendig. NICHTS ist selbstverständlich! An erster Stelle aller Tugenden steht das Zuhören; aber auch Konflikte, Verletzungen und geheime Wünsche müssen ausgetauscht werden.

Dieser Befund ist simpel, doch fällt es uns schwer, ihn täglich vor Augen zu haben und in die Tat umzusetzen.

Das ärgste Hindernis aber: Nur die Wenigsten nehmen ihn zur Kenntnis.

Dr. Barbalies Wiegmann

hat über Scheidungsrecht promoviert. Sie arbeitet heute als Anwältin für Familienrecht in Bonn.

Sprache

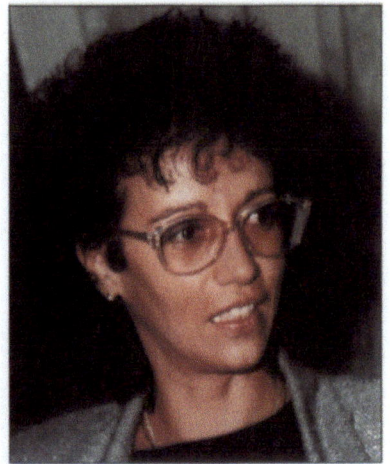

Ingeborg Fleischer

*ist selbständige Management-
beraterin in Frankfurt mit den
Schwerpunkten Rhetorik und
Konfliktmanagement*

Unser Sprachgebrauch reflektiert und reproduziert die gesellschaftliche Ordnung. Die Linguistik beschäftigt sich unter anderem mit dem Zusammenhang von Gesellschaftsstruktur und Sprachstruktur. Sowohl soziale wie Geschlechtsunterschiede schlagen sich im Sprachgebrauch nieder. Und das betrifft sowohl die verbale als auch die nonverbale Kommunikation.

Eine Rose ist keine Rose ...

Untersuchungen haben gezeigt, daß Frauen und Männer nicht die gleiche Sprache sprechen. Was macht den Unterschied aus? Vergleiche sind problematisch, weil wir keinen Standpunkt außerhalb beider Sprechweisen einnehmen können und meist die männliche Sprechweise die Norm abgibt. Das Sprachverhalten von Männern und Frauen wird in der Öffentlichkeit – unbewußt – unterschiedlich bewertet: Ist ein Mann wütend und schreit, so wird das als nachdrückliches Anliegen gewertet. Ist eine Frau hingegen wütend und schreit, empfindet die Mehrheit der Menschen das als Verlust von Selbstkontrolle, als Hysterie.

Diese negative Erwartung hat einen entscheidenden Einfluß darauf, wie Menschen reden. Viele haben das Gefühl, es stünde ihnen nicht – oder noch nicht – zu, eine klare Sprache zu verwenden. So sprechen sie mit weniger Sicherheit, Selbstbehauptung und Autorität. Die innere, gedachte und gefühlte Hierarchie und die unbewußte Übernahme von Vorbildern erschweren hier einen klaren Spracheinsatz.

Direkte oder indirekte Sprache

Befehle und knappe Anweisungen erteilen, Zurechtweisungen und eine kurze Abfuhr donnern – fälschlicherweise wird das mit *direkter Sprache* verwechselt.

So befürchten viele Menschen, eine direkte Sprache könnte als Anmaßung gewertet werden.

Die Mehrheit der Frauen verwendet ein sogenanntes „weibliches Sprachregister". Das trifft übrigens auch auf Männer zu, die sich in subdominanten Rollen befinden.

Beispiel 1: Es werden häufiger Abschwächungen verwendet:
„Ich würde meinen, daß ..."
„Ich bin nicht sicher, aber ..."

Beispiel 2: Behauptungen werden oft in Frageform formuliert:
„Könnten wir uns jetzt nicht darauf konzentrieren?"
„Finden Sie nicht, daß ..."

Beispiel 3: Redebeiträge werden mit einer Vorankündigung begonnen:
„Dazu möchte ich noch was sagen..."
„Wissen Sie, was ich mir überlegt habe, ..."

Beispiel 4: Selbstabwertung wird eingesetzt:
„Mir ist halt auch mal was eingefallen ..."
„Ich weiß nicht, ob Sie was damit anfangen können ..."

Beispiel 5: Indirekte Aussagen:
„Möchten Sie nicht lieber, daß ..."
„Man könnte sagen, daß ..."

Diese indirekte Sprache haben die meisten von uns in unserer Höflichkeitserziehung gelernt. Frauen neigen dazu,

Welche Sprache hat der Erfolg?

diese Sprachmuster generell einzusetzen, während sie im Sprachgebrauch der Männer seltener vorkommen. Menschen, zu deren Beruf es gehört, sprachlich zu überzeugen, sollten die direkte Sprache bevorzugen. Dieses gilt besonders für Frauen.

Reden wird besser bezahlt

„Sehen Sie sich um! Sie finden Leute, die reden, und Leute, die arbeiten. Nur selten sind es die gleichen Leute. Wer redet, wird immer viel höher bezahlt, als wer arbeitet." (Eric Webster: „Eine Nasenlänge voraus")
Analysieren Sie zunächst Ihren eigenen Sprachstil. Fragen Sie Freunde und Bekannte, denn unser Spracheinsatz ist uns meist nicht hinreichend klar. Eine direkte Sprache, auch *Power Talking* genannt, führt ganz sicher zu beruflichem Erfolg. Eine direkte Sprache, mit Autorität, Energie und Stärke eingesetzt, führt zum Ziel.
Vor allem, wenn sie in ihrem Ton höflich ist und von freundlich gelassener Körpersprache begleitet wird.
Sprache wirkt gleichermaßen nach außen und nach innen. So werden wir durch eine direkte Sprache uns auch selbstsicherer fühlen.

Tip 1: Verzichten Sie in Ihrer gesprochenen Sprache auf sämtliche *„man"*. Sagen Sie statt dessen: *„ich"*, *„Sie/Du"*, oder *„wir"*.

Tip 2: Eliminieren Sie aus Ihrem Wortschatz sämtliche *„eigentlich"* und *„vielleicht"*. Sprechen Sie statt dessen Ihre Vorbehalte direkt an.

Tip 3: Sagen Sie nicht mehr *„ich werde versuchen"*, sondern *„Ich tue folgendes …"*. Statt *„das kann ich noch nicht sagen"*, verwenden Sie *„darüber werde ich mich informieren"*.

Tip 4: Ersetzen Sie jedes *„ich kann nicht"* durch Argumente: *„Das und das spricht dagegen, deshalb ist es besser, wenn …"* Beobachten Sie, wie Sie sich selbst durch die innere *„ich kann nicht"*-Sprache entmutigen, und setzen Sie lieber *„ich werde nicht"* und *„ich will nicht"* dagegen.

Tip 5: Streichen Sie in Ihrer Argumentation das Wort *„aber"*. Dieses *„aber"* hat den Effekt, einen von zwei Gesichtspunkten, die Sie gegenüberstellen, zu entwerten. Vermeiden Sie die *„ja, aber"*-Argumentation. Bemühen Sie sich statt dessen um eine korrekte Argumentation unter Angabe von Gründen und Zielen.

Tip 6: Achten Sie auf eine aufrechte und gleichzeitig entspannte Körperhaltung. Sprechen Sie ausschließlich mit Blickkontakt. Für Frauen auf der beruflichen Erfolgsleiter ist diese Vorgehensweise zwingend.

Sprach-Stil!

Alle Menschen stellen sich durch Kleidung, Lebensstil, Freunde und Lebenspartner dar, doch am meisten durch die Sprache, die sie verwenden. Eine selbstbestimmte Änderung Ihrer Gewohnheiten lohnt sich also.
Je bewußter Sie mit der Sprache umgehen, desto mehr Gelassenheit gewinnen Sie im Umgang mit sich selbst und anderen.

sich vor ihren Altersgenossen nicht selten mit erfundenen Geschichten, in denen sie immer eine abgehobene, herausragende, singuläre Rolle spielen.

Fazit: Frauen wollen sich durch Sprache und Verhalten vorwiegend anderen annähern, Männer sich eher von anderen abgrenzen. Linguisten bezeichnen deshalb die Sprache der Frauen als Bindungs- und Intimitätssprache, die Sprache der Männer als Unabhängigkeitssprache. Es liegt auf der Hand, daß zwei so konträr verlaufende Zielsetzungen zu Problemen führen. Deborah Tannen sagt dazu: *„Weil Männer und Frauen die Landschaft von entgegengesetzten Aussichtspunkten aus betrachten, haben sie oft völlig unzureichende Eindrücke von der Szenerie und dem, was sich dort abspielt."*

Distanz und Nähe

Wenn es stimmt, daß Frauen eher die Nähe und Männer eher die Distanz zu anderen suchen, können wir damit ein weiteres Verständigungshemmnis zwischen Männern und Frauen erklären. Mit der Erklärung löst sich der Kommunikationsknoten oft ganz leicht auf. Frauen finden es häufig frustrierend, daß Männer, denen sie von ihren Problemen berichten, nicht mit der Bekundung ähnlicher Erfahrungen darauf eingehen. Männer wiederum sind oft frustriert, weil Frauen eben das tun:

- Er: *„Ich bin wirklich müde. Ich hab' letzte Nacht nicht gut geschlafen."*
- Sie: *„Ich auch nicht. Ich schlafe nie gut."*

Sprache

KURZ:

SEXISTISCHE SPRACHE
DER PLAYBOY HAT ES GUT

Von Linguisten (nicht nur von weiblichen) stammt die Weisheit, daß unsere Sprache eigentlich eine Männersprache sei, grammatikalisch von der männlichen Form und inhaltlich von männlichem Denken dominiert.

Sie lächeln? Sie denken: „Klar – zwei Autorinnen ..."? Doch schauen Sie selbst. Nennen Sie (nur zum Beispiel) männliche Synonyme für Begriffe wie Blaustrumpf, Zimtzicke, Weibstück, Nymphomanin oder Professionelle.

Sehen Sie!? Und wo es analoge Begriffe gibt: Haben die tatsächlich denselben Bedeutungsinhalt? Als „Professionelle" bezeichnet man sicher nicht die berufsmäßige Tennisspielerin. Ein „Profi" dagegen ist schlimmstenfalls ein Schlitzohr.

Der Schritt von der „Nymphomanin" zur Professionellen ist kurz; der „Playboy" hingegen wird (zumindest heimlich) bewundert. Jedenfalls schlägt der „Mannskerl" im Image das „Weibstück" um Längen; und übrigens: Auch mit dem schlechten Ruf eines *Macho* läßt sich prima leben.

Sie geht das nichts an? Sie reden nicht so? Und wie stehts mit jenen (familiären) Drückebergern, die man verständnisvoll als „workaholic" bezeichnet? Eine Frau, die für ihre Arbeit lebt, ist dagegen eine verstockte Zimtzicke, eine eiskalte Karrierefrau, die keinen abbekommen hat – oder (noch schlimmer) ihre Kinder im Stich läßt!

Gewerkschafter „kämpfen" für Kolleninteressen; sie sind „Aufklärer", wenn nicht sogar „Visionäre"; Emanzen dagegen zanken rum, nörgeln, sind unbelehrbar –, die haben Haare auf den Zähnen!

Bis in die frühen siebziger Jahre hinein fehlten die Frauen in vielen Berufsbezeichnungen ganz: Politiker, Wissenschaftler, Ökonomen. Selbst Gruppen, denen zweifelsohne Männer wie Frauen angehören (Bürger, Studenten, Rentner ...), bestanden rein sprachlich nur aus Mitgliedern.

Inzwischen haben Feministinnen, Journalisten und Politiker auf dem langen Marsch unseren Wortschatz um geschlechtsübergreifende Pluralformen bereichert: AkademikerInnen, PolitikerInnen, HandwerkerInnen – und selbst das eigentlich geschlechtslose „man" wurde durch ein penetrantes „frau" richtiggestellt!

Mit dem Bemühen um geschlechtsübergreifende Formulierungen versucht man/frau, die Sprache zu entsexualisieren. Damit beschäftigt sich gegenwärtig sogar die Grundgesetzkommission. Viele Wortneuschöpfungen klingen freilich ähnlich gezwungen und verkrampft, wie weiland die deutschtümelnden Versuche, aus der Nase einen Gesichtserker zu machen.

So wachsen Neurosen, nicht sprachliche Gleichberechtigung! Einfacher und wirkungsvoller wäre es, wenn wir alle ein bißchen sensibler mit unserer Sprache umgingen.

- Er: „Jetzt willst Du mir auch noch meine Schlaflosigkeit wegnehmen! Warum willst Du mich immer kleinmachen?"
- Sie: „Will ich doch gar nicht! Ich versuche nur, Verständnis zu zeigen."

Übertragen auf's Berufsleben, kann der freundlich gemeinte Satz der Etatdirektorin zum Kollegen, dessen Kunde soeben den Werbeauftrag gekündigt hat: „Nehmen Sie es nicht so schwer. Ich kann nachempfinden, wie es Ihnen geht." durchaus nicht die erhoffte Sympathie, sondern, im Gegenteil, Aggression auslösen.

Teils, weil er das Gefühl bekommt, daß seine Niederlage durch das (jetzt unterstellt er: scheinbare!) Mitleid öffentlich gemacht wird. Andernteils, weil er das Gefühl bekommt, daß sie ihm etwas wegnehmen möchte – seinen Ärger, seinen Frust, seine augenblickliche Einzigartigkeit.

Fazit: Für die meisten Frauen ist die Sprache der Konversation in erster Linie die Sprache der Bindung, und sie bedienen sich dazu einer Beziehungssprache (*rapport-talk*): Eine Möglichkeit, Bindungen zu knüpfen und über zustimmende Worte Gemeinschaft – eine Beziehung – herzustellen.

Für die meisten Männer sind Gespräche zunächst ein Mittel zur Bewahrung der Unabhängigkeit und zur Statusaushandlung in einer hierarchisch gegliederten Wirtschafts- und Gesellschaftsordnung. Dazu bedienen sie sich der Berichtssprache (*report-talk*). Sie stellen ihr ganzes Wissen und ihre Fähigkeiten zur Schau und rücken sich in den Mittelpunkt.

Zum Konflikt kommt es, weil Männer und Frauen beruflich wie auch privat ihr Sprechverhalten beibehalten. Männer gehen auch private Unterredungen wie einen öffentlichen Auftritt an (daher der durchaus unbewußte Versuch, sich ständig in den Mittelpunkt zu setzen), während Frauen oft auch geschäftlichen Gesprächen eine warme, private Note verleihen.

Rollenverhalten ...

Die Schlußfolgerung liegt nahe: Wenn Frauen lernen würden, wie ein Mann zu sprechen, wäre ihnen dann nicht dieselbe Aufmerksamkeit sicher wie einem Mann? Stünden sie dann nicht ebenso im Rampenlicht der Gesprächsrunde – und wären damit nicht alle Kommunikationsbarrieren auf einen Schlag weggeräumt?

Anders herum: Wenn Männer die Vokabeln der Beziehungssprache pauken würden, käme es dann nicht weit seltener zu konfliktreichen Dialogen mit tränenreichen Folgen?

Doch weder die knallharte Karrierefrau noch der supersensible Softie haben bisher die *Normalverteilung* geschlechtsspezifischer Kommunikation grundlegend ändern können.

... im Wandel?

Wenig Hoffnungen, daß sich Kommunikationsstörungen zwischen Männern und Frauen allein schon durch die Kenntnis der jeweiligen Sprechverhaltensweisen beheben ließen, hat auch der Psychoanalytiker Wolfgang Schmidbauer. Für ihn ist das männliche Kon-

kurrenzprinzip eine unverrückbare Barriere, die gegenseitiges Verständnis verhindert, wenn es auch noch in das Privatleben getragen wird.

Manches ändert sich eben nur allmählich: Noch vor wenigen Generationen wurden Jungen zu Siegern, Mädchen dagegen zu Samariterinnen erzogen. Da war die Rollenverteilung klar und unumstritten.

Mit dem Ende der körperlichen, männlichen Arbeit, dem wachsenden Wissen junger Eltern über Rollenverhalten und -klischees, mit dem zunehmenden *Eindringen* von Frauen in die berufliche Männerwelt werden Frauen auf den Konkurrenzkampf vorbereitet, der die existierende Gesellschaft prägt. Das relativiert die Kommunikationsbarrieren. Weg sind sie nicht.

KURZ:

P M S
DIE SACHE MIT DEN HORMONEN ...

... ist – sagen wir mal – umstritten. Lange Zeit war es Männern schlicht ein Rätsel, warum sie von ihren Partnerinnen mit einer periodisch wiederkehrenden schlechten Laune und Gereiztheit heimgesucht wurden. Selbst als das Phänomen schon einen Namen hatte, wollten betroffene Frauen, selbstbewußte und erfolgreiche zumal, davon nichts hören. Im Gegenteil. Andeutungen, ob vielleicht manche Streiterei tatsächlich körperliche Ursachen habe, mochte da geradezu strafverschärfend wirken! Jahrhundertelang nahm man die Mondphasen als Erklärung an. Mit der Entdeckung des *prämenstruellen Syndroms* (PMS) – eine hormonell ausgelöste, individuell unterschiedliche Kurzzeitveränderung in der psychischen Verfassung von Frauen – wurde vor einigen Jahren die wirkliche Ursache identifiziert.

Es ist schon seltsam: Manche Frauen leiden darunter, andere kennen es gar nicht – und glauben auch nicht daran. Immerhin: Jetzt wissen Männer, was ihre Partnerinnen in den Tagen vor den Ta-

gen deprimiert, übellaunig oder angriffslustig macht, und mit dem Wissen können sie es verstehen und darüber reden – oder schweigen. Wie gehen Männer mit PMS um? Einige Beispiele.

Frank, 26, Student:

„Wir haben offen miteinander gesprochen. Jetzt weiß ich, wann es soweit ist und versuche meiner Freundin in dieser Zeit Streß und Ärger vom Hals zu halten."

Stefan, 38, Kaufmann:

„Beide sind gefordert, nicht nur der Mann. Es wäre falsch von der Frau, würde sie sich in der PMS-Phase gehenlassen und nicht dagegen arbeiten."

Andreas, 30, Kameramann:

„Ich hab' aber auch mal meine Launen. Ist das nicht normal? Da muß jeder selbst mit klarkommen und sollte es nicht seine Umgebung spüren lassen."

Thomas, 43, Controller:

„Ich mach' Dienstreise! Alle Versuche endeten stets in einer dieser Alltagskatastrophen. Mal war es Meißner Geschirr, ein anderes Mal der neue Loewe. Jetzt suche ich in kritischer Zeit vor allem Abstand."

Jugendsprache: Gelegentlich sogar gut verständlich ...

Reich' mal die Floppies rüber !

Was empfinden Sie, wenn im Fernsehen die Heinz-Erhardt-Filme aus den fünfziger Jahren recycelt werden?
Stimmt! Sie lachen sich tot und denken: So schön war es also noch vor hundert Jahren ... Die Gesichter, die Situationen, die Dialoge – abartig – gut.
Aus längst vergessenen Zeiten tritt Ihnen eine Sprache entgegen, die mit den heutigen Codes medialer Kommunikation wenig bis nichts mehr zu tun hat.

Wahrscheinlich zieht es sich durch alle Zeiten: Gruppen und Szenen pflegten ihre eigene Sprache. Manchmal hat man schon Mühe, nur wenige Jahre jüngere oder ältere Zeitgenossen zu verstehen. Oder Leute aus anderen Berufswelten, die mir ihrem Fachchinesisch untereinander bestens kommunizieren.
Wie spricht der zeitgeistige Rundfunkmoderator seine Hörer an? „Hey people, bei dem Song geht echt die Sahne ab."

Scene-Sprachen

Die Sprache lebt

Jede Sprache ist ein Spiegel ihrer Zeit. Um uns herum entsteht fortwährend Neues: Durch technologische Weiterentwicklungen, durch neue Formen des Zusammenlebens und Zusammenarbeitens, durch neue Sichtweisen bekannter Dinge.
Und um uns mit anderen darüber aus-

tauschen zu können, müssen wir dem Neuen – seien es Computer oder Skinheads – einen Namen geben.
Beispiele gibt es in nahezu beliebiger Menge:
- Mit technischen Entwicklungen verändern sich Worte: In den Anfangsjahren des Automobils zeigte ein herausklappbarer WINKER abrupte Richtungsänderungen an. Heute

erfüllt der elektronisch gesteuerte BLINKER diese Aufgabe.
- Auf dem Bildschirm, der MATTSCHEIBE der sechziger Jahre, tobte einst *Lassie* herum.
  In den Achtzigern lief *Miami Vice* schon über den TV-MONITOR, und inzwischen versuchen einige Marketingstrategen, uns vor dem VDT, dem VIDEO DISPLAY TERMINAL, zu plazieren.

Im Lauf der Zeit, mit fortschreitendem Wissen oder durch stillen Wandel, wechseln manche Worte ihre Bedeutung in der Alltagssprache:
- Für Menschen im Mittelalter waren *Zauberer* und *Hexen* reale Personen. Merlin und Madame Mim aber gibt es heute nur noch in Walt-Disney-Filmen, und „Hexlein" oder „Zauberer" nennen wir Freunde, die uns mit ihrem Charme in Bann schlagen.
- Im Feudalismus war der *Herr* eine hochstehende, machtvolle und ehrfurchtheischende Persönlichkeit. In unseren modernen Demokratien dient das Wort *Herr* nur noch als männliche Anredeform.

Wörter werden aus einem anderen Zusammenhang oder aus einer Fremdsprache in den alltäglichen Sprachgebrauch integriert:
- Das englische Verb *to check* heißt, korrekt übersetzt, prüfen, untersuchen; eingedeutscht (*abchecken*), ist der Anglizismus bedeutungsgleich in unserer Sprache heimisch geworden. **Fortsetzung Seite 27**

... CHARLIE HAT GESAGT ...
WAS SIE IMMER SCHON MAL VERSTEHEN WOLLTEN

abfahren/abgefahren	1. jemanden besonders anziehend finden/gern mögen; 2. interessant, faszinierend sein; 3. sterben, weggehen; 4. abgewiesen werden
Alte(r)	1. Erzeuger; 2. Partner; 3. Freund
ansagen	alles, was modern ist
antesten	etwas ausprobieren
ausrasten	die Beherrschung verlieren
beinhart	1. stark; 2. toll
brutal	Steigerungswort für jeden Bereich, z.B. sagenhaft (brutal) gut
checken	begreifen
ciao	tschüß, tschau, tschö, bis dann, à bientôt
claro	selbstverständlich, klar
Clique	befreundete Gruppe
cool	1.toll, gut; 2. kühl; 3. jemanden faszinierend finden
deal	ein Geschäft machen
down	müde , kaputt sein
dröge	langweilig
durchblicken	verstehen
durchhängen	seelisch am Ende sein
easy	einfach, leicht
eindrücken	auswendig lernen
einwerfen	auf die Schnelle etwas essen
Else	unattraktive Frau
empty	vorbei
feeling	Gefühl
fix und foxi	körperlich am Ende sein
gigantisch	stark, hervorragend, außerordentlich
hotten	tanzen
Insider	1. jemand, der in ist; 2. Fachmann
Joint	selbstgedrehte Zigarette mit größeren Anteilen von Haschisch oder Marihuana
Joke	1. Witz; 2. Fest
jumpen	1. springen; 2. stehlen
Junghühner	junge Mädchen
Junkie	Drogenkonsument
Junkfood	Hamburger und all ihre pappigen Verwandten
Kids	Kinder, Jugendliche unter 20
Kies	Geld
knusper	richtig (im Kopf) sein (oder eben nicht)
krallen	1. stehlen; 2. sich etwas legal anschaffen; 3. jemanden festhalten
kübeln	1. sich betrinken; 2. sich übergeben
labern	1. Langweiliges oder Unwichtiges erzählen; 2. drum herum reden
leimen	täuschen
link	hinterhältig
logo	1. logisch; 2. Einverstanden!
machen auf ...	sich verstellen, jemanden nachmachen
malochen	schwer arbeiten
Marille	1.Kopf; 2. Verstand
meschugge	verrückt
Müll	Unsinn
schnorren	erbetteln
Schotter	1. Geld; 2. Unsinn
schwallen	viel daherreden, Unsinn labern
steil	hervorragend, toll
straight	ordentlich, gerade heraus, zielstrebig
tanken	1. sich betrinken; 2. sich erholen
Terz	Streit machen
tigern	1. ziellos umherstreifen; 2. nervös umhergehen; 3. gestreßt sein
tierisch	toll, gut
tote Hose	nichts los
verklickern	jemandem etwas verständlich machen
versifft	verwahrlost
Zampano	1. der Größte; 2. Anführer
Zippelgusse	häßliches Mädchen

Sprachen

Prof. Hilmar Hoffmann

ist Geschäftsführer der Stiftung Lesen in Mainz und Präsident des Goethe Institutes in München.

Leseerziehung – dafür sei doch die Schule zuständig, hört man vielfach streßgeplagte Eltern sagen. Irrtum! Leseerziehung beginnt lange vor der Schule. Erwachsene sind sich oft nicht bewußt, daß Kinder heute in einer lauten, bunten und gegenüber den realen Welterfahrungen schon vorherrschenden Medienumwelt aufwachsen. Um ihnen hier die Orientierung zu erleichtern, müssen die Eltern Hilfe leisten. Schon Kleinkinder erliegen der Verführung von bewegten Bildern im TV. Zweijährige können Stunden vor dem Fernseher zubringen, selbst wenn das Programm gar nicht für sie gemacht ist.

1. *Lassen Sie ihr Kind nicht allein vor dem Bildschirm hocken.* Es wird durch die Bilderflut zumeist überfordert und kann nicht selbständig zwischen Realität und Illusion unterscheiden. Wählen Sie die Fernsehprogramme für Ihr Kind sorgfältig aus; erst wenn Sie sich selbst davon überzeugt haben, daß eine Sendung den Erfahrungshorizont Ihres Kindes nicht übersteigt, sollten Sie ihm einen Film zumuten. Sprechen Sie mit ihrem Kind über das Gesehene, um festzustellen, was es davon mitbekommen hat, und bieten Sie dazu passende Bücher an.

2. *Lesen heißt Kommunikation.* Fast immer hätten Sie Ihre (trügerische) Ruhe, überließen Sie Ihrem Kind allein die Fernbedienung des Fernsehers. Die Empfehlung eines Buches hat kaum den gleichen Effekt, schon weil Bücher nicht selbst sprechen und sich schon gar nicht bewegen. Man muß mit der eigenen Phantasie, den eigenen Fragen in Büchern wandern. Zeigen Sie, daß man auch mit Büchern kommunizieren kann, indem Sie selbst aktiv kommunizieren: Lesen Sie Geschichten vor, betrachten Sie Bilderbücher gemeinsam, beantworten Sie Fragen und stellen Sie selbst welche zu Motiven, die Ihr Kind erkennt.

3. *Lesen helfen ist Zuwendung.* Der Umgang mit Büchern sollte eine durchaus sinnliche Form Ihrer Zuwendung sein. Gemeinsam lesen, vorlesen, Bilder anschauen heißt gemeinsam erleben. Sie sind die Mittler, die Bücherwelten für Kinder lebendig machen können. Ihr Kind möchte sich mit dem beschäftigen, womit Sie sich beschäftigen. Geben Sie ihm das Gefühl, daß Bücher für Ihr Wohlbefinden wichtig sind und lassen Sie sich auf kindliche Bedürfnisse ein. Gemeinsam Lesen, Vorlesen und Bilder betrachten sollte von Ihrem Kind als eine Situation der Geborgenheit erlebt werden, aus der heraus es neugieriger auf das Fremde und Neue zugehen kann.

4. *Lesen als sinnliche Erfahrung.* Ein Einjähriger blättert und reißt genußvoll aus einem Versandhauskatalog heraus, was ihm gefällt; es knistert und die Papierfetzen häufen sich. Auch beim Buch ist die erste Wahrnehmung eine anfassende, danach folgt der visuelle Reiz der bunten Bilder, erst dann kommt das allmähliche Verstehen. Die ersten Bücher für Ihr Kind sollten es vor al-

So führen Sie Ihr Kind an Bücher heran

lem physisch und optisch ansprechen. Später wird sich Ihr Kind umso mehr für Bücher interessieren, je mehr es Sie selbst beim Lesen beobachtet. Das Vorbild der Eltern ist in der frühen Sozialisationsphase für das ganze Leben entscheidend.

5. *Die Auswahl der „richtigen" Lektüre.* Die richtige Buchauswahl für Ihr Kind ist neben der aufmerksamen Zuwendung beim Lesen das wichtigste Kriterium. Zunächst müssen Sie selbst entscheiden, welches Buch, welches Thema, welche ästhetische Gestaltung Sie für geeignet halten.

Im riesigen Kinderbuchangebot gibt es eine Fülle von Orientierungshilfen, darunter auch von der Stiftung Lesen. Sie bietet vor allem ein breites Sortiment sorgfältig ausgewählter „Leseempfehlungen", nach verschiedenen Themen und für unterschiedliche Altersgruppen geordnet. Fragen Sie Ihren Buchhändler oder die Bibliothekarin und achten Sie auch auf Kinderbuchbesprechungen in Ihrer Zeitung.

Lust zum Lesen bekommt Ihr Kind aber nur, wenn das Buchangebot ohne pädagogischen Zeigefinger daherkommt. Richten Sie sich nach den Interessen und Vorlieben Ihres Sprößlings. So entwickelt sich eine dauerhafte Lust am Lesen. Es ist unfaßbar, daß statistisch nur die Hälfte aller Jugendlichen über eigene Kinder - oder Jugendbücher verfügt (Studie Jugend und Medien, 1986).

6. *Das „Abenteuer Lesen" beginnt mit dem Interesse an Geschichten.*

Spannende und lustige Geschichten haben bei den meisten Kindern Vorrang vor Besinnlichem. Mehr noch als Erwachsene verlieren Kinder das Interesse an einem Buch, wenn zuvor dessen Verfilmung über den Bildschirm geflimmert ist.

Das begeisterte Verschlingen von „Winnetou" oder „Robinson Crusoe", von „Jim Knopf" oder der „Unendlichen Geschichte" wird garantiert verhindert, wenn Ihr Kind zuerst die Verfilmung sieht. Sorgen Sie dafür, daß die berühmte Kinderliteratur nicht per konservierter Bildschirmillusion den Kopf Ihres Kindes besetzt, sondern daß die Phantasie aus der Lektüre aufblüht.

7. *Es gibt mehr als Bücher.* Die meisten Erwachsenen verbringen weit mehr Lesezeit mit Zeitungen und Zeitschriften als mit Büchern. Diese sind nach wie vor wesentliches Medium der täglichen Information geblieben. Führen Sie Ihr Kind deshalb auch an dieses Medium heran. Es gibt einige durchaus empfehlenswerte Kinder- und Jugendzeitschriften für verschiedene Alters- und Interessengruppen.

Jugendliche verwenden das Wort, um alles tatsächlich Denkbare *abzuchecken*. Und wenn sie etwas überhaupt nicht verstehen, dann *checken* sie es einfach nicht.

Unsere Welt entwickelt sich in rasendem Tempo weiter. Neues entsteht und Altes vergeht. Permanent verändert sich unsere Sprache.

Sie ist lebendig, anders als „tote" Sprachen wie Latein oder Altgriechisch; die allerdings als unerschöpfliches Reservoir für medizinische Fachausdrücke und philosophische Zitate dienen, mit denen Schüler und Studenten traktiert werden.

Jedes Jahr fünf neue Worte

Sprachliche Veränderungen vollziehen sich längst nicht nur im Laufe der Jahrhunderte; schon zwei Generationen können kilometerweit aneinander vorbeireden. Der aktive Sprachschatz eines Schülers ist ein anderer als der eines fünfzigjährigen Geschäftsmannes. *Warum?* Das liegt nur zum Teil am Alter: Menschen machen in ihren einzelnen Lebensabschnitten auch deshalb unterschiedliche Spracherfahrungen, weil sich das gesellschaftliche, po-

Thema: „Das gute Buch". Hier eine Studie unseres Fotografen.

Sprache

Frank Gotta

*ist studierter Germanist &
Journalist. Er ist Mitinhaber des
Textbüros „Doppelpunkt"
in Karben bei Frankfurt/M.*

Nein, der Computer ist nicht die älteste Art der kommerziellen Unterhaltung! Mindestens gab es zuvor das Fernsehgerät. Vielleicht haben Sie ältere Verwandte? Pflegen Sie die gut – und fragen Sie gelegentlich einmal, wie er oder sie damals, als alles besser war und es noch Wölfe im Spreewald gab, wie er oder sie die (damals) noch weniger üppige Freizeit (… *neumodischen Krams* …) totschlug. Sie bekämen die Antwort: *„Durch Lesen"*. Und mich würde das an Ihrer Stelle gar nicht wundern.

Lesen lernte man damals – wie ist das heute? – in der Schule. Damals half einem das für's ganze Leben, und so brauchte man es auch. Heute – ist das Luxus. **Aber:** Der alte Glanz haftet noch! Wer liest – ja, wer nur scheinbar liest, nur lesen könnte, der zeigt uns schon seine erhebliche Kultur. Deshalb mehrere Bücher, deshalb Regale: Es putzt ungemein.

Und darum sollten auch schon Kinder lesen (wenigstens lernen), trotz Fernsehen und Nintendo. Schließlich scheppert der Schatten Ihrer filii auf Sie selbst zurück.

Das lesende Kind beweist somit nicht gleich eigene Intelligenz, wohl aber die Kulturbeflissenheit seiner Altvorderen. Wollen Sie vor Nachbarn/Freunden/Lehrern/Geschäftspartnern nachweisen können, daß mit Ihrem Kind ein Schöngeist heranwächst, sollte im Kinderzimmer neben Turtels, Gameboy und Holzspielzeug vorsorglich auch ein Bücherregal, nebst einigen aner-

kannt guten Büchern zu finden sein. Bis hin zum Alter von sechs mag die rein physische Existenz von Büchern in Reichweite des Nachwuchses genügen. Ab einsdreissig, einsvierzig sollte aber damit gerechnet werden, daß Monster gelegentlich seine Belesenheit irgendwie unter Beweis stellen muß. Sieben Tips für/gegen die Blamage:

Erstens

„Kannst Du Dir nicht mal was Vernünftiges zum Geburtstag wünschen?" Zeigen Sie Ihrem Kinde deutlich Ihr in allen Belangen überlegenes Bewußtsein; Ihr Motto: *„Ich weiß am besten, was mein Kind lesen sollte."* Nägel mit Köpfen: Mit sieben sollte Knirps nicht mehr *„Burg Schreckenstein"*, sondern, bitte sehr, Hesses *„Steppenwolf"* lesen. Im Folgejahr könnte Eichendorff getestet werden. Zurückliegende Erfolge sollten Sie ermutigen: Sie hatten ja auch das Holzspielzeug durchgesetzt und das Magische Schwert (nebst Blitz und Stereo-Sound) auf den Dachboden verbannt.

Zweitens

„Und wie hat Dir nun das Buch gefallen, das ich Dir Weihnachten geschenkt habe?" Eine bewährte Gesprächsdrohung: Alle Tanten der Welt und, wie EMNID ermittelte, 73 Prozent aller Onkel, bedienen sich solch inquisitorischer Initiale.

Das verantwortungsbewußte Elternteil mag dem Sprößling, dem der *„Wilhelm Meister"* gewichtig auf den Magen drückt, vielleicht im Vorfeld die-

So halten Sie Ihr Kind von Büchern fern

ser Besuche motivatorisch beistehen: Ein mittleres Referat zum Thema mag bei abendlicher Verspätung als Generalprävention wirken, gezielte Fragen stellen sicher, daß im Gedächtnis bleibt, was gefälligst dahin gehört.

Drittens

„Comics kommen mir nicht ins Haus." Wie auch! Das Taschengeld ist knapp; das Sparbuch unterliegt dem Monatsrapport! Halten Sie Ihre Barbarellasammlung, die Asterix-Jubiläumskassette und vor allem all diese Manara-Teile in sicherer Entfernung und möglichst verschlossen. Nunmehr erwachsen, können Sie schließlich mit so was umgehen. By the way können Sie so Ihrem Kind gleich vermitteln, wessen Wertmaßstäbe es zu akzeptieren hat, *„solange Du Deine Füße unter meinen Tisch steckst."*

Viertens

Gut ist auch folgender: *„Das hab' ich schon mit elf gelesen."* Oder: *„In Deinem Alter war ich täglich zwei Stunden in der Leihbücherei"*. **Merke:** Kulturbewußtsein entsteht durch moralische Anleitung und wertbewußte Führung.

Fünftens

„Das ist noch nichts für Dich" eine Variante zu 4. Zeigen Sie kreativen Wechsel! Geben Sie diesem Satz einen breiten Geltungsbereich. Sie vermeiden so, daß Ihr Kind Sachen liest, die Sie selbst weder gelesen haben noch verstanden hätten. Denn: Neunmal-

schlaue Gören neigen zur Subversion!

Sechstens

„Um Dir vorlesen zu lassen, bist Du doch nun wirklich schon zu alt." Natürlich müssen Sie Ihre Erziehung auch unter praktischen Gesichtspunkten durchdenken. Weder haben Sie alle Zeit der Welt für die Zwerge, noch hülfe es denen, wenn Sie bei *„Plüschohreichhörnchen"* ins Stottern geraten.

Siebtens

„Mach mir ja keine Eselsohren und nimm die Regenwürmer aus den Seiten!" Sie haben die Teile bezahlt! Sie gehören Ihnen! Machen Sie von Ihrer Richtlinienkompetenz Gebrauch! Einerseits: Daheim stellen Sie die Legislative, durchaus auch die Judikative und jedenfalls die Exekutive (siehe Marx, Karl: *„Über das Eigentum"*). Andererseits: Das repräsentative Regalbuch muß schon ordentlich aussehen! Schließlich: Und überhaupt …

Und nun mit frischen Kräften rein in die Pädagogik!!

litische, und technisch-wissenschaftliche Umfeld permanent ändert. Diese Veränderungen spiegeln sich in der Sprache wider. In jeder Generation, inzwischen alle paar Jahre, tauchen markante Wortschöpfungen auf – und verschwinden zuweilen schon nach wenigen Jahren wieder.

- Zu Beginn des Jahrhunderts wurde ein sympathischer Mensch durch das Wort *knorke* beschrieben (in Berlin und Umgebung sagt man das auch heute noch so).
  In den fünfziger Jahren sagte man von ihm, er sei *dufte*.
  Klasse und *toll* nannte ihn die Jugend der siebziger Jahre, in den achtziger Jahren war dieser nette Zeitgenosse schlicht *affengeil*, und heute ist er zu einem *super-megacoolen* Typen mutiert.
- In den sechziger Jahren gingen einem unangenehme Dinge *auf die Nerven*.
  In den siebziger Jahren ging uns die gleiche Sache *auf den Geist*, wenige Jahre später *auf den Keks*, und heute geht nicht nur dem Jungvolk unser aller Tagespolitik bisweilen *auf die Socken*.

Photo: Siems

The Choice of a new Generation …

Sprache

SCENE-SPRACHEN
HIER: ROTWELSCH (I)

Eine Geheimsprache, eine Insidersprache, die zur Verschlüsselung von Kommunikationsinhalten dient, ist weder neu noch eine Erfindung der Militärs.

Schon immer schützten sich sozial homogene, sich freundschaftlich gesinnte Gruppen dadurch, daß sie eigene „Geheimsprachen" entwickelten.

Ein unterhaltsames Beispiel hierfür ist das sogenannte Rotwelsch, die deutsche Gaunersprache.

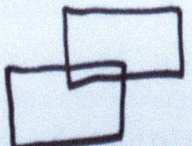

Die Leute kann man einschüchtern

Rotwelsch wurde im Mittelalter von Vaganten gesprochen (das sind Nichtseßhafte: Fahrende Händler, Messerschleifer und Kesselflicker, Bettler, Hausierer, aber auch Handwerksburschen auf der Walz und Gaukler).

Erste schriftliche Erwähnung findet es in einem Wörterverzeichnis des Augsburger Achtbuchs von 1342, doch es ist erheblich älter.

Nur Frauen im Haus

Wie bei vielen Insider-Codes hat sich auch im Rotwelschen keine eigene Grammatik entwickelt. Die Chiffrierung, durch die sich die Fahrenden vor dem Zugriff der ihnen feindlich gesinnten, seßhaften Außenwelt zu schützen hoff-

ten, wurde vor allem durch die Auswechslung von Verben, Substantiven und Adjektiven erreicht. Quelle waren zum einen die Wörter der deutschen Hochsprache, deren Bedeutungen verändert oder uminterpretiert wurden, zum zweiten untergehende und bereits vergessene Wörter, aber auch Dialektausdrücke oder Adaptionen aus Fremdsprachen.

Hier gibt es Geld

Durch die Isolation der Gruppen, die sich des Rotwelschen bedienten, wurde in dieser Sprache ein großer Teil des mittelhochdeutschen Sprachgutes konserviert. Auch hebräische Begriffe, die im Umgangsdeutsch nur selten verwendet wurden, fanden Verwendung: Jiddisch ist ein Mixtum compositum aus dem Bayrisch-Österreichischen, dem Mittelhochdeutschen und dem Hebräischen. Heute noch verwendet man in Bayern Wörter, die hebräischen Ursprungs sind, zum Beispiel „ebbes" (etwas) oder „Hendl" (Hühnchen).

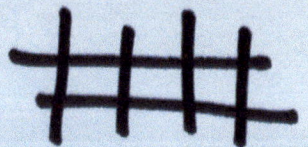

Achtung Gefahr!

Der Anfang vom Ende der Fahrenden und damit auch das Ende der Weiterentwicklung des Rotwelschen kam mit

der industriellen Revolution im 18. Jahrhundert; später machte das faschistische Deutschland auch den sprachlichen Manifesten der Nicht-Seßhaften brutal den Garaus.

Es gibt hier nichts

Trotzdem haben recht viele Ausdrücke, die ursprünglich dem Rotwelschen entstammten, in unserer Alltagssprache überlebt. Aber wer weiß schon, daß die in Süddeutschland Bewunderung ausdrückende Redewendung: *Der Schorsch weiß genau, wo der Bartel den Most herholt* – diesen Schorsch eigentlich der Gaunerei bezichtigt? Denn Bartel ist das rotwelsche Synonym für Brecheisen, und Most steht für Geld.

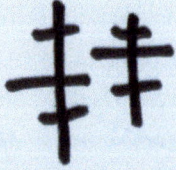

Achtung Polizist

Rotwelsch wurde fast nur im Gespräch genutzt, daher gibt es nur wenige Originalaufzeichnungen. Zur Korrespondenz bediente man sich graphischer Zeichen, den sogenannten Zinken, die verschlüsselte Informationen enthielten.

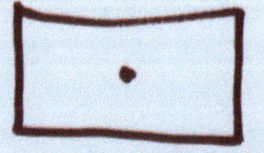

Besitzer ist brutal

Der Schnabel ist gewachsen!

Unterschiedlicher Sprachgebrauch entwächst nicht bloß dem Lauf der Zeit, sondern wird auch durch unterschiedliche soziale Umfelder geprägt. Marco, 18, (*Gestern'n coolen Video gesehn. Melanie Griffith, eyh! Mords Möpse, die Alte*) schnoddert nicht nur außerhalb der Schule einen kraftvollen Freistil. Dagegen befleißigt sich Paul, 50, einer ausgesucht gepflegten Konversation (*Ich hoffe sehr, Ihre Unterkunft hat Ihnen zugesagt*).

Lassen wir doch Marco und Paul einmal den gleichen Sachverhalt in ihren jeweiligen Sprachen schildern. Sie reden beide über eine attraktive Frau, der sie kürzlich begegnet sind.

Marco: *„Ey, Alter, wenn ich Dir das erzähle, dann schnallste total ab. Neulich, ey, Music-Hall.*

Kommt da vielleicht 'ne Schnecke 'rein, kann Dir sagen, megageil!

Ey, auf die bin ich sofort abgefahren, sah supercool aus.

Bin dann 'rüber und hab' die total dichtgelabert. Das hat's volle Kanne gebracht.

Ham' nen date tomorrow! Mal sehn, was dann so abgeht . . ."

Paul: *„War letzten Freitag in Hannover; . . . so'n Seminar. Abends noch 'nen Absacker an der Bar, kam eine Frau rein – aber hallo! Beine bis zum Mond. Ich hab' ihr einen Sekt rübergeschickt und wir haben eine ganze Weile miteinander geplaudert. Ich denke, ich werde sie in der nächsten Woche 'mal anrufen. Du, ich weiß nicht, aber vielleicht kann daraus etwas werden."*

Älteres deutsches Idiom in einer neueren Ausformung.

Wir reden in Codes

Sprach- und Sozialwissenschaftler haben die Theorie entwickelt, daß wir in Verschlüsselungen, sogenannten Codes sprechen. Damit ist eine festgelegte Verständigungsweise gemeint, die nur innerhalb einer Gruppe bekannt ist und gepflegt wird. Durch diese gemeinsame sprachliche Struktur kann sich die Gruppe von anderen Gruppen absetzen. In vielen Untersuchungen wurde beschrieben, wie die sprachliche Entwicklung – letztlich auch die spätere Gruppe – schon im Kindesalter maßgeblich festgelegt wird: Und zwar durch Herkunft, Familie, Bildungsniveau der Eltern und des Freundeskreises sowie die eigene Ausbildung. So hat etwa die Fähigkeit, sich auszudrücken, nicht unbedingt etwas mit Intelligenz zu tun; sie wird vor allem durch die Sozialisation erworben. Einleuchtend: *„Was Hänschen nicht lernt . . . "* Wem nicht schon im Kindesalter vermittelt wird, wie man sich richtig audrückt, der wird es als Erwachsener schwerlich lernen.

Bei einem beschränkten, „restriktiven" Code kann die Wahl des Vokabulars und der grammatischen Formen von einem Beobachter mit hoher Wahrscheinlichkeit vorausgesagt werden, weil dem Sprecher nur ein kleiner Sprachschatz zur Verfügung steht. Er kennt kaum bedeutungsgleiche Wörter (Synonyme) und drückt sich folglich recht simpel und unkompliziert aus. Ebenso ist es mit der satzbautechnischen Variationsbreite, die Stellung der Wörter im Satz. Sie ist bei Verwendung des „restrictive Code" kaum veränderlich.

Demgegenüber ist die Sprechweise eines hochentwickelten „elaborierten" Codes insgesamt abstrakter und reich an Differenzierungsmöglichkeiten. Sie ist durch häufigeren Gebrauch von Konjunktiven und verschiedenen Zeitformen gekennzeichnet. Nur mit ihr können komplexe Sachverhalte und Gefühle angemessen beschrieben werden. Ein solches Sprachverhalten ist folglich sehr viel schwerer vorherzusagen als beim restriktiven Code.

Nach der Theorie ist es durchaus mög-

ZWEI WORTE IM WANDEL

• **geil:**
Laut Grimms „Deutschem Wörterbuch" von 1854 bedeutet dieses kleine Wörtchen im Mittelhochdeutschen sowie im aufkeimenden Neuhochdeutschen "froh, lustig, gutgelaunt" Anfang dieses Jahrhunderts stieß die erotische Komponente dazu und der Sinn bezog sich eher auf die Sexualität: „scharf sein". Heute kann das Wort wieder in jeder superlativen Lebenslage (wie „sehr gut", "bombastisch") angewendet werden und muß nichts mehr mit Erotik zu tun haben.

• **toll:**
Ursprünglich bedeutet toll „getrübt", dann „verrückt, geisteskrank".
Heute wird toll kaum mehr in diesem Sinn verwendet. Das Wort ist heute ein Ausruf für pure Begeisterung.

lich, daß ein und derselbe Sprecher mehrere Codes beherrscht und sie in gegebenen Situationen anwendet. Häufig kann man dies bei Jugendlichen beobachten, die sich untereinander anders ausdrücken als im Gespräch mit Älteren. Solche „Sprachchamäleons" werden immer verstanden, weil sie gelernt haben, ihren Sprachstil ihrer jeweiligen Kommunikationsumgebung anzugleichen.
Beispiel: Die 17jährige Sandra will sich eine Bluse kaufen. Zunächst erzählt sie ihrer Freundin davon:

• *Ich hab' da so 'ne hyper-cooles Teil in weiß gesehen, flower-power-mäßig, echt mega-scharf! Und kost' nur 'n Fuffi."*
Ihrer Mutter schildert sie das Traumstück mit anderen Worten:

• *„Du, Ma, ich hab da 'ne tolle weiße Bluse gesehen. Die sieht wirklich klasse aus, so ganz im Stil der Siebziger. Und sie kostet nur fünfzig Mark."*

Die Sprache der Jugend ...

… ist durchaus nicht simpel. Sie hat ihre eigenen Vokabeln und ihren eigenen Verlauf. Dazu dienen gelegentlich „freie" Übertragungen von Fachvokabeln in den allgemeinen Sprachschatz (*Spasti*, = Dummkopf; *tanken* = sich sinnlos betrinken) oder auch metaphorische Wendungen (*Laß uns 'ne Schnecke angraben*).
Durch ihren ureigenen Code erreichen Jugendliche eine Abgrenzung zur übrigen Gesellschaft; – vor allem von den Erwachsenen. Denn die zeigen meist eine profunde Unfähigeit, junge Menschen als gleichwertig zu akzeptieren: Der Erfahrungsschatz von Jugendlichen wird als gering und magelhaft angesehen („*Hör auf mich, ich hab' das auch mal durchgemacht"*).
Ein Dilemma: Einerseits unvermeidlich (denn Erlebtes wird Erfahrung), zugleich dämliche Attitüde!
Jugendliche, die Selbständigkeit, eine eigene Identität gewinnen wollen, führt das geradewegs in eine Trotzhaltung. Sie grenzen sich nicht nur optisch von den Älteren ab (Hippies, Punks, Skins u.ä.), sondern auch durch eine unabhängige, oft auch provokative Sprache. Der Appell, der (eigentlich) davon ausgeht, läßt sich auf einen recht simplen Nenner bringen: *„Nehmt uns ernst."*

Medienmanipulation

Großen Einfluß auf die Sprache haben Fernsehen, Radio, Zeitungen, Bücher, Werbung – die Medien. Die Bestechendsten unter ihnen müssen wir uns nicht einmal selbst holen – sie kommen flimmernd, plärrend, plätschernd oder großformatig in Form von riesigen Plakatwänden und Litfaßsäulen direkt auf uns zu.
Man ist ihnen ausgeliefert, ob man will oder nicht. Besonders Kinder und Jugendliche, die inmitten der Medien-

Die Frage an sich ist klar und deutlich ...

vielfalt aufgewachsen sind, betrachten sie zunächst selbstverständlicher, kritikloser als viele ältere Menschen.

Vor jedem Wort und jeder anderen Beschäftigung sind heute die elektronischen Medien allgegenwärtig und unbegrenzt verfügbar. Sie vor allem sind der Spiegel der zeitgenössischen Welt. So ist es kaum verwunderlich, daß Jugendliche die Medien als Lebensumfeld, als Trendsetter, als Maß der Dinge ansehen und versuchen, die in den Medien dargestellte Wirklichkeit in ihre reale Welt zu übertragen.

Um sich in der unbekannten (feindlichen) Welt zurechtzufinden brauchen Jugendliche Vor-Bilder und Idole. Bis Anfang dieses Jahrhunderts waren das der Vater, die Mutter, Helden der Vergangenheit.

In den fünfziger Jahren übernahmen diese Rolle vor allem Schauspieler wie James Dean, die als Repräsentanten eines neuen Lebensgefühls galten. Mit dem Zeitalter des Rock'n'Roll übernahmen – für lange, lange Zeit – Musiker die Rolle der Leitfigur.

Spätestens seit der Zulassung privater Rundfunk- und TV-Anbieter beziehen wir (? – jedenfalls die Jugend) aus den Medien alle nötigen Anleitungen: Vom Geschmack über das Auftreten bis hin zur Sprache.

Medien haben sicher auch eine informative Funktion. Maßgeblicher jedoch, zumindest intensiver, scheint heute ihre „Unterhaltungsfunktion"; Fernsehen und Radio als Geräuschkulisse. Es kann niemanden erstaunen: Wer sich permanent berieseln läßt, der nimmt Stück für Stück die Sprache (zunächst in seinem passiven und später auch)

KURZ.

SCENE – SPRACHEN
HIER: ROTWELSCH (II)

Bayerisch oder Sächsisch, Jiddisch oder Rotwelsch, ausgeprägte Scene-Sprachen halten sich nicht über Jahrhunderte; viele Idiome, die ehemals nur in den Scenen verstanden wurden, assimilieren mit der Zeit ins allgemeine Sprachgut.

Einen Joker haben	Etwas Teures besitzen
Einen guten Schnitt machen	Etwas aus der Tasche stehlen
Es ist zappenduster	Sperrstunde im Wirtshaus
Etwas zuschanzen	Etwas gewinnen
Federn lassen	Angst haben
Haariges Geschäft	Gefährliches Vorhaben
Ich geh' am Stock	Ich sitze im Gefängnis
In der Klemme sitzen	Im Gefängnis sein
Jemanden aufreißen	Jemanden betrügerisch verführen
Kauziger Alter	Der Heilige Vater
Keine Scheu haben	Keine Frau/Tochter haben
Kohl erzählen	Anlügen
Labern	Reden
Mit jemandem Schlitten fahren	Waren auf Kredit kaufen
Moos holen	Stehlen
Muffe haben	Vor Angst stinken
Plädieren	Betteln
Pulver haben	Geld besitzen
Sargnagel	Stinkende Zigarre
Schutzmann	Halbe Portion
Zieh Leine!	Geh auf den Strich!

(Eine kleine Geschichte des Rotwelsch lesen Sie auf Seite 30.)

---

in seinen aktiven Sprachschatz auf. Nicht immer – aber immer öfter.

Auch Comics und Jugendliteratur prägen das Sprachbild (*Ups*, *Puuuh*, *Whow*, *Klong*). Kultbücher wie *Das kleine Arschloch* von Walter Moers oder Brösels *Werner* (*Gestern hamwa ordentlich Bölkstoff gekübelt*) bestätigen mit ihren verkauften Riesenauflagen den großen Bedarf an bildhaft ausgedrückten Emotionen, an einer möglichst unmittelbaren Originalität, die vielen aus der Seele zu sprechen scheint.

So werden Modewörter geboren.

Und so hat auch die Computerindustrie – eher ungewollt – ihren Teil zur Spracherweiterung beigetragen. Denn irgendwo hat doch jeder *einen Chip locker*. Oder etwa nicht?

Deutlich deutsch!

... Ausländer, fast überall ...

O Mann, wie klein ist ist doch die Welt geworden. Jeder war schon mal auf Mallorca? Fast jeder kennt das „Maxim´s" in Paris. Und wer hat nicht schon von den emsigen U-Bahn-Stopfern in Tokio gehört? Aber wer hätte nicht Probleme zu verstehen, was an den U-Bahn-Stationen steht? Die wenigsten können Japanisch – Ausnahme: Japaner und ein paar andere. Und wie behelfen sich die meisten? Mit Gebärdensprache.

Das wird auf der ganzen Welt verstanden, wenn sie es richtig machen. Sie wissen schon: Die zu einem V ausgestreckten Finger und so ...
Als Deutscher ist man auf der ganzen Welt Ausländer, außer im eigenen Land. Aber auch da tun sich zuweilen kommunikative Schlagbäume auf. Tip: Kopieren Sie diesen Abschnitt und stecken Sie ihn in Ihren Brustbeutel oder Bauchkatze. Aber Vorsicht vor Beutelschneidern.

Cross-Culture

Du sprechen meine Sprache ?

Max Kaltstetter, welterfahrener Manager eines Elektrokonzerns, war sich sicher, daß er nahezu perfekt Englisch sprach. Er hatte sogar (freie) Vorträge auf Tagungen und Seminaren in englischer Sprache gehalten. Die englischen Kollegen pflegten ihn für einen Amerikaner zu halten, in USA galt er

als Brite, in Sydney als Kanadier. Niemand hielt ihn für einen Deutschen. Dann geschah es: Eines Tages wurde er nach London versetzt. London – er war noch nie hier gewesen. Schock: In Heathrow stieg er ins Taxi, nannte die Adresse seines Hotels und bekam im Gegenzug 45 Minuten lang vermutlich eine ganze Lebensgeschichte erzählt – vermutlich, denn Max Kaltstet-

ter verstand nur höchst gelegentlich ein Wort. Niemals zuvor habe er sich so fremd, einsam und hilflos gefühlt wie in jenen ersten Stunde in London. Drei Monate später konnte er sich problemlos ...

Wir täuschen uns gewaltig, wenn wir glauben, daß wir eine Fremdsprache beherrschen, weil wir sie aus Büchern, in Kursen und in einer bestimmten gesellschaftlichen Schicht gelernt haben. Natürlich: Wer in Berkeley studiert hat, bildet sich leicht ein, die Angelsachsen dieser Welt zu verstehen. Doch schon George Bernard Shaw wußte, daß Briten und US-Amerikaner alles gemeinsam haben – außer der Sprache. Auch die deutsche Vereinigung zeigt uns dies mit tausend Tücken. Und selbst geborene Wessis können sich im eigenen Land wie Fremde fühlen; etwa wenn der Bayer in Husum nach dem Weg fragt.

Ohren auf!

Aufnahmebereitschaft, Offenheit und Neugier sind in jedem Fall die richtigen Mittel, um Sprachbarrieren, welcher Art auch immer, zu überwinden. Übrigens sollte man gar nicht erst versuchen, verbale Perfektion vorzuspiegeln – solange man nicht bis zur Selbstverständlichkeit sicher spricht. Seien Sie sich (um Gottes willen) nicht zu fein dazu, sich einfach auszudrücken! Sagen Sie dem Amerikaner *„I'm tired"*, und er wird wissen, daß Sie müde sind. Natürlich versteht er auch,

Expertentip: Vom Umgang …

Robert Markus Feldmann

*auslandserfahrener Unternehmens-
berater bei Gemini Consulting in
Bad Homburg*

Als ich mich zum ersten Mal 1980 für längere Zeit in den USA aufhielt, war ich beeindruckt von der „offensiven" Freundlichkeit, die mir überall entgegentrat. Innerhalb von Sekunden war ich der „friend" von wildfremden Leuten; nach dem Ende einer Party hatte ich Einladungen in zehn Häuser.

Aber dann entdeckte ich, daß „Sagen" und „Tun" in den USA zwei verschiedene Dinge sind, und mir ging es wie vielen, die die Kultur- und Kommunikationsunterschiede zwischen Europäern und Nordamerikanern unterschätzen. Im Geschäftsleben trifft die kühle, durchdachte, sehr rationell gründliche deutsche Art mit ihrem mittel- und langfristigen Zeithorizont auf die impulsive, energetisch hochgeladene Art der Amerikaner, deren Motto stets zu heißen scheint:

Let's get it done!

Dabei sind die Kollegen jenseits des Atlantiks wesentlich risikobereiter und aktionsorientierter als Europäer. Mißverständnisse bleiben natürlich nicht aus. Der Bitte, etwas *„so bald wie möglich"* zu erledigen, fügen die Deutschen gedanklich stets ein *„aber so gründlich wie möglich"* hinzu, weshalb sie für die gleiche Aufgabe mehr Zeit benötigen als Amerikaner. Die verstehen es nämlich exzellent, ihren Aufwand dem zu erwartenden Ergebnis exakt anzupassen.

Groß ist auch die unterschiedliche Einstellung zu den Kollegen. Während wir dafür berühmt sind, auch schon mal den Dampfhammer einzusetzen, um unsere Ideen durchzuboxen, ist der *soft approach* der Amerikaner mitunter die weitaus wirksamere Taktik. Die Sprache, die kein *Sie* kennt, erleichtert den Umgang der Menschen untereinander und der alle Gesellschaftsschichten durchziehende Motivator *$* tut ein übriges dazu.

Nordamerikaner appellieren im Privatleben wie im Business stark an die emotionale Seite der Menschen und beherrschen die Werkzeuge dafür perfekt. Ihre Affinität zu Gesang, Tanz, Show, Comics, Film und Humor wirkt bis ins Berufsleben hinein. Gags, Pointen, Anekdoten sind selbst bei Vorstandsvorsitzenden und Präsidenten nicht verpönt. Diese lockere Art und Weise bricht das Eis, Menschen werden mit ins Boot geholt und motiviert.

Bewußt kalkulieren

Wenn wir uns unserer spezifischen Eigenschaften und derer unserer transatlantischen Kollegen bewußt sind, können wir vermeintliche Schwächen in Stärken ummünzen.

Ebenso wie ein amerikanischer Geschäftsmann in seiner Präsentation den Anteil von Comics, Jokes und Anekdoten reduzieren sollte, um hierzulande nicht als unseriös zu gelten, so sollte der Deutsche sich bemühen, (nicht nur) vor einem amerikanischen Auditorium mehr Leben in seine Präsentationen zu bringen.

Und die Japaner?

Unzählige Bücher unterweisen uns im *„Umgang mit Japanern"*, und alle ha- →

Privat

... mit Ronald McDonald

ben nur ein Anliegen: Aus einem Europäer oder Amerikaner eine Art Exil-Japaner zu machen, der möglichst in keines der vielen in Japan aufgestellten Fettnäpfchen tritt.

Auch ich las vor meinem Japanaufenthalt all diese Bücher, auch ich merkte mir die Ratschläge und imitierte japanische Verhaltensweisen. Bekannte von mir, die bereits seit Jahren in Japan lebten und (z.B.) mit Japanerinnen verheiratet waren, waren Meister in der Teezeremonie, verneigten sich exakt im richtigen Winkel ... nur eines waren sie deutlich erkennbar und unabänderlich nicht: Japaner.

Japan hat gegenüber den meisten anderen Industriestaaten ein fundamentales Handicap: Für den Nicht-Japaner ist es unmöglich, dort jemals heimisch zu werden. Ein Europäer, der fließend Japanisch spricht und die Umgangsformen perfekt beherrscht, ist für viele Japaner ein *dressierter Affe*, den man teils belustigt, teils erstaunt duldet, aber niemals als gleichwertig akzeptiert.

Mein Tip an alle Europäer und Amerikaner für den Umgang mit Japanern:

Seien Sie Sie selbst!

Verfallen Sie nicht in die Illusion, sich assimilieren zu müssen und bei perfekter Beherrschung aller Gebräuche und der Sprache einfach in der Menge untertauchen zu können – man wird Sie unter Tausenden auch nach 20 Jahren noch als Europäer erkennen. Lernen Sie soviel über japanische Umgangsformen, daß Sie keine groben Fauxpas begehen – und unterschätzen Sie nicht das Bildungs- und Erfahrungsniveau der Japaner, die seit dem zweiten Weltkrieg sehr gut gelernt haben, Europäer und Amerikaner einzuschätzen und zu kopieren.

Glauben Sie nicht den Büchern über die berühmte japanische Kultur – denken Sie mal: Wie viele ...

Deutsche tragen Lederhosen

... täglich? Der japanische Alltag ist wesentlich trivialer und unserer westlichen Lebensweise ähnlicher, als Sie glauben.

Wenn Sie auf einen japanischen Geschäftspartner treffen, seien Sie Sie selbst. Er erwartet dies von Ihnen, und er hat sich darauf vorbereitet. Ein höflicher Austausch der Visitenkarten und die üblichen Verbeugungen schaden natürlich nicht.

Daß Japaner sich scheuen, das Wort *Nein* auszusprechen, ist bekannt. Der schlimmste Fehler, den Nicht-Japaner begehen können, ist es, ein *Ja* (das eigentlich ein *vielleicht* beziehungsweise ein *das müssen wir noch einmal prüfen* bedeutet) als *Ja* zu werten.

So wie Amerikaner uns Europäern gegenüber oft die Geduld verlieren, so neigen wir Europäer dazu, vor den langen Entscheidungsprozessen der Japaner zu kapitulieren.

Hartnäckig verfolgen Japaner ihre Ziele, und ebenso beharrlich weigern sie sich, Aufgaben zu verfolgen, die sie nicht unterstützen. *„Gedächtnislükken"* im Gebrauch des Englischen sind dabei eine mächtige Waffe.

wenn Sie damit zum Ausdruck bringen wollen, daß Sie das Gespräch abbrechen möchten, daß Sie ins Bett gehen möchten. Anders jedoch: *„I am terribly fatigued"*. Für eine solche Aussage werden Sie eher als gestelzter Spinner angesehen, statt daß man Ihnen das Zimmer zeigt.

Damit verbinden wir eine **Warnung** vor dem Gebrauch von Synonymen, also sinnverwandten Wörtern, die nicht gleichbedeutend sind! Stellen Sie sich einen Ausländer vor, der einen besonders gebildeten Eindruck damit zu erwecken versucht, daß er statt *„Meine Mutter ist gestorben"*„*Sie ist abgekratzt* " sagt (oder gar *gefallen*).

Es ist sogar in mancher Hinsicht förderlich, den ausländischen oder fremdsprachigen Gegenüber über die Unzulänglichkeiten der eigenen Sprachbeherrschung nicht im unklaren zu lassen: Einerseits wecken Sie auf diese Art einen natürlichen Hilfeimpuls. Dieser Hilfeimpuls ist nicht selten eine emotionale Brücke: So entsteht eine angenehme Atmosphäre; vielleicht leidet die Verständigung, aber die Kommunikation funktioniert besser!

Wer dagegen allzu forsch seine drei auswendig gelernten Sätze aufsagt, erntet nicht selten einen Wortschwall, dem er dann hilflos-blöde ausgesetzt ist: *"Pas compris, Monsieur?"* *„Ähh, non, mais je ..."* Vous connaissez ça?! Und schließlich: Gerade wenn Sie sich mit Gesprächspartnern in einer dritten Sprache verständigen wollen, kann Ihr ausdrücklicher Akzent durchaus gern gesehen sein. Nur zum **Beispiel** mögen die Mexikaner die Gringos gar nicht so gern. Als Deutscher sind Sie da weitaus besser angesehen! Wer Angst hat, Fehler zu machen, oder sich auf-Teufel-komm-raus nur auf dem Niveau auszudrücken bereit ist, das er muttersprachlich erreicht hat, der wird garantiert scheitern. Auf der ganzen Welt werden Ihnen Fehler in der Aussprache oder der Grammatik schlimmstenfalls dann übel genommen, wenn Sie zufällig eine Freundlichkeit so perfekt falsch aussprechen, daß daraus unversehens eine Beleidigung wird. Aber wann geschieht das schon?! Meistens ist es umgekehrt. Denn noch eins kommt dazu: Ihr Gesprächspartner wächst mit seiner Hilfe in die Rolle des Lehrers, fühlt sich also aufgewertet.

So wird auch der Afghane, der sich in einer deutschen Amtsstube „braten" lassen möchte, früher oder später – und wohlwollend – beraten werden!

Unsere Parole: Aktives Lernen. Immer bereit sein, auf jede nur sinnvolle Weise zu kommunizieren. Keine Angst vor Fehlern. Dumpfes Schweigen ist viel peinlicher als Fehler zu machen oder nach Worten zu suchen.

In Rome do as the Romans do

Brauchbare Maxime – sollte aber relativiert werden – gebietet sie doch eine rückhaltlose Anpassung.

Doch auch jene, die *Spaghettini* von *Crespelle* und diese von *Farfalle* unterscheiden können und ihr *grazie* so routiniert anbringen wie der Kellner sein *prego*, sind als Fremde gebrandmarkt, sobald sie über's Mobiltelefon mit Jupp Kowalski in Gelsenkirchen den Stand der Klöckneraktien diskutieren.

Ergo: Sie sind Fritz Heribert Kaufmann aus Eckernförde? – Bleiben Sie's einfach! Bemühte Mimikry kommt – schlecht. Die schrittweise Verbesserung Ihrer Sprachkenntnisse dagegen kommt – gut!

Zum Trost: In allen Sprachen genügt zur Verständigung letztlich ein Bruchteil des eigentlichen Wortschatzes: Nämlich die Umgangssprache. Im Fachjargon heißt sie die „n-te Metasprache", denn Sie genügt völlig, um über alles zu sprechen, um uns alles zu erschließen, was uns interessiert; sogar die Atomphysik, auch die Grammatik, Sprachtheorien!

Jede Sprache hat Wörter, Wendungen, Ausdrucksformen, auf die man nicht verzichten kann. Dazu zählen so unscheinbare Verben wie *tun, machen, kommen, geben, helfen, bitten, geben, nehmen, antworten, fragen* … Mit ihnen und ein wenig Übung hat man rasch einen Mindestwortschatz beisammen – letztlich genügen 1.000 Wörter, um in einer anderen Sprache einen durchaus verständigen und sprachgewandten Eindruck zu machen. Lernen Sie also 10 Vokabeln pro Tag – die kann man leicht lernen – und in 100 Tagen können Sie deutsch. Oder eben französisch, italienisch, russisch.

So kommen Sie am besten in fremden Sprachen zurecht!

Melancholie, allabendlich ...

Beinahe trotzig wollte er doch eine gewisse Form durchhalten!

Glück allein?

Vorbei die Zeit, da die Familie Muster-
mann zu viert im VW-Käfer ins Wochen-
endglück fuhr oder die fünfköpfige
Wohngemeinschaft im herrschaftsfreien
Kollektiv an den Badesee strebte.
Heute strömen Scharen von „Lonely-
hearts" aus Zweizimmerwohnungen, um
großstädtische Angebote in Anspruch zu
nehmen - von der Jazz-Matinée bis zum
Straßenfest, vom open-air-Kino zum
„Tanzsommer 93".

Eine immer größere Zahl von Menschen
– Singles – nimmt sich die große Freiheit,
dies zu tun oder das zu lassen.
Längst nicht jeder Single fühlt sich wie
ein Fisch ohne Fahrrad, im Gegenteil:
Keine schreienden Kleinkinder, keine
ewig meditierende Ehefrau, keinen nerv-
tötenden Ehemann, kein niemand und
kein nichts. Aber, Hand aufs Herz: Macht
Alleinsein glücklich, oder wird hier bloß
die Not zur Tugend gemacht?

Swinging Singles

Stop dem Nerv!

Mal ist es die Folge einer bewußten
Entscheidung, mal wird als Wille ver-
brämt, was doch willentlich auch nicht
zu ändern war. Nicht selten ist es „nur"
die Not eines beruflich bedingten Um-
zugs, die zur Tugend umgebaut wird:
Mann oder Frau lebt alleine.
Kein Partner, nirgends.

Großstädte wie Berlin, Frankfurt oder
München bewohnen längst mehr Sing-
le- denn Mehrpersonenhaushalte.
Und: In zwei Dritteln aller Einperso-
nenhaushalte lebt eine Frau — und das,
obwohl Wissenschaftler herausgefunden haben, daß es eher Männer sind,
die Nähe und Kontakt zu anderen Menschen scheuen und sich in ihrer eigenen Gesellschaft am wohlsten fühlen.

In den letzten fünfzehn Jahren hatten
die Standesämter nicht mehr viel zu
tun, dafür umso mehr Scheidungsan-
wälte und Zivilrichter in den einschlägigen Verfahren.
Die Zahl der Eheschließungen ging zurück, während sich die Trennungs- und
Scheidungsrate seit den siebziger Jahren verdoppelt hat. Jede dritte Ehe, die
heute geschlossen wird, wird durch einen Richterspruch wieder annulliert.
Gleichzeitig beherrschen kinderlose
Ehepaare oder solche mit Einzelkind
die Statistik.
Die vierköpfige Familie wird zur Rand-
gruppe, mehr als drei Kinder gelten
schon als unsittlich: Verrückte Welt.

Der gemeine Single ...

... lebt in der Metropole. Ihre soziale
und kulturelle Dichte schafft erst die
Bedingungen, um im Dschungel der
modernen Existenz allein auf Aben-
teuersuche gehen zu können:
Es ist die Mischung aus Anonymität und
Vielfalt, Masse und Individualität, die
für das spezifische Single-Klima sorgt;
hinzu kommen ökonomische wie kommunikative Aspekte der Großstadt:

- Dynamischere, zahlreichere und
  besser bezahlte Arbeitsplätze als in
  der Provinz.
- Ein umfangreiches, vielfältiges und
  international geprägtes Freizeitange-
  bot.
- Eine (zumindest) statistisch hohe
  Wahrscheinlichkeit, neue Freunde
  und Bekannte zu gewinnen.

Aber genau darauf ist der (oder die) Single auch angewiesen. Denn wenn er (oder sie) abends aus dem Designer-Büro oder von der Zeitungsredaktion nach Hause kommt, warten allenfalls der Anrufbeantworter und ein kühles Flaschenpils auf ihn (oder sie). Nur vom abgehörten Band kommen vertraute menschliche Laute, und nur die schier unendlichen Staumeldungen der Servicewellen von den Autobahnen künden von der tosenden Welt ringsum. Ansonsten herrscht Stille in der Bude.

Mit der Welt auf Du & Du

Will der Single einfach nur ein paar Worte wechseln oder einen anderen Menschen sehen, dann muß er zum Hörer greifen.

Selbst schlichte soziale Kontakte wollen stets irgendwie organisiert werden, und sei es nur der langgezogene Seufzer über den Kollegen Marquart aus der Revisionsabteilung.

Aber der Single hat es ja (?) so gewollt. Meist lebt er aus freien Stücken allein, weil Ehe, Wohngemeinschaft oder Beziehungskiste nachhaltig wirkende Lebenserfahrungen hinterlassen haben. Man genießt es, niemandem Rechenschaft schuldig zu sein, wenn man spät nach Hause kommt, schlechte Laune hat, vergißt einzukaufen oder das Bett zu machen. Man kann sich spontanen Neigungen, Lust wie Unlust, hingeben, ohne sich dafür erklären zu müssen. Man ist ein freier Mensch.

Man – ist ein freier Mensch – aber auch frei von traditionellen Bindungen, alltäglichen Sicherheiten, Orientierungshilfen des Zusammenlebens. Diese – sagen wir mal Freiheit ist zugleich der ideale Nährboden für Katzenjammer und Weltschmerz, Keiner-mag-mich-Gejammer und abgrundtiefe Blicke ins Nichts allen irdischen Treibens.

Anfallartig erwischt es den Single vorwiegend an Weihnachten oder Ostern, sonntags oder auch im Sommer: Da sind dann die Abende lang und die Liste der verfügbaren Freunde (zu) kurz. So – nur so – kann es kommen, daß auch dem Single Angebote einer recht neuen Dienstleistungsbranche auffallen: Single-Clubs, Single-Urlaub; Single-Parties schließlich, auf denen brandneue Tips gehandelt werden (... *Fisch mit Meeresblick sucht Fahrrad ohne Speichen ...*) usw.

KURZ:

ANRUFBEANTWORTER
„SPRECHEN SIE NACH DEM PFEIFTON"

Anrufbeantworter – privat unentbehrlich. Wie schön, wenn man nach einem langen Einzelkämpfertag aus dem Getümmel der Menschheit nach Hause kommt, die Schuhe in die Ecke knallt und (cool, baby, cool) im Augenwinkel entdeckt, daß in der Abwesenheit mindestens ein anderer an einen gedacht hat. Ob nun der an die drohende Deadline eines Auftrags erinnern, einen Termin absagen oder wissen wollte, ob der Audi Cabrio morgen abgeholt werden kann. Egal, weil: Wichtig, wichtig!

Zweitens

Auch jenseits des glückvollen Gefragt-Seins hat der elektronische Freund klare Vorteile: Wollen nämlich Sie eine Mitteilung machen, haben aber keine Lust, sich noch wochenlang beschwatzen zu lassen, was der Hans gesagt, und die Elise gemeint, und der Charlie getan oder sträflich unterlassen hat. Also warten Sie klug in den Mittag hinein auf jene glasklaren Stunden, in der Ihnen nur der friedliche Anrufbeantworter zuhört.

Drittens

Der segenspendende Automat schützt darüber hinaus die Ruhe des Abendessens, bewahrt vor Notrufen des Abteilungsleiters am Samstagabend – *„Herr Müller, der Zentralrechner ist zusammengebrochen. Wir brauchen Sie dringend!"* – und wehrt nervende Zeitgenossen aller Art ab.

Freilich versuchen die es doch immer wieder, und der Ping-Pong-Effekt schaukelt sich auf. Nicht selten werden in der elektronischen Überkreuzkommunikation gegenseitig die Bänder vollgesprochen, wo ein einziges Gespräch, ein Fax oder ein schlichter Brief genügt hätte. Deshalb hat sich nach *Phase 1* – Stottern, Verhaspeln und Auflegen – und *Phase 2* – ellenlange Erklärungen, warum man das alles jetzt auf Band sprechen müsse – *Phase 3* durchgesetzt: Klare und eher knappe Mitteilungen, um was es geht und wann man zu erreichen ist.

Merke: Kommunikation ist schön, aber nicht immer und überall gleich wichtig.

Single sucht Single

Da der idealtypische Single gut verdient und einen attraktiven Job hat, fehlt ihm zum Glück eigentlich nur noch eins: Der ideale Single-Partner. Zum Surfen, Quatschen und so weiter.

Deshalb kennt der Single die In-Treffs seiner Stadt, Restaurants, Kneipen, Kinos sowieso. Überall, wo ein multikulturelles Straßenfest mit avanciertem Kulturprogramm angesagt ist, begibt er sich ins Paella- und Kebab-Getümmel. Natürlich ist die Erfolgsquote insbesondere bei den massenhaft besuchten events (Rheingau-, Altstadt- oder Oktoberfeste etc.) gering: Der Single unter lauter Singles lernt niemanden kennen, und wenn, dann garantiert den falschen.

Denn der Single hat im Laufe seines Beziehungslebens hohe Ansprüche und tiefsitzende Ängste angesammelt: Er kennt alle Phasen von Verliebtheit, Gewöhnung und Überdruß, er kennt seine Macken und er weiß(!), daß er sie eigentlich behalten will.

Daß alle anderen genauso empfindlich gegenüber etwaigen Störungen ihrer eigenen, sorgfältig ausbalancierten neurotischen Gesamtpersönlichkeit sind, setzt der Berufssingle voraus.

Vor nichts auf der Welt hat er mehr Angst als vor der Wiederholung der Katastrophe mit Gaby, die ihn vier-komma-fünf-drei-eins Jahre seines Lebens (Meißner Tassen und Loewe-TV – Sie erinnern sich – waren ja nur exemplarische Beispiele) gekostet hat.

Ja, der Preis einer neuen Beziehung ist hoch, so hoch wie die Quersumme aller bisherigen Enttäuschungen.

Zurück vor die Glotze

So sieht sich der fortgeschrittene Single häufig gezwungen, zur Fernbedienung, zum Spätfilm der frühen 40er-Jahre zurückzukehren.

Experte in elektronischer Massenkommunikation ist er sowieso: Channelhopping ist *seine* genuine Disziplin – so hat er die Welt noch vom Futon aus im Griff. Er ist der wahre Talkshowmaster, der Champion unzähliger Wortgefechte, die er im stillen, ganz für sich allein, haushoch gewonnen hat.

Er blickt durch. All die traurigen, galligen, schmerzenden Desillusionierungen, die andere noch vor sich haben, hat er längst hinter sich.

Er ist abgeklärt (pardon: sie auch), lebenstüchtig, pragmatisch. Ihm kann keiner – und vor allem: nichts mehr etwas vormachen.

Er kommuniziert mit sich selbst im Hier-und-Jetzt seiner 2½-Zimmerwohnung mit Küche, Mikrowellenherd und Telefaxanschluß (der in 70 Prozent aller Singlehaushalte existiert). Aber: Er hat auch noch Träume.

Nie würde er endgültig die Vorstellung aufgeben, eines besonderen Abends in seine Stammkneipe zu kommen und dort – ganz allein – das andere Geschlecht vorzufinden: Beim Biere sitzend, auf den anderen wartend – auf IHN persönlich.

So verkörpert der Single die praktische Erkenntnis, daß *K*ommunikation auch immer ein Versprechen, eine Hoffnung enthält, daß ohne *K.* nichts geht – aber mit *K.* noch lange nicht alles.

Sind Se doch nich so verdammt alleeene ...

Ein Frooind, ein guter Frooind ...

Über die Freundschaft heißt es bei Kurt Tucholsky in Schloß Gripsholm:

„Sich auf jemand verlassen können! Einmal mit jemand zusammen sein, der einen nicht mißtrauisch von der Seite ansieht, wenn irgendein Wort fällt, das vielleicht als Berufsinteresse verkleidete Eitelkeit verletzen könnte, einer, der nicht jede Minute bereit ist, das Visier herunterzulassen und anzutreten auf Tod und Leben ... ach, darauf treten die Leute gar nicht an – sie zanken sich schon um eine Mark fünfzig ... um einen alten Hut ... um Klatsch ...

Zwei Männer kenne ich auf der Welt; wenn ich bei denen nachts anklopfte und sagte: Herrschaften, so und so ... ich muß nach Amerika - was nun? Sie würden mir helfen. ...

Freundschaft, das ist wie Heimat."

(Wie) Kommt es zum Kontakt ... ?!

Wie wär's mit'nem Bier?

Ist es bei Ihnen etwa anders: Die traditionelle Familienbindung verliert an Gewicht. Beinahe zwei von drei Ehen gehen irgendwann in die Brüche. Nicht nur die Zahl der jungen Singles, sondern auch die der alleinlebenden Senioren steigt an.

Mit der räumlichen Isolation des Einzelnen wächst ein ebenso individuelles wie kollektives Problem heran: Einsamkeit. Freunde helfen, Einsamkeit zu überwinden.

- Vielleicht haben Sie die Stadt aus beruflichen Gründen gewechselt?
- Vielleicht hat Ihr Partner Sie verlassen? Unter Einvernahme des gemeinsamen Freundeskreis?
- Vielleicht hatten Sie aus irgendwelchen Gründen bisher keine Zeit, einen Freund oder Partner zu finden?
- Möglicherweise haben Sie sich hinter Ihrer Arbeit versteckt?

Wie auch immer: Jetzt, wo Sie wollen, wissen Sie aber nicht, wie.

Bekanntschaften zu machen, Freundschaften zu schließen, das fällt dem einen leichter als dem anderen. Verschlossene, in sich gekehrte Menschen verbreiten unversehens eine Aura, als legten sie keinen Wert auf nähere Bekanntschaften. Logisch: Auch und gerade schüchterne, weniger kommunikative Menschen brauchen die anderen. Oft fehlt aber der Mut, neue Bekanntschaften zu schließen, weil man sich vor einer Zurückweisung ganz besonders fürchtet.

Freundschaft – aber wie?

Wie lernt man jemanden kennen? Exakte empirische Erhebungen nennen ungefähr 534 verschiedene Methoden, Bekanntschaften zu schließen. So jedenfalls behaupten das anerkannte Experten für Partnerschaftsfragen, Briefkastenonkels, Kummertanten, Fernsehpsychologen, Horoskopschreiber und besorgte Mütter. Was wird da nicht alles empfohlen:

- *„Gehen Sie doch einfach mal in den Supermarkt und flanieren Sie eine Weile vor dem Kühlregal mit den Ein-Personenmenüs. Dort haben Sie die besten Chancen, interessante Bekanntschaften zu machen."*

• „Melden Sie sich in einem Fitness-center an. Dort verbringen viele kontaktfreudige Singles ihre Freizeit. Sie glauben gar nicht, wieviel Spaß es machen kann, gemeinsam zu schwitzen."

• „Lernen Sie Kisuaheli oder Perlentauchen – oder vielleicht die Marginalien zur Chaostheorie kennen. Abendkurse führen Sie mit Gleichgesinnten zusammen."

Usw. usf. Nun ja, ... gewiß.

Wem einfach die Zeit oder – auch das ist ja kein Beinbruch – die Phantasie fehlt, sich Gelegenheiten auszudenken, bei denen man neue Kontakte knüpfen kann, dem mögen Tips wie diese tatsächlich weiterhelfen.

Wenig Sinn macht es freilich, sich tagsüber im Supermarkt Blasen zu laufen, allabendlich die Volkshochschulbank und/oder am Wochenende Gewichte zu drücken, wenn das Problem ganz woanders liegt:

• Wenn man sich nicht traut, auf unbekannte Menschen zuzugehen und ein Gespräch zu beginnen.

• Oder wenn man nicht weiß, wie man eine Freundschaft lebendig hält.

• Oder wenn die Bekanntschaft nach kurzer Zeit langweilig wird, weil sich außer dem einen gemeinsamen Interesse am Perlentauchen keine weiteren Gesprächsthemen ergeben.

In all diesen Fällen erweist sich auch der 535. Weg als schweigenstote Sackgasse.

Also ran an das Grundübel!

Nehmen wir an, Sie geraten unvermittelt in einen Stehempfang anläßlich einer Vernissage; eigentlich hatten Sie in der Galerie nur stöbern wollen. Ein bezopfter Jüngling stürzt auf Sie zu und drückt Ihnen – mit einem strahlenden Lächeln und den Worten: „Fein, daß Du kommen konntest. Veronique steht dort hinten" – ein Glas Schampus in die Hand.

Um Sie herum wogt eine Menschenmenge, Wortfetzen, Lachen, Gläserklirren – wer, um des Himmels willen, ist Veronique? Da stehen sie nun mit der Sekttröte in der einen und dem Gullaschsüppchen in der anderen Hand, kennen keine Menschenseele und fühlen sich ziemlich ... unbehaglich. Würden am liebsten gleich wieder verschwinden, tun das natürlich nicht. Denn wenn Sie gleich wieder gehen würden, käme das in Wahrheit einer schmählichen Niederlage gleich. Sie wissen: Spätestens zu Hause plagen Sie sich mit Selbstvorwürfen, wieder einmal Menschen aus dem Weg gegangen zu sein. Und irgendwie sind Sie ja doch neugierig.

Veronique beißt ...

... nicht! **Also ran!** Anstatt in einer Ecke zu stehen und darauf zu hoffen, daß Sie in ein Gespräch gezogen werden, sondieren Sie das Terrain.

• Sie nähern sich einer kleinen Gruppe (mehr als zwei Personen sollten es schon sein, denn bei zweien ist ein Dritter immer zu viel) und lauschen eine Weile dem Gespräch.

• Bei passender Gelegenheit werfen Sie eine Bemerkung ein, ganz egal, was: eine sachliche, ergänzende Angabe, einen Kommentar („Ich meine, daß ..."), eine Entgegnung auf die vorgetragene Meinung („Ich denke, das ist ganz anders ..."), eine herausfordernde Frage („Wieso das denn?"), oder einen Scherz (wenn er paßt).

Seien Sie darauf gefaßt, daß zunächst niemand reagiert. Schließlich sind Sie die unbekannte Größe in diesem Kreis – vielleicht vermuten die Umstehenden in Ihnen eine Koryphäe zum ge-

Runter vom Sofa, rein in die Kneipe.

Im Ansatz sicher richtig, in der Konsequenz bestenfalls ein Vorschlag unter anderen.

rade besprochenen Thema und befürchten, ihr Gesicht zu verlieren, wenn sie sich mit Ihnen anlegen.

- **Dran bleiben!** Schalten Sie sich bei passender Gelegenheit erneut in das Gespräch ein.

Irgendwann wird jemand auf eine Ihrer Bemerkungen am Rande eingehen. Bleiben Sie zunächst beim Thema und lassen Sie das Gespräch seinen Lauf nehmen. Wenn Sie den anderen halbwegs sympathisch sind, wird einer von ihnen (die Neugier blitzt aus dem Augenwinkel) bald das Thema wechseln und Sie beispielsweise fragen: *„Kennen Sie Veronique schon länger?"* oder *„Haben Sie auch beruflich mit Kunst zu tun?"* Diese Rochade eröffnet Ihnen die Chance, etwas von sich zu erzählen und dabei gleichzeitig etwas von den anderen zu erfahren. Wenn die Wellenlänge stimmt, wird es nicht lange dauern, bis einer Ihrer Gesprächspartner Ihnen seine Visitenkarte in die Hand drückt oder seine Telefonnummer aufschreibt: *„Ich würde mich freuen, wenn wir unser Gespräch fortsetzen könnten."* Möglicherweise bittet er Sie auch um Ihre Karte.

Aber es ist auch durchaus denkbar, daß er sich das nicht traut oder nicht seiner Art entspricht.

- Dann ergreifen Sie die Initiative, ziehen eine Ihrer Karten hervor (Sie haben immer einige dabei): *„Falls Sie zufällig auf diesen seltenen Miró-Druck stoßen, wäre es schön, wenn Sie mir Bescheid sagen würden. Vielleicht können wir uns auch einmal zum Kaffee (auf ein Bier, zum Lunch) treffen."*

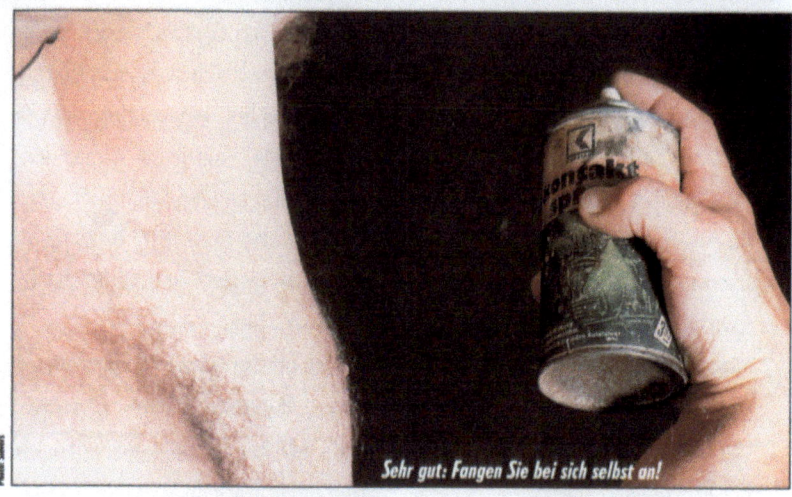

Sehr gut: Fangen Sie bei sich selbst an!

Variante: Wenn sich hingegen nichts und niemand rührt und Ihnen die Leute ziemlich gleichgültig sind, dann legen Sie Ihr Gesicht eben in gelangweilte Falten und wechseln elegant die Gruppe. Notfalls, also nötigenfalls werden Sie das Ganze als soziologische Studie deklarieren …, die Ihnen zusätzlich eine warme Mahlzeit und einen Muntermacher beschert hat.

Und weil Sie kein Bild erstanden haben, haben Sie auch noch Geld gespart.

Die drei E´s der Einsamkeit

Nicht wenige Menschen haben Schwierigkeiten, aus einer Bekanntschaft eine Freundschaft zu entwickeln. Der erste Schritt, sich aus dem Teufelskreis von

- Schüchternheit ➡ Angst vor Zurückweisung ➡ selbstgewählter Isolation ➡ Unzufriedenheit mit sich selbst ➡ schwaches Selbstwertgefühl ➡ und damit neuerlicher Schüchternheit

zu befreien, besteht darin, die Sollbruchstelle herauszufinden.

Frage eins: Elternhaus – Wie war das damals zu Hause? Hatten Ihre Eltern einen kleinen oder womöglich

überhaupt keinen Freundeskreis (nur selten Gäste im Haus)? Durften Sie als Kind Ihre Spielkameraden niemals überraschend mit nach Hause bringen? Gab man Ihnen Regeln mit auf den Lebensweg wie: *„Sei nicht zu offen zu Fremden"* oder *„Es gibt Sachen, die gehen keinen etwas an"*? Wenn Sie spontan mit *„Hm … tja, könnte schon sein"* antworten, dann sollten Sie sich bewußt mit dieser Erbschaft auseinandersetzen und Stück für Stück Ihre eingefahrenen Abwehrmechanismen und Gewohnheiten zu durchbrechen versuchen.

Frage zwei: Ego-Defizit – Meiden Sie fremde Menschen? Haben Sie häufig Vorbehalte? Haben Sie Angst, anderen zur Last zu fallen, abgelehnt zu werden? Und betonen Sie Ihre Fehler und Schwächen? Sie befürchten, ein schlechter Gesprächspartner zu sein? Wenn Sie mehr als zweimal laut oder leise ja sagen konnten, so haben Sie eine schlechte Meinung von sich – aber gute Chancen, diese zu ändern. Fragen Sie Freunde oder Vertraute, was diese an Ihnen schätzen. Jetzt bloß kein hochnäsiges Kopfschütteln: *„Das wäre doch fishing for compliments"*.

Komplimente sind genau das, was Sie brauchen. Hören Sie auf, sich selbst leid zu tun und holen Sie sich ein paar Streicheleinheiten für Ihr Ego. Das wirkt Wunder!

Frage drei: Enttäuschung – *Von Haus aus* wären Sie *eigentlich* schon kontaktfreudig – scheuen sich jedoch, auf Menschen zuzugehen, weil Sie einmal tief enttäuscht wurden?

- Ihre Eltern haben sich getrennt, und Sie fühlten sich schon früh allein gelassen und verraten?
- Eine wichtige Bezugsperson oder Ihr Partner ist gegangen?
- Ein Ex-Freund hat gegen Sie intrigiert, Sie in unglücklicher Situation im Stich gelassen?

Dann ist es nur natürlich, wenn Sie den Menschen eher mißtrauen. Jetzt haben Sie eine Hornhaut, die nichts und niemanden an sich heranläßt.

Eines sollte Ihnen klar sein:

Wenn Sie sich mit einem seelischen Panzer gegen Verletzungen abgeschirmt haben, kann auch keine Freude, Aufregung, Begeisterung an Sie herankommen.

Wenn Sie keine Tiefen zulassen, können Sie auch keine Höhen erleben. Lernen Sie, mit dem Risiko der Enttäuschung zu leben, und noch eins: Was Sie nicht umhaut, macht Sie stärker.

Ich find' mich gut

Oberste *Faustregel* beim „*Wie spreche ich am besten andere Menschen an und stelle einen guten Kontakt her?*": Es gibt keine Faustregel! Wäre auch schlimm. Wer sich tatsächlich nach 08/15-Anweisungen richtet, läßt jede Originalität und Persönlichkeit vermissen und wirkt wie eine (meist schlechte) Kopie.

Scheuen Sie sich also nicht, Fehler zu machen und sagen Sie einfach: „*So bin ich eben. Und das ist auch gut so.*" Ein wenig Mut brauchen Sie schon, um über Ihren Schatten zu springen. Mit ziemlicher Sicherheit werden Sie mit Ihrem Wunsch, neue Menschen näher kennenzulernen, gelegentlich auf den Bauch fallen. Genauso gut kann es aber auch Volltreffer geben, den Beginn wunderbarer Freundschaften.

Stoßen Sie auf einen Menschen, der Ihnen auf den ersten Blick sympathisch ist, und spüren Sie, daß der andere diese Sympathie erwidert, dann stellt sich die Frage, wer den ersten Schritt macht. Ergreifen Sie selbst die Initiative, dann können Sie sich Ihr Gegenüber (noch ist er *nur* Gesprächspartner!) aussuchen. Außerdem laufen Sie nicht Gefahr, wie ein Mauerblümchen in der Ecke zu stehen, weil kein anderer auf die Idee kommt oder den Mut hat, Sie anzusprechen.

Das gaanze Leben ist ein Quiz

Vor allem für ein erstes Gespräch könnten Ihnen einige Tips helfen, den anderen für sich einzunehmen:

- Wer sich aufrichtig für andere interessiert, wird gerne überall aufgenommen. Andersherum: Aus welchem Grund sollten sich Menschen für Sie interessieren, solange Sie nicht an ihnen interessiert sind?
- Hören Sie zu! Reden Sie nicht wie ein Wasserfall. Wenn Ihr Gesprächspartner keine Gelegenheit hat, selbst etwas zu sagen, wird er sich zurückziehen.

Merke: Menschen finden nur weniges so interessant wie sich selbst und die eigene Meinung.

- Speichern Sie Einzelheiten. Es fängt schon beim Namen an:

Wer den Namen eines anderen behält und ihn von Zeit zu Zeit ausspricht, macht dem Betreffenden ein diskretes, aber sehr wirkungsvolles Kompliment.

Es heißt: „*Du bist mir nicht unwichtig.*"

- Lächeln Sie, schmunzeln Sie, lächeln Sie, lachen Sie, lächeln Sie . . .

Seien Sie egebnisorientiert: Wer den ersten Schritt tat, das ist hinterher Geschichte!

Peter Hollinger

*ist Diplom Psychologe und
leitet die P+P Flirt- und
Kontaktschule in Wuppertal*

Expertenrat:

1. Die fifty-fifty-Situation

Vermeiden Sie Monologe oder monologartige Satzkonstruktionen. Der jeweilige Wortanteil im Gespräch sollte gleichmäßig verteilt sein.

Sonst könnte es passieren, daß sich der von Ihnen Angeflirtete durch Ihren Redeschwall an die Wand gedrückt, überfallen und erschlagen fühlt. Außerdem wollen Sie natürlich alles mögliche von ihm erfahren.

2. Häufiger Rollenwechsel

Seien Sie beides: ein aufmerksamer, charmanter Zuhörer und dann wieder ein aktiver Sprecher.

Nichts belebt den Flirt so sehr wie der häufige Rollenwechsel: SIE eröffnet das Gespräch, ER übernimmt von ihr die Gesprächsführung, gibt sie dann wieder an SIE zurück und profiliert sich kurze Zeit später wiederum intensiv als aktiver, wißbegieriger Fragesteller, Themenerneuerer und Stellungsbezieher. Oder umgekehrt.

3. Profil zeigen

Vertreten Sie Ihren eigenen Standpunkt, auch wenn es nicht der Ihres Gegenübers ist. Das ist beim Kennenlernen stets besser, als sich anzubiedern.

Die Anbiederung an das andere Geschlecht ist eine Vertraulichkeit, die sich im nachhinein fast immer als plump erwiesen hat. Dazu gehört das unechte, pflichtschuldige Lachen über einen Witz ebenso wie die berechnende Zustimmung wider besseres Wissen und das Eingehen auf einen für Sie uninteressanten Vorschlag. Nach dem Mund zu reden wird schnell als billiger taktischer Schachzug entlarvt.

4. Den anderen wichtig nehmen

Lassen Sie die Gedanken nicht ständig um die eigene Person kreisen: Wie werde ich ankommen? Wie wird's auf den anderen wirken, wenn ich das und das sage? Hoffentlich bin ich über das Thema gut informiert!

Sich selbst nicht so ernst zu nehmen – daraus erwächst die Fähigkeit, über sich selbst lachen zu können. Sie signalisieren damit Ihrem Flirt, daß Sie über der Sache stehen. Selbstironie ist die souveränste Art, Schwäche zu zeigen und – Fehler hat jeder.

Natürlich ist es auch nicht der Weisheit letzter Schluß, den anderen immer nur kommen zu lassen und selbst gar nichts zu sagen, nach dem Motto: Wer nichts sagt, sagt auch nichts Falsches. Es könnte als Desinteresse oder gar Arroganz ausgelegt werden. Wenn ihnen partout nichts einfällt, dann hauchen sie dem Gespräch durch Fragen Leben ein. So erfahren Sie eine Menge über Ihr Gegenüber und schinden Zeit.

5. Spaß oder Ernst

Der Psychotherapeut Paul Watzlawick gibt den Tip: *„Sagen Sie oder tun Sie etwas, das man sowohl ernsthaft wie scherzhaft auffassen kann."* Erklären Sie Ihrem Gesprächspartner: *„Ihre Frisur erinnert mich an einen leuchtend roten Turban."* Sagen Sie das zu einer Frau mit üppiger roter Haarpracht und lassen Sie ihre Reaktion auf

Der ultimativ richtige Flirt

sich wirken, dann reagieren Sie: *„Ihre tollen Haare sind mir gleich aufgefallen."*

Diese Bekräftigung des ersten Satzes räumt mit dem Störfaktor auf, der zwischen ihnen beiden entstehen kann. Außerdem lockert er das Gespräch auf, und Sie konnten auf nette, unkonventionelle Art ein Kompliment machen, was jeden erfreut.

Ist der Flirt noch im Gespräch?

Bekanntlich gibt es den vorgefertigten, ultimativen A-B-Dialog nicht, der die Gewähr für den absoluten Erfolg bietet. Sonst könnten Sie Ihren Zettel aus der Tasche ziehen und als A den ersten Satz von sich geben, worauf Ihrem Flirt B die garantiert richtige Antwort einfällt. Schrecklicher Gedanke!

Programmieren Sie also nicht lange herum, sondern lassen Sie der Unterhaltung freien Lauf. Sollten Sie allerdings das Gefühl haben, daß die Diskussion nicht mehr allzuviel mit Flirten zu tun hat und in ein Sachgespräch abzugleiten droht (etwa das komplette für oder wider der Genforschung), dann schalten Sie nach einem Minimalkonsens und einer Anstandspause auf ein charmanteres Thema um. Lockerheit statt Verbissenheit, Nachgiebigkeit statt Rechthaberei, Fingerspitzengefühl statt Machtkampf – das sind Trümpfe!

7. Klare Sprache

Konjunktiv ist tabu! Die eigentlich-, vielleicht-, und eventuell-Vertreter müssen umdenken, der gute Flirter drückt seine Wünsche und Bedürfnisse klar aus:

- Haben (nicht *hätten*) Sie Lust auf ein Glas Sekt?
- Darf (nicht *dürfte* oder *dürfte vielleicht*) ich Sie zu einer Tasse Kaffee einladen?
- Können (nicht *könnten* oder *könnten eventuell*) Sie mir die Einkaufstüte zum Auto tragen?
- Ich möchte (nicht *ich würde*) Sie gerne kennenlernen. (*Ich will* ist dann doch zu fordernd und erzeugt Widerspruch.)

Ihre Ideen und Vorschläge sollen für Ihren Gesprächspartner klar erkennbar sein. In der Rückkopplung seines Verhaltens kommt das Ihnen zugute!

8. Die deutliche Aussprache

Deutliches Sprechen ist ein wichtiges Werkzeug für eine anregende Unterhaltung. Wenn Ihr Flirt immer nur damit beschäftigt wäre, dem Inhalt Ihrer Worte zu folgen, weil sie nuscheln, würde er sich bald sehr gestreßt fühlen, so daß er diese Anspannung mit ihrer Person negativ verknüpft.

Und nun kennen Sie sich...

Zwei Menschen lernen sich kennen, sind sich sympathisch, tauschen Telefonnummern aus.

Doch keiner ruft den anderen an.

Meist beruht das auf der Unsicherheit, ob der andere überhaupt ein Interesse hat, die Bekanntschaft zu vertiefen. Denken beide so, sitzen sie eventuell zur gleichen Zeit neben dem Telefon und heben es nicht ab, um ja kein *„Nein, danke"* zu hören oder aufdringlich zu wirken.

Also, haben Sie keine Angst vor einem unwahrscheinlichen *„Nein"* – was können Sie schon verlieren: 23 Pfennje fürs Telefon, maximal zwei Minuten Zeit ... Auf keinen Fall verlieren Sie dabei Ihr Gesicht, denn schließlich haben Sie dem anderen eine phantastische Kontaktchance gegeben.

Die guten Freunde

Der traditionelle, aber passive Weg führt über den persönlichen Kontakt. *„Benutzen"* Sie nette Zeitgenossen, die sich darauf verstehen, zu kuppeln. Eins ist klar: Zwei Menschen, die sich in

Dabei begann alles ganz harmlos ...

diesem kleinen Kreis finden, haben zumindest schon eine Gemeinsamkeit: Ihre Freunde.

Freunde sind dazu da zu helfen. Warum nicht auch bei der Partnersuche: *„Der Freund von Peter ist wirklich sehr nett und fühlt sich im Moment ein bißchen allein. Ruf ihn doch mal an und geht zusammen ins Kino".* In einem solchen Fall muß man darauf vertrauen, daß der Freund oder die Freundin uns gut genug kennt, um einschätzen zu können, ob es so geht. Da Einsamkeit zwar nicht ansteckend, aber abschreckend wirkt, sollten die freundlichen Helfer sich mit subtilen Hinweisen begnügen und möglichst elegante Brücken bauen.

Um das ganze am Anfang noch ein wenig unverbindlicher zu gestalten, könnte das befreundete Pärchen auch eine Einladung zu einem gemütlichen Essen zu viert aussprechen.

Phantasie – nur Mut.

Und wenn die Freunde nicht von allein auf nützliche Ideen kommen, genügt ein Wink (gerade, wenn man sich schon jemanden ausgeguckt hat und ihn nun näher kennenlernen möchte).

Das Knistern im Job

Sie glauben es nicht: Über fünfzig Prozent aller Ehen werden am Arbeitsplatz in die Wege geleitet – offenbar ein gutes Feld, um auch selbst fündig zu werden. Aber **Achtung:** Tratsch und Klatsch, Mobbing und Intrigen aller Art lauern an der Wegstrecke zum vermeintlichen Glück.

Die allererste Regel zwischen Schreibtisch, Aufzug und Werkbank lautet daher: Diskretion während der Arbeitszeit; zumindest solange die zarten Bande noch nicht festgezurrt sind.

Blind-Dates ...

Kontaktsendungen im Radio sind die schnellste Form des Blind-Dates. Wenn man die Nummer des Senders gewählt und einen Anschluß bekommen hat, ist man glücklicherweise nicht gleich auf Sendung, sondern wird erst einmal nach den Vorstellungen seines Wunschpartners gefragt. Überlegen Sie sich vorher, was Sie eigentlich suchen.

Man glaubt es nicht, aber auch in Vereinen, Clubs oder Volkshochschul-

kursen finden sich oft Menschen, die nicht nur etwas lernen, sondern auch Kontakte knüpfen wollen. Und wirklich: *„Kochen für Anfänger"* oder *„Autogenschweißen IV"* – das sind schon recht intime Angelegenheiten.

„M., sportlich, jung, gutaussehend sucht ebensolche Frau zwecks gelegentlichen Pferdestehlens. Brief mit Bild (garantiert zurück). Chiffre" Ist es nun die Kontaktanzeige, die Love-Line des örtlichen Radiosenders, die Herz-sucht-Herz-Sendung im Fernsehen oder auch nur die *„Wir vermitteln Ihnen Ihren Idealtyp"*– Agentur: Es kommt auf Sie selbst an, welcher Weg für Sie der beste ist.

... oder Car-Flirts

Wem solche Kontakte zu anonym sind, der verlege sich auf den Autoflirt. Man tritt in einen Car-Flirt-Club ein (gibt es in jeder Großstadt, siehe Telefonbuch), erhält einen eindeutigen Aufkleber, der auf der Heckscheibe zu plazieren ist und flirtet (aber ohne einen Stau zu verursachen) während der Autofahrt die augenverlesenen Verkehrsteilnehmer kräftig an. Mit Glück und Sympathie treffen sich die Blicke. Anruf im Flirt-Club genügt.

Und jetzt? Sie wissen immer noch nicht, wo's langgeht?

So bleibt Ihnen der tröstliche Hinweis auf Millionen Jahre Menschenerfahrung. Es gibt Ereignisse, die niemand vorausgesehen hat. Es gibt geniale Zufälle, als wären sie von langer Hand vorbereitet. Wie sangen einst die Beatles ? Let it be.

Eben drum.

Ein Geheimrezept? Vielleicht dies: Seltenheit. Offenheit. Wahrhaftigkeit.

Alte Freunde, neue Freunde

Es gibt sie tatsächlich: Freundschaften, die von der Schulzeit bis ins Alter reichen. Aber dafür muß man etwas tun! Ebenso wie Grünpflanzen verdorren auch Freundschaften, wenn man sich nicht regelmäßig um sie kümmert.

Von einem anderen sagen zu können: „Ich freue mich, daß er mein Freund ist!", ist schön. Aber warum sagen Sie ihm das nicht einmal selbst? Wir wundern uns, wenn über die Jahre wirkliche Freunde, ja sogar gute Bekannte, immer weniger werden.

Sicher: Beruf und Familie absorbieren viel Zeit und Energie; man ist wählerischer geworden. Aber man muß auch aufpassen. Durch Nachlässigkeit entschwundene Freundschaften kommen selten zurück.

Man muß sie rechtzeitig pflegen.

Pfleglicher Umgang erbeten!

„Daß Du noch lebst ..."

Samstagabend, nach dem Länderspiegel im ZDF. Rolf, 35, blättert in der Fernsehzeitung: Trotz Kabel nichts als zweite Reihe. Der Videorecorder ist kaputt. Die Freundin ist über's Wochenende zu ihren Eltern gefahren. Kumpel Mike leistet sich einen Fahrerlehrgang am Nürburgring. Henning hat sich gerade in eine große Dunkelhaarige verliebt und macht auf Duett. Großes Gähnen. Rolf fällt die Decke aufs Hirn. Der Blick schweift durch die Adressen: Wer könnte denn heute abend Zeit haben? Bei Klaus und Inge meldet sich der Automat. Karina ist verabredet, Martin hat gestern zuviel getrunken, und Stefan, sein Arbeitskollege, hat Besuch von seinen Schwiegereltern be-

kommen. „Tut mir, leid, bei mir geht's heute wirklich nicht. Nächste Woche hätt' ich Zeit ..."

Nächste Woche!

Rolf braucht seine Ansprache jetzt! Wo sind bloß die alten Freunde aus Zivildienst-, Uni-, WG-Zeiten? Geschrieben hat natürlich nie jemand, und die Anrufe haben auch nachgelassen. Allerdings hat auch Rolf vor diesem langweiligen Samstagabend nie daran gedacht, alte Bekanntschaften zu pflegen, mal einen Brief oder eine Karte zu schreiben oder gelegentlich zum Hörer zu greifen. Aber da war der stressige Job, und immer wieder lernte man neue Leute kennen und war fortan meistens mit denen unterwegs ... und überhaupt:

Warum eigentlich ich?

Sicherlich steigt die Hemmschwelle, mal wieder anzurufen, mit der zurückliegenden Zeit gewaltig an. Hat man sich ersteinmal fünf Jahre lang nicht um den Freund gekümmert hat, muß man sich schon auf ein distanziertes *„Gibt's Dich auch noch?"*einstellen. Doch wer sich aus Angst vor dieser Reaktion nicht meldet, riskiert den dauerhaften Verlust von Freundschaften.

Ruf doch mal an

Mal ehrlich: Auf die Idee, einen Uralt-Bekannten mal wieder anzurufen, kommen Sie vornehmlich an dunklen, kalten Winterabenden nach dem Genuß einer guten Flasche Bordeaux. In einem solchen Zustand ist die Gefahr groß, daß der erste Versuch auch der letzte bleibt, wenn sich ein Anrufbeantworter dem unmittelbaren Kontaktbegehren entgegenstemmt. Vielleicht meldet sich auch statt der erwarteten Michaela Mülch die nunmehr verehelichte Michaela Dick-Mülch.

Oder die Ihnen noch unbekannte Lebensabschnittsgefährtin von Helmut, was peinlich sein könnte, wenn *Sie* vor Jahren mit Helmut (wahlweise Dorothea, Dieter, Sabine) Tisch und Telefon geteilt haben.

Legen Sie nicht auf!

Erstens wäre das feige, zweitens dumm – wollen Sie sich nun bei Ihren Freunden in Erinnerung bringen oder nicht? – und drittens berauben Sie sich damit mancher überraschender Neuigkeit aus dem Leben des alten Freundes, der Ihnen wiederum Anlaß gibt, einen weiteren Altkontakt aufzufrischen: *„Grüß Dich, Jürgen! ... Erinnerst Du Dich noch an Gerd aus dem Alpmann-Repetitorium? Kannst Du Dir vorstellen, daß der Langweiler beim Fernsehen ist und die Ziehung der Lottozahlen überwacht?! ..."*

Schon sind Sie mitten im Thema, und der brüchige Draht ist recycelt.

Na gut: Wenn man nach langer Zeit wieder von sich hören läßt, stellt man vielleicht enttäuscht fest, daß die frühere Vertrautheit fehlt. Daß man sich einfach nichts mehr zu sagen hat, weil das, was uns momentan brennend interessiert, vom anderen nur mit einem verständnislosen: *„Ach so. Na ja ..."* beantwortet wird. Dann hilft nur die Einsicht, daß nichts ewig währt.

Wer sich aus Angst vor Ablehnung oder peinlichem Schweigen lange nicht ans Telefon getraut hat, kann den eigenen Totstell-Reflex mit einem simplen Trick überwinden: Nehmen Sie sich in die Pflicht, in dem Sie in einem entspannten Moment eine Karte schreiben. Aus dem Urlaub, von der Geschäftsreise, aus München nach München.

Entschuldigen Sie sich für Ihr langes Schweigen mit dem neuen Job, der Doktorarbeit, dem neuen Wohnort, den Gören oder einfach mit dem Streß in der letzter Zeit.

Entschuldigungen, auch wenn sie eine fünfjährige Sendepause kaum erklären können, werden nur zu gerne geglaubt. Denn es geht ja allen ähnlich.

Und wenn Sie sich einige Zeit darauf telefonisch melden, ist der Boden für eine freundliche Aufnahme bereitet.

Schreib mal wieder ...

Setzen auch Sie sich eigentlich nur dann an Ihren heimischen Schreibtisch, wenn Sie Bewerbungen, Kündigungen oder einen Antrag auf Fristverlängerung für die Einkommensteuererklärung zu schreiben haben?

Falls ja, gehören Sie zu den 84 Prozent aller Bundesbürger, die nie oder nur selten privat zur Feder greifen. Das ist eigentlich schade, denn jeder freut sich, wenn er den Briefkasten öffnet und nicht nur Rechnungen darin findet.

Schwarz auf weiß

Es gibt fünf Hauptgründe dafür, daß sich so viele Menschen vor dem Briefeschreiben drücken:

- Ein Brief, der einmal abgeschickt worden ist, kann nicht zurückgeholt werden. Überlegt man sich drei Stunden, nachdem der Brief im Kasten liegt, daß man eigentlich etwas anderes hätte schreiben wollen, ist es zu spät.
- Briefe sind – wie übrigens fast alle Verträge, die das eigentlich verhindern sollten – subjektiv auslegbar. Wenn Marco aus dem Urlaub an seine Freundin: *„Wir haben hier viel Spaß"* schreibt, übersetzt sie das möglicherweise so: *„Wir ziehen hier jeden Abend mit anderen Frauen durch die Discotheken"* oder so: *„Ohne Dich amüsiere ich mich besser"* oder auch so: *„Ich vermisse Dich nicht"*. Aus Angst, falsch verstanden zu werden, bleiben viele Briefe ungeschrieben.
- Der emphatische Brief, abends geschrieben, gefällt dem nüchternen Autor schon am Morgen nicht mehr. Also bleibt der Brief liegen und wird im Geiste ständig neugeschrieben, aber nie abgeschickt.
- Briefe legen ein bleibendes Zeugnis ab von der Persönlichkeit, der Stimmung und der Bildung des Schrei-

BRIEFE

bers. Wer befürchtet, allzuviel über sich zu verraten, schweigt also.

• Briefe zu schreiben ist edel, aber vergleichsweise aufwendig. Es erfordert Mühe und Zeit.

Nicht mit dem Laserdrucker

Vermeiden sollten Sie freilich Fehler durch Nachlässigkeit, mit denen Sie den Eindruck Ihres Briefes konterkarieren könnten. Verkneifen Sie es sich beispielsweise, den neuen Computer mit dem Laserdrucker zur privaten Korrespondenz zu nutzen. Ein scharfes Schriftbild und selbst automatisches Unterstreichen geben wenig Chancen, eine einst vorhandene Intimität wiederzufinden. (Es gibt auch Stimmen, nach denen gerade diese Bedenken in unserer Zeit nur noch wenig gelten, da der Computer längst ein höchstpersönliches Werkzeug geworden sei.) Auch das Geschäftspapier mit Logo, Geschäftsführer und gedruckter Kontonummer sollte in der Schublade auf andere Einsatzzwecke warten – da ist selbst das karierte Blatt aus Schulzeiten noch vorzuziehen.

Auch wenn Ihre Handschrift mit der Zeit gelitten haben sollte, kommt ein ad manu geschriebener Gruß besser an als alles andere. Das kostengünsti-

---

KURZ:

LITERATUR UND MUSIK
GEPRÜFTE GESCHENKE

Wem schadet lesen?

• *Christian Morgenstern:*
Galgenlieder (Gedichte)

• *Wolf-Dietrich Schnurre*
Pudel Ali (tierisches Tagebuch)

• *Vasquez Montalban:*
Tahiti liegt bei Barcelona (Krimi)

• *Kurt Tucholsky:*
Schloß Gripsholm (Beziehungskiste)

• *Brantenberg:*
Die Töchter Egalias (Emanzipation)

• *Eckardt Henscheid:*
Franz Kafka verfilmt seinen Landarzt (Unbeschreiblich)

• *Moers:*
Das kleine Arschloch (Comic)

• *Enki Bilal*
Los Angeles (kein Comic)

• *Luostal*
Unendliche Augenblicke (dito)

• *Sempé/Goscinny:*
Der kleine Nick (Kinderbuch, auch für Erwachsene)

• *B. Traven:*
Das Totenschiff (Abenteuer)

• *Milan Kundera:*
Der Scherz (Vermischtes)

• *Stefan Zweig:*
Joseph Fouché (Biografie)

• *Klaus Gourgé:*
ALLES GELD (Down to earth)

• *Hubert Selby:*
Letzte Ausfahrt Brooklyn (Milieu)

• *Reinhard Mohr:*
Zaungäste (Jahrgänge '50 bis '60)

• *T. Wiesengrund Adorno:*
Minima Moralia (wie's da steht)

Leiser oder lauter?

• *Arvo Pärth*
Tabula Rasa

• *Leos Janacek*
Auf verwunschenem Pfade

• *Stan Getz*
Jazz Samba

• *Peter Gabriel*
Passion

• *Tom Waits*
Franks Wild Years

• *Miles Davis*
Sketches of Spain

• *Wes Montgomery*
The Road Song

• *Peter Michael Hamel*
Transition

• *Kate Bush*
Hounds of Love

• *Keith Jarret*
Facing You

• *The Modern Jazz Quartet*
Pyramid

• *Al Jarreau*
We got by

• *Benny Goodman*
Klarinettenkonzerte von Mozart

• *Natalie Cole*
Good to be back

• *Henryk Górecki*
Symphony No. 3

• *Frank Zappa*
The Yellow Shark

• *The Lounge Lizards*
The Lounge Lizards

• *Einstürzende Neubauten*
Tabula Rasa

Privat

Reinhard Mohr

*ist Diplom Soziologe und
arbeitet als freier
Journalist in Frankfurt*

Klar:

Freunden muß man nichts erklären. Sie verstehen, was los ist, weil sie auf derselben Wellenlänge ticken. Die großen Lebensthemen ebenso wie die immergleichen Konflikte, die Lebensphilosophie und der Punkt, an dem sie regelmäßig schwach werden – das alles, wenn auch hinlänglich bekannt, wird immer wieder gern diskutiert. Freilich verfolgen auch *richtige* Freunde ihre jeweils eigenen Ziele. Bleiben dabei jedoch gegenseitig kompatibel, anschlußfähig wie die Argumente, mit denen Ziele und Vorstellungen begründet werden. Vertrauen, Sympathie und gemeinsame Erfahrungen sind das Fundament von Freundschaft, das auch Meinungsverschiedenheiten und handfesten Streit aushält.

Soweit die Theorie

Sie ist Praxis, bis die Krise ausbricht. Wo sie nicht mit einem Riesenkrach, einem Vertrauensbruch oder Verrat beginnt, da macht sie sich heimtückisch und eher schleichend bemerkbar. Stichwort Entfremdung.

Die ehemals gemeinsame Sicht auf die Welt, so wie Peter und Stephan sie sahen (oder Angelika und Sigrid), verliert ihre alltägliche Bestätigung und damit ihre Substanz.

Die Kneipenabende werden immer seltener, von gemeinsamen Wochenendausflügen ganz zu schweigen. Damit nicht genug, geraten die Restaurantbesuche oder das Essen zu viert in der ausgebauten Wohnküche immer zäher. Die Gespräche kreisen um Beruf und Kinder. Man unterhält sich (gut), ist freundlich und einander zugetan, aber die alte Vertrautheit fehlt. Der Ton, der Sound hat sich geändert. Selbst wenn die alten Zeiten oder die Blödmänner aus der letzten Wohngemeinschaft dran sind, bleibt die Kommunikation distanziert und befangen zugleich. Originäre Merkmale von Freundschaft – Aufrichtigkeit, Offenheit – zerbröseln angesichts neuer Sicherheitsbedürfnisse und alter Ängste. Die unterschiedlichen Lebens- und Arbeitssphären verstärken die Abgrenzung, oft sogar Konkurrenzgefühle, die früher höchstens unterschwellig existierten.

Berechnung schleicht sich ein

Und immer öfter wird der Drang zur klaren Meinungsäußerung von der kühlen Abwägung zwischen Kosten und Nutzen derselben gebremst.

Man sagt sich nicht mehr die Wahrheit, da, wo sie am nötigsten wäre, behält Kritik für sich, lenkt von unangenehmen Themen ab und beobachtet im stillen, wie sich der andere verändert. Ein Schuß Resignation kommt ins Spiel, und immer öfter fragen sich die beiden Freunde, was sie früher eigentlich verbunden hat. Was immer das war – es hat sich verändert, wenn es nicht schon ganz entschwunden ist. Freundschaften können nur Bestand haben, wenn Veränderungen zur Sprache gebracht werden. Das setzt aber nicht nur Offenheit voraus, sondern auch Interesse an der Entwicklung des anderen. Noch besser Sympathie. Wenn es daran fehlt, ist das Ende pro-

Sie kommen und gehen

grammiert. Ohne ein Minimum an Emphase und persönlicher Nähe – über Auszeiten und Entfernungen hinweg – gibt es keine Freundschaft.

Prüfen Sie also immer mal wieder, was Sie vom (ehemaligen?) Freund eigentlich noch wollen; was Sie heute – nicht gestern – mit ihm verbindet. Vielleicht erkennen Sie so die Zeit für einen Neubeginn, eine Reform, eine Revision. Und da müssen Sie dem Freund erstmal wieder einiges erklären.

Freunde in der Not ...

... gehen tausend auf ein Lot. Der Volksmund hat durchaus recht damit. Denn es geht ja keinesfalls um blinde Kumpanei, sondern um Hilfe und Solidarität, die *gerade nicht* beliebig einzufordern ist. Was aber, wenn die Hilfe selber hilflos ist, der Freund gar nicht weiß, wie er helfen soll/kann?

In der Liebe und in Fragen des Liebeskummers ist jeder zugleich Laienprediger und Fachmann. **Aber:** Soviel und solange man sich auch die Schilderungen anhört, hier und da Probleme hinterfragt, mit Erfahrungen kommentiert oder ermuntert – in den ärgsten Beziehungsnöten gibt es kaum wirkliche, wirksame Hilfe. Die unüberwindbare Einsamkeit etwa nach einer Trennung ist mit keiner freundschaftlichen Umarmung, mit keiner Kommunikationsstrategie der Welt aufzuheben. Dasein, zuhören und Hand auflegen – die Methode Teresa – ist die ultima ratio für jeden Weltschmerz, gegen den nur die Zeit etwas ausrichten kann. Dead or alive.

Einer für den anderen?

Anders sieht es bei äußerlichen Attacken auf die körperliche Unversehrtheit des Freundes aus. Greifen wir einmal nach einem *Beispiel* mitten aus dem richtigen Leben:

Da gehen zwei Freunde ins Kino. An sich nichts Ungewöhnliches. *„Es war einmal in Amerika"* von Sergio Leone. Der Weg von der Jugendbande zur Mafia. Schon früh klatschen die Fäuste in weiße und schwarze Gesichter, fließt Blut.

Eine Reihe hinter den Freunden amüsiert das zwei Männer ganz prächtig, klatschen im Takt der Gewalt mit. *„Boah, ey ! Geil, Mann!"*

Vorsichtige Hinweise, man möchte das alles in Ruhe auf sich wirken lassen, nutzen nichts - bei jedem Faustschlag oder Tritt klatscht es in der zweiten Reihe mit. Bis einem der Freunde der Kragen platzt. Nach gescheiterter Krisenkommunikation mit den fröhlich gewaltbejahenden Männern droht er selbst mit Prügel – vorlaut und unvorsichtig. Denn die plötzlich eintretende Stille im Nacken ist trügerisch.

Der Film geht grausam zu Ende, und die Freunde verlassen das Kino innerlich gespalten und wie immer diskutierend.

Schon an der ersten Ecke lauert das Unmittelbare, das ultimativ Antidiskursive: Die beiden jungen Männer aus der hinteren Reihe setzen ihre Lieblingsbeschäftigung fort.

Mit den wenigen ihnen verfügbaren Worten stellen Sie den Kritiker ihres unzivilisierten Betragens im Kino zur Rede: *„Haste Maul oder was ?!"*.

Bevor der so Angesprochene noch etwas erwidern, gar erklären kann, liegt er schon am Boden. Klassischer Kinnhaken. Auch dann noch wird die Kommunikation einseitig körperlich fortgesetzt. Einer dieser aus Film und Fernsehen bekannten Fußtritte ins Gesicht erläutert die Frage: *„Noch Fragen?"*

Irgendwie gelingt es, die kleinen (recht großen) Straßenrambos zum Ablassen zu bewegen. Es ist Glück mit im Spiel, denn die Freunde sind keine „Fidschis", „Asis" oder sonstigen „Kanaken". Dennoch, neben der Kinnlade, schmerzt auch die Schmach der physischen Unterlegenheit.

Die Freunde trollen sich vom Ort der Niederlage, besprechen in der Stammkneipe ihr Versagen. Es ist vor allem das Versagen, die Situation falsch eingeschätzt und dann unzureichend reagiert zu haben. Sie hatten sich auf ein falsches Spielfeld verirrt. Wo die Faust regiert, haben Worte, Gedanken und Abwägungen nichts zu suchen.

Scham

Derjenige der Freunde, welcher nichts abbekommen hatte, grämte sich wegen der unterlassenen Hilfeleistung für den Freund am Boden. Wie hätte er reagieren sollen? Was hätte er tun sollen (müssen?)?

Seine Hände waren auch eher für die Schreibmaschine gebaut als für den Faustkampf. Die Rambos waren geübte Schläger. Was also hätte er tun, wie hätte er *helfen* können? Klassische Frage, so alt wie die Menschheit.

ge Frankieren per Freistempler des Arbeitgebers sollten Sie ebenfalls verwerfen. Unpersönlicher kann ein Umschlag nicht aussehen.

Darf's ein Viertel mehr sein?

Nun ist – Gottseidank – nicht jede Freundschaft schon a priori sanft entschlummert. Doch auch aktive Beziehungen brauchen Unterstützung. Notwendige Ingredienzen für ein stabiles, freundschaftliches Verhältnis sind nicht zuletzt die Karte aus dem Urlaub, der Geburtstagsgruß oder der Spontananruf.

Singuläre Versäumnisse werden wirklich intakte Freundschaften nicht kippen. Doch zur Verbundenheit gehören kleine Gesten der Aufmerksamkeit, auch wenn gerade nichts Sensationelles mitzuteilen ist. Rufen Sie *einfach so* auf einen kleinen Schwatz an, fra-

gen Sie sich bei Ihrer Freizeitgestaltung, ob Sie Freunde mitnehmen wollen, informieren Sie Ihre Freunde über interessante Veranstaltungen, auch wenn Sie selbst aus irgendwelchen Gründen nicht teilnehmen können. Zeigen Sie einfach Interesse am Leben Ihrer Freunde.

... in der letzten Reihe

Nach einer Langzeitstudie der ARD zur Mediennutzung bringt der bundesdeutsche Durchschnittsbürger mehr als 160 Minuten seiner täglichen Freizeit damit zu, mehr oder minder gebannt den bunten Bildern vor dem Fernseher oder dem Videorecorder zu folgen. Rund drei Stunden lang lassen wir uns von Radio oder Stereo-Anlage berieseln. Viel Zeit zum Umgang mit unseren Freunden bleibt da nicht: Die ARD-Studie gesteht uns gerade mal einein-

viertel Stunden dafür zu.

Das Kommunikationszeitalter birgt die Gefahr, daß wir verlernen, miteinander zu kommunizieren. Paradox? Ein wichtiger Beitrag zur Aufrechterhaltung von freundschaftlichen Beziehungen sind gegenseitige Besuche. Die Medien, frei Haus geliefert, dürfen uns nicht an die Couch fesseln. Die Welt bewegt sich, es gibt sie auch in Farbe und besser noch: Wir sind die Akteure. Selbst wenn wir mit unseren Freunden gemeinsam Fernsehen schauen.

Freund und Geschäftspartner?

Geschäfte unter Freunden sind ein heikles Thema. (Siehe auch Kapitel 2.5) Schon über vielen Freundschaften zogen dunkle Gewitterwolken auf, weil man zusammen Geschäfte machen wollte. Was wird da nicht alles versprochen und doch nicht gehalten. Conditio sine qua non bei Geschäften unter Freunden ist es deshalb, Business und Privatleben strikt voneinander zu trennen.

Behandeln Sie ihren geschäftlich verbundenen Freund auch immer, als wäre er Ihr wichtigster, umsatzstärkster Geschäftspartner. Also absolute Pünktlichkeit, kein Verzicht auf schriftliche Fixierung abgesprochener Punkte und korrekte Rechnungsstellung.

Merke: Geschäft ist Geschäft, und Verträge sind für schlechte Zeiten.

A propos Rechnung: Das Thema Geld führt immer wieder zu Zerwürfnissen. Am ehesten hilft *financial correctness.* Außerdem: Pochen Sie nicht auf Prozente bei Ihren Freunden, und hoffen Sie, daß diese es auch nicht tun.

Photo: Simon

... öh ...? ...!

Ich will Liliebe!

Und Anerkennung! Und Bestätigung! Tja. Kriegst Du, aber nur gegen Wohlverhalten! Nur, wenn wir den Erwartungen unserer „Zielgruppe" entsprechen.
Du schlüpfst also dann und wann raus aus dem warmen Selbst – hemmungslos hinein in irgendeine Ganzkörpermaske, weil offenbar das gerade gewünscht wird. Du setzt Dich in Szene.
Wie? Durch jede nur denkbare Art von Getrommel!

Du klitterst Deine Biographie, schmückst Dich mit der Bekanntschaft „wichtiger" Mitmenschen, mit allerlei Statussymbolen, veränderst Dein Aussehen, bluffst über Wissen, Erfahrung und gerne auch Engagement, täuschst Gefühle vor.
Alles, alles, um Dein wahres Ich – von dem Du glaubst oder weißt, daß es den anderen nicht genügt – zu verschönern.
Vorsicht Falle! Auf dem Jahrmarkt der Eitelkeiten lauert: Entlarvung!

Lacoste es was es wolle

Darf ich mich vorstellen?

Ein guter Freund verbrachte, wie immer, Pfingsten auf Sylt. Kommt zurück mit folgender Geschichte: Samstagabend, Partytime. Die ortsübliche Mischung aus Schickimickis, Etablierten und Möchtegerns, Jeunesse dorée und Halbseidenen. Jan und ich hofften trotzdem, ein paar Mädels auf-

zutun. Bevor wir loszogen, kam Jan zu mir und sagte: *„Übrigens, Martin, heute mache ich mal die Hanseatennummer. Ich heiße Dennis, bin Mitinhaber einer Werbeagentur, aktuell in der Marketingabteilung eines großen Softwareunternehmens mit der Entwicklung einer neuen Strategie betraut und studiere nebenbei Jura. Das zieht garantiert."*

Ich zweifelte: *„Ob das klappt?"* In der Tat hatte Jan an den letzten Abenden bei seinen Kontaktversuchen wirklich nicht viel Glück gehabt.
Unter all diesen *rich & beautiful people* kam der Nur-Student nicht gut an. Die Schönen der Sylter Nacht wollen nämlich schnell und hoch hinaus. Potzblitz – die Masche zog. „Dennis" fand bald Anschluß, und die niedliche blonde Graphikerin wich nicht von seiner Seite. Als wir uns aber gegen Mitternacht an der Bar zusammenfanden, platzte der Bluff. Obwohl „Dennis" ständig die Unterhaltung vom Beruf abzulenken versuchte, führte die Blonde – sie suchte wohl einen neuen Job! – das Gespräch immer wieder darauf zurück. Alkoholbedingt verwechselte Jan öfter die Fachvokabeln, hielt *Desk-Top-Publishing* für eine Fachzeitschrift. Als er schließlich die *Feldforschung* in den Bereich der Agrarwirtschaft ansiedelte, schaute sie ihn verachtend von oben bis unten an und ließ ihn stehen: *„Wenn Du gedacht hast, mit dieser dünnen Story könntest Du mich auf Deine Besetzungscouch ziehen, dann hast Du Dich getäuscht. Und tschüss!"*

Ich bin der Märchenprinz

Felix Krull lebt, und er begegnet uns öfter, als wir glauben. Auf Sylt ist er Werber und Immobilienmakler in Düsseldorf, in München agiert er als Theateragent, den Philosophiestudenten gibt er in der Intellektuellenkneipe in Kreuzberg und im Frankfurter

Operncafé den Banker. Bleibt noch die Rolle als Märchenprinz in der Provinz. Das weibliche Pendant gefällt sich in der Rolle des Models, der Journalistin; sie *„jobbt beim Fernsehen"*, ist von Beruf Tochter aus gutem Hause, fährt Autorennen und/oder kennt unglaublich viele wichtige Leute.

Die bevorzugten Masken unserer Zeit stammen aus den Fernseh- und Filmwelten der Werbung, der Medien, des Jet-sets. Da kennt man sich aus, da ist man zu Hause, da weiß man, wie's läuft, da gehört man – eigentlich sowieso – auch hin ...

Hinter geschönten Biographien verstecken Menschen heimliche Wünsche und Träume, vor allem aber die quälende Angst, aus der Mittelmäßigkeit der Masse nicht hervorzutreten. Durch Worte (verbal) und durch den Gebrauch weithin bekannter Symbole (nonverbal) setzen sich Menschen in Szene.

Das (mitunter gar unbewußte) Ziel heißt, auf sich aufmerksam zu machen und so die Zuneigung anderer auf sich zu lenken.

Hat man aber einmal gelernt, stillschweigend hinter die Masken aufgesetzten Verhaltens zu schauen, so zieht man leicht einen zweifachen Vorteil daraus: Denn man erkennt sowohl den eigentlichen Menschen, wie er wirklich ist, und zugleich sein verstecktes Ziel – wie der Mensch sein möchte. Dieses Wissen öffnet Ihnen Tür und Tor zu gezielter Beeinflussung und – Manipulation!

Mein Freund,

der Herr Bundeskanzler ..." Deutliche Hinweise auf den Maskenträger als solchen gibt das sogenannte Namedropping. Man versteht darunter das im Gespräch bewußt eingesetzte Plazieren von Prominentennamen mit dem dezenten Hinweis auf die Nähe der Beziehung zwischen dem Redner und dem Star.

Die platteste Form des Namedropping verzichtet auf die Nachnamen, etwa so: *„Rezession? Hannelore meint, zum Jahreswechsel gehe es wieder aufwärts; Helmut ist etwas skeptischer: Mitte nächsten Jahres. Und die sollten's doch eigentlich wissen."*
Oder:
„Nein, nein, nein. Hatte kürzlich ein ausführliches Gespräch mit Joschka.

Bitte auf der Fahrspur bleiben

Thema Wachstumspolitik vs. Umwelt. Ich bin der Meinung, daß ein generelles Umdenken erforderlich ist – na, er ja sowieso ..."
Welches Ziel verfolgt der Namedropper eigentlich? Wahrscheinlich sieht er sich irgendwann selber im Prominentenolymp der zitierten Personen, und sei es nur als derjenige, der *„den tollen Draht"* zu höheren Kreisen hat.

Wie gehen Sie damit um?

Ihre Entscheidung: Entweder werden Sie Ihrem Gegenüber die Eitelkeit gelassen nachsehen (und leise lächeln), oder Sie werden ironisch kontern: *„Ich frage mich, ob Eure Freunde vom Wanderverein den richtigen Durchblick haben. Mein Friseur sagt jedenfalls immer, ..."*

Es geht auch offen heraus: *„Hast Du dazu auch eine eigene Meinung?"*

Merke: Der Verlust der Maske, der Gesichtsverlust, besonders in Gegenwart Dritter, ist schmerzhaft! Die so demaskierten Looser haben Sie fürderhin zum Feind! Logisch!

Eine zweite Dünnbrettstrategie, um sich vor anderen auf einen vermeintlich höheren gesellschaftlichen Status zu hieven, setzt auf Glanz und Glamour. Statussymbole und -gegenstände sind in einer modernen Leistungsgesellschaft wie ehedem Schulterklappen oder Kriegslametta.

Mit ihnen soll tatsächliche oder vermeintliche Potenz demon-

striert werden – Macht, Einfluß, Reichtum, intellektuelle Überlegenheit –, um eine Position zu festigen oder auszubauen.

Ich bin ja so Rolexy

Statusgebärden sind Formen nonverbaler Kommunikation. Die augenfällige Präsentation eines (wahren oder vorgetäuschten) Statussignals erreicht – über eine *jeweils erstrangige Zielperson* hinaus – auch jeden anonymen Passanten. **Und:** Symbolische Botschaften werden gesehen, gelesen! Sie werden vielleicht mißverstanden, aber sie werden nicht übersehen!
Klassische **Beispiele** für allgemeine Statussymbole sind große und/oder schnelle Autos, teuere Uhren und Juwelen, Designerkleidung, kurz Dinge, deren Sonderheit (Preis, Einzigkeit) auf Anhieb erkannt wird.
Andere, spezielle Statussymbole kommunizieren in bestimmte Gruppen von Menschen, unter Eingeweihten, die den symbolischen Code verstehen:
- Die Karrierefrau ordnet sich und alle anderen im Filofax;
- Der Manager zeigt seinen Schuh (möglichst aus der Savile Row);
- Der eingeweihte Schlittschuhläufer bevorzugt Bauer, Fesl oder Mayr;
- Der Globetrottel beppt sich immer noch die Aufkleber auf den Koffer (von LouisKattong oder Malburri)

usw.
Na klar: Auch das *„Ich brauche das alles nicht"*-Outfit, sagt einiges über seinen Träger aus. Hier werden nach außen die inneren Werte gezeigt, über die materiellen äußeren gestellt. Die

Freiheit von materiellem Denken soll geistige Unabhängigkeit demonstrieren und behauptet: *„Ich bin frei."* – Wie wir Watzlawick bereits zitiert hatten, ist Kommunikation immer und überall.

Der Bluff umrahmt Leere

Eine (substanziell kaum) subtilere Ausprägung des *Sich-in-Szene-Setzens* zeigt sich im intellektuellen Rollenspiel. Wissen und Bildung ist wertvolles Kapital beim Poker um Positionen im Beruf und in der Gesellschaft. Und wo gepokert wird, wird immer auch geblufft! Für den kleinen Bildungsbluff etwa besuchte man (statt der siebten Klasse) die Quarta; wohingegen dem großen Bildungsbluffke bei passender Gelegenheiten Schopenhauer-, Kant- und Nietzsche-Zitate zu Gebote stehen. Beeindruckend auch der eingeschobene Hinweis auf eine Studienzeit in Harvard (wo es neben der berühmten Universität auch eine Hotelfachschule gibt) oder der dezente Verweis auf die für

die nahe Zukunft geplante *Diss'*. Ultracool zieht der Kenner jedoch noch stets echte Bildung aus dem Hirnkastl. Wer Bücher liest, weiß mehr als andere – und Belesenheit zählt zu den blaublütigsten Statussymbolen unserer Zeit. Ein wenig übertreiben tun freilich jene Zeitgenossen, die den jüngsten Bestseller stets vor uns gelesen oder zumindest doch bei *ihrem* Buchhändler geordert haben!
Zugegeben (?) sind letztlich die meisten über die FAZ-Besprechung kaum hinaus gekommen. Wer den Bluff beherrscht, füllt Wissenslücken gegenüber Ahnungslosen durch ein freies Extemporieren über den wahrscheinlichen Inhalt auf.
Wenige Profis (meist Frauen) streiten sogar mit echten Lesern (logisch: Männer), als wüßten sie es besser als jene. Mit offenen, ehrlichen, sympathischen Augen zichtigen sie *„gerade diesen blasphemischen, diesen selbst noch in den leisen Passagen rotznäsigen Müller-Lüdenscheidt"* eines nachweisbaren Nihilismus, – *„finde ich,*

der sich von seinem frühen gesellschaftlichen Wirkungswillen längst emanzipiert hat." Sozusagen am heute nötigsten vorbeigeschrieben, *"wenn Ihr versteht, was ich meine?"* Wer verstünde das nicht?

Das hohe Fis

In wohldosiertem Gemenge mit weltläufigem Bildungsbluff erreicht der Literaturbluff höchste Reife.

Wer ahnt denn, daß Zacharias M. die brandaktuelle Schumpeter-Biographie in der Buchhandlung nur durchgeblättert hat, wenn er beim Spätschoppen sogar ein oder zwei Sätze daraus zitieren kann? Ist es denn Zufall, daß die Passage erst kürzlich vom Feuilletonisten des *Rheinischen Merkur* mit lobenden Worten zitiert wurde?

Man muß aber auch sagen: Der Bluff in seinen mannigfachen Spielformen fußt auf einer gewissen gesellschaftlichen Disposition und ist damit mehr ein Zeitzeichen. Ganz anders als im benachbarten Frankreich gilt in Deutschland eine gewisse **Vorsicht:** Deswegen beschimpft man belesene, gebildete Menschen hierzulande gern als *Intellektuelle*. Damit ist gemeint, daß sie hinterhältig ihr Gehirn

(a) zur Speicherung (es droht Insubordniation!) herumliegenden Wissens und

(b) zur Erzeugung eigener (höchste Vorsicht: Womöglich umstürzlerischer) Gedanken benutzen.

Zu dieser (soll man sagen: verruchten) Minderheit dazuzugehören, ist schick, jedenfalls noch; und wird beständig inquisitorisch überprüft.

Etwa wenn sich jemand dabei erwischen läßt, nur

(a) vorgefertigte Meinungen und Ideen nachzuplappern, ohne zugleich auch

(b) die eigene kreative Befähigung unter Beweis zu stellen –

wird er oder sie sofort entlarvt!

Wappnen Sie sich gegen solche Prüfungen und schmerzvollen Bloßstellungen mit einem Bluff, der nicht so leicht zu knacken ist!

Letzteres erreicht man auf zwei Wegen: Man kann die Gedanken und Erkenntnisse anderer schlicht anzweifeln oder sogar negieren: *"Goethe ... Goethe – Mein Gott, wir leben im 20. Jahrhundert!"* Sie müssen jetzt gar nichts beweisen!

Die zweite Methode besteht darin, verbales Engagement für eine bestimmte Politik, Ideologie, gesellschaftliche Sache an den Tag zu legen – und die tiefgreifende Beschäftigung mit dem Thema durch Aktivität zu untermauern.

Auch die leicht aggressive Gegenüberstellung von fußlahmer Theorie versus effizienter Praxis verfängt – denn da sitzt das schlechte Gewissen aller Intellektuellen.

Beispiel: Die Beteiligung an Demos ist gut, besser ist es, eine solche zu organisieren. Zahlendes Mitglied von Greenpeace zu sein zeugt von Umweltbewußsein, den höheren Statusgewinn bringt eine packende Erzählung *"Wie wir einmal die norwegischen Wale gerettet haben"*.

Zeich doch ma Gefühl, ey!

Die zeitgemäßeste Form des *"sich in Szene setzen"* besteht aktuell wohl darin, Wissen/Bildung/Belesenheit hintanzustellen und Emotionen zu zeigen. Gefühle machen nackt, bloß, maskenlos, schutzlos und folglich angreifbar. Wer aber, wie in der Hundewelt die Kehle, einem Gegner die Schwäche zum Biß hinhält, setzt darauf, daß ihm nichts Übles widerfahren darf.

"Wer Schwäche zeigt, ist wirklich stark", heißt der Doppeltrick, dessen sich Menschen gern bedienen, die auf der Klaviatur der Kommunikation versiert sind.

Hier gibt's die reine Wahrheit.

Sie küssen & sie schlagen sich

Enge Beziehungen sind konfliktanfällig. Das ist ganz natürlich: Zwei unterschiedliche Menschen haben auch unterschiedliche Meinungen.

In langjährigen Freundschaften wechselt mitunter das Gefühl der Zuneigung in eisige Distanz. Nach einer Auseinandersetzung brauchen beide Zeit zum Nachdenken, ehe sie wieder das alte Verhältnis aufnehmen können – oder dies eben nicht tun.

Dann geht man auseinander. Schluß. Ende. Aus.

Von wegen. Das Ende von Freundschaften ist selten filmreif – „Le fin" – sondern zieht sich – wie in der Soap-Opera – über mehrere Folgen hin. Da wird sich wieder versöhnt und erneut verkracht, Besserung versprochen und nicht gehalten. Warum, um Himmels Willen, fällt es uns nur so schwer, einen ehrlichen Schlußstrich zu ziehen?

Alles Lüge

Wo Du lügen mußt, da lüge!

Sagt Darius bei Herodot. (*Sehn Se mal! Damals schon!*) Hingegen meint Volksmund, daß ehrlich am längsten währt. Nun, das sind Minderheitsmeinungen, die wir ruhig nebeneinander gelten lassen können. Ohne die vielen kleinen Notlügen hätten wir doch den ganzen Tag nichts als Ärger und Streß.

Beispielsweise mit dem Finanzamt oder mit dem Vermieter, der unangemeldet vor der Tür steht und die Miete für den letzten Monat kassieren will: „*Tut mir leid, das Geld hab' ich momentan nicht. Meine Untermieterin ist letzten Monat auf und davon – mit allen Sparbücher, Schecks, Bargeld ... stellen Sie sich vor, sie hat sogar den Fernseher mitgehen lassen!*"

Und dann: „*Ach ja, Sie haben also eine Untermieterin?*"

Oder es soll die abendliche Verabredung abgesagt werden: „*Hallo, hier ist Marco. Sandra, sorry, aber ich muß für heute Abend absagen. Meine Großtante aus Amerika ist überraschend eingetroffen ... tut mir leid ... melde mich ...*" – Sekunden später: „*Hi, Andie, hab' heut' Abend nichts vor ... wann soll's denn losgehen?*" Wo man beim Schwindeln dann noch die Finger kreuzt, ist alles überhaupt nicht mehr schlimm, und eigentlich entspricht es doch fast der Wahrheit.

Täglich 200 mal!

Jeder Mensch (Mann wie Frau) lügt. Und zwar reichlich: Bis zu 200 Mal am Tag! Das wurde in einer Studie der Universität London herausgefunden. Also belügen Sie sich nicht selbst, wenn Sie sagen: „*Alles Lüge, ich lüge nie.*" Sicher: Mit Vorsatz wird durchschnittlich nur drei bis viermal pro Tag geflunkert. Oft aus Verlegenheit, öfter aus Höflichkeit, am häufigsten, weil man jemanden nicht verletzen möchte. Manchmal passiert es auch ganz unbewußt: Denken sie nur an das rituelle Guten-Morgen-Lächeln für die zänkische Nachbarin aus dem Schwabenland oder für den ewig grantigen Chef. Notlügen machen uns das Leben leichter. Sie können eine angenehme Atmosphäre schaffen und überflüssige Konflikte verringern – wenn man ihre Logik beherrscht. Damit das gelingt,

KURZ:

STREIT MUß SEIN ...
WIE MAN AUCH MIT GUTEN FREUNDEN ...

Folgende Geschichte: Sie sind an dieser Frau interessiert, diesem Wunderwesen aus schwarzen Nächten; und diese Fee vermittelt Ihnen sogar tagsüber den Eindruck, daß Sie landen könnten, wenn Sie nur ein bißchen Geduld und Einsatz zeigen.

Sie legen sich also richtig ins Zeug, ganz so wie es Ihre Art ist, geben Ihr Bestes, können vor Aufregung kaum schlafen, stürzen sich tief, tief hinein in die Kosten – alles, alles für diese Eine.

Der allesentscheidende Abend (Essen mit romantischer Musik & Kerzenschein) steht unmittelbar bevor, da erfahren Sie vom Kollegen Zufall, daß Ihr guter Freund (Hund, Miesling, Drecksack), der Sie ständig über die unerfüllte Liebe erzählen ließ, der (Heuchler, Intrigant) Ihnen Tips gegeben hat, wie Sie handeln sollen, der (mit gespaltener Zunge) aufrichtig am Fortgang ihrer Lovestory interessiert schien, daß dieser gute Freund bei eben derselben Dame seinerseits antichambriert, dito sich richtig ins Zeug legt, dito sein Bestes gibt, dito schlaflos bleibt und sich tief, tief in die Kosten hineinstürzt.

Sie genießt es

Bei ruhiger Überlegung würden Sie jetzt die Traumfrau in die Wüste schicken, weil Sie und Ihr Freund offensichtlich gegeneinander ausgespielt wurden. Leider! In Herzensangelegenheiten setzt Ihr Verstand aus und Ihr Herz richtet. Sie kochen! Sie explodieren!

Am liebsten würden Sie sofort stehenden Fußes den ach so guten Freund zur Rede stellen.

Eine durchaus verständliche Reaktion, ... nicht unbedingt die geschickteste. Sie sind doch viel zu aufgeregt, um klar zu denken. Zeit gewinnen! Sie lehnen sich also zurück und überlegen.

Auge um Auge

Was tun? Sie könnten nach biblischem Vorschlag handeln. Das hieße, nun einen Zacken zuzulegen, um schneller zu sein als der dirty-son-of-an-ugly-bitch. Sie müßten die Herzensdame auf-Teufel-komm-raus becircen und in die eigenen Arme reißen.

Als Sieger würden Sie die Freundschaft mit dem Mistkerl und Leidensgefährten (... die vielen gemeinsamen Jahre, Wandertouren, Abenteuer in Guatemala, Skatabende ...) riskieren.

Also was?

Sie könnten – auch dies biblisch empfohlen – Nachsicht üben und trotz der Heimtücke mit dem Freund *kooperieren.* Schließlich gibt der Klügere nach – und zieht den Kürzeren!?

Oder Sie ziehen sich in den Schmollwinkel zurück, schmeißen die Brocken hin ... Doch was hätten *Sie* davon? Das Beispiel ist auf jede Konfliktsituation, in der zwei Parteien gegensätzliche – oder eben fatal gleichgerichtete – Interessen verfolgen, anwendbar: Im Unternehmen, in der Politik, in der Ehe.

Fortsetzung gegenüber

müssen sie allerdings locker und wie selbstverständlich, natürlich, plausibel und einsichtig klingen.

Das Hinterhältige ist: Die gute Lüge muß überzeugend vorgetragen werden. Je nach Anlaß mag eine moderate Emphase helfen – oder eine coole Beiläufigkeit. Das klappt nur, wenn man glaubt, was man lügt. Früher oder später entlarvt sich die Lüge – jede! Und je intensiver die Überzeugungsarbeit vor der Entlarvung, desto größer der Glaubwürdigkeitsverlust danach.

Schlimmer noch: Nicht selten fordert die erste Lüge die nächste heraus; so wächst und wackelt ein einziges Lügengebäude, das beim ersten kleinen Zwischenfall wie ein Kartenhaus zusammenbricht. Moral: Wem die Notlüge zum Normalfall gerät, der wird eines Tages an dieser, seiner eigenen Wahrheit scheitern. Das ist die eine Seite.

Die andere: Solange sie nicht die Basis einer Partnerschaft bilden, hal-

Ausfahrt freihalten!

... ABER MIT KÖPFCHEN
... FERTIG WIRD.

Deshalb haben sich mit diesem Thema nicht nur Psychologen, Militärs und Eheberater auseinandergesetzt, sondern auch die Anhänger der sogenannten Spieltheorie.

Das „Gefangenendilemma"

Kennen Sie das? Dieses Denkmodell geht davon aus, daß zwei Partner in einer konfliktträchtigen Situation grundsätzlich zwei Möglichkeiten haben: Kooperieren oder konkurrieren.

Langfristig gewinnen beide am meisten, wenn sie kooperieren und sich auf die weitere Kooperationsbereitschaft des anderen verlassen können. In dem Fall wird sich das gegenseitige Vertrauen zum beiderseitigen Nutzen verstärken.

Wird einem Kooperationswilligen die Zusammenarbeit bloß vorgetäuscht, so

Einfahrt
freihalten!

geht die Sache schief. Denn: Es sei der Mensch an sich lernfähig und verfüge über hinreichend mentale Speicherkapazitäten; mit deren Hilfe merke er sich dieses unsoziale Verhalten. So wird der böse Trick nur einmal funktionieren: Entweder verweigert er fortan jegliche Zusammenarbeit, oder er mißtraut den guten Worten und agiert zurückhaltend in der begründeten Annahme, sein Partner wolle ihn erneut hineinlegen.

Tit for Tat

Was wir schon lange geahnt haben, ist wissenschaftlich bewiesen. Der amerikanische Politologe Robert Axelrod hat eine Untersuchung durchgeführt, in der unterschiedliche Strategien auf ihre Wirksamkeit getestet wurden.

Er ließ diese Programme in einem Computerturnier gegeneinander antreten. Sieger wurde das Programm *Tit for Tat* (etwa: Wie Du mir, so ich Dir). Das Programm ist von Grund auf kooperativ, also nicht böswillig, aber lernfähig und reagiert bei den einzelnen Zügen auf seinen Partner.

Ist **A** heimtückisch, so ist es **B** auch; ist **A** kooperativ, so ist **B** dies auch. Ergebnis nach mehreren Spielrunden: Die kooperationswillige Partei setzt sich durch.

Das sogenannte *Axelrodsche Turnier* wurde kürzlich von zwei jungen Spieltheoretikern nachgespielt.

Sie veränderten dabei einen Parameter: Nach dem neuen Tit for Tat reagieren

die Partner nicht mehr automatisch beim nächsten Spielzug auf den vorangegangenen des Gegners. Sie schätzen hingegen vor jedem Zug die Wahrscheinlichkeit, mit der der andere positiv oder negativ reagieren würde, und richten ihr Verhalten nicht mehr an dem zurückliegenden, sondern an dem zu erwartenden Verhalten aus.

Schon beim erstmaligen Betrügen speichert der Benachteiligte die Information. So wundert es nicht, daß der negative Erwartungswert im Lauf der Zeit anwächst, schließlich überwiegt – und zum Schluß beide dermaßen kooperationsunwillig geworden sind, daß keiner den Sieg davonträgt.

Maulen Sie jetzt nicht: *„Und was hat das mit meinem guten (?) Freund zu tun, der mir ins Herzwerk pfuschen wollte?"*

Das Tit for Tat-Modell soll Ihnen zeigen, daß Mißtrauen stets neues Mißtrauen gebiert und die Basis für jede Art von Freundschaft zerstört.

Matt durch Kooperation

Also: Tricksen Sie nicht. Geben Sie Ihrem unfairen Partner statt dessen ruhig noch eine Chance, und versuchen Sie bloß nicht, seine Schliche zu kopieren.

Denn auch das läßt sich spieltheoretisch nachweisen: Sind beide Partner kooperationsunwillig, ruinieren sich beide, und am Ende gibt es keine Gewinner, sondern nur Verlierer.

Übrigens: Die Lady wird sich schon für Sie entscheiden. Wetten, daß !?

ten Lügen Beziehungen auch aufrecht. Ehefrau fragt Ehemann: *„Schatz, wie findest Du meine neue Frisur? Ist sie nicht großartig?"* (Schwiiierige Frage!) Sollte der Ehemann ehrlich sein und antworten: *„Großartig schon, aber nicht für Dich. Dafür bist Du zu alt."*? In den meisten Fällen hängt nach einer derart ausgesprochenen Wahrheit der Haussegen schief.

Wenn Sie denn unbedingt die Lüge vermeiden wollen, lassen Sie einige Zeit verstreichen und versuchen es nach ein paar Tagen: *„Ach Schatz, die alte Frisur hat mir doch besser gefallen. Mach's wieder so, ja?"* Die Haarpracht gibt es dann schon etwas länger und steht nicht mehr unter dem Eindruck des Außergewöhnlichen, des zu Bewundernden.

„Nur Kindern und Narren verzeihen wir, daß sie uns die Wahrheit sagen: Die anderen, die so kühn waren, ihnen nachzueifern, werden es früher oder später büßen", weiß der Aphoristiker E.M. Cioran.

Anders gesagt: Wer lügt, muß Sorge tragen, den – wie immer verschlungenen – Weg zurück zur Wahrheit stets offenzuhalten.

WARUM WIRD GELOGEN

Um Strafe zu vermeiden	41%
Aus Bequemlichkeit	14%
Aus Hoffnung auf Lob	8,5%
Um Arbeit zu umgehen	6%

0 5 10 15 20 25 30 35 40 45

KURZ:

ALLES LÜGE
LERNEN WIR VON DEN GRÖSSEREN GEISTERN

Petan: Lügen haben kurze Beine, deshalb reisen sie mit den schnellsten Kommunikationsmitteln.

Bismarck: Es wird nie soviel gelogen wie vor der Wahl, während des Krieges und nach der Jagd.

Tschop: Man beleidigt öfter mit Wahrheiten als mit Lügen.

Mitsch: So, wie es außer Menschen auch noch Leute gibt, so gibt es außer den Lügen auch noch Unwahrheiten und Ansichten.

Mencken: Es ist schwierig, einem Menschen zu glauben, wenn man weiß, daß man an seiner Stelle lügen würde.

Walters: Auch die Lüge hat einen technischen Notdienst: Die Notlüge.

Lec: Lügen mit glücklichen Umständen ergeben Legenden.

Moller: Die Lüge ist die Poesie, die nicht aus der Mode kommt.

Uhlenbruck: Ein Irrtum ist die unabsichtlich nicht erkannte Wahrheit, eine Lüge die absichtlich nicht erkannte Wahrheit.

Churchill: Lüge: terminologische Unwahrheit.

Japanisches Sprichwort: Die Lüge ist manchmal die Beleuchtung der Wahrheit.

Hebbel: Die Lüge ist ein Mittelding zwischen Sein und Nichtsein.

Busch: Der Beste muß mitunter lügen – zuweilen tut er's mit Vergnügen.

Sprichwort: Ein Lügner muß ein gut Gedächtnis haben.

Hauptmann: Lüge ist eine Wahrheit mit schiefer Wurzel.

Hubbard: Die Lüge ist ein sehr trauriger Ersatz für die Wahrheit, aber sie ist der einzige Ersatz, den man bis heute entdeckt hat.

Wilde: Worin besteht das Wesen der schönen Lüge? Darin, daß sie sich selbst zu erkennen gibt.

Brudzinski: Lüge: ein Double, das die Wahrheit in gefährlichen Situationen vertritt.

Frisch: Wenn ehrlich sein hieße, wirklich alles zu sagen, es wäre einfach, ehrlich zu sein; doch nicht lebbar, alles zerstörend: Wahrheit auf Kosten der anderen.
Ehrlich sein – einsam sein!

Über die Jahre war aus Rolf irgendwie ein anderer geworden ...

HINTERKOPF

Wo bleibt die Freundschaft?

Es drückt auf den Magen, der Freund geht uns auf den Keks; in einem Wort: Es stinkt uns gewaltig!

Jetzt gibt es nur eine Chance: Offen heraus damit! Um den heißen Brei herumzureden und darauf zu hoffen, daß Rolf schon irgendwann begreift, warum wir sauer sind – das ist das Grabgeläut für jede Freundschaft. Noch eins: Wer den Frust stets hinunterschluckt, bekommt über kurz oder lang Bauchschmerzen!

Wie viele machen denselben Fehler immer wieder! Daß Verliebtheit, Liebesbeziehungen und natürlich die Ehe genauso prekäre wie ernste Angelegenheiten sind, denen höchste Aufmerksamkeit zu gelten hat, das wissen sie wohl. Bei Freundschaften heißt es meist: Man hat sie oder man hat sie nicht. Stimmt. Aber man kann sie auch aufs Spiel setzen, im Streit erst zermürben und dann verlieren. Schluß. Aus. Ende.

Belastungsprobe

War's das?

Es kommt zu Konflikten, auch in der Freundschaft. Das ist normal. Auch und gerade enge Beziehungen sind niemals vor Störungen gefeit.

Auf der einen Seite wechseln sich unsere Gefühle der Zuneigung immer wieder mit unseren Bedürfnissen nach Distanz ab, auf der anderen Seite können wir in Lebenssituationen geraten, die unseren Freunden unverständlich sind, die sie nicht nachvollziehen können. Manchmal lehnen die Freunde unsere Meinung oder unser Handeln ab; manchmal denken wir, daß unsere Freunde etwas falsch verstanden oder gemacht haben. **Beispiele?** Ohne Ende: Ein neuer Lebenspartner, eine heikle Berufssituation, eine poli-

tische Meinungsverschiedenheit, eine Verläßlichkeitsprobe, eine Frage der Moral, ein Glück oder ein Unglück ... Konflikte sind normal, sogar fruchtbar: Wenn (1) die unterschiedlichen Sichtweisen und Argumente offen voreinander ausgebreitet und diskutiert werden, und wenn (2) beide Seiten bereit sind, den Standpunkt des anderen verstehen zu lernen, kann ein solcher Konflikt sogar die Freundschaft festigen. Herrgottja – nach einer lautstarken Auseinandersetzung mag sich der eine zeitweilig in den jammerlichtigen Schmollwinkel zurückziehen, während der andere auf einem hohen Thron von Trotz und Stolz Hof hält.

Aber wenn die Freundschaft auf einigermaßen sicheren Fundamenten steht, werden beide nach einiger Zeit des Nachdenkens wieder die Nähe des anderen suchen. Bekanntlich reinigt ein Gewitter ja die Luft.

In wirklich guten Freundschaften können (nein: müssen!) sich die Freunde also offen und ehrlich die Meinung sagen, gleichgültig, ob die Kritik eher positiv oder negativ ist. Es herrscht die explizite Übereinkunft, daß die Ansichten des anderen wichtig sind und zur Freundschaft gehören. Freundschaft ist auch eine sozialhygienische Funktion, ein Verhaltenskorrektiv. Erst wenn ich dem anderen sagen kann, was mich an ihm stört, sind wir wortsächlich miteinander befreundet.

Der Herr Goethe wußte es: *„Einen kritischen Freund an der Seite kommt man immer schneller vom Fleck.“*

BERUFSFREUNDSCHAFTEN
WAS HEIßT DENN EIGENTLICH …?

Sind Sie Künstler, Unternehmer, Jurist, Lehrer, Arzt, Psychologe, Headhunter oder Journalist? Jede Wette, daß viele, ja, die meisten Ihrer Freunde den gleichen Beruf haben wie Sie.

Es gibt keine Frei-Zeit

Bei intellektuell anspruchsvollen Berufen, die viel mit anderen Menschen – seien es nun Patienten, Schüler, Kunden, Klienten oder Mandanten – zu tun haben, ist der Job nicht nur eine Quelle des Gelderwerbs, sondern auch ein Ort der Persönlichkeitsentfaltung. Lehrer und Freiberufler werden durch die ethischen Grundlagen, die außergewöhnlich kommunikationsintensive Alltagsrealität ihres Berufs und die besondere Verantwortung für andere Menschen stark geprägt.

Diese innere Haltung läßt sich auch nach Feierabend kaum ablegen. Arbeitszeit und Freizeit gehen meist ineinander über. Im Gespräch mit Kollegen findet man Anregungen und Ideen für den Beruf; man versteht sich leichter, weil man von den gleichen Problemen betroffen ist und ähnliche Berufserfahrungen gemacht hat. Daraus können sich dauerhafte, ja lebenslange Freundschaften entwickeln.

Allerdings bergen Berufsfreundschaften auch Gefahren. Konflikte aus dem Arbeitsbereich rutschen leicht ins Private. So sehr man seinen Berufskollegen auch privat schätzen mag – im Beruf bleibt er nun mal Rivale und Konkurrent.

Den Freund, der seinen Tag mit ganz anderen Dingen verbringt als wir, können wir problemlos in den Himmel loben. Wenn wir freilich dem befreundeten Kollegen und seinen beruflichen Fähigkeiten öffentlich allzu große Anerkennung zollen, riskieren wir möglicherweise den Verlust unserer Patienten, Klienten und Mandanten. Dazu kommt, daß wir uns – durchaus unbewußt – immer mit ihm vergleichen: Wenn er erfolgreicher ist, fragen wir uns insgeheim nach dem Grund und fühlen uns unterlegen. Sind wir nachhaltig erfolgreicher als er, kann sich die Konstellation umkehren.

Konkurrent und/oder Freund

Berufsfreundschaften sind fast immer durch Überlegen- und Unterlegenheitsgefühle gekennzeichnet. Ein tatsächliches oder vermeintliches Machtgefälle bedroht ihre Balance. Sie sollten also wissen, worin der Kern der Freundschaft besteht, wie belastbar – und wie wichtig – sie Ihnen ist.

Wer nur noch Angst hat, der andere könnte schneller Karriere machen als er selbst, sollte sich auf seine eigene konzentrieren und woanders nach Freunden suchen. Umgekehrt: Das normaldurchblutete Selbstbewußtsein müßte eigentlich dafür sorgen, daß Erfolge des Freundes eher Anlaß für Freude als für spitze Bemerkungen sind.

Die heben wir uns lieber für Dr. Klöbner von der Personalabteilung auf.

Belastungsproben

Gute Freunde braucht man besonders in schwierigen, extrem belastenden Lebenssituationen. Die Rede ist hier nicht von Gefälligkeiten, um die wir unsere Freude bitten dürfen (*„Kannst Du mir beim Umzug helfen?"*), sondern von Hilfe und Beistand in der Not.

Eine schwere Krankheit kann uns oder unsere Freunde ebenso treffen wie der Verlust des geliebten Partners – und dann brauchen wir Menschen, die unser Leid nicht nur verstehen, sondern teilen. Arbeitslosigkeit, das Abrutschen im sozialen Gefüge, geplante oder begangene Straftaten sind solche Zerreißproben für Freundschaften. Hier trennt sich die Freundschaftsspreu vom „Du-ich-kann-jetzt-nicht"-Weizen.

„Während das Glück dir lacht, wirst Freunde du zählen in Menge; wenn sich der Himmel bewölkt, findest du bald dich allein" (Ovid, Tristien 1,9,5/6). Der Volksmund sagt es noch einfacher: *„In der Not gehen 1.000 Freunde auf ein Lot"*.

Es ist so einfach, in fröhlicher Stimmung, unbeschwert und sorgenfrei mit einem Freund zusammenzusitzen und zu plaudern.

Gibt es aber Probleme, die das Miteinanderreden blockieren, so gerät die Freundschaft auf den Prüfstand: Wenn die Gedanken des Freundes ständig um seine Krankheit, seine Angst vor Arbeitslosigkeit, den Verlust seines Partners kreisen, landet mit ziemlicher Sicherheit jedes Gespräch früher oder später bei seinem Problem – es sei denn, der Freund gehört zu den Menschen, die sich in schwierigen Lagen in sich selbst zurückziehen und im eigenen Saft schmoren. Der kämpft dann im stillen damit, grübelt, wägt ab und entscheidet dann allein.

Freunde wissen voneinander, ob der andere in schwierigen Situationen lieber allein mit sich bleibt und jedes Reden darüber meidet oder ob er gerade dann den anderen, seinen Freund, zum Reden und Zuhören braucht – im Zweifel fragen sie!

So sehr wir uns auch bemühen mögen, unseren Freund davon abzubringen, ihn abzulenken und für eine kurze Weile auf andere Gedanken zu bringen: Zielsicher wird er immer wieder zu *seinem* Thema zurückkehren. Das ist normal und auch gut so.

Reden wir drüber ...

Die meisten von uns können ohne das Gespräch und die Meinung von Angehörigen und Freunden, ohne einen Aus-Tausch von Gedanken problematische Situationen nicht bewältigen. Wir finden die Lösung nicht in uns. Indem wir aber über unsere Probleme sprechen, kommen wir Schritt für Schritt dem wirklichen, uns eigenen Wollen und Wünschen näher, lösen uns von Selbsttäuschungen, Lebenslügen und bisher funktionierenden Verdrängungsleistungen. Wir erkennen dann die für uns typischen Beziehungsfalle und können so das Problemknäuel allmählich entwirren, das uns zu fesseln scheint.

Der iterative (wiederholende) Weg ist nicht der Schlechteste, denn beim Aussprechen von Ängsten und Sorgen, von Wut und Haß verschafft man sich Luft.

Dazu bedarf es in vielen Fällen nur einer Ermunterung: *„Was ist los? Komm schon: Spuck's aus!"*

Dann aber muß der Freund zuhören können und darf mit seiner Meinung oder seinem Rat nicht hinter dem Berg halten.

3 x täglich

Wenn wir verstehen, daß es unserem Freund hilft, über sein Problem zu sprechen, fällt es uns auch leichter, geduldig zuzuhören. Freundschaftliche Hilfe besteht oft nur im *Da*sein, wenn wir gebraucht werden. Die Amerikaner haben dafür das treffende Wort vom *sounding board* erfunden: Was der Erzähler vom Zuhörer will, ist eine Art intelligente Echowand, die das Gehörte überdenkt und mit eigenen Kommentaren angereichert zurückgibt. Wenn möglich, 3 x täglich!

Frauen fällt es in der Regel leichter, ihre Probleme einer Freundin mitzuteilen, denn Frauenfreundschaften gründen weit stärker auf der Suche nach Gemeinsamkeiten als Männer-

freundschaften. Frauen können eher über ihre Emotionen sprechen als Männer, und sie betrachten ihre Geschlechtsgenossen nicht von vornherein als Rivalen, sondern als Partner. Sie teilen nicht die Angst der Männer, durch die Schilderung von Schwierigkeiten in der Achtung des anderen zu sinken. Das erleichtert die Bewältigung schwieriger Situationen.

Rat-Schläge

Auch eine andere Marotte kommt im männlichen Gespräch häufiger zum Vorschein: Dann nämlich wenn Ratschläge unter der Hand zu Rat-Schlägen werden.

Diese Beobachtung hat allerding eine zweite Seite: Nicht selten verstellt „weibliches" Harmoniebedürfnis die Möglichkeit, dem anderen mit einem harten Rat weiter zu helfen als mit einem weichem Verständnis.

In der Krise erweist sich der wahre Wert einer Freundschaft. Immerhin müssen wir dem Freund auch die Gelegenheit geben, sich zu beweisen; dür-

Vielleicht wissen Sie Rat. Vor allem aber müssen Sie den Freund in der Krise „aushalten".

fen, wenn wir Hilfe brauchen, nicht zögern, darum zu bitten – mit klaren Worten, denn ein klares Dies oder Das läßt sich allemal leichter geben, als ein verschwommenes Irgendwie.

Wir dürfen auch nicht zögern, die angebotene Hilfe anzunehmen. Eine Garantie, daß Hilfe *wirkt*, gibt es leider nicht. Aber sie stärkt die Freundschaft.

Die Trennung von Freunden

Natürlich fällt es schwer, sich von Freunden zu trennen, selbst wenn es unvermeidlich ist!

Gerade junge Menschen verabreden sich rasch auf eine Freundschaft, die sich bei näherer Betrachtung ebenso rasch als unbelastbar erweist, auf unsicheren Fundamenten gebaut.

Der Verlust oder die Trennung von einem Freund ist allemal schmerzhaft. Die Erinnerung an gemeinsame Stunden oder gar Jahre wiegt schwer – und es ist nicht selten ein gutes Stück Selbst, Identität, von dem man sich lösen soll.

Aber: Niemand trennt sich nicht aufgrund irgendeines banalen Streites oder wegen irgendeiner kleinen Auseinandersetzung. Die Ursachen für den faktischen Bruch liegen meist tiefer.

- Man hat sich auseinandergelebt.
- Man hat sich nichts mehr zu sagen.
- Man ist gegenseitig enttäuscht.

Relativ seltener enden Freundschaften mit einem lauten Knall. Auch das geschieht; etwa wenn der beste Freund die eigene Freundin angräbt. Doch zumeist kommt das Ende einer Freundschaft eher schleichend als abrupt.

Die *beste Freundin* zieht in eine andere Stadt und baut sich dort einen neuen Freundeskreis auf; unser *bester Freund* wechselt den Beruf (die Partei, den Sportverein). Was bleibt? Erinnerung: *„Die Erinnerung ist das einzige Paradies, aus welchem wir nicht getrieben werden können."* Sagt Jean Paul, aber der war Romantiker! Er unterschied nicht zwischen der Erinnerung, die weit zurückliegendes zum guten verklärt und jener, die Fehler, Versäumnisse, Situationen zu unseren Gunsten vernebelt.

Hinzu kommt noch die *verbreitete* Erinnerung, die dem zynischen Motto folgt: *„Es gibt keine Wahrheit, es gibt nur Versionen."*

Vorsicht: Dies ist die gefährlichste! Denn auf der Zeitachse leben wir, zerstritten oder nicht, gemeinsam weiter, und üble Erinnerungen (*„Denk Dir nur, was der/die sich dann noch erlaubt hat … ")*, die wir von den ehemaligen Freunden verbreiten, werden die Freunde – und gelegentlich schon mal als Bumerang auch uns selbst – lange, lange verfolgen!

Weniger dramatisch

Gewöhnlich verleppert es sich. Der Gedankenaustausch vollzieht sich in immer größeren Abständen: *„Laß uns demnächst mal wieder telefonieren!"* Wenn sich beide auseinanderleben, ist das Wort Freundschaft zu groß und das besondere Zugehörigkeitsgefühl, die Intimität endet, als hätte es sie nie gegeben. Aber etwas bleibt immer: die Erinnerung. Auch dann, wenn man sich nichts mehr zu sagen hat.

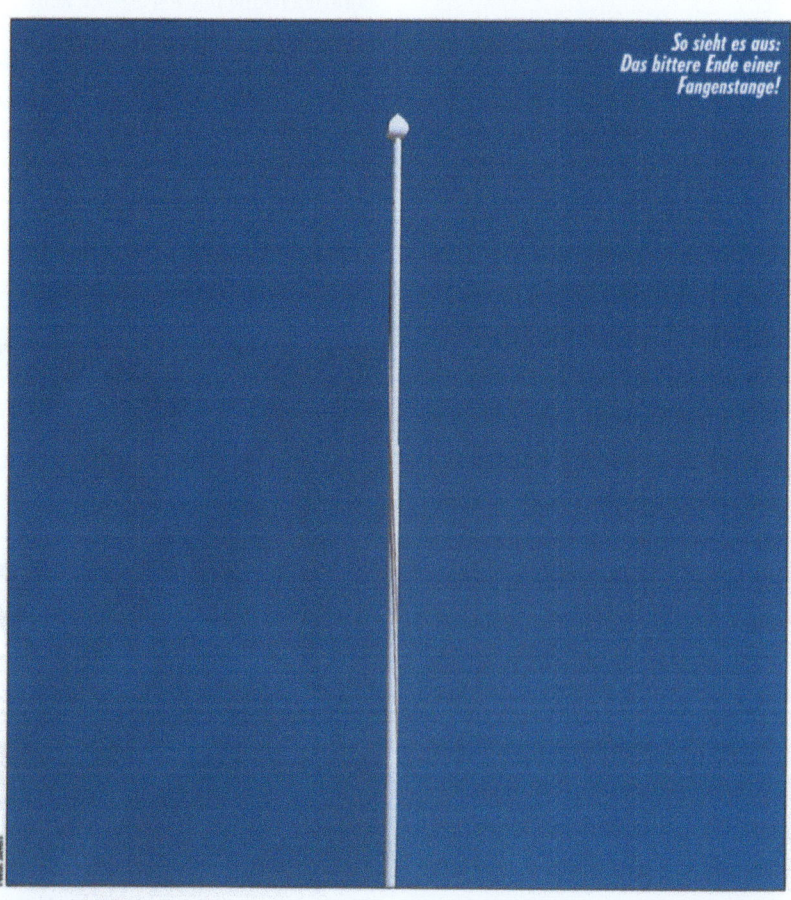

*So sieht es aus:
Das bittere Ende einer
Fangenstange!*

Carola las wieder einmal eine dieser blöden Frauenzeitschriften ...

Kampf & Krampf

Kein Thema fasziniert uns so wie das ewige Hin und Her zwischen Liebe und Enttäuschung, Euphorie und Liebeskummer. Dazwischen der oft graue Beziehungsalltag, in dem Gefühle begraben und Gedanken gehütet werden.

"Vom Winde verweht", "Die Katze auf dem heißen Blechdach", die 1-millionste "Lindenstraße" oder die 100ste Folge der "Schwarzwaldklinik": Überall wird geschluchzt, getrauert,

getobt und geschworen, beim nächsten Mal wird alles anders!

Und dann kommt es doch so, wie es kommen muß: Das ganze Theater mit Herzklopfen, Glücksmomenten, ersten Zweifeln, Streit und erneutem Auseinandergehen wiederholt sich. Aber diesmal, so haben Sie sich vorgenommen, gehen Sie nicht im Krach auseinander, diesmal bleibt eine Freundschaft. Aber wie wird aus der großen Liebe ein guter Freund?

Trennung

Ich kann auch alleine ...

Machen wir uns nichts vor: Manche Paare können einfach nicht miteinander. Oder irgendwann nicht mehr miteinander. Vielleicht hielt die Beziehung nur 9 1/2 Wochen – oder ein paar Monate, und dann erkennen beide zur gleichen Zeit, daß nichts mehr geht. Vielleicht zerbricht eine Beziehung

auch erst nach 26 Ehejahren, weil beide unabhängig voneinander erkannt haben, daß ihnen nichts mehr an der Aufrechterhaltung der Ehe liegt. Die Konsequenz heißt in den meisten Fällen Trennung, und das ist dann auch gut so. Nur auf diesem Wege ergibt sich die Chance, die frühere Liebesbeziehung in eine Freundschaft umzuwandeln und eine neue Liebe zu finden.

Viel schmerzhafter - aber leider viel wahrscheinlicher - ist es, daß nur einer der Partner die Verbindung lösen möchte. Für den anderen kann dieser Wunsch wie ein kalter Schock kommen, glaubte er sich doch seiner „anderen Hälfte" sicher. Zu sicher?

Der Entschluß, sich von seinem Partner zu trennen, wird nicht über Nacht getroffen. Es kann Wochen, Monate, sogar Jahre dauern, bis das Gefühl, daß in der Beziehung etwas nicht stimmt, wahrgenommen und innerlich zugegeben wird. Und das, was jetzt eigentlich das Klügste wäre, nämlich dem Partner von seinen Beziehungsbauchschmerzen zu berichten und mit ihm gemeinsam nach einer Lösung zu suchen, tun wir in aller Regel nicht.

Anstatt miteinander zu reden, schaufeln beide bewußt oder unbewußt jede Menge Sand über die schwelenden Probleme (darin sind Männer übrigens Spezialisten) und hoffen, daß sie eines Tages aufwachen werden und irgendeine himmlische Fügung alles in Ordnung gebracht haben wird.

Das Schweigen der Lämmer

Genau das passiert in der Realität aber ziemlich selten. Auf den deus ex machina zu warten, passiv sein Schicksal zu erdulden, das heißt, Chancen auf eine Veränderung zum Positiven hin – gemeinsam mit dem bisherigen Partner oder auch nicht – zu verschenken. Leider sehen wir das oft erst ein, wenn die Beziehung nicht mehr zu retten ist.

MUSIK UND THEATER IN HERRENHAUSEN

„Liebe und Krieg"
(Uraufführung)

Es ging täglich zur Sache ...

Szenischer Madrigalabend zum 350. Todesjahr von
Claudio Monteverdi

Viele Menschen trauen sich nicht, dem Partner offen von ihren Zweifeln zu erzählen, weil sie ihn nicht verletzen möchten oder weil sie unsicher sind, ob ihre eigene Unzufriedenheit mit der Partnerschaft vielleicht nur vorübergehenden Charakter hat. Aber auch ohne Worte kommuniziert derjenige, der den Weiterbestand der Partnerschaft für sich in Frage stellt, sein Problem, und wenn der Partner die nonverbal geäußerten Signale erkennt und richtig interpretiert, kann er frühzeitig von sich aus ein klärendes Gespräch initiieren.

Wenn sich ein Partner abseilt

Woran erkennen Sie, daß sich Ihr Partner mit Trennungsabsichten trägt? Im Inneren mögen Sie es vielleicht schon länger ahnen, aber wenn er (oder sie) nicht den Mund aufmacht, gibt es auch andere deutliche Anzeichen:

• Plötzliche Änderung der Arbeitszeiten (spätabends, Wochenendverpflichtungen, häufigere Geschäftsreisen).
• Der Partner ist öfter gedanklich abwesend.
• Sie spüren um ihn herum eine unsichtbare Mauer. Sie haben das Gefühl, er schließt Sie aus seinen Gedanken und Gefühlen aus.

• Von Ihren Freunden hören Sie manchmal: *„Sag mal, stimmt bei Euch was nicht?"*
• Er oder sie hat den Ehering *„verlegt"* oder abgenommen, weil er plötzlich *„zu eng"* wurde.
• Ihr Partner lehnt sich gegen Gewohnheiten und Rituale auf, die im Laufe Ihrer Beziehung gewachsen sind.
• Wenn Sie mit ihm sprechen, bekommen seine Worte immer häufiger einen aggressiven Unterton.
• Ihr Partner weigert sich, Pläne für die Zukunft zu machen. Auf einmal ist keine Rede mehr vom gemeinsamen Urlaub, von Ihrem/seinem Kinderwunsch, vom Erwerb des entzückenden Bauernhauses, von der Gründung einer gemeinsamen Firma oder von der gemeinsamen Studienreise nach Nepal.
• Ihr Sexleben wird von Routine bestimmt. In letzter Zeit ist Ihr Partner meist zu müide für die Liebe.

Vorsicht: Nicht gleich jedes einzelne Signale deutet auf Trennungsab-

> „Wenn die Ehrlichkeit darin bestünde, einfach alles zu sagen, es wäre sehr leicht, ehrlich zu sein, aber wertlos, nicht lebbar, alles zerstörend, Tugend auf Kosten der andern. ..."
>
> Max Frisch

sichten Ihres Partners hin; gelegentlich gibt es auch ganz natürliche Erklärungen – aber wenn die Symptome gesammelt auftreten, dann ist das schon recht deutlich.

Auch wenn Sie selbst mit Ihrer Partnerschaft 'unzufrieden' sind: Prüfen Sie doch einmal, welche nonverbalen Alarmraketen Sie bewußt oder unbewußt abschießen – und was Sie damit bei Ihrem Partner erreichen wollen.

Zwei von drei Ehen werden heute nicht durch den Tod eines Gatten, sondern durch einen Richterspruch geschieden, und auch bei unverheiratet zusammenlebenden Paaren weist die Trennungsrate eine steigende Tendenz auf. Auf die Frage, warum so viele Beziehungen in die Brüche gehen, gibt es viele Antworten, aber nur eine einzige bringt es auf den Punkt:

Weil der eine vom anderen nicht (mehr) das bekommt, was er haben möchte – angefangen bei Anerkennung, Bestätigung, Sex, Verständnis, Zärtlichkeit, und aufgehört bei Zuwendung ...

Keine verbrannte Erde !

Ich, Du, Er, Sie Es, Wir sind nun mal egoistisch. Liebesbeziehungen enden, wenn die Bedürfnisse des einen vom anderen nicht mehr befriedigt werden können. Punktum. Dieser Tatsache müssen wir ins Auge sehen, und es macht wenig Sinn, an einer total verbeulten Beziehungskiste herumreparieren zu wollen.

Wenn trotz aller Anstrengungen nichts mehr läuft, wenn der andere nicht mehr das Maß aller Dinge ist und die Liebe aufgehört hat, heißt das aber noch lange nicht, daß nun der *Rosenkrieg* mit gegenseitigen Vorwürfen, Wut, ja Haß ausbrechen muß. Wenn wir versuchen, die Veränderungsabsicht des anderen trotz unserer Trauer und unseres Schmerzes zu respektieren, kann es uns gelingen, die Trennung ohne traumatische Rückstände zu verarbeiten und so vielleicht die Basis für eine Freundschaft zu legen.

Geht die Initiative zur Trennung von Ihrem Partner aus:

Klarheit schaffen

- Reden Sie miteinander. Versuchen Sie herauszufinden, welche (neuen, veränderten) Bedürfnisse Ihr Partner hat.
- Überlegen Sie, ob Sie diese erfüllen können und wollen. Wenn die Antwort JA heißt, geben Sie es Ihrem Partner nicht zu verstehen, sondern SAGEN SIE ES IHM!
- Wenn Sie befürchten, mit der veränderten Bedürfnislage Ihres Partners nicht klarzukommen, könnten Sie ja trotzdem einen Versuch un-

Natürlich trifft es die Falschen ...

ternehmen.

- Wenn die Antwort eindeutig NEIN heißt und Sie unter diesen neuen Bedingungen nicht mehr an der Fortsetzung der Beziehung interessiert sind, dann sagen Sie auch das Ihrem Partner.

Keine kleinen Fluchten mehr

- Seien sie realistisch und verdrängen Sie das Scheitern Ihrer Beziehung nicht. Fragen Sie sich, ob Ihnen an einem Teil der verlorenen Liebesbeziehung gelegen ist (Zusammenarbeit im selben Betrieb, die Sorge um gemeinsame Kinder) und kommunizieren Sie mit Ihrem Partner auf dieser Ebene.
- Wenn Ihnen Ihr Partner die Liebesbeziehung verweigert, Ihnen aber seine Freundschaft anbietet und Sie dieses Angebot annehmen wollen, sollte es Sie nicht mehr interessieren, mit wem er sein Bett teilt, auch wenn es noch so schwer fällt.
- Bitten Sie ihren Partner nicht ständig zu sich, nur um ihm dann etwas vorzuheulen.
- Setzen Sie keine aus der einstigen Beziehung stammenden Rituale fort. Er muß seine Bügelwäsche nicht unbedingt zu ihr bringen (es gibt Dienstleister ...). Sie kann ihr Auto

durchaus selbst zur Werkstatt bringen und eine Inspektion in Auftrag geben. Rufen Sie nicht alle naslang an und bitten um Hilfe.

Larmoyanz – nein danke !

- Wenn die Zeit der Einsicht in das Unabänderliche und die mit zeitweiliger Wut einhergehende Trauer über den Verlust vorüber sind, sollten Sie Ihre Einstellung zum früheren Partner und die neue Qualität Ihrer Beziehung für sich festlegen. Respektieren Sie, daß er nun ein eigenes Leben – ohne Ihre Liebe – führt. Gewähren Sie ihm Freiheit!

KURZ:

SACHLICHE ROMANZE

Als Sie einander acht Jahre kannten,
(und man darf sagen: sie kannten sich gut),
kam ihre Liebe plötzlich abhanden.
Wie anderen Leuten ein Stock oder Hut.

Sie waren traurig, betrugen sich heiter,
versuchten Küsse, als ob nichts sei,
und sahen sich an und wußten nicht weiter.
Da weinte sie schließlich. Und er stand dabei.

Vom Fenster aus konnte man Schiffen winken.
Er sagte, es wäre schon Viertel nach Vier
und Zeit, irgendwo Kaffee zu trinken.
Nebenan übte ein Mensch am Klavier.

Sie gingen ins kleinste Café am Ort
und rührten in ihren Tassen.
Am Abend saßen sie immer noch dort.
Sie saßen allein, und sie sprachen kein Wort
und konnten es einfach nicht fassen

(Gefunden in: Erich Kästner, Gesammelte Schriften für Erwachsene, Band 1, Seite 11/ © – Atrium Verlag, Zürich 1969.)

Larmoyanz, nein danke!

Liebesbeziehung („*Irgendwann
…*"), die Sie nicht halten können.
- Lassen Sie ihn aggressiv werden (das
hilft ihm jetzt), aber schaukeln Sie
sich nicht mit ihm hoch. Bleiben Sie
ruhig und sachlich, und betonen Sie
immer wieder (wenn's stimmt), daß
Sie ihn als wichtigen Menschen in
Ihrem Leben betrachten.

100 Prozent Streß

Trennungen gehören zu den schwierigsten Phasen im Leben. Gleichwohl
hat fast jeder schon einmal so eine Situation durchstehen müssen oder wird
eines Tages davor stehen. Die richtigen Worte zu finden fällt manchen
leichter, anderen schwerer, aber eines
sollte man nicht tun: Dem anderen das
Gespräch verweigern.
Denn wer seine Geschichte nicht be-
wältigt, nicht bewältigen kann, der ist
dazu verurteilt, sie zu wiederholen.

- Auch Sie haben Freiheit gewonnen.
Nutzen Sie diese Freiheit für sich.

Freiheit. Aushalten …

- Reden Sie über Ihre Gefühle, Verletzungen und Wünsche. Kapseln Sie
sich nicht ab. In schwierigen Situationen helfen Gespräche mit Freunden, den Schmerz zu überwinden
und Perspektiven zu entwickeln.
- Sehen Sie nicht nur den Verlust – es
gibt auch neue Möglichkeiten. Vielleicht möchten Sie beruflich umstei-
gen oder den Wohnort wechseln?
Studieren, das Studium abschließen?
Ein eigenes Geschäft eröffnen – oder
eine Weltreise machen?
- Wenn Sie Ihren Ex-Partner treffen,
verzichten Sie also auf Anklagen, lar-
moyantes Jammern und Tränen.

Nicht nachtreten!

Und wenn die Initiative zur Trennung
von Ihnen ausgeht:
- Seien Sie sich bewußt, daß Ihr Weg-

gang einen Verlust für den Partner
bedeutet. Wenn Sie also nicht gerade den großen Haß auf ihn hegen
und jedes Foto von ihm genußvoll
mit Nadeln durchbohren, dann machen Sie ihm klar, daß die Liebesbeziehung zwar beendet ist, aber
daß er dennoch Ihrer Freundschaft,
der gemeinsamen Sorge um die Kinder, das gemeinsame Geschäft etc.
sicher sein kann.

Ehrlich, aber …

- Seien Sie ehrlich zu Ihrem einstigen
Lebensgefährten – aber in Maßen.
Was nutzt es Ihrem Partner zu wissen, daß sie ihn immer schon für zu
dick gehalten haben? Gerade jetzt,
wo er sich mit Selbstvorwürfen quält
– und Selbstbewußtsein braucht,
um seine Zukunft zu gestalten?

Nichts versprechen

- Machen Sie ihm keine Hoffnungen
auf eine mögliche Fortsetzung der

… auch wenn es weh tut …

Keine Vorurteile, keine betonierten Hindernisse, eine Welt wie neu! (?)

Wie kehren neue Besen?

Zwischen dem ersten Tag in der Schule und dem ersten Tag in einem neuen Betrieb können Jahrzehnte liegen – für die meisten Menschen sind sie aber gleichermaßen unangenehm.

Gegenüber der festgefügten oder auch nur unbekannten Gemeinschaft fühlen Sie sich (wie jeder „Neue") als ein Eindringling – und gelegentlich haben Sie damit durchaus recht; leider.

Oder pflegen Sie nur ein Vorurteil?

Natürlich sind die neuen Kollegen gespannt; positiv? Abwartend? Skeptisch: Jeder Anfang ist ein Härtetest! Werden Sie ihn bestehen?

Mit kollektiv tuschelnden Argusaugen wird geprüft, ob Sie ein Schleimer sind, ein Schwächling, Aufschneider oder Intrigant, ein Miesling oder ein Karrierist.

Oder vielleicht ein Weichei? Ein Urteil ist rasch zur Hand! Und mit diesen Kollegen müssen Sie nun auskommen!

Bei uns war das gaaanz anders ...

There's a new kid in town ...

Wie war das noch damals bei der Einschulung? Zwischen Spiel und Tränen ging es sofort zur Sache:

Nach wenigen Tagen war die Hackordnung festgelegt, waren Knie abgeschürft – „Max ist mein Freund" und „Fritz ist doof" – und bald sah man auch, wer wem die Tasche trug.

Wer (zu) spät(er) kam, hatte es schwerer. Bis man sich einen erträglichen Platz erobert hatte und schließlich akzeptiert war, holte man sich so manchen dunkelblauen Fleck an Körper und Seele. Seltsamerweise gab es aber auch engelsgleiche Geschöpfe, die Susi oder Corinna hießen, kokett daherschwebten und huldvoll bestimmten, wer ihnen die Tasche tragen durfte.

Tja, damals ... Damals?

Von wegen. Jeder Newcomer macht in einer neuen Firma die gleichen Erfahrungen. Mit einem wesentlichen Unterschied: Er/sie kann weder auf das Recht des Stärkeren bauen, noch, in Notfällen, auf die Protektion eines Lehrers. Der Neue ist auf Gedeih und Verderb auf seine kommunikativen Fähigkeiten zurückgeworfen.

You never get a 2nd chance

... to make a 1st impression! *„Der erste Eindruck zählt."*

Das wußten schon unsere Altvorderen. Generationen von Müttern gaben ihren Sprößlingen als Orientierung die Binse mit auf den Weg zur ersten Arbeitsstelle: *„Wie Du kommst gegangen, so wirst Du auch empfangen."*

Die meisten dieser gutgemeinten Ratschläge bezogen sich auf das Äußere, auf korrekte Kleidung, Haarschnitt, geputzte Schuhe.

Mit unseren Augen betrachtet, tragen zum ersten Eindruck heute sehr viel mehr Faktoren bei. ***Nur Mut:*** Bevor Sie sich ins Bewußtsein rufen, was Sie alles falsch machen können, sollten Sie einmal tief durchatmen und sich vornehmen, es mit Frank Sinatra (*„I did it my way."*) zu halten.

Handicap: Alle Augen sind auf ihn gerichtet, aber der Neue selbst hat derer nur zwei. Alle mustern ihn, ordnen ein, checken ab, machen Schubladen auf – und schon wieder zu – während

Business

er noch gar nicht weiß, wie er wen ansprechen soll. Für alle, die drin sind und sich auskennen, braucht es für einen ersten Eindruck nur Sekunden (ca. dreißig)! *Tip:* Aus Untersuchungen zum Thema weiß man, daß fast jeder in den *ersten* drei Minuten des *ersten* Gesprächs (mit einem bis dahin Unbekannten) alles sagt, was ihm aktuell am wichtigsten ist. *Beispiel:* Wer nach dem Weg fragt, sagt nicht selten ganz ungefragt, daß er pünktlich zu einem Bewerbungstermin oder zu einem Rendevouz kommen will.

Diese Tatsache können Sie sich zunutze machen, indem Sie sowohl die Informationen steuern, die Sie aussenden, als auch die Informationen genau analysieren, die Sie empfangen.

Zweiter Anlauf

Die Chancen, auf alle Mitarbeiter, denen man zum ersten Mal begegnet, den gleichen (erhofften) guten Eindruck zu machen, schwanken ungefähr zwischen den Wahrscheinlichkeiten für

- einen Sechser im Lotto und
- einer Liebe auf den ersten Blick.

Deswegen werden Sie – was bleibt Ihnen anderes übrig – kurz-, mittel- und langfristig nachbessern müssen.

Streß produziert Fehler

Der psychologische Druck, vom ersten Augenblick an alles richtig zu machen, ist auch die erste Fehlerquelle. Also nochmals tief durchatmen und einen Schritt nach dem anderen!

Wer das Glück hat, den neuen Job in einem modernen, gut geführten Un-

… er brachte jedenfalls frischen Wind mit …

ternehmen anzutreten, kennt die Anforderungen vorweg, wird mit Klima und Struktur grundsätzlich vertraut-, auf Probleme aufmerksam gemacht und dann systematisch in das Unternehmen eingeführt.

Dazu gehört die persönliche Vorstellung bei den unmittelbaren Mitarbeitern, der Rundgang durch die Abteilungen und die offizielle Einführung durch den Chef. *Aber:* So ein idealer Einstieg – das ist eher selten.

Corporate Cooltour

„Also melden Sie sich mal am Montag um 8 Uhr 30 bei Herrn Wadenbeißer, der wird Ihnen alles zeigen."
Montag früh: Eine desinteressiert dreinschauende Empfangsdame wurstelt in einer Schublade herum. *„Entschuldigung, ich soll mich bei Herrn Wadenbeißer melden …"*
„Herr Wadenbeißer ist noch nicht am Platz."
Die Dame intensiviert ihre Durchsu-

chung der Schublade und blättert dann in einem Buch. Nach einer Weile ergreift sie das Telefon, drückt ein paar Tasten auf der imponierenden Anlage. *„Hallo, Gudrun, ist Rolf schon da? Kommt heute nicht? Ach so. Na dann!"* Sie legt auf, legt das Buch in die Schublade, streicht den Rock glatt.
„Sind Sie der neue Fahrer?"
„Nein, ich fange hier als Disponent an. Ich sollte mich bei Herrn Wadenbeißer melden."
„Nehmen Sie da drüben Platz, Herr Wadenbeißer wird gleich hier sein."
Ganz so schlimm muß der Auftakt nicht sein, aber die ersten Einblicke in das Betriebsklima oder, zeitgemäß gesprochen, in die *Corporate Culture* bekommt man meist am Empfang.
Darunter (siehe Kästen Seite 77/78) versteht man heute allgemein das gesamte Spektrum der Beziehungen zwischen Menschen innerhalb und außerhalb eines Unternehmens. Demgegenüber bezeichnet man als *Corporate Identity* die Selbstdarstellung dieses

Unternehmens, angefangen beim Firmenlogo über die unverwechselbare Büroarchitektur bis hin zum (könnt ja sein) Kindergartensponsoring.

Und die *Corporate Communications* sind das ganze System von Kommunikationswegen, -formen und -möglichkeiten, die die Identität des Unternehmens nach innen und außen transportieren.

Und das hat seinen Sinn.

Letztlich ist die Empfangsdame nicht weniger wichtig als der Marketing-Leiter, und der verhungerte Gummibaum neben der Eingangstür sagt nicht weniger aus über den Stil der Company als eine geschmacklos gestaltete Visitenkarte.

Aber auch wenn viele Unternehmen sich auf allerhöchster Ebene und mit teurer Unterstützung durch Agenturen den Kopf über Corporate Culture zerbrechen – die Menschen verändern sich nicht so leicht, und alte Strukturen sind zäh. So muß man sich wohl oder übel auf Untiefen bei der Kommunikation am neuen Arbeitsplatz einstellen. Zunächst gilt es, Terrain zu sondieren und, wenn möglich, alle Fettnäpfchen zu vermeiden.

Erste Regel: Freundlichkeit im Umgang ist ja wohl eine professionelle Selbstverständlichkeit; man muß es hier dennoch erwähnen, denn gerade in einem neuen Umfeld überdeckt unsere Unsicherheit oftmals unseren natürlichen Charme. Also: Freundlichkeit macht die Freundlichen freundlicher, nimmt den Unfreundlichen den Wind aus den Segeln, macht Stille gesprächig – und nicht zuletzt provoziert sie Hilfsbereitschaft.

UNTERNEHMENSKULTUR

Eine der größten Herausforderungen für ein Unternehmen besteht heute darin, eine *positive, identifizierbare* Unternehmenskultur aufzubauen, einen Stil, ein Erscheinungsbild, mit dem sich die Mitarbeiter identifizieren können.

Eine Kultur, die nach innen auf die Mitarbeiter und nach außen auf potentielle und tatsächliche Kunden, auf die Gesellschaft und übrigens auch auf potentielle Mitarbeiter (!) ausstrahlt.

Gemeinschaften aller Art, seien es Betriebe, Staaten, Familien oder Religionsgemeinschaften, grenzen sich durch eine mehr oder weniger bewußt betriebene Identitätsstrategie gegen ihre Umwelt und Konkurrenz ab.

Eine solche Grenzziehung, die innerhalb der Gruppe zugleich ein starkes Zusammengehörigkeitsgefühl befördert, kann auf ganz unterschiedliche Arten erfolgen: Durch Kleidung, Sprache oder Umgangsrituale, Signale.

Aber immer durch Kommunikation!

Analog gilt das auch für das Unternehmen: Durch sein Erscheinungsbild, seine Produkte, sein Verhalten am Markt sowie bestimmte Kommunikationsformen nach innen und nach außen, grenzt es sich von seinen Wettbewerbern ab.

Ein Konzept

Die Unternehmenskultur ist also ein Konzept, um den Unternehmenszielen, den Ansprüchen der Mitarbeiter und den gesellschaftlichen Anforderungen gleichermaßen Rechnung zu tragen.

Aber: Es geht nicht um Ethik oder Philosophie. Der Motor einer Unternehmenskultur ist letztlich der Gewinn. Es geht um mehr Leistung, bessere Produkte, kurzum: Konkurrenzfähigkeit, und was dem Ziel dient, wird gefördert.

Die Unternehmenskultur ist gewissermaßen die soziale Kompetenz der Unternehmen. Ihre Ausprägungsformen und ihr Ausprägungsgrad entscheiden über das Verantwortungsbewußtsein, Arbeitstechniken und Sozialverhalten genauso wie über Interaktionsrituale und Informationsflüsse innerhalb des Unternehmens, innerhalb der Untereinheiten bis hin zum einzelnen Mitarbeiter. Diese Kultur muß wachsen.

Die Geschichte eines jeden Unternehmens, seine Produkte und Technologien, seine Führungspersönlichkeiten und Kooperationspartner, der Markt und die Kunden – all diese Faktoren prägen die Unternehmenskultur mit.

Führung

Zwischen Unternehmenskultur und Führungskultur besteht ein enger Zusammenhang. Der Geist, die Kultur oder der Stil eines jeden Unternehmens hängen eng mit dem Verhalten der Entscheidungsträger zusammen, das sich auf sämtliche Führungs-, Kommunikations- und Innovationsprozesse niederschlägt.

Dazu gehören Führungsgrundsätze genauso wie etwa ein partizipativer Führungsstil, der den Mitarbeiter als Menschen begreift ... ***Fortsetzung nächste Seite***

KULTUR IM UNTERNEHMEN?

und in das Unternehmensgeschehen und die Entscheidungen aktiv miteinbezieht. Mitarbeiter und Führungskräfte müssen gemeinsam für das jeweilige Unternehmen eine Kultur entwickeln. Das bedeutet jedoch nicht nur, traditionelle Vorgehensweisen zu überdenken, sondern darüber hinaus Handlungsmöglichkeiten zu eröffnen, damit sich etwas bewegt.

Leider bleibt auch eine Un-Kultur nicht ohne Wirkung. Eine Unternehmen, das die Selbständigkeit und Eigenverantwortlichkeit der Mitarbeiter nicht fördert, bringt Duckmäuse und phantasielose Schweiger hervor.

Es bewirkt, daß nur noch reagiert werden kann: Auf veränderte oder neue Anforderungen des Marktes, auf Aktionen von Mitbewerbern. Letztlich führt das zu Gewinneinbußen und Konkurrenzunfähigkeit.

Agieren statt Reagieren

Dagegen lautet das Motto zukunftsorientierter Unternehmen *„Agieren statt Reagieren"*. Es genügt ja nicht, die Mitarbeiter durch hohe Löhne und die Kunden durch gute Qualität und besondere Freundlichkeit zufriedenzustellen. Diese durchaus positiv einzuschätzenden Faktoren haben die Mitbewerber inzwischen auch erkannt. Es sind längst Standardanforderungen.

Nein, heute und in Zukunft kommt es vielmehr darauf an, Mitarbeiter wie Öffentlichkeit mit verantwortlichen Konzepten und Produkten zu überzeugen.

Ein aufgeweckter Mitarbeiter gibt sich nicht mehr damit zufrieden zu wissen, was sein Unternehmen herstellt, er möchte auch wissen, von welchen Wertvorstellungen es sich leiten läßt. Galt lange Zeit ethisches Denken und Handeln als Hemmschuh für den wirtschaftlichen Erfolg und den Fortschritt, so geht es heute um die Überwindung der Polarität zwischen Ethik und Ökonomie. Lange Zeit konnte die Wirtschaft die von ihr verursachten Probleme, vor allem im Umweltbereich, auf die Allgemeinheit abwälzen. Das hat dazu geführt, daß zahlreiche Branchen negativ in die Schlagzeilen geraten sind. Falsche und schlechte Informationspolitik trug dazu bei, das Image von zahlreichen Unternehmen soweit anzuschlagen, daß ihre Produkte gemieden werden. Viele Mitarbeiter, beeinflußt durch den Druck von außen, täglich konfrontiert mit der kritischen Meinung von Familienangehörigen, Freunden und Bekannten, schämen sich bereits, für ihr Unternehmen zu arbeiten. Diese innere Distanzierung wirkt ähnlich wie eine innere Kündigung. Und natürlich wirken sich solche Imageschäden langfristig negativ auf die Marktposition aus.

Wettlauf

Große Unternehmen haben das erkannt. Sie gehen mehr und mehr dazu über, auch ethische Gesichtspunkte in ihren Unternehmenskonzepten zu verankern. Solche *corporate ethics* sind nichts anderes als die in Worte gefaßte und kommunizierte soziale Verantwortung der Unternehmen – für Mitarbeiter, Umwelt und für die Gesellschaft.

Unternehmen müssen wirtschaftlich arbeiten, Gewinne erzielen. Das ist die Grundlage unserer Wohlstandsgesellschaft; wo sie aber unsere Lebensgrundlage gefährdet, wird ein Systemfehler evident.

Jetzt kommt es darauf an, ein ökonomisch und ökologisch verantwortbares Technikmanagement zu entwickeln und umzusetzen. Das ist die neue Anforderung an die Unternehmenskultur.

Der Unternehmer muß sich auch als Unterlasser präsentieren, wenn die Situation es erfordert: *„Handle so, daß die Wirkungen deiner Handlung nicht zerstörerisch sind für die Möglichkeiten solchen Lebens"* hat es Hans Jonas formuliert.

Zukunftsorientierte, innovative Unternehmen stellen sich ihrer Verantwortung, indem sie sich bereits bei der Konzeption ihrer Produkte über eine ressourcenschonende Produktion Gedanken machen und indem sie sowohl beim Produkt als auch beim Produktionsprozeß hohe Recyclingraten anstreben.

Doch auch den Mitarbeitern gegenüber hat das Unternehmen soziale Verantwortung zu zeigen. Es gilt, die Arbeitswelt als akzeptablen Lebensort zu gestalten und ein intaktes soziales System zu schaffen, ein Umfeld, in dem sich der Mitarbeiter entwickeln kann, in dem er sich wohl fühlt, mit dem er sich identifiziert. Das zahlt sich aus: Identifikation wird – wohlverstanden – Produktivität.

Háááreinspaziert, meine Damen und Herren. Jeder zweite Tritt ein Treffer ...

Freundlichkeit hilft auch, vom ersten Moment an Fehler im Umgang mit der inoffiziellen Hierarchie zu vermeiden.

Heiß und fettig

Angenommen, unser neuer Disponent – er sollte sich bekanntlich bei Herrn Wadenbeißer melden – reagiert sauer auf das Verhalten der Rezeptionistin („*Sind Sie der neue Fahrer?*") und pocht innerlich darauf, daß er

- in der Hierarchie über ihr steht,
- mehr Geld verdient,
- ein Mann ist –
- und so weiter.

Er könnte ja schroff gegenhalten: „*Nein, ich bin der neue Klomann.*"
Oder mit weniger Witz:
„*Geht Sie das was an? Ich warte auf Herrn Wadenbeißer!*"
Vorsicht: Es könnte das vorläufige Ende seiner Karriere bedeuten, sogar den Job kosten. Etwa so: Woher sollte er denn wissen, daß Gudrun die Favoritin des Abteilungsleiters ist? Oder gar Frau Wadenbeißer persönlich!

Die tatsächliche, die herrschende Hierarchie eines Unternehmens kann man nicht dem Organigramm entnehmen. Außerdem bekommt man als neuer Mitarbeiter häufig nicht einmal diese Papierhierarchie zu sehen. Man weiß zwar, wem die Firma gehört, wer der unmittelbare Vorgesetzte und dessen Vorgesetzter ist, aber das ist auch schon alles. Jedes Unternehmen, jede Behörde, jede Organisation, in der Menschen zusammenarbeiten, hat ihre Geschichte. Solange man die nicht kennt – und wer kennt sie schon, wenn er nicht von Anfang an dabei war? – sollte man sich nicht auf so einfache Kriterien wie unten und oben verlassen.

Graue Eminenzen

Dazu ein **Beispiel:** Eine große Handelsfirma in Hamburg wurde vor Jahrzehnten seinerzeit von einem Kaufmann nebst seiner Sekretärin und einem Faktotum aufgebaut.
Heute bekommt den Chef kaum noch jemand zu Gesicht. Die ehemalige

Sekretärin, Frau Sievers, ist Leiterin der Buchhaltung. Das Faktotum ist immer noch *Muckel für alles*, wird von den Fahrern mit „*Paul*" angeredet, weiß alles, taucht überall auf, trägt einen blauen Kittel und kann als einziger die zentrale Alarmanlage ausschalten. Längst ist die Firma ein Unternehmen mit mehr als 300 Angestellten, die Damen tragen überwiegend Kostüm, die Herren Zwei- und Dreiteiler.
Natürlich nimmt der Personalchef die Einstellungen vor, aber wenn Frau Sievers oder Paul den Daumen senken, ist eine Karriere beendet. Sie sind die grauen Eminenzen, im Zweifel fragt der Chef sie um Rat – und befolgt ihn.

Spion in eigener Sache

Der/die Neue tut also gut daran, mit aller Freundlichkeit als Spion in eigener Sache unterwegs zu sein. Die ersten und wichtigsten Ansprechpartner, auf die man zugehen muß, sind die unmittelbaren Mitarbeiter. Anlässe gibt es gerade zu Anfang mehr, als man möchte. Ständig stößt man auf Probleme, die man nicht lösen kann, ohne nachzufragen oder sich helfen zu lassen. Von der Büroorganisation bis zum EDV-System, nichts ist so, wie man es mal gelernt hat oder schon kennt.
Also fragen: Aber wen? Sinnvoll ist es, sich zuerst *horizontal* zu orientieren, also auf Kollegenebene, und nicht *vertikal*, also nach oben oder intern in der Hierarchie. Auch wenn die Kollegin vis-à-vis Ihnen unsympathisch ist, Möhren und Äpfel ißt, während Sie sich konzentrieren müssen, sagen Sie ihr freundlich lächelnd und ohne Ängst-

WO GEHT'S DENN HIER BERGAB?
10 KLASSISCHE FEHLER ZUM AUSPROBIEREN!

Um es Ihnen so leicht zu machen wie nur irgend möglich, sich an Ihrem neuen Arbeitsplatz schnell und nachhaltig unbeliebt zu machen, haben wir Ihnen hier eine kleine Hitliste mit den schönsten Neulingssünden aufgestellt:

1) Mißachten Sie tunlichst jede und vor allem die inoffizielle Kleiderordnung. Weisen Sie alle Anspielungen auf Ihr etwa unpassendes Äußeres zurück. Die Kollegen werden Sie ausgrenzen. Auch jenes peinliche Gespräch mit Ihren Vorgesetzten kommt bald auf Sie zu.

2) Konfrontieren Sie Ihren Vorgesetzten mit *allen* Fragen. Die Kollegen werden feixend beobachten, wie Sie ins Schwitzen geraten.

3) Achten Sie nicht auf Hinweise oder Kritik von Menschen, die nicht Ihre Vorgesetzten sind. Sie werden die Zahl Ihrer Fehler von Tag zu Tag steigern können.

4) Jammern, stöhnen, ächzen und maulen Sie über die Arbeit, was das Zeug hält. Wenn Ihnen dazu nichts mehr einfällt, nehmen Sie das Wetter oder den Verkehr. Nölen macht prima unbeliebt.

5) Seien Sie unfreundlich, meiden Sie jedes Gespräch, bitten Sie nie um etwas. Man wird Sie unfreundlich behandeln, nicht mit Ihnen sprechen und Ihnen nie helfen. Und es gibt eine Party, wenn Sie entlassen worden sind.

6) Seien Sie übertrieben freundlich, biedern Sie sich bei allen an, vor allem bei Vorgesetzten, halten Sie jedem die Tür auf und versuchen Sie jeder Frau in den Mantel zu helfen, auch wenn sie das partout nicht will. Sie gewinnen: Als *Schleimer vom Dienst* einen Wanderpokal.

7) Kritisieren Sie Kollegen laut und öffentlich. Mega-Thrill: Sie werden umzingelt sein von Menschen, die auf Ihren ersten Fehler warten.

8) Verlassen Sie sich von Anfang an auf den Kollegen, der Ihnen um den Bart geht, sie scheinbar für den (oder die) Größte(n) hält und alles ganz toll findet, was Sie sagen. Sie haben sich zielstrebig mit dem absoluten Looser zusammengetan.

9) Erwähnen Sie möglichst häufig, daß an Ihrem früheren Arbeitsplatz alles besser war, oder daß Sie das alles anders und besser gelernt haben. Versuchen Sie überhaupt immer zu zeigen, daß Sie für Ihren Job überqualifiziert sind. Man wird sich im gegenseitigen Einvernehmen von Ihnen trennen.

10) Ignorieren Sie die Existenz von Seilschaften, bestreiten Sie deren Legitimität, reden Sie abfällig von diesen Machenschaften. Schließlich sind Sie ein korrekter Mensch und halten sich immer nur an Vorgesetzte oder, notfalls, deren Vorgesetzte. Auch so sichern Sie sich die Mitgliedschaft bei den Verlierern.

lichkeit, daß Sie ein Problem haben. *„Können Sie mir mal helfen?"* Diese Bitte ist ein Zauberwort! Entweder ihr wird direkt entsprochen, dann werden Sie in der Kollegin auch in Zukunft jemand haben, von der Sie vieles erfahren können.

Oder nicht. Auch dann wissen Sie mehr.

- Entweder A: Sie kann es nicht.
- Oder B: Sie will es nicht.

Eine Giftbazille

Die Kollegin in unserem Beispiel muß reagieren; das gebieten die Minimalregeln der Höflichkeit. Entweder wird sie Sie an jemanden verweisen, der Ihnen wirklich helfen kann, oder sie läßt Sie bewußt auflaufen. Sie könnte Ihnen zum **Beispiel** den Rat geben, zu Wadenbeißer zu gehen; wohlwissend, daß der stinksauer ist, wenn man ihn mit solchen Kinkerlitzchen belästigt. Schlimmstenfalls – gegenüber echter Bösartigkeit – gilt es, die Nerven zu bewahren, freundlich zu bleiben und nach Alternativen zu suchen. Man fragt

Photo: Simon

Wie meinte Müller das jetzt wieder?

einen anderen Kollegen oder, wenn diese Möglichkeit nicht besteht, fragt man den Vorgesetzten, wen man in solchen Fällen ansprechen darf.

Mit etwas Glück wird man an die Giftbazille von Kollegin zurückverwiesen. Dann kann man mit unschuldsvoller Miene sagen: *„Die konnten mir leider nicht helfen."*

Jetzt hat die das Problem.

Human touch

Wenn Sie für die unmittelbaren Probleme, die die Arbeit mit sich bringt, einen Ansprechpartner gefunden haben, dann sind Sie zugleich auch an der richtigen Adresse, um sich über so wichtige Dinge wie das Mittagessen zu informieren.

Fragen nach der Qualität und Auswahl in der Kantine oder nach den umliegenden Lokalen werden mit Begeisterung aufgenommen, weil sie unbegrenzte Möglichkeiten bieten,

- sich darzustellen (*„Ich esse grundsätzlich nur das Vollwertmenü"*),
- ein wenig zu klatschen (*„Herr Wadenbeißer sagt immer, er wolle abnehmen. Aber jeden Tag holt er sich zweimal Nachschlag!"*),
- Ärger abzubauen (*„Der Kantinenfraß ist absoluter Müll, und beim Italiener ärgere ich mich jedesmal über die Preise"*)
- oder einfach nur ein paar Minuten von der Arbeit abzulenken.

Schon auf dieser Ebene der notwendigen und überaus nützlichen Erstkontakte, die zu einem Mindestmaß an Akzeptanz führen, gilt die **Grundregel:** Mehr zuhören als reden.

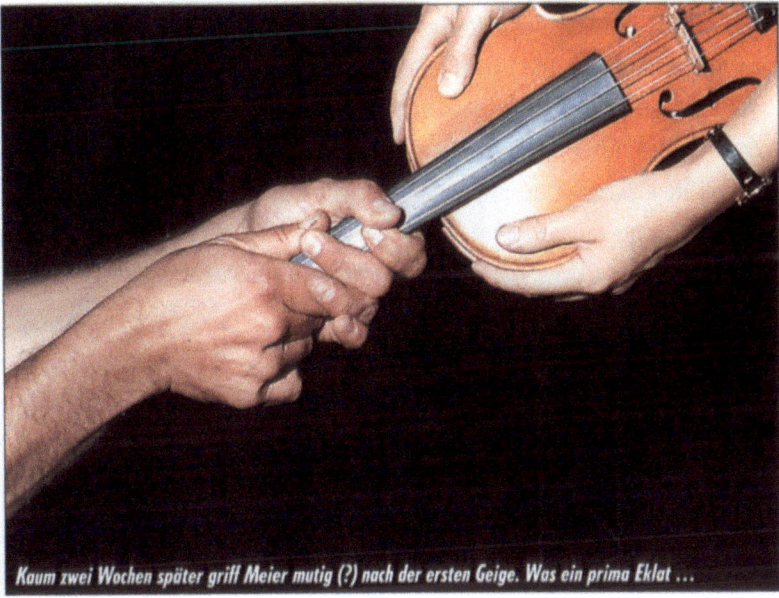

Kaum zwei Wochen später griff Meier mutig (?) nach der ersten Geige. Was ein prima Eklat ...

Es ist wie beim Essen: Letzter ist immer, wer am meisten quasselt. Wer also zuviel redet, kriegt nichts mit.

Nebenregel: Auch wenn man zuviel auf einmal wissen will, macht man diesen Fehler.

Vorsicht: Noch ein Wort zum 1. Gebot der permanenten Freundlichkeit. Es ist nur ein schmaler Grat zwischen Freundlichkeit und Anbiederung – wie der zwischen Lächeln und Grinsen! Und wenn ein Kollege bemerken sollte, daß Sie ihm nicht die Tür aufhalten, aber für Herrn Wadenbeißer sogar einen Augenblick stehenbleiben, um das zu tun, ist Ihre *horizontale* Akzeptanz dahin. Ihre Informationsquellen versiegen, und Sie haben einen Tisch für sich in der Kantine.

In den Bergen

Das Wort von der *Seilschaft* wird häufig auf jene eigentümlichen Interessensverbände unter Politikern angewandt. Meistens im Tone der Entrüstung, als dürfe es das nicht geben.

Nun ist es aber eine Tatsache, daß es eine Organisation von Menschen – besonders von vielen Menschen – ohne Seilschaften nicht gibt.

Und das Bild ist durchaus passend: Stürzt einer, hält ihn die Seilschaft, stürzt aber der Führer, reißt er womöglich die ganze Seilschaft mit.

Für Sie heißt das: *Achtung* Seilschaft! Wenn Sie sich als neuer Mitarbeiter horizontal einigermaßen etabliert haben und Ihr vertikaler Arbeitskontakt zu Abteilungs-, Bereichsleiter etc. normal funktioniert, sollten Sie sich ein wenig mehr auf die vorhandenen Seilschaften konzentrieren.

Die Testphase

Manchmal ist schon das erste Mittagessen beim Italiener um die Ecke ein Versuch, den Neuen auf seine Bergtauglichkeit zu prüfen: Man geht mit der Kollegin von vis-à-vis zu Tisch und sitzt dort unversehens mit einer ganzen Gruppe von Kollegen aus verschiedenen Bereichen zusammen.

Spätestens bei der Frage des Herrn aus der Rechtsabteilung: *„Na, wie kommen Sie denn mit Wadenbeißer klar?"* sollten Ihre roten Lämpchen blinken. Hier lauert Gefahr, denn es ist ein unausgesprochenes Gesetz, daß man Neuen diese Frage *eigentlich* nicht stellen darf. Denn Sie können ja nicht wissen, in welchem Verhältnis die Herren zueinanderstehen?

Da hilft nur ein sachlich-entspanntes: *„Ich hab' keine Probleme."*

Das ist immer gut. Wird Herr Wadenbeißer als Versager gehandelt, sollte man damit ebensowenig Probleme haben wie in dem Fall, daß er der aufsteigende Stern in der Abteilung ist. Bei jeder anderen Äußerung oder emotionalen Färbung können Sie schiefliegen.

Sagt man etwa: *„Guter Mann, der Wadenbeißer!"*, hat man (vielleicht) die Eintrittskarte in den Club der Verlierer gewonnen (weil Wadenbeißer in Wirklichkeit eine totale Niete ist, der auf jedermanns Abschußliste steht).

Sagt man: *„Er wirkt ein wenig über-*

lastet.", läuft das im Ergebnis möglicherweise auf dasselbe hinaus (weil die lieben Kollegen schon wissen, daß Wadenbeißer direkt vor der Beförderung steht).

Wohldosierte Kritik

Souveräne Sachlichkeit, verbunden mit unerschütterlicher Freundlichkeit, ist auch die einzige Rettung, wenn man Kritik üben muß. Auch in dieser Hinsicht werden häufig schon in den ersten Wochen die Karten für die nächsten Jahre ausgeteilt!

Ist man der Ansicht, daß eine Kollegin oder ein Kollege einen Fehler gemacht hat, muß man sie/ihn darauf ansprechen. Auf keinen Fall darf man versuchen, den Fehler still und heimlich zu beheben. Es könnte nämlich sein, daß die Korrektur des Fehlers der eigentliche Fehler ist.

Der beste Weg ist zu fragen: *„Mir ist das nicht ganz klar. Ist das so oder so zu verstehen. Ist das richtig?"*

So gibt man dem andern die Möglich-

keit, den Fehler zu erkennen, zu beseitigen und sich gleichzeitig noch positiv darzustellen. Möglicherweise gibt die Situation sogar Anlaß für *ewige* Dankbarkeit. So ein Vorgang sollte sich in aller Diskretion vollziehen, keineswegs vor Dritten.

Der Rückzug

Beharrt der Kollege aber auf seinem (vermeintlichen?) Fehler, sollten Sie sich weise zurückziehen – solange Sie nicht persönlich mit in der Verantwortung sind. Erst wenn Sie die Strukturen der Firma, die verdeckte Hierarchie, die verschiedenen Loyalitäten, die Seilschaften wirklich kennen, könnten, sollten, ja müßten Sie andere Überlegungen anstellen.

Jedoch: Seien Sie trotzdem auf der Hut, wenn es denn soweit ist! Vielleicht haben Sie sich schon längst eingelebt, fühlen sich als alter Hase im Geschäft und kennen Ihr Terrain. Ihre Kollegen müssen aber längst noch nicht Ihrer Meinung sein! Der Neue bleiben Sie so lange, bis dieser Platz durch einen neuen Neuen ersetzt wird.

Nun wäre es als Ex-Neuer nur nett, dem Nachfolger gute Tips mit auf den Weg zu geben. Er/Sie wird es Ihnen (hoffentlich) danken, und Sie selbst haben das angenehme Gefühl, jemanden uneigennützig den Einstieg erleichtert zu haben.

Auch dabei gilt: Zurückhaltung ist das Gebot des Anfangs. Denn ausgeplauderte Interna könnten zum Bumerang werden, wenn sich der Neue ausgezeichnet mit der Möhren und Apfel essenden Kollegin vis-a-vis versteht.

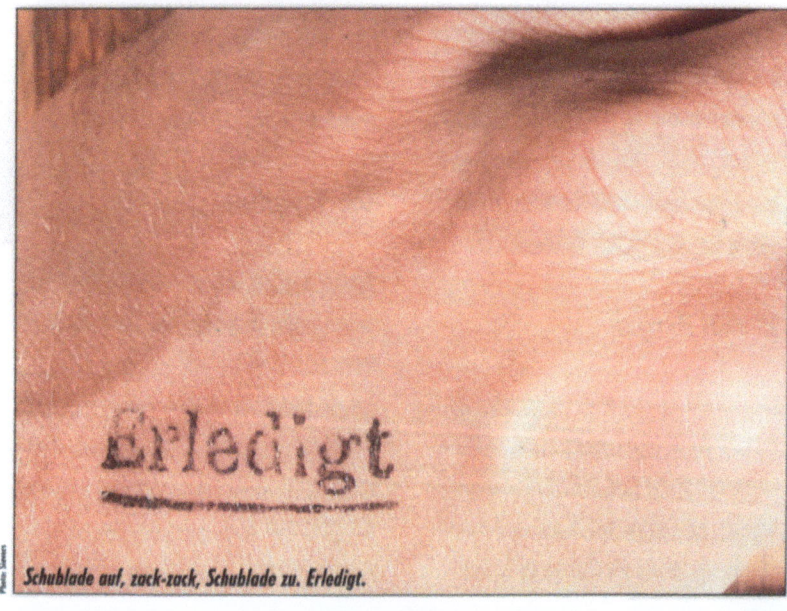

Schublade auf, zack-zack, Schublade zu. Erledigt.

Hallo, ich bin der Neue!

Der neue Arbeitsplatz ist ein Wagnis, mit vielen Unbekannten verbunden. Von Zeitarbeitnehmern, die häufig mit neuen Umfeldern konfrontiert sind, kann man lernen, wie man gut in einen Job einsteigt und schnell den richtigen Draht zu den Kollegen findet.

Je öfter, desto rascher

Durchschnittlich alle vier, fünf Wochen ein neuer Arbeitsplatz, neue Gesichter, Vorgesetzte, Kollegen, ein anderes Ambiente – das ist Zeitarbeit.

Learning on the job, das ist die Faszination, die viele dabei reizt; hinzu kommt natürlich auch die Möglichkeit, in verschiedenen Firmen und Branchen herumzuschnuppern.

Neben einem ungenauen Gefühl von Unsicherheit, das viele mit dieser Form der Arbeit in Verbindung bringen, erscheint den meisten vor allem der häufige Wechsel des Kollegenkreises und des betrieblichen Umfeldes problematisch. Schlimm genug – hört man da oft – wenn man nach drei oder vier Jahren einen neuen Arbeitsplatz antritt. Noch schlimmer jedoch der Gedanke, dies jetzt noch häufiger tun zu müssen. Dabei ist es wie mit allem: Ob es ums Autofahren geht, um Fernsehauftritte, Fremdsprachenverhandlungen oder Rendevous – je öfter Sie es machen, desto rascher finden Sie sich in die Situation. Ja, desto eher macht es Spaß! Schon weicht anfängliche Befangenheit, gar Ängstlichkeit gelassener Routine. Sie verfügen bereits über eine innere Checkliste, die Sie zu Beginn eines neuen Einsatzes abarbeiten:

- Wie hat man sich hier am Telefon zu melden?
- Welchen Personen werde ich zuarbeiten?
- Wie heißen die für mich und meine Arbeit wichtigsten Personen? (Vorgesetzte, Sekretärinnen, Hausmeister etc.)
- Wie erreicht mich meine Post, und wohin gebe ich Ausgangspost?
- Wer vergibt die Codes für die PC-Anmeldung?
- Wie läuft das hier: Wer holt Kaffee, brauche ich eine eigene Tasse, ist Rauchen verpönt ...?

Eins werden Sie sehr schnell lernen und immer souveräner beherrschen:

Fragen stellen! Wer fragt, heißt es, der führt. Mehr noch: In dem Sie es sich angewöhnen, Fragen zu stellen, zeigen Sie Interesse – und das ist die conditio sine qua non, irgendjemand anderen für sich einzunehmen.

Auch für nur kurze Einsätze ist es immer gut, sich Mentoren zu suchen, die allgemein akzeptiert sind. Ein Mentor, eine Mentorin weist Sie auf die größten Stolpersteine hin, zeigt Ihnen die wichtigsten Zusammenhänge.

Lernen lernen

Sie entwickeln einen Stil, sich in den jeweiligen Unternehmensstil einzupassen. Das nötige Zuhören, Beobachten macht Sie sensibel für das Umfeld. Ein freundliches Lächeln öffnet Türen. Sie gewinnen an Selbstsicherheit. Durch die wechselnden Anforderungen steigen neben Ihren fachlichen Qualifikationen auch Ihre Menschenkenntnis.

Brigitte Speidel-Frey

ist gelernte Kauffrau und heute Niederlassungsleiterin der Deutsche Industrie Service DIS GmbH, Frankfurt/M.

Sie haben noch nie darüber nachgedacht, ob Zeitarbeit Vorteile haben kann. Der entscheidenste ist wohl der: In kürzester Zeit steigern Sie Ihre kommunikative Kompetenz.

Gerhard wurde an diesem Abend häufig in Utes Nähe gesehen ...

Schon wieder Montag ...

Manchmal erleidet auch das beste Betriebsklima atmosphärische Schwankungen, und die sind nicht nur wetter- oder jahreszeitlich bedingt.

Zündschnüre des kollegialen Störfeuers sind Betriebsfeste und -ausflüge, Querulanten und Intriganten im Nachbarbüro, Verbal-Erotomanen, Grabscher oder Karrieristen, die über die Leichen ihrer Kollegen in die Beletage der Macht aufsteigen wollen.

Schlimm: Vorgesetzten bleiben solche Machtspielchen oft verborgen, und wer an höherer Stelle um Hilfe bittet, hat sowieso schon verloren. Selbst Bosse hassen Denunzianten.

Oder sie geben ihrerseits häufig selbst Anlaß für nachhaltigen Unfrieden. Etwa durch falsche Verbrüderungsemphase, Favoritenklüngel, Launen ...

Wer aber die Spielregeln kennt, ist den anderen einen Zug voraus.

Gespräch im Büro

„Ich heiße Gerhard ..."

Es liegt am Wein, an der Stimmung und vielleicht auch am Charme von Ute und Hetty, wenn aus Geschäftsführer G. Wadenbeißer *„der Gerhard"* wird. Fast jedes Betriebsfest gipfelt in zeitlich begrenzten Verbrüderungen.

Am nächsten Morgen sitzt die Krawatte wieder korrekt, Ute und Hetty verwalten das Vorzimmer, und Gerhard ist wieder *„Herr Wadenbeißer"*.

Es liegt auf der Hand: Betriebsfeste fördern den Versuch, die im beruflichen Alltag erforderliche, distanzgebietende Kommunikationsebene zu verlassen. Bestenfalls kann das die paar Stunden lang funktionieren, doch am nächsten Tag heißt es wieder:

Business as usual!

Gute Idee, Boss!

Die Kommunikation mit dem Chef ist eine heikle Sache. Es wäre ein fataler Irrtum zu glauben, daß die fachliche Qualifikation allein und die Leistung am Arbeitsplatz für die Karriere entscheidend seien. Ausschlaggebend sind in der Regel die *„guten Beziehungen"* zu demjenigen, der Beförderungen verwaltet.

Glücklicherweise werden nicht ausschließlich die letzten Nieten befördert, bloß weil sie nett mit dem Chef parlieren können. Gelegentlich nämlich werden auch gute Leute befördert, bloß weil sie nett mit ihrem Chef parlieren können.

Im *Grundsatz* gilt: Selbst beste Leistungen kann ein Vorgesetzter nur dann zur Kenntnis nehmen, wenn er den dazugehörigen Mitarbeiter auch kennt.

Frage: *„Warum kennt mich mein Chef?"*

Antwort: *„Weil ich will, daß er mich kennt. Weil ich mit ihm rede."*

Nun verstecken sich hinter der uniformen Bezeichnung *Chef* die unterschiedlichsten Typen Mensch. Folglich lassen sich keine allgemeingültigen, detaillierten Hinweise zur Kommunikation mit Vorgesetzten geben.

Dennoch könnten ein paar grundlegende Tips zur Kommunikation mit dem Vorgesetzten sozusagen als Rahmen dienen, den man dann individuell ausfüllen kann – abhängig von der mehr oder minder genauen Kenntnis der jeweiligen Persönlichkeit.

Small talk ja, Geschwätz nein

Worum geht es für den Mitarbeiter bei der Kommunikation mit seinem Chef? Logisch, der Mitarbeiter will in einem positiven Zusammenhang auffallen, **denn** einfach nur auffallen ist schädlich. Sie werden also nicht versuchen, wegen wahlloser Nichtigkeiten mit ihm/ihr ins Gespräch zu kommen, sondern sprechen ihn/sie nur dann an, wenn Sie wirklich etwas zu sagen haben. Andernfalls laufen Sie Gefahr, sich für alle Zeiten als aufdringlicher Schwätzer und Schleimer zu etablieren, und das bei Chef und Kollegen.

Beispiel: Es liegt nichts an. Zufällig begegnen Sie Monsieur oder Madame auf dem Flur. Vermeiden Sie tunlichst die beliebten Floskeln. Ein *„Guten Tag!"* reicht völlig aus, während der Zusatz *„Was für ein Wetter heute"* weder formal noch inhaltlich befriedigt. Geradezu tödlich wirkt ein *„N'abend Chef, wieder mal 'nen schweren Tag gehabt, was?"*.

Selbstverständlich hat er einen schweren Tag gehabt, schließlich ist er der Chef und wird dafür besser bezahlt als Sie. Im schlimmsten Fall wittert Wadenbeißer eine Spur Sarkasmus in Ihrer Stimme. Hatten Sie mit Ihren Worten etwa andeuten wollen, daß Ihr Chef ein elender Faulpelz ist und kein anderer als Sie selbst den Laden an der Pleite hindert?

Anderes **Beispiel:** Es liegt was an, was wirklich wichtig ist. Sie haben ein paar Ideen entwickelt, wie man die Ablauforganisation in Ihrer Abteilung optimieren könnte. Das wird Ihren Vorgesetzten auch dann noch interessie-

ren, wenn er Ihr Konzept niemals umzusetzen gedenkt. Immerhin beweisen Sie damit nämlich, daß Sie ein denkender Mitarbeiter sind, und damit sind Sie automatisch entweder nützlich (für seine Karriere) oder gefährlich (für seine Karriere).

Beides deshalb, weil Sie sich möglicherweise (deswegen) für höhere Aufgaben eignen.

Kreativ, aber nicht perfekt!

Im Gespräch mit einem Vorgesetzten sollten Sie daher nicht unbedingt den Perfektionisten herauskehren. Wadenbeißer wird sich wohler fühlen, wenn Ihr Konzept einerseits fundiert ist, andererseits aber doch noch der korrigierenden Hand des erfahrenen Leitwolfes bedarf, um wirklich rund zu werden. Routinierte Anwender dieses Prinzips vermitteln ihren Chefs das Gefühl eigener Kreativität und können so mittelfristig regelrechte Abhängigkeiten erzeugen.

Wenn Ihr Vorgesetzter ohne Ihre Ideen nicht mehr weiterkommt, haben Sie es geschafft. Er wird Ihnen ein angenehmes Leben in der Firma verschaffen und aus gutem Grund Ihre Karriere fördern – vorzüglich in einer anderen Abteilung. Schließlich will er es nicht riskieren, seinen ideenreichen und aufstiegswilligen Mitarbeiter, der die Quelle vorgesetzter *Genialität* allzu gut kennt, zu frustrieren. (Ein gewisse **Vorsicht:** Auch so eine Abhängigkeit mag der Karriere hinderlich sein. Einerseits sind Sie gefesselt in der Rolle des Zweiten. Andererseits kennt nur einer, Ihr Chef nämlich, Ihre Leistung.)

Unbekanntes Wesen

Mit sieben Buchstaben: K o l l e g e. Wir können sie uns nicht aussuchen. Nach unserem Einstieg in den neuen Betrieb treffen wir auf eine zufällige Auswahl von Menschen, mit denen uns zunächst nur der gemeinsame Arbeitgeber verbindet. Peu à peu werden wir feststellen, wer uns liegt und wer nicht, zu wem wir eine engere kommunikative Beziehung aufbauen wollen, wer nach Freunden oder Bekannten sucht. Mit Sicherheit fallen viele durch's Raster, die nur eines sind – und bleiben: Kollegen. Auch mit diesen Leuten werden wir irgendwie auskommen, denn für das große Schweigen ist die Arbeitszeit schlicht zu lang.

Gewöhnlich arbeiten wir mehr als die Hälfte der Zeit, die wir mit offenen Augen verbringen. In der Rubrik *Kommunikation im Betrieb* geht es also um den Umgang mit eben jenen Kollegen, die das sind und nicht mehr. Die anderen werden Kumpel, Freunde, zumindest Bekannte. Wir kommunizieren anders mit Ihnen, eben vertrauter und offener.

Im Umgang mit Kollegen sind Distanz und Nähe entscheidende Begriffe. Natürlich entscheidet das Ausmaß an Sympathie darüber, wie nahe wir einen Kollegen an uns heranlassen.

Doch nicht minder bedeutsam sind die folgenden Fragen:

- *„Wie wichtig ist der Kollege im Betrieb"*,
- *„Kann er mir nutzen oder schaden?"* und
- *„Eignet er sich als Multiplikator meiner Interessen?"*.

Nachdem Müller die Angelegenheit in durchaus angenehmer Atmosphäre erläutert hatte …

legen oder Ihrer Kollegin verbleibt.

- Machen Sie sich klar, daß Sie nicht Elternteil Ihres Kollegen sind. Bei Sätzen wie *„Das kriegen wir schon hin"*, *„Laß mich mal machen"* oder *„Kein Problem, ich komm ja schon"* bleibt mehr als nur die Verantwortung bei Ihnen hängen.

Wenn Sie versuchen (oder es Ihnen unterläuft), ihm heute wieder das Gefühl zu vermitteln, er sei *klein und unerfahren*, ist dies die denkbar schlechteste Basis für eine gleichberechtigte, positive Kommunikation.

Mathematik?

Das klingt zwar fürchterlich berechnend, aber letztlich arbeiten Sie ja, damit es sich rechnet, und insofern ist es geradezu geboten, mit wohlerwogenem Kalkül vorzugehen.

Und auch in der Kommunikation mit solchen Kollegen, bei denen das berufliche Vorankommen nicht Auslöser des Gesprächs ist, kann es durchaus angebracht sein, über Sinn & Unsinn eines Wortwechsels nachzudenken.

Merke: Ruhig einmal beidohrig zuhören, wenn sich Peter in epischer Breite über die totale Unfähigkeit der Versandabteilung ereifert. Für ihn ist dies ein Ventil, und er fühlt sich danach besser. Den Zuhörer kostet es allenfalls zehn Minuten. Außerdem zeigt es Ihnen, daß Peter und Sie eine funktionierende zwischenmenschliche Beziehung aufgebaut haben. Denn er offenbart Ihnen seine Sorgen – er vertraut ihnen. Vielleicht aber erwartet er von Ihnen auch eine Intervention in seinem Sinn. Hier lauert Enttäuschung!

Gewitter über Bürodistan

Atmosphärische Störungen zwischen guten Kollegen lassen sich leicht vermeiden, wenn man ein paar grundsätzliche Regeln beachtet, die im übrigen nicht nur im Büro von Bedeutung sind.

- So sollten Sie es auch unter gleichgestellten Kollegen oder gegenüber Untergebenen vermeiden, sich selbst ständig unentbehrlich zu machen. Was, glauben Sie, geht in einem Kopf vor, der sich eingestehen muß – oder gar von Ihnen ein ums andere Mal gesagt bekommt –, daß er seine Probleme nicht ohne Sie meistern könne?

- Seien Sie hilfsbereit, wenn jemand mit einer Frage oder einem Problem an Sie herantritt.

Aber drängen Sie Ihre Problemlösung, sei sie auch noch so perfekt, niemandem auf, der gar keine Schwierigkeiten hat.

Das schließt natürlich nicht aus, daß Sie Ratschläge oder Lösungsvorschläge einbringen. Wichtig ist, daß das Recht zur Entscheidung bei Ihrem Kol-

Unterbrecherkontakte

Jedes Gespräch im Büro ist der beständigen Gefahr ausgesetzt, unterbrochen zu werden. Ist man sich dessen bewußt, läßt sich aber auch damit umgehen.

- So sollten Sie, egal wer Ihren Raum betritt, den gerade begonnenen Satz zu Ende bringen. Außer einem plötzlich ausgebrochenen Feuer gibt es wohl keinen Anlaß, der so dringlich wäre, dies Ihnen nicht zuzubilligen.

Selbstverständlich sollten Sie Ihren Chef nicht minutenlang warten lassen, um ein Gespräch über die Takelage von Segelyachten zu Ende zu führen, aber ebensowenig sollten Sie, sobald der Vorgesetzte den Raum betritt, im Gespräch innehalten, den Kommunikationspartner wie Luft behandeln und hektisch Arbeit vortäuschen.

Ganz im Gegensatz zu seiner Bestimmung erweist sich auch das Telefon nicht immer als Kommunikationswerkzeug, sondern sehr oft auch als Kommunikationsbremse. Es klingelt nämlich immer dann, wenn Sie gerade ein intensives Gespräch führen. Eingespielte Gesprächsteams werden hier ganz pragmatisch vorgehen.

• Der Redende bringt schnell seinen Satz zu Ende und verharrt anschließend in Schweigen, der Zuhörer greift erst dann zum Hörer. Bahnt sich, was dem Gesprächsverlauf schnell zu entnehmen ist, ein längeres Telefonat an, so empfiehlt es sich, den Raum zu verlassen.

Besonders penetrant gebärden sich die menschlichen Störenfriede. Frau Willemsen hatte 14 Tage Zeit, Ihnen die bestellten Disketten vorbeizubringen, aber sie wird es – wie mit bösem Willen – genau dann tun, wenn Sie sich angeregt unterhalten. Erst einmal im Raum, wird Sie (wieder) versuchen, über ihren letztjährigen USA-Besuch zu plauschen.

• Klar, auch Frau Willemsen will kommunizieren. Deshalb sollten Sie sie ausreden lassen, um Dissonanzen zu vermeiden.

Unbeeinflußbare Umstände, die ein Gespräch abrupt beenden, gibt es zuhauf.

• Sie sollten es also tunlichst vermeiden, in diesem Sinne selbst ein Kommunikationshemmnis zu werden.

... vier, fünf, ...

Einem speziellen Kollegen sollten Sie besondere Aufmerksamkeit widmen. Er ist in jedem Unternehmen anzutreffen, wird weder in den Vorruhestand geschickt noch nimmt er Urlaub. Dafür ist morgens der erste und der letzte, der abends geht. Er hat seine großen Auftritte bei Betriebsfesten und

Photo: Simm

... was war jetzt das?
Rita wußte nicht, wie Sie sich verhalten sollte ...

fährt immer mit, wenn zwei den Fahrstuhl besteigen. Sein Name?

Amor.

Tatsache: Das Büro ist ein exzellenter Nährboden für erotische Gedanken. Schließlich haben gemeinsam erlebte, lange und oft hitzige Arbeitstage etwas Verbindendes: Man verfolgt die gleichen Ziele, löst zusammen Probleme und trifft gemeinsam Entscheidungen. Wenn dazu der Kollege oder die Kollegin, mit der man gut zusammenarbeitet, den Wunsch erregt, mehr als den Job gemeinsam zu machen, kann sogar aus dem Team Willemsen/ Wadenbeißer ein Paar werden. Herzlichen Glückwunsch!

Leider findet Erotik im Büro oft auf beklagenswert pubertärem Niveau statt. Da wird der 17jährigen Auszubildenden die bunte Präservativmischung als Geburtstagsgeschenk überreicht, der Katalog mit Gummiunterwäsche auf den Namen des Kollegen bestellt oder mittels Fotokopierer ein Playgirl des Monats mit dem Kopf von Frau Schul-

ze-Meinhardt aus der Buchhaltung kombiniert.

Zum Glück erweist sich das Gros dieser Erotomanien als harmlos. Der Adressat eines solchen Bubenstreiches tut am besten daran, heitere Miene zum infantilen Spiel zu machen und seine/ ihre – geschäftsorientierte! – Schlagfertigkeit unter Beweis zu stellen:

„Kollegen, Ihr habt völlig recht: Ich sollte mich wirklich mal von der Arbeit lösen und mehr an mein Privatleben denken."

Die aktiv-visuelle Komponente der Büroerotik trifft vor allem den weiblichen Teil der Arbeitnehmerschaft. Begehrliche Blicke auf enge T-Shirts, knackige Jeans oder kurze Röcke lassen oft den Gedanken aufkommen, der Betrachter leide an einem Krampf der Augenmuskeln. Meist reicht es, dem Betreffenden (seltener: der Betreffenden) unverblümt zu sagen, was man von solchem Betragen hält: NICHTS. Tun Sie dies aber bloß nicht in Hörweite der Arbeitskollegen des augentümlich Gelähmten, denn vor diesen hat er ja schließlich seine Machorolle aufrechtzuhalten.

(Die alte Frage von Henne & Ei! Mann möchte an dieser Stelle aber wenigstens einwerfen dürfen, daß gewisse Primäraffekte von gewissen Primärreizen ausgehen – letztlich beruht der antropologische Fortbestand auf diesem Prinzip – und es insofern gelegentlich geradezu himmelsgegeben ist, wenn sich die starren Augen feucht anfüllen! d. Setzer!)

Diese Blicke

Das unverhohlene Abtasten mit den Augen ist noch die harmloseste Variante sexueller Übergriffe am Arbeitsplatz. Als nächstes kommen anzügliche Bemerkungen, sei es feige geflüstert in Abwesenheit, sei es ohrfeigenheischend in Anwesenheit des *Strapsmäuschens*. Schlimmeres **Beispiel:** Frau vernimmt beim Passieren eines Büros Wortfetzen wie *„Na, die möchte ich auch mal ….".* Oder mann muß mit anhören: *„Der Förster hat aber schon einen strammen Arsch …"*
Nicht so schlimm, denken Sie? *„Wir leben in einer Zeit der Libertinage!",* und Sie wissen gar nicht genau, wen das wirklich noch stört?
Mindestens entsteht auf diese Art ein schlüpfriges Klima, und da sollte es schon angezeigt sein, eine klare Grenze zu ziehen: Abhilfe schafft hier ein Griff in die persönliche Beleidigungskiste. Möglich und erlaubt ist durchaus eine verbale Gerade unter die Gürtellinie. Reden Sie Klartext!
Der Zurechtgestutzte sollte genau wis-

Es war Frühling, es war schön …

sen, warum Sie auf sein gestammeltes *„…. aber es war doch nur als Kompliment gemeint …"* mit einem eiskalten Hinweis auf die einschlägige Rechtsprechung reagieren.
Wenn er sich schon nicht besinnen kann, sollte er sich doch zumindest beherrschen können.
Besonders ekelhaft, aber fast in jedem Unternehmen und auf allen Hierarchiestufen anzutreffen, ist der handfeste Übergriff, der Grabscher. (Kein Mißverständnis: Primäraffekte sind höchstens Blicke! d. Setzer) Hier ist kein Taktieren angesagt. Selbst wenn der Handgreifling – zur Rede gestellt – versucht, sein Handeln herunterzuspielen oder die Schuld abzuwälzen: *„Sie tragen aber auch immer so aufreizende Kleider …".*
Probate Mittel reichen von der Meldung beim Vorgesetzten bis hin zur Strafanzeige, ungeachtet der ohnehin fälligen Ohrfeige.
Solche Anmaßungen und Verletzungen

Ihrer Intimssphäre sollten (!) Sie sich nicht gefallen lassen.
Für sich können Sie dann immer noch überlegen, ob Sie mit Ihrer Kleidung tatsächlich etwas signalisieren (kommunizieren) wollen. Falls ja, wechseln Sie schleunigst Ihre Zielgruppe!

Flirten ist erlaubt

Abseits der unwürdigen Formen zwischenmenschlicher Kommunikation ist ein beidseitig gewollter Büroflirt eine ausgesprochen angenehme Sache. Von wem er angezettelt wird, spielt dann keine Rolle – selbst die Hierarchie im Unternehmen zeigt sich der Kraft des Flirts mitunter nicht gewachsen.
Ob sie oder er verheiratet, fest verpartnert oder frei verfügbar ist, bleibt zunächst ebenfalls ohne Belang. Der Flirt mit dem (der) sympathischen Kollegen(in) macht Spaß, wirkt erfrischend und kann das Klima am Arbeitsplatz durchaus beleben.

KURZ:

MESSEN SIND HEFTIG
BESONDERS ABENDS

Das Stehen, Reden, Schauen, die Luft, das alles macht so einen Messetag lang! Dazu die Hektik, die Pannen und Improvisationen, die auslaugende Konzentration. Endlich. Nach der Dusche hätte man sich schon einen entspannten Abend verdient.

Leider! Was *„Unser bester Kunde …"* ist, der Schneidelmayer, bittet zu einer mehrstufigen Speisefolge; no chance! Gerne betont Schneidelmayer immer: *„Wer nicht richtig feiern kann, kann auch nicht richtig arbeiten."* Seine und der Frau Gemahlin (!) Launen wollen gepflegt sein. Also: Frische Bluse, frisches Hemd, die kleine Retusche am müden Gesicht, rasch das Gewinnerlächeln überprüft, und los.

Es wird hart

Es war nicht gerade der Heißhunger – nach all den Keksen und Kaffees! Und Gespräch kann man diese fortgesetzte Verhandlung auch noch nicht nennen. So drückt der Magen – in Ermangelung einschlägiger Pülverchen greift man zum Cognac. Zu vorgerückter Stunde endlich – nachdem in der Reihenfolge Champagner und reichlich Château Margot dem Cognac vorangeschüttet waren – lösen sich die Zungen, wird die Körpersprache intimer; klopft man sich schon mal launig auf die Schulter und läßt die Blicke schweifen:

Der ansonsten bitterspröde Herr von Fehlwitz funkelt mit abgründigen Scherzen, und die Frau Fiebich, tagsüber trägt sie die Stirn gekerbt, ganz entspannt im Hier&Jetzt, öffnet mit dunkel-winkendem Charme relativ große Gelände. Schon gibt sich der weitere Verlauf gut zu erkennen, da geht es zu den Nüßchen an die Bar, wo denn auch die Rückkehr zum Schampus als überfällig erkannt wird. Bei schmaler Musik findet Herr Schmidt seine dicke Krawatte auf halb zwölf, der, seinerseits, bald darauf dem niedlich-verhuschten Fräulein Schneider mit schwerem Wiegeschritt das wenige Parkett erläutert. Zwischen all den Zigarettenschwaden gerät gar Frau Gerber-Schnackenburg, deren sittenstrenges Bemühen minütlich erlahmt, dem sssteifen Brackmüller, der kaum erkennt, wie ihm geschieht, in beachtliche Nähe; vom Tresen her kommentieren die Übrigen das bunte Panorama. Stimmung, Blutdruck, rote Wangen. Überrascht erfreut zeigen sich Schmidts Wurstefinger (whow! denkt er) von Schneiderleins Strumpfbändern. Ein mittlerer Messeabend neigt sich dem Ende zu – morgen dann der Murgler, *„unser zweitwichtigster Kunde"*.

Da müssen Sie durch!

Sie kennen das? Es amüsiert Sie aber nicht? Sie sind genervt von diesem Gegrabbel an Ihren Hüften? Jede Menge Fallstricke: Da müssen Sie durch! Drücken Sie sich um die Teilnahme, heißt es schnell: *„Unkommunikativ, ziert sich."* Oder umgekehrt: *„Im Feiern vorn, doch bei Eilaufträgen tief in der Etappe."*

Sie suchen also – gefahrenlos und ohne Not! – einen goldenen Mittelweg:

Neun Tips

- Erste Regel: Jovialität ist Souveränität! Nur Sie bestimmen über Distanz und Nähe!
- Zweite Regel: Bald ist alles vorüber, bald ist alles vorbei. Lächeln Sie!
- Und wie wenig kostet ein höfliches Lächeln auch über einen Witz, der nicht so ganz Ihren Stil trifft?
- Allzu aufdringlichen Verehrern können Sie sich durchaus entziehen, ohne sie vor den Kopf zu stoßen. Ein kurzes (weniger kurzes) Telefonat, die schwüle Luft kühlt ab, und bis zur nächsten Attacke fällt Ihnen bestimmt etwas anderes ein.
- Zu vorgerückter Stunde leiden die Manieren. Sehen Sie darüber hinweg.
- Machen Sie gute Miene beim bösen Tanz, auch wenn Ihre Füße schmerzen. So zeigen Sie, wie Sie die schwierigsten Kunden im Griff haben.
- Bereiten Sie die lustige Runde rechtzeitig, schonend und eindeutig auf Ihren Rückzug vor: Sie sind nicht nur zum Feiern hier und wollen sich gedanklich noch ein wenig auf den morgigen Messetag einstimmen.
- Zeigen Sie am nächsten Tag auf keinen Fall, daß Herr Schmierig Ihnen noch unsympathischer geworden ist.
- There is no business ohne showbusiness. Sie verdienen doch nicht schlecht, oder?

Eins ist sicher: Der Streß

Muß es wirklich gesagt werden? **Vorsicht:** Die positiv beflügelnde Stimmung kann sich gründlich ändern, wenn aus einem anregenden *Knistern* mehr wird. Taugt so ein Rat für die Praxis? Kühl im Kopf sollten Sie abwägen: Neben den absehbaren Schwierigkeiten mit eventuell vorhandenen festen Partnern ist Streß am Arbeitsplatz zu erwarten. (Sexuelle) Beziehungen unter Kollegen, seien sie real existierend oder frei erfunden, sind das ideale Thema für leises Getuschel, laute Gerüchte und feinste Intrigen.

Besteht womöglich noch ein Gefälle in der Positionierung des Paares innerhalb der Unternehmenshierarchie, so steht Knatsch statt Karriere auf dem Programm.

„Die ist nur befördert worden, weil sie mit dem Abteilungsleiter …".
Den Satz hat so oder ähnlich fast jeder schon einmal gehört. Ob Mann oder Frau: Wer ein amouröses Verhältnis mit Chefin oder Chef pflegt, kann sich früher oder später der regen Anteilnahme der kompletten Belegschaft sicher sein.

Was die beiden fortan tun oder lassen, sagen oder verschweigen, muß doch einfach etwas mit der besonderen Art ihrer Beziehung zu tun haben, oder? In den Augen der lieben Kollegen stellt sich jede interne Verbesserung der beruflichen Position als eine Liebesgabe dar. Auch von oben kann es Ärger geben, denn im Wittern von ungerechten Bevorzugungen steht die Unternehmensleitung ihren Mitarbeitern in nichts nach.

Was also tun?

Ist der Flirt erst einmal eskaliert, haben Romeo und Julia eigentlich nur zwei Möglichkeiten: Strenge Konspiration oder demonstrative Offenheit.
- Konspiration ist anstrengend.
- Offenheit mitunter auch.

In einem kleinen Betrieb helfen nur die offenen Karten, da Geheimhaltung hier ebenso neurosenfördernd wie unmöglich wäre. Stellen Sie sich doch nur einmal vor, Sie müßten das Ziel Ihrer Leidenschaft den ganzen Tag mit dem formalen *„Sie"* ansprechen. Und am Feierabend geht man dann getrennt zur Stechuhr, um sich vielleicht zwei Straßen weiter – endlich – zu treffen. Das hält keiner lange aus.

Die offiziöse Bekanntgabe der eröffneten Beziehungskiste dürfte schonender für die Nerven sein, schützt aber nicht vor den bereits erwähnten Verdachtsmomenten in Sachen Vorteilsnahme beziehungsweise -vergabe.

Ob der Streß im Betrieb die neue Beziehung belastet oder im Gegenteil sogar festigt, hängt von den individuellen Befindlichkeiten der Beteiligten ab.

No sex please, we're british

Wer den Fallstricken eines aus dem Ruder gelaufenen Flirts schon im Vorfeld entgehen möchte, kann neben dem Eintritt ins Kloster noch eine andere Methode anwenden. Vielleicht läßt sich die Beziehung ja auf eine unproblematischere und dennoch harmonische Ebene schieben.

Es klingt ganz einfach. Beide sind sich darüber einig, ihr Verhältnis schön und erhaltenswert zu finden, ohne ein *Verhältnis* zu haben. Sie beschließen, das vorhandene Knistern als natürlichen und angenehmen Bestandteil ihrer Kommunikation zu betrachten. Der Kontakt beschränkt sich auf die Arbeitszeit, ansonsten gehen sie getrennte Wege. Für beide bedeutet ihre Beziehung keine Gefährdung ihrer festen Partnerschaften.

Was sich so aufbauen kann, ist mehr als die handelsübliche Freundschaft. Vielmehr entwickelt sich so eine Partnerschaft, die Raum läßt für Intimitäten, die ja durchaus nicht immer körperlich sind. Wer will behaupten, daß so etwas keinen Spaß macht?

… doch das dicke Ende kam hinterher!

Ohne auf die Zeit zu achten, hatte sich Dr. Peters tief, tief in die Arbeit gestürzt ...

Sein oder nicht sein ...

Wer glaubt, daß er mit einer guten Berufs- oder Hochschulausbildung schon den Pachtvertrag für den Chefsessel in der Tasche hat, hat danebengeraten. Die sogenannten formalen Qualifikationen gestatten nur den EINstieg, nicht aber den AUFstieg.

Erstens: Macht & Einfluß sind begrenzt.

Zweitens: Aber alle wollen davon ein möglichst großes Stück.

Deswegen drittens: Wer einen kräftigen Happen vom Einflußkuchen für sich begehrt, muß diesen anderen erstmal abjagen. Nicht selten tarnen sich die verbissensten Konkurrenten als hilfreiche Kollegen, deren Ränkespiel Shakespeare mit Begeisterung zu modernen Königs- (na, vielleicht Herzogs-)dramen hingerissen hätte.

Nun ist William S. leider verhindert. Deswegen geben wir an seiner Stelle hier einige Regieanweisungen.

Strategien im Job

Können Sie mir bitte helfen

Folgenden Dialog konnten wir im 17. Stock protokollieren:

„Herr Dr. Peters ist ein ausgezeichneter Mann. Einer der besten Produktmanager, die wir je hatten."

„Da bin ich ganz Ihrer Meinung, aber er ist jetzt 32. Ich kann mich an keinen PM über 30 erinnern. Müller war mit 29 schon Marketingleiter in Kosmetik II, und Dr. Peters sitzt immer noch auf unseren – immerhin nur noch – halbtoten Nasentropfen. Kollegen reißen schon Witze über ihn."

„Was schlagen Sie vor?"

„Wir schicken ihn für ein Jahr in die Schweiz, die Seminare anschieben. Da macht auch der Doktor was her. Bis dahin wird der alte Müller in der Kosmetik Verstärkung brauchen."

„Gute Idee, und wer macht die Nasentropfen?"

„Ich würde den jungen Kubbier vorschlagen. Da kann er nichts falsch machen."

Glück gehabt

Das Management hat positiv in Dr. Peters' Karriere eingegriffen, die hoffnungsarm steckengeblieben war.

Doch nicht immer helfen einem die Götter, wenn man sich selbst nicht zu helfen weiß.

Unmittelbar nach seiner Promotion hatte Dr. Peters als Betriebswirt in einem großen Konzern eine Stelle als Product Manager angetreten. Da er über besonders gute Voraussetzungen verfügte, übertrug man ihm einen besonders schwierigen Produktbereich mit schlechten Deckungsbeiträgen. Die Schwierigkeit der Aufgabe reizte ihn, er kniete sich derart in seine Arbeit, daß er gar nicht merkte, wie weitaus geringer qualifizierte Kollegen in anderen Bereichen Stufe für Stufe auf der Karriereleiter erklommen.

Er hielt gewissermaßen die Leiter unten fest, während die andern nach oben verschwanden. Er hörte und sah nicht, daß er immer weniger Anerkennung erhielt, im Gegenteil. Er hatte immer nur gute Arbeit gemacht – und sich dabei zum Trottel.

Dieses bedauernswürdig-realistische Beispiel deutet auf Fragen hin, über die es lohnt, beizeiten nachzudenken:

... inzwischen waren Jahre ins Land gegangen ...

KURZ:

KILLER IM BÜROGESPRÄCH

- Malen Sie keine Strichmännchen auf der Schreibtischunterlage, während Sie ein Gespräch führen.
- Blättern Sie nie in einer Zeitschrift, die nichts mit Ihrem Job zu tun hat.
- Verschieben Sie das Essen Ihres Joghurts auf die Mittagspause.
- Greifen Sie nur nach dem Telefon, wenn es klingelt.
- Ignorieren Sie während des Gesprächs Ihren Computer.
- Sortieren Sie Ihre Arbeitsunterlagen erst, nachdem Ihr Gesprächspartner gegangen ist.
- Rauchen Sie nur, wenn Ihr Gegenüber auch raucht.
- Fangen Sie nie an, Büroklammerketten zu basteln.

Und vor allem:

- Reden Sie nie mit einem Kollegen, der gerade eine der hier aufgeführten Tätigkeiten ausübt.

- Wenn ich diesen oder jenen Job antrete, wie geht es dann weiter?
- Ist dieser Job mein Ziel oder nur eine Durchgangsstation?
- Wenn letzteres zutrifft, wo ist dann das Ziel?
- Bleibe ich in der Firma (Behörde, Organisation etc.) bis zum Rentenalter, oder muß ich die Firma wechseln, um weiterzukommen?
- Wie weit reicht meine jetzige Qualifikation?
- Gibt es die Möglichkeit, sich weiterzuqualifizieren, innerhalb oder außerhalb der Firma?

Niemand ist unersetzbar

Wer sich für eine klare Planung in diesen Ausgangspunkten entschieden hat, wird in allen Fragen der Kommunikation am Arbeitsplatz, der Auseinandersetzung mit Mitarbeitern oder Vorgesetzten eine bessere Startvoraussetzung haben. Er *hat* ein Ziel! Die Chancen, das gesetzte Ziel zu erreichen, stehen um ein Vielfaches günstiger.

Über jedem Arbeitsplatz schwebt ein unsichtbares Schild, auf dem geschrieben steht:

NIEMAND IST UNERSETZBAR.

Sie tun sicherlich gut daran, diese allgemeine Wahrheit zweimal zu lesen – und zu akzeptieren, ohne dabei gleich ein Magengeschwür zu entwickeln. Das Arbeitsleben ist dadurch gekennzeichnet, daß Sie täglich um den Job kämpfen müssen.

Kennt man einige Strategien und Taktiken, die diesen Kampf kalkulierbarer machen, so beruhigt das die Nerven ungemein. All die Arglosen trifft es dann am härtesten, wenn sie merken, daß sie verloren haben, ohne sich gewehrt zu haben.

Nein, das Leben ist nicht gerecht ...

Poositiv!

Sich positiv bemerkbar machen, ist eine einfache Grundregel. Gute Arbeit wird nicht immer automatisch be-

... und dann hieß es plötzlich: „Tja, Peters, leider, die Würfel ..."

merkt, häufig sogar für so selbstverständlich gehalten, daß nur noch die Fehler und Flops auffallen.

Also kann man in Anlehnung an die alte Public-Relations-Maxime sagen: *„Mach Deinen Job gut – und rede darüber."*

Sicher: Manchmal ist Schweigen Gold, aber nicht über die eigene Leistung. Es gibt einen Charaktertyp, der sich nicht verkaufen kann. Dahinter steckt gelegentlich falsche Unsicherheit, oft falscher Stolz, den man sich abschminken muß – relativ seltener ist es eine Geringschätzung der eigenen Leistung (*„Was ist das schon?!"*).

Es hilft, sich und anderen (!) klarzumachen, daß es in einem komplexen Arbeitsprozeß, an dem viele Menschen beteiligt sind, keine gering zu schätzenden Tätigkeiten gibt.

Gutes tun & darüber reden

Es wird Sie erstaunen: Eine angemessene Einschätzung der eigenen Leistung sowie ihre positive Vermittlung ist eine elementare Voraussetzung, um im Job weiterzukommen.

Warum? Wer nicht imstande ist, seine eigene Leistung positiv zu kommunizieren, kann in der Regel auch nicht die Leistung anderer so würdigen, wie die es gerne hören würden.

Umgekehrt macht sich derjenige positiv bemerkbar, der seine und die Leistung der anderen so lobt, wie sie das verdienen.

Beispiel: *„Bevor wir anfangen, möchte ich Frau Meier einmal ausdrücklich danken für die professionelle und zugleich liebevolle Art, wie*

KURZ:

DIE FRAGE

Ungefähr ab Lektion 2 jedes Kommunikationslehrganges weiß der gelehrige Schüler, daß die Frage eines der mächtigsten Kommunikationsmittel überhaupt ist. Und gleich danach erfährt er, daß Art und der Aufbau über die Qualität einer Frage entscheiden. Denn nicht jede Frage führt automatisch zum positiven (oder gewünschten) Ergebnis.

Das zielgerichtete Fragen als problemlösende Technik muß trainiert werden. Einige ausgesuchte Fragestellungen:

Offen oder geschlossen?

Damit bezeichnen wir zwei Fragearten, die wir gleichermaßen benötigen. Die geschlossene Frage erwartet nur ein knappes „Ja" oder „Nein" oder aber eine kurze Information wie etwa die Uhrzeit. Bei der geschlossenen Frage schließt die Antwort das Gespräch oder den Gesprächsabschnitt.

Um fortzufahren, müssen wir entweder selbst etwas sagen oder eine weitere Frage anschließen. Folgt jetzt wieder eine geschlossene Frage, bekommt unser Gesprächspartner sehr schnell den Eindruck, ab- oder ausgefragt zu werden. Die wenigsten mögen das, und der Ärger könnte zum Abbruch des Gespräches oder der Verhandlung führen. Dagegen helfen offene Fragen, zum Beispiel nach einer Meinung. Eine offene Frage „verführt" den Partner, nicht nur Fakten, sondern eben auch Meinungen, Stimmungen, Umstände zu erklären – so beginnt das Gespräch.

Die rhetorische Frage

Solche Fragen beantworten sich wie von selbst, dennoch sollten sie nicht im Raum stehen bleiben, sondern vom Fragesteller aufgelöst werden. Die rhetorische Frage löst bei unseren Gesprächspartnern ein Mitdenken aus und stimuliert sie zu neuen, eigenen Gedanken. Rhetorische Fragen fördern den konstruktiven Aufbau des Gespräches.

Die Alternativfrage

Eine Alternativfrage bietet dem Gesprächspartner eine Auswahlmöglichkeit und grenzt gleichzeitig den Gesprächsrahmen ab. Ein ***Beispiel:*** „Wollen Sie Ihr Filet durch oder blutig?" Hier wird gar nicht erst gefragt, ob überhaupt ein Filet gewünscht wird. Alternativfragen bereiten Entscheidungsprozesse vor und leiten diese ein. ***Aber:*** Der Eindruck einer freien Entscheidung des anderen wird bewahrt.

Fazit: Es gibt zahlreiche Fragearten und -methoden. Wer fragt, führt das Gespräch. Mit Fragen bringen wir unseren Gesprächspartner zum Reden und lenken unauffällig das Gespräch. Somit können wir unser Ziel elegant ansteuern und Konflikten entgegenwirken. ***Achtung:*** Fragen, als Technik angewandt, führt leicht dazu, daß sich der Prozeß verselbständigt: Frage, Frage, Frage (=Interesse), aber Ihre Augen schweifen ab. Ihr Gesprächspartner, zur Antwort gleichwohl genötigt, fühlt sich dann vorgeführt.

sie dieses Meeting vorbereitet hat." Eine solche Äußerung hat nicht nur die Funktion, Frau Meier zu loben und zu motivieren. Sie motiviert die teilnehmenden Kollegen ebenfalls, merken sie doch, daß in dieser Firma der Satz „Leistung lohnt sich" nicht nur eine Sprechblase ist.

Außerdem macht die Äußerung deutlich, daß ein Quentchen Mehr zur gewünschten Anerkennung führen kann. Schließlich hatte Frau Meier nur den Konferenzraum herzurichten, Mineralwasser, Kaffee, Tee, Tassen usw. hinzustellen. Aber sie hat es „professionell und liebevoll" getan, sich etwas mehr Mühe gegeben als unbedingt erwartet, frische Blumen besorgt und die Servietten nicht in der Mitte gestapelt, sondern an jeden Platz verteilt.

Lob motiviert

Beispiel: „Ich fand den Bericht von Herrn Baumann nicht nur äußerst informativ, sondern regelrecht spannend und gut aufgebaut." Wer sich so über einen Kollegen äußert, kann erwarten, daß ihm bei Gelegenheit ähn-

... war sogar spannend und unterhaltsam ...

„Im Gespräch berührten sich die Seelen." Tatsächlich findet im sprachlichen Austausch mehr statt als die bloße Übergabe von Information. Indem wir den anderen an unseren Gedanken, Gefühlen, Vorstellungen und Phantasien teilhaben lassen, stellen wir mit ihm zusammen die Welt her, in der wir (beide) leben. Wir erfahren und teilen konkrete, wie auch abstrakte Inhalte, die weit von sinnlicher Erfahrung entfernt sind. Durch die Modulation der Stimme und das Zusammenspiel von Gestik und Mimik bekommen die Worte Nebenbedeutungen: Verständnis entsteht durch das Zusammenspiel logischer und assoziativer Wahrnehmung.

Keiner spricht dieselbe Sprache

Mißverständnisse entstehen, wie wir alle schon leidvoll erfahren haben, durch Kodierungs- und Dekodierungsfehler, wenn sich die mit den Begriffen, Redewendungen et cetera verbundenen Bedeutungen von Redner und Empfänger nicht hinreichend decken, wenn die nonverbalen Gesprächsanteile (Zeichen, Laute) nicht gegenseitig definiert wurden – aber auch, wenn einer der Sprechenden seine Signale widersprüchlich oder nicht erkennbar sendet (etwa Jugendliche). Jede Gesprächssituation wird vor diesem Hintergrund mitbeeinflußt von den unterschiedlichen Erfahrungen der Gesprächsteilnehmer, von ihrer Vergangenheit und ihren augenblicklichen Erwartungen.

Jeder spielt seinen Rolle

Zu den Unsicherheiten des Austauschs kommen nun aber noch soziale Verabredungen, die wir gewöhnlich als Rollen bezeichnen. Mit der jeweiligen Rolle sind Verhaltenserwartungen verbunden – deswegen sind die meisten Gespräche eher Rituale denn dynamische Entwicklungen. **Beispiele:** Ein Verkaufsgespräch, Bewerbungen, das „Hallo-Wie-geht's"-Telefonat. **Aber:** Persönlichkeit zeigt sich, Qualifikation entsteht, wenn wir die bloßen Rollenzuschreibungen erst bedienen (können) und dann überwinden!

Wollen wir im Gespräch etwas erreichen, gilt: Vorbereitung ist die halbe Miete. Damit ist nicht nur gemeint, daß wir unsere eigenen Gesprächsanteile möglichst gut organisiert und jederzeit abrufbar bereit halten, sondern auch bestmöglich wissen, welche Erwartungen an uns herangetragen werden.

Die Kraft des Arguments?

Zyniker behaupten, daß sich nur überzeugen läßt, wer bereits überzeugt ist. Doch irgendwie sind Meinungen ja entstanden.

Psychologie und Sensibilität entscheiden also darüber, ob es überhaupt gelingt, das Vorurteilskorsett des anderen zu lösen. Dabei ist es selten der Sachverhalt, der den anderen bewegt (was wird nicht alles wider alle Logik bestritten). Erst müssen wir den anderen akzeptieren, anerkennen, dann öffnet er sich – vielleicht.

DAS FEEDBACK

Karl brabbelt jedem die Ohren voll. Michaela, piepsleise, will eigentlich gar nichts gesagt haben. Jochen hat eine feuchte Aussprache und Susanne (immer) Mundgeruch. Peter spricht ohne Sinn und Verstand, stolpert durch tausend Themen. Elke hört nie ein Satzende: Sie quakt dazwischen. Und Sabine fragt – doch die Augen verraten Desinteresse. Alles nette Leute, doch ihnen fehlt ein entschiedenes Feedback. Jemand muß ihnen mal sagen, was sie mit ihrem Verhalten „anrichten".

Feedback heißt im allgemeinen, daß das, was von einem System an *Wirkungen* auf seine Umwelt ausgeübt wird, auch *Rückwirkungen* auf das System selbst hat.

Im zwischenmenschlichen Kontext geht es um eine Rückmeldung darüber, wie Sendungen vom Empfänger wahrgenommen wurden. Norbert Wiener sagt es pointiert: *„Erst wenn ich die Antwort höre, weiß ich, was ich wirklich gesagt habe."*

Angenommen, ein Redner stößt häufiger auf Desintersse und Langeweile. Seine Zuhörer wenden sich offensichtlich von ihm ab. Die Message *„Du langweilst mich"* ist zunächst klar, aber uneindeutig und kann sehr verschiedene Ursachen haben: Sie könnte, ganz profan, im Aussehen begründet sein. Sie kann bedeuten, daß die anderen von den Kenntnissen, der Kompetenz des Sprechers nichts halten. Letztlich ließe sich auch daraus schließen, *„die anderen mögen mich einfach nicht"*.

Wir unterstellen einmal, daß es in diesem Fall eine ganz konkrete Ursache gibt, nämlich die ständigen Wiederholungen des Redners. Das wird er aber nie erfahren, wenn ihm nicht ein ausdrückliches und eindeutiges Feedback gegeben wird.

Viel zu selten erhalten wir in unserem Alltag direkte Rückmeldungen. Meist lesen wir im Kaffeesatz, interpretieren das Verhalten des anderen (mehr oder weniger richtig). In einem guten Team findet man daher immer eine hohe Rate an deutlichen Rückmeldungen.

Nicht immer Feedback

Und doch ist ein Feedback nicht immer angebracht. Einige Regeln:

- Feedback sollte nur auf Wunsch gegeben werden. Aufgezwungene Rückmeldungen machen unnötige Probleme und erzeugen weitschweifige Diskussionen.

- Feedback sollte nicht dazu dienen, sich selbst in eine gutes Licht zu rücken oder andere zu verletzen.

- Feedback sollte nur beschreiben, nicht interpretieren oder verbessern.

- Feedback sollte konkret sein und nicht verallgemeinern. Nicht: „Du bist ein ziehmlich dominater Typ", sondern: „Du hast mich jetzt zum X-ten Mal unterbrochen".

- Feedback sollte sich nur auf Verhaltensweisen beziehen, die veränderbar sind, zum Beispiel auf die Lautstärke eines Redners – nicht aber etwa auf dessen Lispeln.

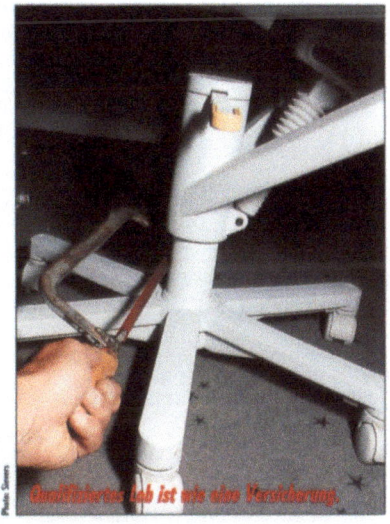

Ganzflächiges lob ist wie eine Versicherung.

liche Aufmerksamkeit zuteil wird. Es handelt sich hier um die Kunst, mehr zu kommunizieren als das sachlich Gebotene. Herr Baumann hat referiert, Informationen mitgeteilt, die wahrscheinlich benötigt werden. Dazu könnte man auch einfach abnicken und zum nächsten Tagesordnungspunkt übergehen. Aber der Kollege, der die lobende Äußerung macht, lenkt die Aufmerksamkeit auf etwas anderes, nämlich Form und Unterhaltungswert des Berichts. Und damit spricht er wieder ein Mehr an Leistung an, vielleicht gerade das, was er in seiner eigenen Arbeit herausstellen will.

Die Beispiele zeigen, wie sich in der Arbeit selber immer wieder Möglichkeiten ergeben, durch Lob und Anerkennung anderer sich selbst positiv ins Spiel zu bringen. Auch Wünsche und Änderungsvorschläge können so kommuniziert werden – ohne den Beigeschmack der Wichtigtuerei.

Wer die gute Arbeit von Kollegen hervorhebt, hat außerdem schon die mindestgebotene Vorsorge getroffen, daß diese Kollegen nicht als erste an seinem eigenen Stuhl sägen werden.

Kritik muß sein

Genauso, wie man sich durch Lob positiv bemerkbar machen kann, funktioniert es auch mit der Fähigkeit zu objektiver, konstruktiver Kritik – obwohl es vielen schwerfällt.

Wer richtig zu kritisieren versteht, kann auch mit Kritik an der eigenen Arbeit oder der eigenen Person umgehen. Zunächst sollte man abwägen, wann und wo man die Kritik aussprechen will. Unter vier Augen, bei der Arbeit, außerhalb der Firma, vor versammelter Mannschaft?

Was auch immer geboten scheint, auch die Kritik sollte mit einer positiven Würdigung der Arbeit beginnen. Und sie sollte zum Ziel haben, den Fehler zu beseitigen.

Zudem sollte sie geeignet sein, die kritisierten Kollegen zu motivieren, es das nächste Mal richtig zu machen.

„Ihre Analyse der Marktentwicklung im Bereich der Light-Cigaretten ist sehr beeindruckend und gründlich. Ich habe mich damit eingehend beschäftigt. Ich komme aber an einem bestimmten Punkt zu entgegengesetzten Schlußfolgerungen.

Das könnte eventuell daran liegen, daß an dem Vergleich mit den Vorjahreszahlen etwas nicht stimmt. Wir sollten das einmal zusammen durchgehen.“ Bei einer solchen Ansprache wird der Kollege nicht gleich das Gefühl haben, in die Pfanne gehauen zu werden, und schneller bereit sein, seinen Fehler zu korrigieren.

Kritisch wird die Sache mit dem Kritisieren, wenn man merkt, daß ein Kollege, der wiederholt Mist baut, wenig

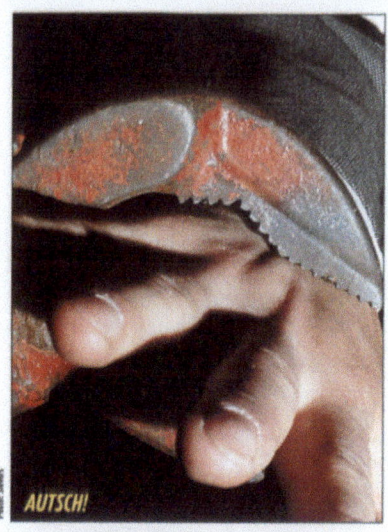

AUTSCH!

auf Kritik gibt. Nun ist sorgsame **Vorsicht** geboten – denn wir neigen in solchen Fällen zu einer unverhältnismäßigen Reaktion! Aber auch massive Kritik will langsam und sorgfältig eskaliert sein!

Wenn irgend möglich, ist die Taktik zu wählen, die Kritik nächstes Mal gar nicht als solche vorzubringen, sondern den Inhalt als eigene Erkenntnis so darzustellen, daß der betroffene Kollege nicht namentlich ins Spiel gebracht wird. Zum **Beispiel** kann man zu dem zuständigen Vorgesetzten gehen und ihm eine kurze Analyse des Problems mit den entsprechenden Schlußfolgerungen vorlegen.

„Ich habe festgestellt, daß unsere Frühjahrsnovitäten bis heute nicht über den Presseverteiler kommuniziert wurden. Durch den Produktionsvorlauf unserer Zielmedien werden wir jetzt kaum noch repräsentiert werden.“

Wenn sich selbst dann – und auch hinter den Kulissen – nichts rührt, gehört der Kollege vielleicht zu einer Seilschaft und hat die besseren Karten.

Empfehlung: Taktischer Rückzug!

Fremde Federn und Leichen ...

„Der Erfolg hat viele Väter.“ Das mag sogar objektiv stimmen, weil er selten das Verdienst eines Einzelnen ist. Man meint aber in der Regel, daß viele sich gern mit fremden Federn schmücken und immer dabei gewesen sind, wenn etwas geklappt hat.

Nur Fehler macht man alleine.

Der weise Karrieretaktiker nimmt das gelassen hin, solange er zu den Vätern gehört. Mehr noch, den eigenen Erfolg (solange es nicht schleimt) als Erfolg anderer, z.B. des Geschäftsführers, darzustellen, kann – wenn der nicht gerade eher ein Gegner des Projektes war – ein genialer Schachzug sein.

Das Idiom *„Die haben irgendeine Leiche im Keller“* deutet – so meint man – immer auf eine anrüchige, ja kriminelle Geschichte aus dunkler Vergangenheit hin: Da gibt es diese Geschäftsführer, Vertriebsleiter und Berater, die auf undurchsichtig, geheimnisvolle Weise verbunden sind, sich immerzu die Sahnestücke zuschieben, sich aus der Klemme helfen, sich gegenseitig decken und manch anderes mehr.

So etwas löst immer großes Rätselraten aus, und daraus entstehen die tollsten Gerüchte. So eine Leiche mag aber auch dann *„im Keller“* liegen, quasi als positive Hypothek, wenn ein kluger Taktiker seinen Erfolg als Erfolg des anderen hingestellt hat, der *seinerseits* begriffen hat, daß er ohne den anderen nur die Hälfte wert ist.

In diesem Zusammenhang (Gerüchteküche, ohne die es ja in allen Unternehmen stinkelangweilig wäre) ist vielleicht ein Hinweis angezeigt, daß man

WIE FANG ICH ES AN?
Was heisst denn eigentlich …?

Kommunikation im Betrieb ist wichtig. Der Mensch ist, allen samstäglichen Fernsehorgien zum Trotz, letztlich ein kommunikatives Wesen.

Und auch wenn man die acht und mehr Stunden am Tag mit Menschen verbringt, die man sich in den selteneren Fällen selbst ausgesucht hat, sollte und möchte man kommunizieren.

Das ist ja auch gar nicht so schwer. Aber manchmal fehlt der zündende Funke. Hier sind ein paar davon:

Bärig

- Sie finden (resp. legen) morgens bei Arbeitsbeginn einen Schoko-Riegel (oder wären Ihnen Gummibärchen lieber?) auf den (oder einen) Schreibtisch. Das durchbricht den Alltagstrott nachhaltig mit einer Reihe von Fragen: Von wem? Warum? Wieso ich? Ein wunderbarer Gesprächsstoff ist entstanden.

  Wenn sonst keiner auf so was kommt, dann tun Sie's doch einfach.

Geburtstagsmacht

- Jetzt hat man doch schon wieder Ihren Geburtstag vergessen. Hier kümmert sich aber auch keiner …

  Moment mal: Warum führen Sie nicht eine Kollegen-Geburtstagsliste? Das macht wenig Arbeit, bringt gleichwohl enormen Machtzuwachs (Denn wenn einer weiß, wann Wadenbeißer in Pension geht, dann SIE!). Und das obligatorische Sammeln von kleine-

ren, zur Geschenkbeschaffung bestimmten Geldbeträgen im Kollegenkreis läßt sich delegieren. Sie haben schließlich den Tip gegeben.

Gruppenknecht

- *„Heute mittag fahr ich mal kurz zur Tankstelle."* Gedacht: Ein persönlicher Plan. Ausgesprochen: Eine Aufforderung an die Kollegen, zu überlegen, was Sie wem mitbringen könnten. Doch ***Vorsicht:*** Schnell haben Sie diejenigen beleidigt, die, weil drei Stockwerke tiefer angesiedelt, erst von Ihrer Aktion erfahren, wenn Sie mit Chipstüten und Zigaretten beladen zurückkehren.

Nie wieder Krümel

- Seitdem Ihr Sohn den Kochkurs in der Schule belegt hat, ersticken Sie jeden Sonntag in Marmorkuchen.

  Mit dem fröhlichem Ausruf: *„Selbstgebacken!"* am Montag im Büro verteilt, sind die potentiellen Krümel Anlaß für ein kleines Päuschen und einen anregenden Plausch.

  Nebeneffekt: Sie entsorgen umweltfreundlich künftigen Sondermüll.

Kaffeefreunde

- Auch Sie kennen ihn: Den Menschen, der den schlechtesten Kaffee der Welt kocht, und zwar auf die umständlichste Art und Weise, die man sich vorstellen kann. Dennoch eine der grauen Eminenzen im Unternehmen.

Deshalb sollten Sie Ihn über seine effiziente Methode der Kaffeezubereitung interviewen und gleichzeitig das unvergleichliche Aroma loben. Fortan wird er den Kontakt mit Ihnen geradezu suchen.

Mitschleppsel

- Vergessen Sie *„Das Wetter ist schön, das Hotelzimmer auch, viele Grüße aus dem Urlaub".* Die Postkarte wandert nämlich als laufende Nummer 732 auf die Innenseite des Schranks von Fräulein Meirling.

  Bringen Sie lieber einen Schinken aus Parma, Senf aus Dijon oder ein paar Eulen aus Athen mit, und spendieren Sie diese den lieben Kollegen nach Ihrer Rückkehr aus dem Urlaub. Gesprächsthema für die nächste halbe Stunde: Ihre Reise.

  Gesprächsthema bis zu Ihrem nächsten Urlaub: Ihre Großzügigkeit.

Megaout

- Vermeiden Sie jene circa zur Mittagszeit anonym in den Raum geworfenen Kommunikationskiller, wie *„Mahlzeit!"* oder *„Na, Kohldampf?"* Fordern Sie lieber strategisch ausgewählte Kollegen (Informationsträger aus der Personalabteilung oder Rabattkundige aus dem Einkauf) auf, mit Ihnen zum Essen zu gehen. Die Chancen, zu High Noon ein wenig Networking in eigener Sache zu betreiben, sind nicht zu unterschätzen.

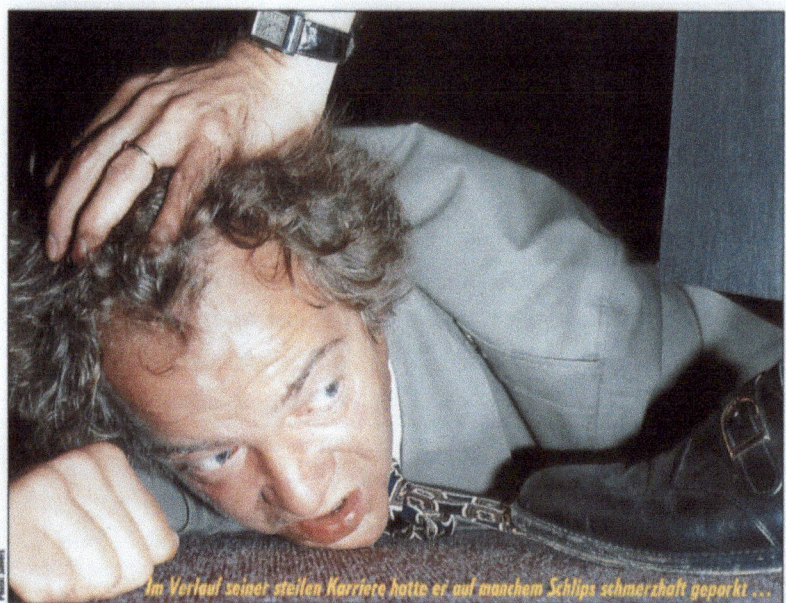

Im Verlauf seiner steilen Karriere hatte er auf manchem Schlips schmerzhaft geparkt ...

einigermaßen tratschfest sein sollte. Offensichtlich bösartigen Gerüchten kann man entgegentreten, dem allgemeinen Bürotratsch hingegen sollte man nachsichtig zuhören – übrigens: Die Redseligen unter uns vergessen leicht, daß alles, was sie sagen, irgendwann gegen sie verwendet werden kann.

So ist der Zuhörer immer im Vorteil.

Kleine Typologie

Je größer ein Unternehmen, desto wahrscheinlicher ist es, allen denkbaren Menschentypen und Charaktervarianten tatsächlich auch zu begegnen. Der gefallsüchtige Narziß wird ebenso dabei sein wie der aggressive Spießer, der Gesundheitsfanatiker und der psychosomatische Dauerkranke, der notorische Intrigant, der Paranoide, der Angeber und der rücksichtslose Karrierist ... alle, alle sind vertreten.

Da also der Kampf ums Dasein, sprich die Verteidigung des Arbeitsplatzes, der Schutz der eigenen Lebensqualität, die Durchsetzung der eigenen Karriereziele in einer solchen Umgebung stattfindet, muß man mit faulen Tricks und Tiefschlägen rechnen.

Auch eine noch so korrekte Haltung und anständiges Verhalten schützen nicht davor, anderen im Weg zu stehen, ins Gehege zu kommen, in die Schußlinie zu geraten, Opfer von Intrigen und Sabotage zu werden. Dagegen muß man sich zu wehren wissen.

Achtung Kollege !

Was heute gern (?) als Mobbing bezeichnet wird, hat nicht immer Methode. Manchmal ist es nur Gedankenlosigkeit, manchmal aber Mißgunst, Antipathie oder Frustration, die Menschen dazu bringt, anderen im Job übel mitzuspielen.

Selten ist es ein systematisches Kalkül, um einen Kollegen loszuwerden oder an dessen Position heranzukommen. Im ersten Fall läßt sich das Problem leichter in den Griff bekommen. So wird zum Beispiel ein Kollege von einer wichtigen Besprechung nicht informiert, versäumt den Termin und bekommt postwendend den anscheinend verdienten Rüffel.

Da sich aber nachvollziehen läßt, wer ihn hätte informieren müssen, kann er den Betreffenden zur Rede stellen. Auch hier empfiehlt sich Ruhe und zunächst Freundlichkeit, ja Nachsicht mit dem Übeltäter.

Beispiel: *„Ich nehme an, Sie haben vergessen, mir den Termin mitzuteilen. Das ist nicht so schlimm, aber wenn das öfter passiert, bekommen wir beide Ärger."* Oder: *„Wir sollten uns mal bei einem Kaffee darüber unterhalten, ob wir so alles richtig machen, bevor etwas einreißt, was wir beide bestimmt nicht wollen."* Anders bei bösartigen strategischen Schachzügen. Zwar sollte man unbedingt die Form wahren und sich nicht zu Aussagen oder Verhaltensweisen hinreißen lassen. Die könnten am Ende gegen Sie selbst arbeiten.

Mit mir nicht!

Aber hier gilt es, nicht nur zu verteidigen, sondern zurückzuschlagen. Wenn jemand in böser Absicht an meinem Stuhl sägt, intrigiert und versucht, meine Leistung zunichte zu machen, bedroht er mein Leben.

Zunächst muß man zweifelsfrei feststellen, wo der Feind sitzt. Das erfordert bisweilen kriminalistisches Geschick. Klar: Nichts wäre mißlicher, als einen Verdacht auszusprechen, der sich nicht aufrechterhalten läßt.

Wenn Sie bemerken, daß irgendwer systematisch versucht, Ihren Ruf zu zerstören, sollten Sie sich mit einer Person, der Sie absolut sicher vertrauen können, absprechen, um durch ein paar gezielte Testballons die Quelle der Gefahr einzukreisen.

Haben Sie so den Urheber von Rufschädigung, Desinformation, Intrige, Denunziation oder Sabotage erkannt, so werden Sie ersteinmal sorgfältig die Motive der Person analysieren.

Aus den Motiven können Sie geeignete Maßnahmen entwickeln: Entweder sollten Sie – je nach Sachlage – die Aussprache suchen; ruhig und gelassen, aber unter Zeugen. Oder Sie gehen zum verdeckten Gegenangriff über. Sie haben Augen und Ohren offen gehalten?

Jeder Intrigant hat eine Schwachstelle. Hat man sie erst ausgemacht, ist es nur eine Frage der Zeit, bis Sie zum tödlichen Schlag ausholen.

In heiklen Situationen wie dieser müssen Sie natürlich genau wissen und für sich entscheiden, wie weit *Sie* gehen wollen, um Ihren Job zu behalten oder weiterzukommen.

Und wie weit *die andern* gehen, können Sie nur beeinflussen, indem Sie vom ersten Tag an versuchen, eine Nasenlänge voraus zu sein: In der Sache, in der Haltung, im Ton. Und indem Sie besser informiert sind. Wissen, das anderen schadet, spielt man als letzte Karte aus, und natürlich nur, um Schaden von der Firma abzuwenden ...

Der Megaflop

Dem Himmel sei Dank gibt es in der Arbeitswelt mehr Kooperation und konstruktive Kommunikation als Intrige und Mobbing. Dennoch sei ein lehrreiches *Beispiel* hier angefügt, das die Überschrift tragen könnte „*Wie es ganz oben endgültig schiefging*".

Herr Wimpler hatte sich wacker nach oben durchgekämpft und alle Mitbewerber aus dem Feld geschlagen. Jetzt war er im Feld der Hochleistungsträger angelangt (deren Leistung oftmals schon dadurch als bewiesen gilt, weil sie es soweit gebracht haben, d.h. soviel Geld verdienen).

Jetzt war die Zeit gekommen: Herr Wimpler streckte seine Fühler aus, um in einer anderen Firma noch mehr Geld zu verdienen. Und tatsächlich wurde er Geschäftsführer – allerdings in einem Unternehmen, das sich durch einen gänzlich anderen Kommunikationsstil auszeichnete, als ihn Herr Wimpler kannte.

Der Inhaber liebte Klartext und ließ nur Leistung gelten. Herr Wimpler dagegen war auf Intrige und Schönfärberei trainiert.

Ein Konflikt war programmiert.

In dieser Situation faßte der Inhaber den Plan, den teuren Herrn Wimpler wieder loszuwerden, ohne noch viel Geld draufzulegen: Er erklärte dies dem Wimpler ohne Umschweife und ließ durchblicken, Wimpler könne sich ja beim Konkurrenten XY bewerben, die würden gerade einen Geschäftsführer suchen. „*Sehr gut dotiert. Aber das müssen Sie selbst wissen.*"

Herr Wimpler sah seine Felle dahinschwimmen; prompt setzte er sich hin und bewarb sich bei der Konkurrenz, schriftlich, mit Bild, pipapo. Im Anschreiben schilderte er seine zurückliegenden Heldentaten – und welche Kunden er so mitnehmen könnte.

Kurz und bös:

Beim Golf, unter Freunden, wechselten die schriftlichen Ausführungen des Herrn Wimpler zurück in die Hände des Inhabers. Das reichte für eine fristlose Kündigung und machte jegliche Abfindung überflüssig. Herr Wimpler hatte seinen Meister gefunden. Er wechselte die Branche. Und die Stadt.

... bis: Eines Tages hatte auch Wimpler seinen Meister gefunden.

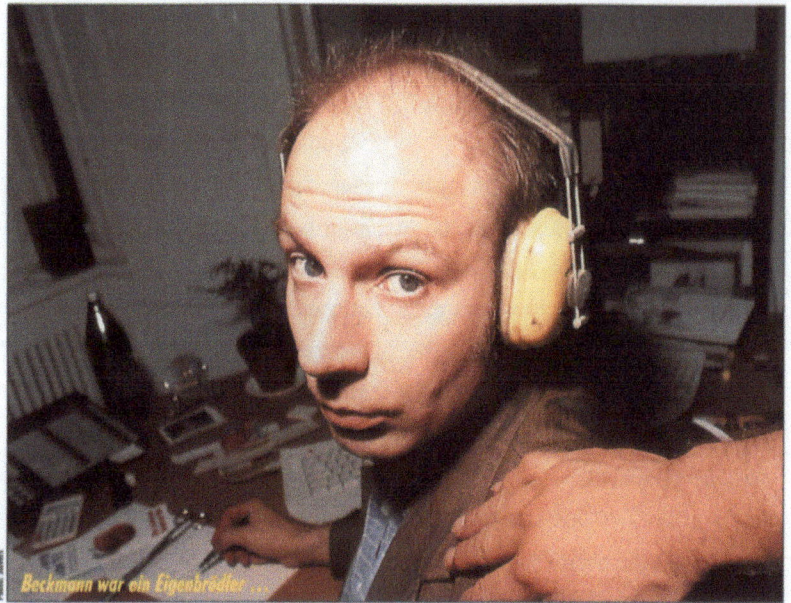
Beckmann war ein Eigenbrödler ...

Packen wir's an!

Mit ihrer fernöstlichen Philosophie haben die Jungs aus Nippon ganze Managergenerationen in Europa und USA auf Trab gebracht.

Eine zentrale Botschaft: Nicht der Einzelkämpfer, sondern das Team ist alles. Diese Weisheit sollen nun auch wir am Arbeitsplatz leben, und das, obgleich heute noch zum Beispiel in unseren Bildungsstätten jeder „arbeitsteilig motivierte Kooperationsversuch" geahndet wird!

Oder hat man schon mal erlebt, daß kollektives Schummeln bei der Gesellenprüfung oder beim Abitur mit einer besseren Note belohnt wurde?!

Bis heute also dergestalt erzieherisch verunstaltet gerät der Berufsanfänger – und natürlich alle anderen ebenso – an Personalleute, denen nur weniges heiliger ist als das Team. Jeder muß umdenken und als Erwachsener die Kommunikationsformen im Team neu lernen.

Kommunikation im Team

Gemeinsam stark

Alle Kommunikationsformen unserer Gesellschaft lassen sich – im Gelingen wie im Scheitern – auf ihre Ursprünge während der primären und sekundären Sozialisation zurückführen.

Der Säugling schreit und wird gestillt; das heißt: Der Kommunikationsakt Schreien glückt im Gestillt-werden.

Nicht lange, und Kommunikation wird komplizierter. Das Kind lernt, daß seine vielfältigen Bedürfnisse nur durch ebenfalls vielfältige und komplizierte Vermittlungsanstrengungen stillgestellt werden können.

Wenn die Verständigung nicht klappt, erprobt das Kind durch ein Trial & Error-Verfahren (Versuch & Irrtum) andere brauchbare Strategien.

Es kann zum **Beispiel** sein, daß ein und dieselbe Methode, die bei der Mutter funktioniert, schon bei der Oma zu falschen Ergebnissen führt und beim Vater sogar das ganze Gegenteil des Erwünschten erzeugt.

Vorausgesetzt das Kind verfügt über eine normale Intelligenz, so hängen die Strategien und Taktiken der Kommunikation, die dem Kind erfolgversprechend scheinen und angewandt werden, ganz von den Bedingungen ab, unter denen es aufwächst.

Einseitige Ausrichtung

Manche Kinder haben das Pech, daß sie in der Familie oder vom alleinerziehenden Elternteil keine Einübung in jene Strategien lernen, die Gemeinsamkeit im Handeln, ein Zusammendenken verschiedener Faktoren voraussetzen. Sie lernen etwa: „Ich mache Dir etwas zu essen" statt „Wir machen uns etwas zu essen".

In der Schule setzt sich dieser Mangel häufig fort, wenn Lehrer Gruppenarbeit geringschätzen oder sie gegenüber der individuellen Arbeit abwerten. Der sogenannte Ernst des Lebens stellt sich dann in der ausschließlichen Bewertung der Einzelleistung dar.

Das Individuum und seine eigenständige Leistung erscheint immer noch als das höchste Ziel aller Erziehungsanstrengungen.

Spätestens im Berufsleben kommt der als Individuum erzogene Mensch recht plötzlich in eine Situation, in der von ihm erwartet wird, daß er von Teamgeist erfüllt ist, das Team über alles stellt, kollektive Leistung anstrebt und überhaupt nur noch der kollektiven Vision und dem Kodex seines Unternehmens folgt.

Einzelkämpfer, Gruppenzwang

Und in dieser Situation, im Team also, soll er kompetent kommunizieren.

Rhetorische Frage: Kann er das, wenn er sich bisher als Einzelkämpfer durchgeschlagen hat?

Rhetorische Anwort: Nein.

Er wird umdenken und – lachen Sie nicht – unter Qualen neue Verhaltensweisen einüben müssen.

Denn die Gruppe, wenn Sie einmal die üblichen Gruppeninitiale hinter sich hat und funktioniert, mißbilligt und bestraft abweichendes Verhalten.

Wir sollten erwähnen, daß auch heute an vielen Stellen innerhalb des Sozialisationsprozesses Gruppenverhalten eingeübt wird: Im Kindergarten, bei den Pfadfindern, in der Bundeswehr, in Sportvereinen, Mann- und Frauschaften jeglicher Provinienz, natürlich auch in Gruppen von Skinheads oder Punks.

Tatsächlich aber sind die Verhaltensmuster, die hier eingeübt werden, nur vordergründig gruppenorientiert: Denn tatsächlich sind (fast) alle existierenden Gruppenzusammenhänge hierarchisch strukturiert!

Arbeit und Lohn, Position und Status, Leistung und Ansehen, das alles wird sorgsam erwogen und unterschieden. Insofern werden wir auch hier eher als Individuen geformt, die sich einfügen

(oder umgekehrt, die Kommando übernehmen), denn als Teammitglieder, die gleichberechtigt nebeneinander von-/miteinander profitieren.

In Zukunft Teams

Noch heute sind die meisten Unternehmen vertikal organisiert: Die Hierarchien funktionieren von oben nach unten, und entsprechend sind die Kommunikationsformen angelegt.

Aber auf bestimmten Ebenen – überall, wo Arbeit zu komplex ist, als daß sie an Maschinen oder Fließbandwerker delegiert werden könnte – wird auch in unseren Unternehmen schon jetzt die Fähigkeit erwartet, im Team zu denken und zu handeln.

Die Zukunft aber, da sind sich die Experten einig, gehört den quer durch die Hierarchien organisierten Teams, die weitaus mehr – und neue – Kommunikationsfähigkeiten von den Gruppenmitgliedern verlangen.

Tests: Allein oder im Team

Noch immer findet man Unternehmen, die Bewerber den aberwitzigsten Leistungs- und Intelligenztests aussetzen. Ein besonders gelungenes **Beispiel:** *„Beantworten Sie innerhalb von fünf Minuten die folgenden 20 Fragen, nachdem Sie sie sorgfältig durchgelesen haben.“*

Ein Blick über den Fragebogen, und der Bewerber ahnt, daß das in fünf Minuten nicht zu schaffen ist: Streß! Er fängt sofort mit der Beantwortung der Frage 1 an. Durchgefallen!

Denn bei Frage 20 steht: *„Die Fragen 1-19 brauchen Sie nicht zu beantworten.“* Tja: Der Bewerber ist einer ausdrücklichen Anweisung von oben nicht gefolgt, schließlich sollte er die Fragen zuerst lesen.

Man ist mittlerweile – jedenfalls in weniger verknöcherten Personalabteilungen – davon abgekommen, solche Tests einzusetzen. Der Grund offenbart

... nichts ungewöhnliches, da wo er herkam.

sich in einer großangelegten Langzeitstudie aus den USA, die zeigte, daß die Ergebnisse von Einstufungstests in Unternehmen so gut wie keine Aussagekraft hatten. Bewerber, die ohne jedes interne Auswahlverfahren angenommen wurden, erzielten die gleiche Erfolgsquote wie solche, die derartige Verfahren erfolgreich durchlaufen hatten. Kein Wunder, denn die Auswahlkriterien der Tests – Fachkenntnisse, Lösung spezieller Aufgaben, Anpassungsintelligenz – haben meistens mit den tatsächlichen Anforderungen im Job unter sich ändernden Bedingungen nur sehr wenig zu tun.

AC = Assessment Center

Anders sieht die Sache schon aus, wenn der Bewerber, statt einen individuellen Test und ein Einstellungsgespräch zu absolvieren, dem Gruppentest in einem Assessment Center (Assessment = Einschätzung, Einstufung) unterzogen wird.

In Anwesenheit – und gelegentlich mit aktiver Teilnahme – von Fachleuten muß eine Gruppe von Bewerbern Aufgaben lösen, die weniger spezifische Fachkenntnisse voraussetzen als kommunikative Fähigkeiten in der Gruppe. Man sieht rasch, ob jemand bereit und fähig ist, Aufgaben zu übernehmen, die er auch lösen kann, und andere Aufgaben zu delegieren bzw. herauszufinden, wer dafür der geeignete Teilnehmer ist. Tatsächlich läßt sich in gut vorbereiteten und kompetent geführten Sitzungen im AC ein ganzes Spektrum von kommunikativen Fähigkeiten herausfinden, die für die Anforderungen

eines Unternehmens wichtig sind und – wie wir oben gesehen haben – immer wichtiger werden.

Tücken im Team

Versuchen wir an einem **Beispiel,** einige der Tücken von Teamsituationen zu verdeutlichen, wie sie in den meisten Unternehmen vorkommen. Eine Werbeagentur bereitet eine Wettbewerbspräsentation vor, und die Geschäftsführung setzt – koste es, was es wolle – die besten Leute der Agentur an diese Aufgabe.
Im Team finden sich:
1 Stück Geschäftsführer,
1 Stück Creative Director,
1 Stück Art Director,
1 Expl. Texter,
1 Expl. Kontakter,
1 Expl. Team Assistentin.

Der Geschäftsführer, der den Kontakt zum Kunden hat, faßt die Ausgangssituation zusammen, verteilt das Briefing des Kunden, erläutert ein paar Zahlen und Fakten und – schon isser wieder wech – weil zu beschäftigt!
Kollege Creative Director übernimmt die Gesprächsführung und fordert zum Brainstorming auf.
Schade: Die Team Assistentin denkt, sie hat auf Anhieb die Big Idea, nach der ja immer gesucht wird. Art Director und Texter grinsen vor sich hin („*... weil doch die Team Assistentin eben keine Kreative ist*“).
Fragt der Kontakter prompt: „*Wer führt eigentlich Protokoll?*“
Die Team Assistentin wird rot. Ab sofort hält sie den Mund.

Und ... weil der Mensch ein soziales Wesen ist, bewegt er sich und handelt gerne in Gruppen – in Kochgruppen, Diätgruppen, Lerngruppen oder den Arbeitsgruppen.
Und ... weil viele Köpfe mehr Gehirnschmalz produzieren als einer allein, sind Teams und Projektgruppen heute in fast jedem Betrieb zu finden.
Und ... weil das so ist, ist es natürlich der Karrierebaustein Nr. Eins, frühzeitig die Leitung einer solchen Arbeitsgruppe übertragen zu bekommen.

Leiten Sie das mal

Stellen Sie sich vor, Ihr Chef läßt Sie zu sich rufen und beauftragt Sie mit der Leitung der Arbeitsgruppe *Umstrukturierung der Marketingabteilung*. Für diese Aufgabe werden Ihnen einige Mitarbeiter zur Seite gestellt (darunter auch Frau Spitzfindig aus der Buchhaltung, mit der Sie gar nicht gut auskommen). Und in zwei Wochen soll die Gruppe Ergebnisse präsentieren.

Wird schon schief gehen. Nur niemanden fragen!

MODERATION II
ACHTER MIT STEUERMANN/FRAU

→ Zurück im Büro wägen Sie ab. Es wird kaum Zeit für die eigentliche Arbeit bleiben; natürlich wollen Sie glänzen, dürfen also nicht schludern – kann sein, Wadenbeißer will im Hinblick auf Ihre berufliche Weiterentwicklung sehen, wie gut und problemorientiert Sie die Aufgabe lösen.

Nun werden einige Restaurantabende in der Altstadt sicher ausfallen; statt dessen wird's wohl Pizzapappen vom Lieferservice geben …

Sie wissen immerhin: Wenn Sie die Sache gut machen, finden Sie nicht nur Anerkennung beim Chef, sondern können sich auch im Kollegenkreis positiv profilieren. Nach diesem kleinen Gedankenkorso entscheiden Sie sich dafür, motiviert an die Sache heranzugehen! Noch am gleichen Tag trommeln Sie die Mitstreiter zusammen.

Unter Dampf

Sie haben jetzt die Führungsrolle innerhalb einer Gruppe, sind Motor und Steuermann zugleich. Die Kollegen werden Sie in dieser Funktion ansprechen, zugleich brauchen Sie die anderen mit ihrer Kreativität.

Der Leiter oder Moderator trägt die Erfahrungen der Gruppenmitglieder zusammen, motiviert sie in der Sache und steuert die Gruppe auf ein Ergebnis hin. Die Kreativität entspringt zwar den einzelnen Köpfen, aber sie zu bündeln – das ist Ihre Aufgabe. Falsch und kontraproduktiv wäre: Sich autoritär auf's

Podium zu stellen und damit die Freiheit der anderen einzuschränken.

Als Moderator sind Sie derjenige, der mit Fragen und durch die Darstellung der Zwischenergebnisse die Gruppe Schritt für Schritt zum angestrebten Ergebnis führen will. Die Kunst besteht nun darin, eine dynamische Balance zwischen der Persönlichkeit des einzelnen und dem Arbeitsziel der Gruppe zu finden und zu halten. Dazu brauchen Sie mindestens Begeisterungsfähigkeit, aber auch Diplomatie, Konfliktfähigkeit und ein ausgleichendes Wesen: *„Das ist tatsächlich ein wichtiger Einwand, Frau Spitzfindig, aber lassen Sie uns nicht das gesteckte Ziel aus den Augen verlieren."* Das Miteinander muß klappen, dazu darf der einzelne nicht im Kollektiv der Gruppe untergehen.

Der Job des Moderators

Bevor wir die Fragen untersuchen, die Ihre Arbeit *in* der Gruppe betreffen, betrachten wir zunächst einmal ganz allgemein Ihre neuen Aufgaben als Oberballonmütze:

- Das Thema vorstellen und einleiten.
- Den Ablauf strukturieren.
- Den Ablauf kontrollieren.
- Das Thema strukturieren.
- Die Einzelaufgaben unter den Gruppenmitgliedern aufteilen.
- Die Diskussion leiten.
- Die Ergebnisse zusammenfassen.
- Das Ende bestimmen.
- Das Ergebnis präsentieren.

Und so machen Sie das:

Seine allgemeinen Aufgaben sichert der/die Moderator/in, indem er/sie …

- die Qualitäten und Qualifikationen jedes Teammitglieds erkennt;
- die Schwerpunkte projektbezogen herausarbeitet;
- die Teammitglieder zusammenführt;
- das Team motiviert. Die Teilnehmer sollen sich mit dem Projekt identifizieren. Der einzelne sollte seinen Beitrag für das Projektergebnis *erleben.* Dazu sollten Wünsche und Bedenken aktiv aufgenommen werden;
- jegliche Hierarchien außen vor läßt; der Moderator ist nicht mehr als ein Primus inter pares;
- die Arbeitsatmosphäre durch begleitende Maßnahmen unterstützt: Eine offene Runde im Kreis oder Halbkreis und ohne Tische ermöglicht den ständigen Blickkontakt unter den Teilnehmern. So kann sich jeder unmittelbar einbringen, und niemand wird sich hinter dem anderen verstecken;
- die Gruppe durch Lob und Anerkennung steuert: *„Da haben Sie einen wichtigen Aspekt angesprochen. Diesen Gedanken sollten wir vertiefen."* So kann das Team wieder *aufs Wasser* gebracht werden, ohne durch Kritik an einzelnen Äußerungen Gruppenmitglieder zu demotivieren.

Merke:

Schlägt einer das Ruder nicht im Takt, kommt das Boot nicht vorwärts.

Nun kramen Texter und Art Director aus ihren gedanklichen Mottenkisten all die tollen Ideen hervor, die sie schon immer mal verwirklichen wollten. Kollege Kontakter, bitte: Das ist sein Job, erklärt jedesmal sofort: *„Das kriegen wir nie durch, dafür ist der Etat viel zu klein.“*

Kollege Creative Director mahnt, man solle doch bitte die Ideen noch nicht werten, nichts zu früh abschießen. Kollegin Assistentin schreibt sich die Finger wund.

Nach knapper Weile versiegen die Ideen, und so kommt es zu einer ausführlichen Diskussion über Werbung überhaupt, bis der Kollegen Creative Director sagt: *„Wir wollen doch nicht schon wieder das Rad neu erfinden!“* Bitte: Das ist sein Job.

Schließlich kommt Kollege Texter mit dem rettenden Vorschlag: *„Ich finde, wir sollten jetzt alle mal ins stille Kämmerlein gehen und uns nach dem Mittagessen wieder zusammensetzen.“*

Jeder kocht sein Süppchen

Dieser Normalverlauf zeigt mindestens eines: Daß praktisch keiner der Beteiligten dieses Teams wirklich im Team kommunizieren kann. Tatsächlich handelt es sich auch nicht um ein Team, sondern um eine ad hoc-Gruppe von Einzelköchen, die in völlig unterschiedlichen Bereichen zu Hause sind. Gewöhnlich lösen sich solche Teams in Wohlgefallen auf. Jeder bröselt an seinem Job: Der Texter schreibt Zeilen, die der Grafiker verwirft, der Grafiker macht Layouts, die der Creative

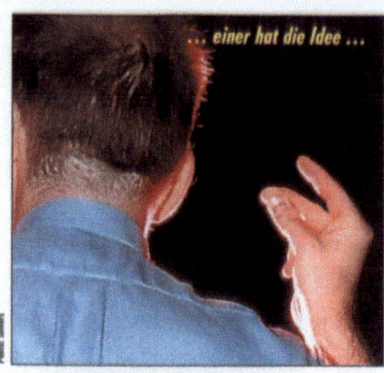

... einer hat die Idee ...

Foto: Stern

Director kippt, die Team Assistentin macht Termine, die der Kontakter nicht halten kann, der Kontakter schreibt Berichte, die keiner gelesen hat, und immer so weiter.

Lean Communications

Die Zukunft, wie schon gesagt, gehört anderen Strukturen. Mit anderen Erwartungen an die Kommunikation und auch anderen Instrumenten des Gesprächs.

Das Stichwort, unter dem diese Entwicklung derzeit diskutiert wird, heißt *Lean Communications*, abgeleitet von *Lean Production*, der schlanken Produktion, einer japanischen Erfindung, die bislang vor allem die Arbeitsplätze der Automobilbranche erschüttert und nachhaltig verändert hat.

Im Kern der Sache steckt dahinter ein ganzheitlicher Ansatz, der das Ziel hat, das menschliche Potential bestmöglich zu entfalten und auszunutzen – und dabei so wenig wie möglich Reibungsverluste zuzulassen. Wie auch in der ganzheitlichen Medizin will man bei dieser Operation vermeiden, daß ein Teil auf Kosten eines anderen Teils therapiert wird, die Krankheit also nicht geheilt, sondern von A nach B verschleppt wird.

Wie soll das aussehen?

Vereinfacht ausgedrückt, bedeutet schlanke Produktion ja nichts anderes, als daß alle Mitarbeiter, die zur Herstellung eines Produkts wirklich erforderlich sind, dieses Produkt auch gemeinsam herstellen. Die linke Hand soll wissen, was die rechte tut. Die Zeit der Fertigungsstraßen, an denen bis zur Endkontrolle kein Arbeiter je ein komplettes Auto zu sehen bekam, ist vorbei. In einem Team der schlanken Produktion ist der einzelne Arbeiter keine Funktion seines Schraubendrehers oder Schweißgerätes. Er kennt das Ganze und ist für das Ganze verantwortlich. Unter diesen Bedingungen sollen denn auch keine Montagsautos mehr zustande kommen.

Die Qualität des Produkts hängt also jetzt von der Zusammenarbeit in der Gruppe ab. Die Kontrolle wird nicht von oben nach unten (und zeitlich versetzt), sondern horizontal, gemeinsam und gleichzeitig ausgeübt.

Wenn diese Zusammenhänge auch in der Kommunikation durchgesetzt werden, kann man von schlanker Kommunikation sprechen. Die für das gemeinsame Ziel erforderlichen Kommunikationsstränge verlaufen dann nicht mehr nach dem klassischen Pyramidenschema von oben nach unten, sondern quer durch die Hierarchie.

Faszinierend an diesem Modell sind mehrere Faktoren: Es senkt Kosten, weil es von überflüssigem Ballast befreit. Bezogen auf die kommunikative Ebene wird es vor allem Wege verkürzen – Tempo ist heutzutage DER Produktivitätsfaktor überhaupt – und die

Botschaften vereinheitlichen. Idealerweise spart man dann nicht nur Geld, sondern auch Arbeitszeit und Nerven.

Wird Arbeit Denken ...

Prüft man sich selbst, ob man unter solchen Bedingungen arbeiten kann, dürften allerlei Zweifel auftauchen. Stellen Sie sich ein paar Fragen:

- Bin ich in der Lage, mich konstruktiv in eine Gruppe einzuordnen, oder will ich mich immer als Individuum durchsetzen?
- Kann ich mich zurücknehmen, oder will ich mich hervortun?
- Ist mir die Leistung der Gruppe wichtiger oder meine *eigene* individuelle?
- Kann ich konstruktiv kritisieren und kontrollieren? Und bin ich bereit, mich kritisieren und kontrollieren zu lassen?
- Kann ich mich und andere zur Arbeit organisieren, ohne daß einer den Boss spielt?

Diese Selbstbefragung ließe sich in die Breite und die Tiefe fortsetzen.

Und wie steht es mit den gelernten kommunikativen Fähigkeiten und Fertigkeiten?

- Bin ich eigentlich in der Gruppe noch dialogfähig?
- Kann ich noch zuhören, wenn eine Meinung der meinen widerspricht?
- Kann ich mich in der Gruppe überhaupt adäquat ausdrücken?
- Kann ich mit Menschen ein sinnvolles Gespräch führen, die eine völlig andere Ausbildung haben?
- Kann ich mit jedem sprechen, um ein Ziel zu erreichen, oder muß für

mich immer die persönliche Chemie stimmen?

Sicher wird auch mit den Lean-Techniken nicht das Zeitalter der absolut autonomen Einheiten oder gar die Anarchie ausbrechen. Vielmehr wird man gezwungen sein, bereichsübergreifend alle erforderlichen Perspektiven und Fähigkeiten zusammenzufassen, zu bündeln und erneut zu ordnen. Bereichsübergreifend, das ist dabei das Schlüsselwort, denn darin steckt der Abschied vom Fachidiotentum. Die alte Redensart: *„Wer nur etwas von XYZ versteht, versteht auch das nicht recht"* bekommt neue Geltung. Jeder soll Experte sein, jeder soll Universalist sein.

... sind Kommunikatoren ...

Bei Mitarbeiter- und Managementtrainings in Japan ist es durchaus üblich, in scheinbar völlig sachfremden Bereichen mit derselben Intensität zu-

... ein anderer kommuniziert sie. Der eine kann dies, der andere das.

sammenzuarbeiten, wie man es aus der Produktions- oder Verwaltungstätigkeit kennt.

Musik und Drama, Sport und Spiel, kein Bereich wird ausgelassen, um die erforderlichen psychologischen, kommunikativen und kreativen Voraussetzungen zu schaffen. Wir werden uns dem Trend nicht verschließen können.

... fit für die Zukunft ?

Anhand der hier aufgeworfenen Fragen kann jeder seine eigene Checkliste machen und feststellen, wie fit für die Zukunft er sich fühlt.

Praktischerweise sollte man bei der Gelegenheit auch überprüfen, ob das eigene Studium bzw. die Ausbildung den zukünftigen Anforderungen standhalten wird. Wird es meinen Beruf, meine Position in zehn Jahren überhaupt noch geben?

Einfache, technisch bedingte Strukturveränderungen haben eine Reihe von Berufen in kurzer Zeit verschwinden lassen und mit ihnen viele Unternehmen. Man denke nur an die Schriftsetzer und die Setzereien. Die Setzer, die sich rechtzeitig mit der Computertechnik anfreundeten, flexibel genug waren, um sich neu zu definieren, haben heute ihre Arbeitsplätze in Verlagen, Agenturen und anderen Unternehmensbereichen.

Über die anderen ist die Zeit einfach hinweggegangen.

Die Umwälzungen, die jetzt bevorstehen, werden noch tiefgreifender sein. Die Fähigkeiten, die jetzt immer mehr in den Vordergrund rücken, sind kommunikativer Art.

Soll keiner sagen, er hätte es nicht gewußt! ...

Wenn zwei sich streiten ...

Zuerst die schlechte Nachricht: Knatsch am Arbeitsplatz gibt es immer wieder. Damit müssen Sie sich abfinden.

Jetzt aber die tröstliche Botschaft: Jeder von uns kann die Eskalation eines Konfliktes unter Kollegen abwenden und zur Lösung der Streitigkeit beitragen. Natürlich so, daß Sie sich nicht zwischen alle Stühle setzen und unsanft auf dem Boden landen.

Das täte – wer weiß – vielleicht der Sache zwar gut, aber Ihnen weh. Im Business haben Sie keine Zeit, sich die Wunden zu lecken.

Das meiste über Konflikte wissen Sie schon aus dem Sandkasten: Entweder feste druff, oder das Weite suchen. Einige wenige jedoch sind dazu berufen, zwischen den Parteien zu vermitteln. Sie? Im folgenden Abschnitt machen wir Sie zu dem, was Personalberater so gern verkaufen: Eine „Integrationsperson".

Vom Umgang mit Konflikten

So geht das nicht weiter!

Ob im Privatleben oder im Beruf: Mißgunst, Eifersucht, Haß, Ärger und Streit belasten uns immer wieder einmal. Kein Zusammenleben zwischen zwei oder mehr Menschen ist frei von Konflikten. Wer glaubt, das Leben sei harmonisch und ohne Auseinandersetzungen mit anderen Menschen zu bewältigen, irrt. Nicht selten sind Konflikte sogar notwendig.

Die meisten Menschen freilich gehen Konflikten liebend gern aus dem Weg. Sie glauben, wenn sie sich nur hinreichend partnerkonform verhalten, wenn sie Wut und Frust geduldig in sich hineinfressen und dem anderen keine Mitteilung davon machen, dann würde sich das Problem früher oder später von selbst erledigen: „Was soll ich mich mit dem Wadenbeißer anlegen? Letztlich sitzt der ja doch am längeren Hebel ..." Der hinuntergeschluckte Ärger gärt aber im Magen weiter. Zum Frust kommen die Selbstvorwürfe: „Warum bin ich bloß so feige?" Mit jeder versäumten Gelegenheit, den Konflikt auf den Tisch zu bringen, erhält das Unterlegenheitsgefühl neue Nahrung. Still und tief im Selbstbewußtsein ist man davon überzeugt, ein Schwächling zu sein.

Und weil ich so ein Schwächling bin – wir sprechen das nicht aus, handeln aber so – habe ich ja überhaupt keine Chance, in der Auseinandersetzung zu gewinnen. Schon die Eltern haben uns gelehrt, daß der Klügere nachgibt. (Freilich auch: „Wer wagt, gewinnt".) So überzeugen wir uns schließlich von der Abwendbarkeit des Waffenganges. Doch spätestens beim nächsten Ärger kommt alles wieder hoch.

Gibt der Klügere nach?

Echte Probleme haben die fatale Eigenschaft, daß sie sich höchst selten von allein lösen. Mehr noch: Ein ungelöster, womöglich noch nicht einmal innerlich eingestandener Konflikt kann leicht eskalieren und wird, nach Murphys Law, das auch tun.

Was anfangs vielleicht nur eine leichte Verstimmung war, kann sich mit der Zeit zu einem handfesten Krach entwickeln. Aus Angst vor der Auseinandersetzung gibt man so lange nach, bis man an die persönliche Schmerzgrenze gestoßen ist: *„Jetzt reicht's! Bis hierhin und nicht weiter."* Und dann, wahrscheinlich auch noch anläßlich irgendeiner Nichtigkeit, erfolgt ein Zornesausbruch, man explodiert, man kocht über. Der Kontrahent lehnt sich entspannt zurück und meint scheinheilig: *„Aber nun regen Sie sich doch nicht so auf, mein Bester ...."*

Na, raus damit!

Konflikte sind Störungen, die das gemeinsame Handeln behindern. Im Unternehmen ist Zusammenarbeit notwendig! Schon deshalb ist es am besten, Konflikte so früh wie möglich einzugrenzen, auszusprechen und zu beseitigen. Konflikte belasten uns und die Arbeits- und Beziehungsatmosphäre. Man fühlt sich unwohl, wenn man in Konflikten lebt. Man will etwas ändern und man will, wenn möglich, eine harmonische Lösung herbeiführen. Damit man in Zukunft wieder gut miteinander arbeiten kann.

Konflikte unter den Teppich zu kehren, ist die denkbar schlechteste Möglichkeit. Besser ist es, die fehlende Übereinstimmung als ein gemeinsames Problem aufzufassen und gemeinsam nach einer Lösung zu suchen. Das ist konstruktive Konfliktbewältigung. Ein Konflikt ist erst dann gelöst, wenn die Partner in der Auseinandersetzung miteinander ins Reine gekommen sind.

Konfliktregeln

Doch wie kann ich erreichen, daß der andere mir zuhört, auf meine Bedürf-

nisse eingeht und mich versteht? Es gibt ein paar hilfreiche Regeln.

Nr. 1: Artikulieren Sie ihr Mißfallen mit deutlichen Worten, aber vermeiden Sie dabei persönliche Angriffe, Beschimpfungen oder die Herabsetzung der anderen Person. Vielleicht haben Sie etwas falsch verstanden?

Sagen Sie mit klaren, einfachen Worten, was Sie stört, wodurch Sie sich belästigt fühlen.

Beispiel: *„Herr Müller, ich weiß, daß Sie frische Luft außerordentlich schätzen, aber bei meinem Rheumatismus stört mich der Zug. Ich bitte Sie, das Fenster nicht den ganzen Tag lang offen zu halten, sondern vielleicht während der Mittagspause gründlich zu lüften und danach zu schließen. Wären Sie damit einverstanden?"* Unausgesprochen erzeugen Sie bei ihrem Schreibtischpartner die Befürchtung, daß Sie künftig häufiger als früher krank sein könnten und er dadurch die Last der Mehrarbeit zu tragen hätte.

Nr. 2: Hören Sie genau auf das, was ihr Kontrahent sagt. Analysieren Sie seine Botschaften nicht auf versteckte Mitteilungen hin, sondern denken Sie daran, daß er (meistens) genau das meint, was er zu Ihnen sagt.

Wenn Herr Müller auf Ihre Bitte, das Fenster nur während der Mittagspause geöffnet zu halten, grummelt: *"O.k., o.k., wenn Ihnen damit geholfen ist"*, dann sollten Sie aus dieser Aussage nur die Botschaft entnehmen, daß er sich nach ihren Wünschen richtet.

Nr. 3: Lassen Sie einen Konflikt nicht zu einem Schlagabtausch eskalieren. Mit Vorwürfen wie *„Du bist immer so aggressiv"* oder *„Können Sie denn EINMAL die Ablage richtig sortieren, Fräulein Steinbach?"* erreichen Sie bestenfalls, daß sich der von Ihnen Angesprochene unwohl fühlt, möglicherweise schnippisch reagiert – und in gar keinem Fall Ihren Wünschen entgegenkommt. Sie erreichen also damit genau das Gegenteil dessen, was Sie eigentlich wollen.

Es gibt das Gesetz, und einer paßt auf!

Ingeborg Fleischer

*ist selbständige Management-
beraterin in Frankfurt mit den
Schwerpunkten Rhetorik und
Konfliktmanagement*

*Zum **Beispiel** unser Brinckmann, da
sitzt er nun, grübelt, grummelt, gnatzt:
„Schon wieder! Dieser Rammstedt!
Und wieder vor allen Abteilungsleitern. Jetzt schon zum dritten Mal hat
er mich auf dem Montagsmeeting
lächerlich gemacht. Und er macht es
immer dann, wenn ich eine neue
Idee vorstelle!
Könnte ihn töten! Tue es aber nicht!
Ist es denn eine Lösung, einfach keine Verbesserungsvorschläge mehr in
dieser Runde zu äußern?
Die Ideen sind aber gut! Wenigstens
bedenkenswert! Eigentlich sollte ich
mit gleichen Waffen zurückschlagen;
Rammstedt ist doch zu blöd, nur neidisch auf meine Einfälle.
Allerdings: Beim Chef hat er irgendwie ein Stein im Brett ...
Jetzt krieg ich schon Magenschmer-
zen, wenn ich nur an den nächsten
Montag denke ...
«Psst Kollegen, Brinckmann hat mal
wieder 'ne Idee ...»
Knallkopp, blöder! Und nun? Ist das
ein unlösbarer Konflikt? Oder sollte
ich Rammstedt bloß mal kräftig die
Meinung sagen?"*

Jeder Konflikt ist anders.

Konflikte zwischen zwei oder mehreren Menschen sind immer ein Geflecht
innerer und äußerer Faktoren. Wer
konfliktfähig ist, kann auch unter Be-
lastung kommunikationsfähig bleiben
– und umgekehrt. Erst im Konflikt zeigt
sich unser eigentliches kommunikatives Vermögen und die Fähigkeit,
schwierige Situationen psychisch

durchzustehen.

Wir haben in unserer Sozialisation ein
Muster gelernt, mit dem wir auch heute noch an Konflikte herangehen. Das
bedeutet zunächst einmal, daß wir uns
unsere Konfliktmuster bewußt machen
müssen. Bei einem Konflikt sollten wir
uns also zunächst fragen, an welche
ähnliche Situation und/oder Person
aus unserer Vergangenheit uns der aktuelle Ärger und die daran beteiligten
Menschen erinnern.

An unserem **Beispiel:**

* *Wie war es in meiner Kindheit, als
  ich neue Ideen und Gedanken
  äußerte?*
* *Wer hat wie darauf reagiert?*
* *Erinnert mich Herr Rammstedt an
  eine Person aus dem damaligen
  Kontext?*
* *Wie habe ich mich damals gefühlt?*
* *Wie habe ich agiert?*
* *Wie ging ich mit dem Konflikt um?*

Diese Fragen sind jedenfalls für eine
Antwort gut: Sie sagen uns, ob wir am
Beispiel Rammstedt einen Konflikt aus-
tragen, der eigentlich ganz woanders
entstanden ist!

Es gibt keine Patentrezepte für den Umgang mit Konflikten. In uns selbst finden wir die Konfliktlösungstechnik.
Was wir tun können, ist, unsere Konfliktfähigkeit zu stärken und zu entwickeln, denn jeder Konflikt und auch
jede Krise können konstruktiv aufgelöst werden.

Latente und manifeste Konflikte

Jeder vermutete oder tatsächlich er-
folgte Angriff auf unser Selbstwertge-

Konfliktmanagement

fühl birgt die Wurzel eines Konfliktes. Dabei ist die Wahrscheinlichkeit hoch, daß es sich um einen latenten Konflikt handelt. Wir entdecken latente Konflikte an unseren nagenden, immer wiederkehrenden Gedanken. Immer wieder beschäftigen wir uns mit einem Menschen oder einer unangenehmen Situation. Immer wieder leiden wir unter starken Gefühlen von Ärger, Haß, Angst und Wut.

Klar: Der andere ist an allem schuld! Schon sind wir das Opfer und der andere der Täter. Aber wollen wir diese Rollenverteilung wirklich?

Reaktionen

Bei einer unüberlegten Reaktion nimmt der Konflikt rasch andere Formen an: Sei es als lautstarker Streit, oder seine leisere Variante: Klatsch, Verleumdung, üble Nachrede. Häufig wird uns aber ein Konflikt erst bewußt, wenn er derart manifest geworden ist.

So lautet die erste **Regel** des Konfliktmanagements, uns über latente Konflikte frühzeitig klarzuwerden.

Nur dann können wir rechtzeitig Techniken zur Auflösung des Konfliktes einsetzen. Im **Beispiel** wäre das ein Gespräch mit Herrn Rammstedt, indem wir ihm die Situation in der Sitzung so schildern, wie wir Sie erlebt haben. Er hat dann die Chance, seine Sicht darzustellen. Geht es gut, löst sich schon hier der Konflikt auf: Rammstedt wollte nur frotzeln, nicht verletzen. Und was, wenn es schlecht geht? Wenn Rammstedt die ausgestreckte Hand ausschlägt und weiterhin angreift, her-

absetzt, lächerlich macht? Zunächst müssen Sie den Konflikt verstehen. Im nächsten Schritt sollten Sie vielleicht Ihre Einstellung überprüfen:

Der Gegner im Konflikt ist der Konflikt selbst.

Und keinesfalls der andere. Der nämlich ist Ihr Partner, mit dem es den Konflikt gemeinsam zu bearbeiten, zu lösen gilt. Würden wir den anderen bekämpfen, so würde sich der Konflikt nur verstärken und verschärfen. Hier eine Checkliste für Ihren Lösungsweg:

- Was will ich für mich erreichen?
- Wie sieht ein guter Kompromiß aus?
- Was will ich auf gar keinen Fall?
- Wie sieht der Kompromiß aus, mit dem ich gerade noch leben kann?
- Was befürchte ich?
- Wie sieht eine Beziehung mit dem Konfliktpartner ohne Konflikte aus?
- Was ist in Ordnung an meinem Konfliktpartner?
- Wie sieht er möglicherweise den Konflikt?

Mit Ihren Antworten auf diese Fragen sollte Ihnen die Trennung von Konflikt und Partner gelingen.

Abstand

So eine distanzierte Haltung fällt uns schwer, denn mitten im Getümmel erscheint ja gerade der andere als die Inkarnation des Konfliktes. Auf ihn richten sich unsere Aggressionen.

Wenn jedoch jeder den anderen als Gegner ansieht und von ihm eine Änderung des Verhaltens erwartet – ohne über den Konflikt zu sprechen –

Fortsetzung nächste Seite

Ich-Botschaften

Verwenden Sie statt dessen mehr Ich-Botschaften. Formulieren Sie **beispielsweise:** *„Ich habe den Eindruck, Frau Steinbach, daß die Ablage in letzter Zeit nicht mehr so ordentlich geführt wird wie bislang . Haben Sie eine Erklärung dafür? Haben Sie vielleicht zuviel andere Dinge zu erledigen?"*

Sagen Sie Ihrem in letzter Zeit öfters aufbrausenden Kollegen: *„Ich habe den Eindruck, als seien Sie in letzter Zeit öfter gereizt. Hat es etwas mit dem Büro zu tun, mit dem Chef oder mit mir?"*

Mit Formulierungen wie *„Ich empfinde das so und so ..."* erreichen Sie bei ihrem Gegenüber wesentlich mehr als mit Vorwürfen. Denn mit solchen Informationen fühlt sich ihr Partner nicht verurteilt, sondern bekommt lediglich die Information, wie er auf andere, in dem Fall auf Sie, wirkt. Dadurch wird es ihm leichter fallen, sein Verhalten zu überprüfen und gegebenenfalls zu verändern.

Nr. 4: Beziehen Sie in einem Konfliktgespräch nicht Gott und die Welt mit ein: Bleiben Sie bei den Beteiligten

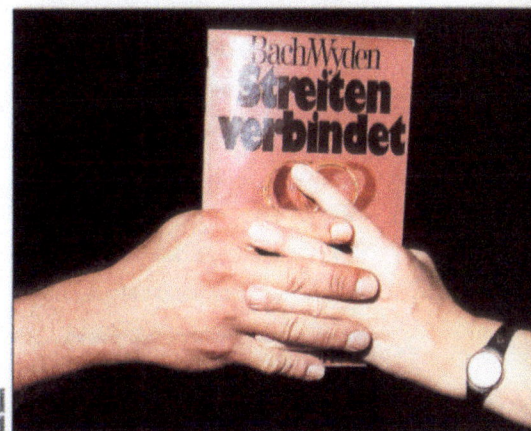

Konfliktmanagement

Fortsetzung von Seite XX

erwächst daraus ein starres, lauerndes Mißtrauen. Jede Pattsituation verschärft den Konflikt.

Gerade wenn Sie neu im Unternehmen sind oder Ihre Firma sich umstrukturiert, führt die gespannte Situation häufig zu Ersatzkonflikten. Diese wiederum werden auf Nebenkriegsschauplätzen ausgetragen (Streit über Pflanzen, Papierkörbe, Kopierer …), oder man geht in die innere Emigration, die innere Kündigung (Dienst nach Vorschrift).

Das Übel freilich bleibt erhalten. Wieder helfen Ihnen Fragen:

- Worum geht es genau?
- Wann zeigen wir, ich und der andere, welches Verhalten?
- Wie ist die Sprache?
- Worüber reden wir NICHT?
- Wie sind meine Gefühle in der Situation?
- Wie empfinde ich den anderen?

Zu unserem **Beispiel:**

- Wann putzt mich Herr Rammstedt herunter – nur vor Publikum oder auch, wenn wir allein sind?
- Wie macht er das?
- Reagiert er auf mich, oder kommt seine Aggression autonom daher?
- Was genau sagt er?

Ran gehn!

Viele von uns trauen sich nicht an Konflikte heran. Man sucht nach der optimalen Lösung, wartet, und wartet … Es gibt aber nichts, das mehr Energie kostet und uns die Freude an der Lei-

stung nimmt, als ungelöste Konflikte. Kooperation und Wettbewerb in der Arbeitswelt gehören zusammen, wechseln einander ab, sind oft gleichzeitig vorhanden. Ein komplexes Netz von Regeln sichert den Erfolg der Zusammenarbeit.

Dennoch werden überall Regeln gebrochen, überschritten und modifiziert. Im Sport achten Schiedsrichter auf das Einhalten der Regeln, und dennoch kommt es zu Übergriffen. In der Arbeitswelt übernimmt der Vorgesetzte meist nur dann die Schiedsrichterfunktion, wenn er selbst nicht unbeteiligt ist. In Konflikten, an denen wir beteiligt sind, fungiert die eigene Konfliktfähigkeit als Schiedsrichter.

Konfliktbeobachter

Werden Sie allerdings mit einem Konflikt konfrontiert, den zwei Mitarbeiter oder Kollegen haben, sind andere Techniken erforderlich. Wichtig ist hier, daß Sie sich den Konflikt der anderen nicht zu eigen machen.

Agieren Sie höchstens als Moderator. Geben Sie den anderen Hilfe zur Selbsthilfe; lösen Sie niemals den Konflikt für die anderen: Damit würden Sie den Konfliktpartnern Ihre Überlegenheit dokumentieren. Das hätte Folgen: Entweder kommen die dann immer wieder zu Ihnen, wenn es um ein Problem geht. Oder sie lenken ihre Unterlegenheitsgefühle Ihnen gegenüber in Aggression um. Beides ist unangehm. Die bessere Handlungsweise ist es, den anderen Wege aufzuzeigen, um den Konflikt selbst lösen zu können.

und den strittigen Punkten. Gehen Sie Schritt für Schritt vor, und wickeln Sie erst einen Streitpunkt ab, bevor Sie den nächsten auf den Tisch bringen.

Wenn Ihr Partner ausweichend reagiert und andere Aspekte einbezieht, so bringen Sie ihn sachlich wieder zum Ausgangspunkt zurück.

Nr. 5: Übergehen Sie Killerphrasen. Mit Aussagen wie *„Das bringt doch sowieso nichts“*, *„Das haben wir noch nie so gemacht“* oder *„Das hat überhaupt keinen Zweck“* sollten Sie sich von ihrem Konfliktpartner nicht abspeisen lassen. Zwingen Sie ihn dazu, klar Stellung zu beziehen.

Stellen Sie dazu offene Fragen: *„Wie“*, *„Warum“*, *„Weshalb“* oder *„Wieso“*. Motivieren Sie ihren Partner, eine ausführliche Stellungnahme abzugeben.

Nr. 6: Hören Sie aktiv zu. Signalisieren Sie Ihrem Gesprächspartner von Zeit zu Zeit durch ein aufmerksames *„Mhmm“* oder *„Ja“*, daß Sie wirklich auf seine Worte hören und bereit sind, seine Meinung entgegenzunehmen.

Sie können auch seine Aussagen mit Ihren Worten wiedergeben und ihm so zeigen, daß Sie ihn richtig verstanden haben. Sie geben ihm damit Gelegenheit, von Ihnen vielleicht falsch verstandene Äußerungen richtigzustellen, was die Lösung des Konfliktes schon näher bringt.

Wenn der andere mauert …

Die Konfliktlösung erfordert immer die Bereitschaft beider Parteien, auf den anderen einzugehen. Nur: Was nutzt Ihnen diese Weisheit, wenn sich Ihr Gegenüber als äußerst renitenter Zeit-

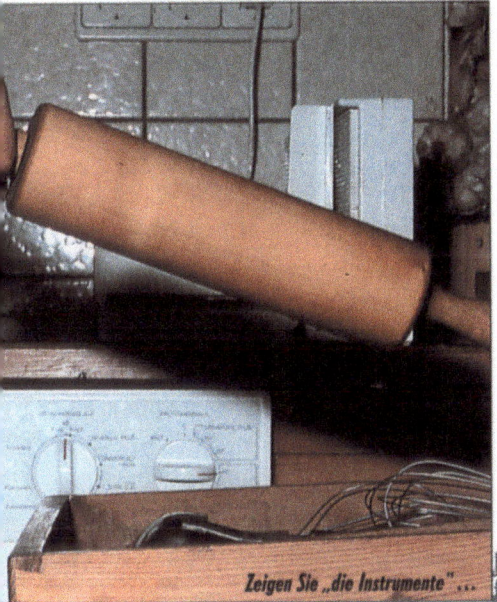

Zeigen Sie „die Instrumente" ...

genosse erweist, der nichts oder nur wenig zur Konfliktlösung beitragen will? Sie stehen vor einer Entscheidung: Wollen Sie nachgeben oder kämpfen? Wenn Ihnen das harmonische Zusammenarbeiten mit Ihrem Kollegen oder Vorgesetzten wichtiger ist als eine Konfliktlösung nach Ihren Vorstellungen, dann sollten Sie es nicht zum offenen Streit kommen lassen.

Vorsicht: Prüfen Sie, ob Ihnen Ihre Nachgiebigkeit in diesem einen Falle gleich als generelle Kampfunfähigkeit und Konfliktscheu ausgelegt werden kann. Damit würden Sie dem anderen die Möglichkeit geben, Sie nach Belieben zu manipulieren!

Geben Sie heute in der Frage des offenen Fensters einfach nur nach, so kann vielleicht morgen Ihre Frühstückspause und übermorgen Ihre persönliche Kleiderordnung zur Diskussion gestellt werden. Eine einfache Abgrenzung besteht schon in einem freundlichen Satz: *„Na klar, da komme ich Ihnen gern entgegen."* Wenn Sie gar keine Grenzen ziehen, tut es jemand für Sie!

Über die Flügel zum Erfolg

Falls Sie jedoch den Konflikt ein für alle Mal ausräumen wollen, sollten Sie für die anstehende Aussprache gerüstet sein. Auch wenn Ihnen solche verbalen Schlammschlachten im Büro abgrundtief verhaßt sind, müssen Sie einige Taktiken kennen, mit denen Sie einen kampflustigen Kollegen außer Gefecht setzen können.

Analysieren Sie zunächst, was hinter dem Kampfverhalten Ihres Kollegen stecken könnte:

- Sieht er in Ihnen vielleicht einen Konkurrenten um eine neue, höhere Position?
- Ist er neidisch auf Ihren Erfolg?
- Glaubt er vielleicht, daß seine Leistung zu geringe Anerkennung bei Ihren Vorgesetzten findet?

Wenn Ihnen der Grund für sein Verhalten nicht bekannt ist, dann fragen Sie ihn ganz einfach danach. Damit machen Sie ihre Konfliktfähigkeit deutlich und zwingen ihn gleichzeitig dazu, Farbe zu bekennen, zu sagen, wo es wirklich drückt.

Haben Sie einen Konflikt einmal angesprochen, so lassen Sie nicht locker, wenn der andere Ihnen ausweichen will. Wenn Sie ungerührt auf einer konstruktiven Lösung beharren, wird auch der verstockteste Kollege eines Tages glauben, nun etwas von seiner Seite zur Lösung beitragen zu müssen. Und wenn es sich um einen besonders hartnäckigen Fall handelt, können Sie dann immerhin mit unschuldigem Augenaufschlag und ruhigem Gewissen durch den Betrieb gehen und jedem erzählen, wie kompromißbereit Sie schließlich

gewesen wären und wie traurig es doch sei, daß Müller-Lüdenscheid nun so rein gar nicht reagiert habe ...

Auch die folgende Kampftaktik hat sich in der Praxis als wirkungsvoll erwiesen: Wenn Ihr Kollege einen Konflikt zum Streit hochstilisieren will und Ihre ruhige Gesprächsbereitschaft mit wachsender Aggression kontert, dann bleiben Sie ruhig und wiederholen unermüdlich, möglichst mit den gleichen Worten, Ihren Standpunkt.

Auflaufen lassen!

Verwenden Sie dabei am besten eine Formulierung, die sich beim Abwimmeln lästiger Staubsaugervertreter als besonders erfolgreich erwiesen hat: *„Ich kann Sie gut verstehen, aber ich bin nicht interessiert."*

Selbstverständlich sehen Sie ein, daß Ihre Kollegin den neuen, modernen Bürostuhl für sich haben möchte, aber schließlich sitzen Sie darauf und das möchten Sie auch so beibehalten. Schließlich können Sie dem eskalierten Streit auch dadurch ausweichen, daß Sie sich zurücklehnen und dem

... oder greifen Sie auf eine andere bewährte Methode zurück ...

Kollegen mitteilen, daß Sie den Konflikt nicht auf diese Weise fortführen möchten. Sie suchen das sachliche, konstruktive Gespräch und nicht die aggressive emotionsgeladene Auseinandersetzung. Wenn Ihr Kollege dazu bereit wäre, würden Sie gerne an den Verhandlungstisch zurückkehren, aber so nicht. Punktum!

Heiß und kalt

Wechseln wir nun die Perspektive.

- SIE befinden sich in einer Auseinandersetzung mit einem oder mehreren Kollegen.
- SIE wollen partout nicht nachgeben, weil SIE sich im Recht fühlen.
- Der Kollege steckt den Kopf in den Sand und hofft darauf, daß SIE eines Tages nachgeben werden.
- Das tun SIE aber nicht!

Aber vielleicht sollten Sie Ihre bisherige Konfliktlösungs- und Verhandlungsstrategie ändern, einen Haken schlagen und auf ganz andere Weise auf den Kollegen zugehen?

In ihrer Biografie über den früheren Bundeskanzler Konrad Adenauer schrieb seine langjährige Mitarbeiterin Anneliese Poppinga über die geschickten Verhandlungsmethoden Adenauers:

Tips für die Enkel

„Er beherrschte viele Methoden. Auf behutsam ironisierende Weise, aber nie mit pharisäerhafter Süffisanz, brachte er manchen dahin, wohin er ihn haben wollte.

Andere beschwor er mit tiefem Ernst, zeichnete die Gefährlichkeit der Situation mit eindrucksvollen Worten und Warnungen. Mit seinem leidenschaftlichen Engagement untermauerte er seine Argumente, riß seine Partner mit oder verschüchterte manch einen Gegner.

Wenn es sein mußte, führte er eine sehr direkte, harte Sprache, manches Mal gewiß an der Grenze der Beleidigung, alles je nach Person und Situation.

Er scheute auch nicht vor Bloßstellungen zurück, wenn es anders nicht klappen wollte; doch meistens begnügte er sich damit, seine Widersacher der Lächerlichkeit preiszugeben, aber das ist ja wohl dasselbe. Jedoch immer gemischt mit Humor. Humor verbunden mit der Schärfe der Attacke, blitzschnell eine Wendung im Gespräch nutzend.“

Schlimmstenfalls Gefühle

Fallen Ihnen am Ende keine neuen Argumente zur Durchsetzung Ihres Willens ein, dann können sie immer noch auf der Klaviatur der Emotionen spielen. Wie weit aber sind Sie fähig, aus sich herauszugehen, Gefühle zu zeigen, zu donnern, zu blitzen und im nächsten Augenblick zu schmeicheln, zu bezaubern?

Wenn Ihr Naturell normalerweise dem des unterkühlten Hanseaten entspricht, dürfte es Ihren Gegenüber äußerst verwirren, wenn Sie Ihre Argumentation von der Sachebene auf die Gefühlsebene verschieben:

„Ich würde mich sehr befreit fühlen, wenn dieser Konflikt zwischen uns beiden ausgeräumt werden könnte. Wissen Sie, mit so einer andauernden Spannung kann ich nicht sehr gut umgehen.“

Konflikte unter Kollegen sind leider alltägliches Brot. Bevor Sie sich aber darüber krank ärgern, sollten Sie darüber reden. Also: Gehen Sie Konflikten nicht aus dem Weg, sondern stellen Sie sich ihnen. Nur so werden Sie mit ihrem Ärger fertig - und nicht er mit Ihnen.

Häufig lugte ihm der Schweinehund aus der Jackentasche ...

Als die Welt noch eindeutig war ...

Ein Mann.
Ein Wort.

Ein Mann.
Ein Wort.

Fürst Bismarck. Der wahre Klare.

Früher ... war alles viel einfacher ...

Wie erreichen Sie Ihre Ziele?

Jetzt sitzen Sie da, wo Sie schon immer hinwollten: Am Schalthebel(chen) der Macht. Sie sind zwar immer noch einer, aber Sie haben jetzt auch welche: Mitarbeiter. Und von denen erwarten Sie viel: Fleiß, Disziplin, Ausdauer und – keinen Widerspruch.

Denn – SIE sind der Chef!

Schließlich sind Sie eine Führungskraft und überhaupt ... Sie ahnen, daß da irgendwas nicht stimmt?

Führung sei ein Ergebnis zielgerichteter Kommunikation, behaupten Wissenschaftler. Es hat sich mit den Jahren aber herausgestellt, daß lange nicht jede herausgebölkte Marschrichtung von den Mitarbeitern eingehalten und das Ziel erreicht wird. Befehlen ist out – kommunikativ Führen ist in! Wie man das macht? Mit Anerkennung, Lob und Tadel, mit Ehrlichkeit und Offenheit. Denn: Motivierte Mitarbeiter erreichen ihre/Ihre Ziele.

Oben sein und oben bleiben

Führung ist Kommunikation

Arbeitskräfte sollen arbeiten, und Führungskräfte sollten führen. Schon der Begriff der Arbeit gerät im Zeitalter der Computer zunehmend ins Abseits; wie aber steht es mit der Führung? Was führen Führungskräfte?

Viele meinen: Eine Gruppe, eine Abteilung, einen Konzern. Schlauköpfe halten dagegen: Geführt werden die *Menschen*, die *in* Abteilungen bzw. *für* Konzerne arbeiten!

In diesem feinen Unterschied sehen manche ganze Konzeptionen, gar Systeme aufeinanderprallen – tatsächlich meint Führung wohl keine Alternative, (etwa: Menschen *oder* Organisationen), sondern eher ein beherztes Sowohl-als-auch. Sicher gibt es sehr

abstrakte, menschenferne Führungsinstrumente, etwa Budgets, Investitionspläne, Unternehmensstrategien. Doch diese Pläne und Strategien müssen letztlich von Menschen mit Leben gefüllt werden – und dann ist jedes Unternehmen, jede Organisation gerade noch so gut, so erfolgreich, wie die diese Pläne umsetzenden Menschen.

Selbstläufer

Es gibt viele Berufstätige, die aus eigenem Antrieb motiviert sind: Es macht ihnen Vergnügen, Prozesse, Umsatz, Profit, Entscheidungswege, Budgets, Mitarbeiter zu optimieren – oder die Zahl der Firmenwagen für die eigene Crew zu steigern. Arbeitgeber belohnen dieses Geisteshaltung mit Geld und guten Worten.

Zum Leidwesen von Unternehmern und zur Freude von Weiterbildungsinstituten gibt es aber eine beträchtliche Zahl von Menschen, die sich nur/erst durch massive Hilfs- und Stützungsmaßnahmen an diese Motivation heranführen lassen. Und das sollen Führungskräfte machen.

Weil aber die Anzahl heller Köpfe in den Unternehmen stetig steigt, wird deren Aufgabe immer schwieriger und ihre Rolle immer wichtiger. Denn: Es wird von Jahr zu Jahr schwerer, selbstlos am Unternehmenserfolg interessierte Arbeitskräfte bei Laune zu halten. Warum eigentlich?

Folgendes: Entweder *sinkt* die Eigenmotivation mit der Zeit – und mit

FÜHRUNGSMODELLE
MANAGEMENT BY ...

Mehr als 50 verschiedene Führungsmodelle haben Psychologen und Managementwissenschaftler seit dem zweiten Weltkrieg entwickelt.

Zu den älteren Lehren zählt das „Harzburger Modell". Inzwischen haben jedoch die **„Management-by ..."**-Modelle amerikanischen Ursprungs weitaus größere Beachtung gefunden. Neu daran ist die starke Betonung des kommunikativen Aspektes von Führung. Hier die bekanntesten:

... by objectives (MbO)

Führung durch Zielvereinbarung. Mit dem Mitarbeiter wird ein konkretes Arbeitsziel vereinbart, und er/sie ist frei darin, wie dieses Ziel erreicht wird – Hauptsache, es wird erreicht. So hat der Mitarbeiter den größtmöglichen Handlungsspielraum.

Erledigt der Mitarbeiter die Aufgabe wie vereinbart – wunderbar. Der **Nachteil:** Wenn aber etwas schief geht, erfährt der Chef erst ganz zum Schluß davon, und dann ist es meist zu spät, korrigierend einzugreifen.

... by exception (MbE)

Auch hier ist der Mitarbeiter relativ frei in der Wahl, wie er seine Jobs erledigen möchte. Bei bestimmten, vorher zu vereinbarenden Entscheidungssituationen muß er allerdings seinen Vorgesetzten kontaktieren. Dieses Modell bietet die Vorzüge des MbO ohne den Nachteil der fehlenden Kontrolle.

... by delegation (MbD)

Dieses Modell setzt weitgehend auf die Delegation von Aufgabenlösungen an die Mitarbeiter, und zwar so weit, wie deren Fähigkeiten ausreichen.

Damit dieses Führungsmodell erfolgreich greifen kann, muß der Vorgesetzte über genaue Kenntnis der Fähigkeit seiner Mitarbeiter verfügen. Verschätzt er sich und delegiert an eine falsche Person, so wird die Aufgabe nicht (korrekt) gelöst. Der Fehler kann selten korrigiert werden.

... by wandering around

Das am stärksten von modernen Kommunikationstheorien geprägte Führungsmodell. Es geht davon aus, daß die Hauptaufgabe einer Führungskraft die Motivation und Anfeuerung der Mitarbeiter ist.

Dieser Aufgabe kann der Chef, so das Modell, am besten gerecht werden, wenn er sich nicht im noblen Eckbureau hinter zwei Vorzimmerdamen verschanzt, sondern ständig das Gespräch mit den Mitarbeitern sucht, und zwar an deren Arbeitsplatz. Auf diese Weise erfährt er frühzeitig vom Stand der Arbeit, von aktuellen Problemen (und Erfolgen!) und kann rechtzeitig eingreifen, wenn es Schwierigkeiten gibt. Darüber hinaus bekommen die Mitarbeiter das Gefühl, daß sich der Vorgesetzte um sie kümmere, sie und ihre Arbeit ernst nähme und im Zweifelsfall immer für sie da sei. Zumindest das Gefühl ...

ihr meist auch die Arbeitsleistung, oder diese *steigt* mit der Zeit – dann wird aus der fleißigen Arbeitskraft zur Belohnung eine Führungskraft.

Leider *sinkt* aber *in diesem Fall* ihr *direkter* Beitrag zur Erwirtschaftung von Erträgen, nicht selten auf Null. Da sehen Sie das ganze Dilemma eines Unternehmers auf einen Blick!

Ernsthaft: Führungsfähigkeit ist eine Schlüsselqualifikation für den beruflichen Aufstieg. Denn wie immer lautet die Frage: Wer hat wen im Griff? Wer nicht führen kann, wird geführt, verführt, angeführt.

Ein wichtiger – viele Theoretiker meinen: Der eigentliche, einzige – Bestandteil der Führungsarbeit ist die Kommunikation mit den Mitarbeitern, die nach verbaler und non-verbaler Überzeugung verlangen. (Im Einzelfall – Arbeitgeber aufgemerkt! – mag Überzeugungskraft sogar dazu dienen, andere daran zu hindern, von der Arbeitszur Führungskraft aufzusteigen.)

Führende Papiertiger?

Neue Besen, heißt es, kehren gut. Doch so mancher Besen fühlt sich von dieser Erwartungshaltung seinerseits massiv unter Druck gesetzt. Da kommt es dann zu durchaus lustigen Ausfällen. Uns ist natürlich klar: Die wüste Drohung einer neuen Führungskraft, derzufolge ab morgen gleich ein anderer Wind wehe, läßt mehr auf hilflose Panik denn auf zielgerichtete Kommunikationskompetenz schließen.

In der Praxis weht nach derlei Ankündigungen nur selten ein anderer Wind. Gelegentlich kommt regelrecht Windstille auf, denn nach so dräulicher Ansprache geht der gemeine Mitarbeiter gern in Deckung. Man wird versuchen, dem Vorgesetzten aus dem Weg zu gehen und nicht aufzufallen. Aus dieser Bunkermentalität heraus entwickeln sich keine Neuorientierungen.

Daß es in der Folge an jedweder Bereitschaft fehlt, initiativ zu werden und Verantwortung zu übernehmen, ist nur logisch. Auch überrascht es niemanden, wenn solche Unternehmen die karikaturhaften Charakteristika einer Behörde annehmen, mit langen Dienstwegen und Vorschriftsregeln …

Nun sind es ja gerade die Unternehmer hierzulande, die ohne Unterlaß die japanische Herausforderung beschwören (insgesamt durchaus zu Recht). *Allerdings* liegen alle Bekundungen, worin denn diese Herausforderung bestünde, ein gutes Stück neben neueren Erkenntnissen. Die nämlich besagen, daß es eben längst nicht nur die niedrigeren Personalkosten sind (so groß ist der Unterschied nicht mehr), die den fernöstlichen Erfolg allein bestimmen!

Interne Kommunikation

Neben dem noch immer intensiveren Einsatz modernster Technik in Forschung und Produktion verbuchen japanische Unternehmen klare Vorteile in der internen Kommunikation. Japanische Unternehmer haben erkannt, daß schlecht informierte und schwach motivierte Mitarbeiter – und zwar ganz unabhängig von ihrer Position in der Hierarchie – betriebliche Abläufe bremsen. So werden Teamar-

beit, gemeinsame Entscheidungsfindung und kollektive Verantwortlichkeit deutlich höher gewertet als bei uns. (Einige westliche Deutungsversuche sehen die tieferen Ursachen fernöstlichen Teamgeistes in Geschichte und Philosophie begründet).

In der Konsequenz führt diese Philosophie des Managements zu kürzeren Entscheidungswegen, einer besseren Akzeptanz auch unbequemer Vorgaben und einer insgesamt höheren Produktivität.

Nebenbei: Für die demotivierende Formel *„Ab morgen weht hier ein anderer Wind!"* gibt es in der japanischen Sprache gar kein Pendant.

Par l'ordre de Mufti …

Schon dieser grobe Blick auf die in Japans Unternehmen gültigen kommunikativen Prinzipien offenbart Defizite in deutschen Führungsetagen.

Noch immer (oder schon wieder?) herrscht hierzulande eine eher autoritäre Methode der Mitarbeiterführung: Der Chef sagt, was zu tun ist, und schon gehen seine Leute frisch ans Werk – so eine landläufig-hausbackene Idealvorstellung. Doch nach dem Prinzip von Befehl und Gehorsam funktionieren allenfalls Armeen, und auch mit ihnen werden Schlachten vor allem verloren.

Es ist ein Trugschluß, zu glauben, daß aus autoritärem Verhalten Autorität erwachse. Zur Autorität wird ein Vorgesetzter (nur) dann, wenn seine Mitarbeiter sein fachliches Können und seine Führungsqualitäten erkennen und akzeptieren.

Für Unternehmen, die in umkämpften Märkten antreten und dauerhaft bestehen wollen, erweist sich das Einbahnstraßenverfahren interner Kommunikation (von oben nach unten) als Sackgasse; und sollten sie die Jahrtausendwende erreichen/überleben, dann nicht etwa wegen dieser, sondern trotz dieser Strukturen.

Definition:

Der zeitgemäße Ansatz eines auf Akzeptanz ausgerichteten Managements definiert Führung als ein Ergebnis zielgerichteter Kommunikation. Demnach sollte sich der Manager der Zukunft (nötig wäre er ja schon heute) in erster Linie als Fachmensch in Sachen Kommunikation verstehen. Kommunikative Führung bringt ein Unternehmen mittelbar und unmittelbar weiter. Zunächst ersetzt sie das alte Befehlsprinzip, welches dem Mitarbeiter ultimativ zuwies, was zu tun ist und wie es zu tun ist. Unmittelbar liegt der Unterschied (nicht nur!) in der Art der Ansprache. Wo es bisher hieß: *„Schreiben Sie das. Sie haben 15 Minuten Zeit und dürfen keinen Fehler machen"*, wird die kommunikationsfähige Führungskraft geduldig erläutern, warum gerade im vorliegenden Fall Eile angebracht ist und warum Rechtschreibfehler besonders fatal wären. So versteht auch Frau Langs-Amdenke, daß sie heute ihr Bestes zu geben hat. Und sie wird es geben, weil sie es toll findet, daß sich ihr überarbeiteter Chef die Zeit genommen hat, ihr die ganze Dringlichkeit der Angelegenheit zu schildern.

(Self-)Marketing

FÜHRUNG?
WIE FÜHRT MAN MITARBEITER?

Das Ziel jeder Mitarbeiterführung ist der wirtschaftliche Erfolg des Unternehmens. Wer die Kunst beherrscht, seine Mitarbeiter genau das freiwillig tun zu lassen, was auch dem Unternehmenserfolg dient, der födert zudem auch die eigenen Karriere. Karriere ohne Führungsverantwortung gibt es nicht.

Führung heißt nicht, daß der Chef immer Recht hat und daß er allein weiß, wo's lang geht! In gut geführten Unternehmen ist es sogar erwünscht, daß neue Ideen von den Mitarbeitern eingebracht werden, selbst wenn diese gegen bestehende Prinzipien verstoßen. Ruhe und scheinbare Zufriedenheit an der Personalfront sind nicht schon per se Zeichen für ein gutes Betriebsklima, denn viele Probleme schmoren im Dunkeln und sollten aufgedeckt werden.

Führen heißt ...

Im Kern bedeutet Mitarbeiterführung: Sie für ein gemeinsames Ziel (etwa ein Projekt) oder für ein individuelles Ziel (etwa eine Umsatzsteigerung) zu begeistern und darauf einzuschwören. Wie man das anstellt, ist im Grunde egal – Hauptsache: Es funktioniert.

Und es funktioniert immer, wenn der Führende (vulgo: der Chef) von seinen Mitarbeitern als Fachmann und Mensch geachtet und geschätzt wird. Daß Sie in Ihrem Arbeitsbereich ein Crack sind, setzen wir voraus. Damit Jan Meier und Rita Schmidt aber auch als Mensch gekannt und geschätzt werden, müssen sie – das

ist Ihr Job – etwas tun: Nämlich ...

... mit de Leut' schwätze!

Eine persönliche Beziehung zwischen Mitarbeitern und Vorgesetzten besteht zunächst selten. Vorausgesetzt, daß man die Beschäftigung mit Mitarbeitern als lohnende Investition betrachtet, kommt es also darauf an, diesen dünnen persönlichen Kommunikationsstrang auszubauen. Das kostet Zeit!

Ein Teil der regulären Arbeitszeit wird daher zwangsläufig in Gespräche mit Mitarbeitern einfließen müssen, die vielleicht nicht fachlich orientiert, vielleicht nicht unmittelbar produktiv sind, die jedoch indirekt zur Motivation beitragen und damit Führungsleistung sind.

Machen Sie sich von dem Gedanken frei, daß solche Gespräch nur dann fruchten, wenn es gilt, etwa persönliche (private) Probleme zu bewältigen: Solche Gespräche, warum nicht auch abends beim Bier, sollen ja nicht das Führungsverhältnis fortsetzen, sondern dem persönlichen Kennenlernen dienen.

Hinzu kommt eines: Beruf ist auch Leben, läßt sich nicht so fein säuberlich vom Privaten abgrenzen! Wer ist denn wirklich fähig, den Dauerstreß mit dem Vermieter oder den Jubel über den Lottogewinn den lieben langen Tag lang an den Nagel: *„Privat! Erst nach Dienstschluß abnehmen!"* zu hängen.

Eine gute Führungskraft weiß das sehr genau und wird auf Mitteilungen wie diese eingehen:

- *„Im Augenblick bin ich bis zur Halskrause im Streß ..."*
- *„Heute früh hatte ich fast einen Verkehrsunfall ..."*
- *„Gestern mußte ich meine Tochter ins Krankenhaus fahren ..."*

Viele familiäre Ereignisse und private Sorgen können den einzelnen so treffen, daß sie seine Motivation, seine Leistung und damit das Betriebsgeschehen beeinflussen. Das muß der Vorgesetzte wissen! Selbst wenn es nur fünf Minuten sind, in denen der Mitarbeiter Druck ablassen kann und der Chef auch zuhört,: In diesen fünf Minuten sicher mehr erreicht als mit einer einstündigen Standpauke oder mit Abmahnungen.

Und zwar offen!

Immer wieder leiden unsere Beziehungen – nicht nur im Betrieb, sondern auch im privaten Bereich – an einem Phänmomen: Das *„in den Rücken fallen"*.

Das hat viele Formen: So wird zum Beispiel in Abwesenheit Betroffener über Schwächen, vermeintliches Fehlverhalten und negative Eigenschaften diskutiert. Dabei entstehen Be- und Verurteilungen, die vom Betroffenen nicht relativiert werden können. Wenn so etwas häufig geschieht, wird allmählich das Betriebsklima vergiftet. Die Ursachen dieses Verhaltens sind natürlich Schwächen:

- Mangelnder Mut, die eigene Meinung zu äußern,
- Unfähigkeit, etwas Unangenehmes ohne Aggression vorzubringen,

FÜHRUNG!
SO FÜHRT MAN MITARBEITER!

- Angst vor emotionalen Reaktionen (Beleidigtsein, Weinen, Aggression). Solches Fehlverhalten ist zuweilen doof, manchmal schlimm. Bedrohlich wird es dann, wenn jemand nicht mehr weiß,
- wie der andere ihn persönlich einschätzt,
- welche Probleme der andere im Umgang mit ihm hat,
- warum sein Verhalten vom anderen nicht akzeptiert wird.

... haste schon gehört ...

Jeder weiß das: Klatsch und Tratsch regieren Fahrstuhl und Korridor. Man hört so dies, man hört so das – es entsteht ein unterschwelliges Meinungsbild, über das nicht offen gesprochen wird. So entsteht mit der Zeit ein Kreislauf oft negativer Mitteilungen, der ziemlich schwer zu durchbrechen ist. Vorsichtige Versuche, die *Quellen* direkt anzusprechen, stellen einen ersten Schritt dar, für den einiges Feingefühl nötig ist:

- Kontrollieren Sie die Form, den Ton, wie Sie etwas sagen.
- Beobachten Sie die Reaktionen des Gegenübers aufmerksam, und
- brechen Sie das Gespräch geschickt ab, wenn der andere offenbar überfordert ist.

Meist gibt es mehrere Möglichkeiten, damit umzugehen:

- Sie geben die Informationen so an den Betroffenen weiter, als wäre es Ihre eigene Auffassung.
- Sie bieten sich als Vermittler an.

- Sie stoppen die Information sofort und fordern den anderen auf, mit dem betroffenen direkt zu sprechen.

Ein wesentlicher Störfaktor im Betriebsablauf ist die Verquickung von Sach- und Gefühlsproblemen. In jeder Anweisung (siehe auch S. 14/15) gibt es persönliche Bestandteile, die im Extremfall die emotionale Beziehung entscheidend beeinflussen kann (Chef brüllt: *„Bringen Sie mir den Ordner!"*)

In solchen Situationen entstehen folgende Fragen:

- Was wird hier in der Sachebene transportiert (etwa: Momentaner Ärger wird als Anweisung „verpackt")?
- Welche Persönlichkeitsmerkmale treten hier zutage (etwa: Mangelndes Selbstwertgefühl wird kompensiert, überhebliche Art des Senders, aggressive Haltung des Empfängers)?
- Wann und wie löst ein Sachgespräch Emotionen aus? (etwa: Beleidigtsein, weil dei andere Meinung im unfairen Gewand daherkommt; Aggression, weil der eigene Standpunkt nicht akzeptiert wird)

Ein (Auf-)Lösungs-Modell

Versuchen Sie, im Gespräch mit dem Mitarbeiter die persönlichen und die sachlichen Komponenten zu isolieren. Steuern Sie das Gespräch: Besprechen Sie zunächst die sachlichen, erst danach die persönlich-emotionalen Fragen. In der Regel ist das gesamte Problem mit Klärung des ersten Teils erledigt!

Bessere Mitarbeiter

Durch die Erläuterung wird dem Mitarbeiter ein Stück Unternehmensziel plausibel, nachvollziehbar; das Mitdenken erzeugt Zustimmung. Denn einen Gedankengang, den ein Mitarbeiter einmal nachvollzogen hat, wird er nicht mehr mit überkommen Arbeitnehmerinstinkten (*„Ei – un' was geht misch das a'?"*) aushebeln.

Er hat so der Anforderung zugestimmt und verfolgt jetzt auch seinen Anteil unter dem Blickwinkel einer anerkannten Notwendigkeit: Schafft er das Geforderte, so hat er nicht nur das Unternehmensziel befördert, sondern auch seinem Selbstbewußtsein vorangeholfen: Er ist (mit sich) zufrieden.

Transparenz und Einsicht in betriebliche Notwendigkeiten erzeugen mehr Zufriedenheit, und daß zufriedene Mitarbeiter die besseren sind, Gottjanun, es sollte sich herumgesprochen haben. Es ist offenbar, es ist aber auch meßbar! So ist beispielsweise unbestritten, daß der Krankenstand in *kommunikativ* geführten Unternehmen niedriger liegt als in anderen. Auch dürfte jede Filialleitung im Einzelhandel bestätigen, daß mit einem gut motivierten Team die Inventurdifferenzen sin-

Sie wollen doch bessere Mitarbeiter, oder ...

heute schon gefreut?

MVK training

JULI 1993

| Mittwoch | Donnerstag | Freitag | Samstag | Sonntag |

(Self-)Marketing

MYTHOS MOTIVATION
Reinhard K. Sprenger klärt einen Begriff

Managementliteratur von der Sorte „Motivation – 20 Tips für die Praxis" gibt es reichlich. Ein Blick ins Bücherregal des mittelwichtigen Managers beweist das eindrucksvoll. Kaum ein einschlägiger Verlag, der die Führungskraft in diesem wichtigen Bereich so ganz ohne Beistand führen läßt – und guter Rat verkauft sich glänzend. Manches Buch ist nicht einmal schlecht ...

Reinhard K. Sprengers Buch „Mythos Motivation" hebt sich von der Masse der Werke zu diesem Thema wohltuend ab, und das gleich in mehrerlei Hinsicht. Es ist informativ, dabei ausgesprochen unterhaltsam geschrieben. Sprenger versagt sich zudem den sowieso untauglichen Versuch, dem Leser durch die lapidare Aneinanderreihung so etwas wie das Instrumentarium von Führungsqualitäten vermitteln zu wollen.

Motivieren ist Demotivieren

Statt dessen geht er mit den in so vielen Unternehmen anzutreffenden Gepflogenheiten der *Mitarbeitermotivation* hart ins Gericht.

Sein Kernsatz „Alles Motivieren ist Demotivieren" beruht auf der These, daß vordergründig motivierende Maßnahmen den betreffenden Mitarbeiter hintergründig der mangelnden Leistung bezichtigen. Demnach erkennnen Mitarbeiter Motivationstechniken als aufgesetzt und reagieren kontraproduktiv. O-Ton: „Es geht hier vielmehr um die innere Einstellung, die den Instrumentarien

Sinn gibt und für die die Motivierungs-Techniken nur beobachtbare Verhaltensmuster auf der Erscheinungsebene sind."

Lohn oder Strafe

Laut Sprenger beruhen die in der Praxis anzutreffenden Instrumente der Mitarbeitermotivierung durchgehend auf dem Prinzip von Strafe und Belohnung.

Das reicht von variablen Bonuszahlungen bis zur Auslobung immer hochwertigerer Incentives.

Bestrafung bedeutet in diesem System ganz einfach den Entzug dieser Belohnungen – die vom Mitarbeiter längst als selbstverständlicher Bestandteil seines Gehalts betrachtet werden.

Solche Zuwendungen verlieren aber ihren Sinn – was motivierend wirken sollte, verkommt zur schlichten Normalität. Verhaltensrelevant bleibt lediglich die Strafe durch Entzug.

Was sonst?

Wie sehen denn nun Wege aus dem Dilemma, der so diagnostizierten Motivations-/Motivierungskrise aus?

Die Vorschläge Sprengers sind einfach und nur auf den ersten Blick schockierend. Er erinnert daran, daß eine Führungskraft das Recht habe, „klare Forderungen zu stellen, Vereinbarungen zu treffen und diese zu kontrollieren."

Gefragt seien offene Verhandlungen zwischen Führungskraft und Mitarbeiter über die zu erreichenden Ziele und deren Gegenwert in Form von Gehalt und

anderer Konditionen. Wo solche Verhandlungen konsensorientiert zu klaren Vereinbarungen führen, gäbe es keine Motivationsprobleme.

Demotivation vermeiden!

Der Leser, zustimmend, erwartet nun Erläuterungen zu einem zielgerichteten Führungsverhalten – und bekommt sie in einem Exkurs „Dialogisch führen" auf den folgen drei Dutzend Seiten. Hier geht es vor allem um das Vermeiden demotivierender Wirkungen.

Wieder enthält sich der Autor üblicher Binsenweisheiten. Also keine Auflistung zum Abhaken, sondern Anregungen zum Weiterdenken.

Sprenger schreibt kompetent – ist das selbstverständlich? Seine Quellen: Als ehemaliger Personalchef, heute Managementtrainer und Unternehmensberater in Sachen Personalentwicklung, hat er Einblick in die Motivationsphilosophie zahlreicher Unternehmen im In- und Ausland. Den Anspruch, ein Buch aus der Praxis für die Praxis zu schreiben – er selbst bezeichnet diese Formulierung als „reichlich abgegriffen" – hat er gleichwohl überzeugend erfüllt.

Reinhard K. Sprenger
Mythos Motivation
Campus Verlag,
Frankfurt/M – New York 1991
ISBN 3-593-34499-8
DM 39,80

ken. Es wird – simples *Beispiel* – weniger geklaut, weil sich die Mitarbeiter mit dem Erfolg des Unternehmens identifizieren, selbst derartige Delikte unterlassen und andere daran zu hindern suchen.

Außenwirkung

Zur mittelbaren Wirkung zählt die nicht zu unterschätzende Außenwirkung, das Image eines konsensorientierten Führungsstils. Schließlich gehört der Arbeitsplatz zu den täglichen Gesprächsthemen, und mit einem guten Image gestaltet sich die Suche nach neuen Mitarbeitern erfolgversprechender. Nebenbei bemerkt: Ein guter Ruf fördert auch den Absatz von Produkten oder Dienstleistungen.

Obwohl all diese Erkenntnisse beinahe schon zum Allgemeingut geraten sind, hält sich offenbar eine renitente Skepsis in den höheren Etagen, sonst gäbe es wohl Donnersprüche Marke „Ab heute ...“ wohl längst nicht mehr. *Fazit:* Befehle erteilen ist out, kommunikativ Führen ist in. Gute Manager reden mit ihren Mitarbeitern.

Small talk verbindet ...

Die einfachste Kommunikationsform kann man als Alltagsgespräch bezeichnen. Hierfür braucht es keinen besonderen Anlaß, keine besondere Vorbereitung und keine klar definierte Zielsetzung.

Im Alltagsgespräch, ein unterschätztes Medium, werden auch und vor allem die Essentials einer *corporate culture* (siehe auch Seite 77f.) kommuni-

Unser Chef beim Abchecken seiner Argumente ...

ziert. Hier werden die *Ich*-Botschaften ausgetauscht, die oftmals viel nachhaltiger wirken als all die scheinobjektiven Zielgespräche!

Wenn man will, beginnt das Alltagsgespräch schon beim lapidaren „Na, wie geht's?“ bei einer Begegnung im Gang – jedenfalls solange der Angesprochene das Fragezeichen hören kann – und folglich eine Antwort wirklich gehört werden will.

So unbedeutend solche Gesprächsfloskeln auch sein mögen, so zeugen sie doch von der Beachtung, die ein Vorgesetzter seinem Mitarbeiter schenkt. Gerade die *Ungefährlichkeit* der Inhalte macht solche Gespräche zu einem wichtigen Molekül der Verbindung zwischen Chef und Mitarbeitern.

Vorsicht: Keinesfalls darf Kommunikationsbereitschaft aufgesetzt wirken. Wer zusammen mit dem „Hallo, Herr Müller, was machen die Kinder?“ nonverbal (etwa weil er sich zugleich auf die Tageszeitung konzentriert) die Botschaft ausstrahlt, daß ihm das Wohlergehen der kleinen Racker völlig gleichgültig ist, erreicht das Gegenteil des Gewünschten.

Was kann die Führungskraft, der Vorgesetzte mit Alltagsgesprächen erreichen? Zunächst vermitteln sie dem Mitarbeiter ein gewisses Selbstbewußtsein. Er wird beachtet, man kennt und

schätzt ihn. Der Mitarbeiter fühlt, daß er mehr ist als nur Personalnummer und unvermeidlicher Kostenfaktor. Das Dazugehörigkeitsgefühl wird ebenso gestärkt wie die Akzeptanz von Entscheidungen, selbst wenn sie im Einzelfall für falsch gehalten werden („Vielleicht hat Wadenbeißer dazu andere Informationen als ich“).

Auch das jedem Menschen eigene Bedürfnis, sich mitzuteilen, wird mit dem Alltagsgeplauder gestillt. Im Ergebnis sind die Mitarbeiter zufriedener und somit leistungsfähiger.

Lob verträgt Inflation

Lob und Tadel, Kritik und Anerkennung, das sind Begriffe, denen zahlreiche Seminarveranstalter ihre Existenz verdanken.

Nur scheinen sie ihren Job nicht sonderlich gut zu machen, denn in der Praxis kommen diese Führungsinstrumente zu kurz oder werden falsch eingesetzt. Der hemmungslose Einsatz von Anerkennung sowie der wohldosierte Einsatz von Kritik bilden die wohl wichtigsten Instrumente einer zielgerichteten Mitarbeiterführung.

Anerkennende Worte sollten in keinem Personalgespräch fehlen, völlig unabhängig von der Thematik. Da reicht schon eine Kleinigkeit, eine kurze Bemerkung, daß „gute Arbeit“ geleistet wurde, um die grundsätzliche Einstellung eines Mitarbeiters zu seinem Arbeitgeber positiv zu beeinflussen.

Über Gewichtung und Ausmaß, in dem diese Führungsinstrumente eingesetzt werden sollten, gehen die Meinungen allerdings auseinander.

(Self-)Marketing

Dabei vertritt die eine Fraktion den Standpunkt, daß das Motto: *„Viel hilft viel"* bei der Anerkennung von Leistungen ebenso unangebracht sei wie bei der Dosierung von Medikamenten. Chefs, die einen Mitarbeiter mit überschwenglichen Lobeshymnen überschütten, begehen in jedem Fall einen Fehler: Meistens wird sich der Mitarbeiter verschaukelt fühlen. Gar umgekehrt: Glaube er/sie dem Meister, so würde sie/er den Rest der Woche, des Monats gleich gar, untätig herumsitzen oder sogar noch mehr Geld verlangen. Oder beides.

Diesem martialischen Verständnis setzt die andere Fraktion persönliches Erleben entgegen: *„Kübelweise Lob!"*, so

wird da behauptet, sei noch für jeden, der es selbst erlebt habe, wenn er von einem Vorgesetzten *qualifiziert* gelobt wird, ein unglaublicher Motivationsschub; ***wohlbemerkt:*** Qualifiziert! Es komme also auf die Art des Lobes an: Weniger Dank, mehr Gratulation; weniger blumig, mehr konkrete Tatsachen loben. ***Und noch eins:*** Unverdientes, unmäßiges Lob sei wie Spott oder Verachtung. Folglich sind Wahrhaftigkeit, Ernsthaftigkeit, Glaubwürdigkeit die Wurzeln wirkungsvollen Lobens, ja jeder zielgerichteten Kommunikation.

„Hände", so meint diese Fraktion zusammenfassend, *„kann man kaufen; Herzen dagegen werden gewonnen."*

KURZ:

LOB:
ES DARF RUHIG ETWAS MEHR SEIN

Arbeitskräfte kann man kaufen. Herzen dagegen werden gewonnen: Lob ist die seelische Lohntüte eines Mitarbeiters. Durch Lob erhält der Mitarbeiter die Anerkennung, die ihm zusteht!

Meistens tritt Lob als recht einsilbige Floskel auf den Plan: *„Gut. Ich danke Ihnen."* Der Gelobte zuckt die Schultern. Ja, kennen Sie nicht mehr Worte? Können Sie das nicht genauer sagen? Loben Sie den Termin? Den Ertrag? Die Innovation? Das Verhalten? Etwas mehr Mühe mag helfen! Schöpfen Sie Ihren Wortschatz ruhig aus. Oft entspricht eine Gratulation viel eher der Leistung, während der Dank letztlich nur besagt, daß ER oder SIE für Sie gearbeitet hat. Loben Sie niemals unverdient. Das ist

Hohn, Spott, Beleidigung, Verachtung. Loben Sie vielmehr konkrete Tatsachen, in der richtigen Dosierung und angemessen.

Vermischen Sie niemals Lob und Tadel. Solche „Ja, aber"-Konvolute machen ein ernstes Lob immer kaputt.

Ältere Mitarbeiter erwarten mehr emotionales Lob – sie suchen Anerkennung. Jüngere wünschen eher rationales Lob, sie suchen Bestätigung und Leitlinie. Als Vorgesetzter müssen Sie auch spüren, was gelobt sein will. Machen Sie Ihren Mitarbeiter zum Helden.

Mit dem Lob wollen Sie eine aufsteigende Gefühlslinie vermitteln. Also fangen Sie notfalls mit der schlechten Nachricht, mit der Katastrophe an.

Meckern – aber richtig

Erfahrungsgemäß fällt einem mittelguten Vorgesetzten Kritik leichter als Anerkennung. Und das liegt beileibe nicht daran, daß die meisten Arbeitnehmer Nieten sind.

Der Grund dürfte vielmehr in der Ventilfunktion zu suchen sein, die sich viele Menschen mit heftiger Kritik zu eröffnen suchen. Ein Chef, der einzig und allein wegen seiner guten Laune durch die Firma läuft und Lob verteilt, ist um Zehnerpotenzen seltener als derjenige, der mit cholerischen Ausbrüchen gegenüber Mitarbeitern seinen aktuellen Zorn über die Bilanz „abfeiert". Natürlich werden die meisten Vorgesetzten der Meinung sein, ihre Mitarbeiter fair und in der Sache gerecht zu kritisieren. Doch warum sollten ausgerechnet Führungskräfte ein sozial ausgewogeneres Verhalten an den Tag legen als der Rest der Gesellschaft? Schließlich sind sie ein Teil derselben. Das Problem besteht darin, daß Führungskräfte in exponierten Positionen Macht ausüben können und müssen. Ob im Privatleben oder im Beruf, überall müssen wir mit hohen Konfliktpotentialen leben, die wir nur mehr oder weniger gut bewältigen. Daß nicht nur Mitarbeiter, sondern auch Chefs Aggressionen mit an den Arbeitsplatz bringen, ist so logisch wie verständlich. Die Folge sind u.a. Fehler in der Auseinandersetzung mit Mitarbeitern.

Achtung: Häufigster Fehler ist die nicht in einen Gesprächskontext eingebundene Konfrontation des Mitarbeiters mit dem Kern der Kritik. Wer einen Raum betritt und mit den

122   ALLES KOMMUNIKATION

Worten *„Beim Projekt Y haben Sie ja wohl ziemlichen Schaden angerichtet"* empfangen wird, nimmt automatisch eine Abwehrhaltung ein. Im Gesprächsverlauf versucht der in dieser Weise Attackierte bestenfalls noch, sich zu verteidigen – insgeheim schwelt sein Zorn gegen den Herausforderer und das Unternehmen und ...: Hatte ihm die Konkurrenz nicht soeben ein ganz passables Angebot gemacht? Da liegt die innere Kündigung nahe und die äußere nicht weit. Eine sachliche Auseinandersetzung mit dem Thema wird verhindert.

Sie haben ein Ziel!

Ihre erste Frage sollte also lauten: *„Welches Ziel habe ich? Was will ich mit der Kritik erreichen?"* (Anwort: *„Ich will die Situation verbessern, einen Zustand ändern!"*) Folglich muß Ihr Gegengenüber das Gefühl bekommen, Gesprächspartner zu sein und nicht etwa Angeklagter. Eine Formulierung wie: *„Da ist etwas schief gelaufen"*, führt eher zu einem konstruktiven Gesprächsverlauf als ein anklagendes: *„Da haben Sie einen Fehler gemacht"*. So ist es ebenfalls nur logisch, daß Sie als Führungskraft die Gemeinsamkeiten und die gemeinsame Zielsetzung betonen. Gemessen daran – Sie haben ja keinen Idioten als Mitarbeiter – können Sie feststellen: *„Guter Schuß! Nicht daneben, aber auch nicht optimal."* Ihre Kritik sollte versuchen, wertfrei aufzutreten, um so dem anderen die Chance zu geben, es künftig besser zu machen. Sie wollen kon-

KURZ:

KRITIK
SIE HABEN EIN KLARES ZIEL: SCHLECHTES VERBESSERN!

Kritik ist immer wertfrei! Kritik ist für den anderen nie angenehm. Katastrophal aber ist es, öffentlich heruntergeputzt zu werden. Kritik sollte also grundsätzlich nur unter vier Augen ausgesprochen werden.
Kritik hat ein Ziel! Sie wollen damit erreichen, daß sich Schlechtes bessert, daß sich etwas ändert. Kritik setzt an einem verfehlten Ziel an. Meistens wurde das Ziel aber nicht kilometerweit, sondern leider nur knapp verfehlt. Leider: Auch daneben, aber: Kein schlechter Schuß! Das nächste Mal, deswegen führen Sie das Kritikgespräch, soll der Schuß ins Schwarze gehen!
Also vermitteln Sie dem Gegenüber das Gefühl, ihm konstruktiv zur Seite zu stehen, ihm zu helfen. Sie wollen, daß er es besser machen wird, Sie geben ihm eine Chance!

Die beste Chance ist immer die, die der Mitarbeiter auch von sich aus ergreifen möchte! Also fragen Sie ihn: *„Was schlagen Sie vor? Wie, glauben Sie, könnten wir unser gemeinsames Ziel dennoch erreichen? Was kann ich tun, um Ihnen zu helfen; wie kann ich Sie unterstützen?"* Erarbeiten Sie einen Katalog von Maßnahmen und Zwischenzielen. Seien Sie dabei konkret und genau. Achten Sie darauf, daß die Ziele erreichbar sind, und verabreden Sie für alle Teilziele einen konkreten Zeitrahmen. Verabreden Sie, wann Sie die Einhaltung der Ziele gemeinsam überprüfen werden. Haben Sie so aus einer negativen Sackgasse eine positive Handlungsanleitung erarbeitet, so schaffen Sie Ihrem Gegenüber mit einem positiven Gesprächsausstieg eine Vertrauensbrücke. Machen Sie ihm Mut!

struktiv wirken und Hilfestellung geben; zielorientiert: *„In Anbetracht des Zieles müssen wir noch etwas ändern."* Sie werden auch darauf achten, daß Sie für die Zukunft nur Ziele und Zwischenziele vereinbahren, die Ihr Gegenüber auch erreichen kann. Am besten führen Sie Ihren Gegenüber durch Fragen an die Notwendigkeiten heran: *„Was schlagen Sie vor?"* Haben Sie so die gemeinsamen Ziele definiert, so vereinbaren Sie konkrete Einzelheiten und einen klaren Zeitrahmen. Ein positiver Ausstieg schafft dann eine Vertrauensbrücke!

Achtung: Kritik sollte, im Gegensatz zum Lob, nie öffentlich ausgeteilt werden! Wenn es im Team dennoch notwendig wird, sollte sie grundsätzlich nicht wertend, sondern stets sachorientiert erfolgen. Rutscht Ihnen im Eifer der Unüberlegtheit einmal ein falsches Wort heraus, so stehen Sie zu Ihrer Aussage, korriegieren aber die Umstände: Zeitpunkt, Sound etc.

Die richtige Dosierung

Gelegentlich ist weniger mehr – und manchmal ist es gerade umgekehrt. So wie es Chefs gibt, die schon wegen lächerlicher Angelegenheiten verbal abmahnen, gibt es auch solche, die sich selbst bei massiven Anlässen nicht oder nicht sofort zu einer zielgerichteten Reaktion aufraffen können.

Richtig ist: Ständige Kritik ohne echten Grund verschleißt das Kritikerwort. Als Führungskraft werden Sie schon bald nicht mehr so wichtig genommen. An robusten Naturen prallen sie einfach ab („*Der soll nur reden*"), sensiblere Mitarbeiter erleiden Frustrationen mit entsprechenden Folgen für Motivation und Leistungsbereitschaft. Sollte dann wirklich einmal ein ernsthafter Anlaß zur Kritik bestehen, hilft selbst die beste Gesprächsführung nichts. Der Chef trifft auf Mitarbeiter, die ihm nicht mehr zuhören oder die ihn nicht ernst nehmen.

Vielen Vorgesetzten fällt es schwer, sich in die Rolle ihrer Mitarbeiter zu versetzen. Von einem weisungsabhängigen Arbeitnehmer darf man natürlich nicht den gleichen Einsatz verlangen, den man als Führungskraft selbstverständlich an den Tag legt.

In der Praxis sind solche Gleichsetzungen ein häufiger Grund für Kritik, die aus Sicht des Chefs berechtigt, aus Sicht des Mitarbeiters aber völlig überzogen ist. Natürlich arbeiten die meisten Geschäftsführer mehr als 40 Stunden in der Woche. Dafür beziehen sie einen guten Happen mehr Gehalt und sind auch am Erfolg des Unternehmens finanziell beteiligt.

Es ist also in Ordnung, wenn der kleine Angestellte, der an seinem Arbeitsplatz kaum Gestaltungsmöglichkeiten hat und ein entsprechend mageres Ge-

Kommunikation mit den Mitarbeitern ist eine wesentliche Führungsaufgabe. Mitarbeiter wollen informiert sein, erwarten Begründungen und stehen Unternehmensentscheidungen zuweilen kritisch gegenüber.

Führungskräfte stellen sich darauf ein; besuchen Seminare und Vorträge, lesen einschlägige Artikel und Bücher. Und **trotzdem:** Nichts ist schwieriger als die tägliche Kommunikation im Unternehmen. Wie oft fühlt sich „*jemand auf den Schlips getreten*", wie oft haben wir das Gefühl, daß wir trotz bester Absichten nicht verstanden worden sind, nicht überzeugen konnten. Nehmen wir ein **Beispiel:** Sie erklären einem Mitarbeiter ausführlich, wieso Sie mit seiner Ausarbeitung nicht einverstanden sind. Die Reaktion ist: „*Wenn Sie meinen …*".

Oder Sie haben eine wunderbar sinnvolle, neue Struktur für Ihren Bereich entwickelt. Sie haben dabei die Wünsche und Probleme Ihrer Mitarbeiter berücksichtigt. Am Tag der großen Präsentation erfahren Sie keine Begeisterung, sondern Schweigen oder gar Ablehnung.

Trivial, sagen Sie, nichts Neues? Mag sein, und doch: Man kennt solche Situationen: Jeder war schon mit sich und seiner Mitarbeiterkommunikation unzufrieden – obwohl wir durchaus wissen, worauf es ankommt. Die Gründe sind vielfältig. Führungskräfte stehen unter Druck, sind nicht immer gleich gut gelaunt und, und, und … Dabei erhält gerade in einer Zeit der Neustrukturierung, Kosteneinsparung,

Effizienzsteigerungen und des Lean Management die Verantwortung der Führungskräfte für eine reibungslose Kommunikation mit den Mitarbeitern eine immer größere Bedeutung.

Es gibt unterschiedliche Ansätze zur Beschreibung von Kommunikationssituationen und entsprechend viele Methoden, Techniken, Instrumente.

Eckpfeiler der Kommunikation

Nur: Das ist nicht genug. Kommunikation ist entscheidend geprägt von der Einstellung, die dahinter steht. Wird der Gesprächspartner nicht als gleichberechtigt akzeptiert, seine Meinung nicht als wirklich wesentlich erachtet, sind alle Kommunikationsmethoden und -instrumente nur Makulatur!

1. Aktiv Zuhören.

Zwei Gründe sprechen dafür: Wirklich hören wollen, was der andere sagt, und genau das dem Gesprächspartner signalisieren. Das können wir durch einfaches Nicken und Blickkontakt genauso erreichen wie durch Nachfragen und Paraphrasieren.

2. Fragen stellen

Fragen liefern uns viele Informationen, sie öffnen den Gesprächspartner. Sie signalisieren Interesse und ermuntern zu ausführlichen Antworten.

Geschlossene Fragen liefern gezielte Informationen, helfen ein Gespräch zu steuern; sie schließen einen Gesprächsabschnitt ab.

Verboten sind Suggestivfragen. Der Gesprächspartner spürt die Manipulation, reagiert mit Widerstand oder offenem Konflikt.

Dem Radio „Korridor" keine Chance

Karin Schühle

*Kommunikationsberaterin
bei Gemini Consulting in
Bad Homburg*

3. Ich-Botschaften senden

Haben wir die Meinungen, Auffassungen unseres Gesprächspartners erfahren, reagieren wir mit unserer Meinung, unseren Gefühlen.

Nicht: *„Du hast davon aber eine falsche Vorstellung …"*, sondern *„ich bin anderer Meinung …"*. Nicht die Aussage des anderen bewerten, sondern über sich selbst sprechen.

Ich-Botschaften Senden ist eine der schwierigsten Anforderungen an die Kommunikation. Überprüfen wir uns selbst, wie oft wir andere bewerten.

4. Nutzenorientiert reden

Wir alle sind nur dann bereit, etwas zu tun, wenn wir unseren persönlichen Nutzen darin erkennen. Meist beschreiben wir unseren Gesprächspartnern jedoch den Nutzen, den andere von ihren Handlungen haben. Überzeugen wir den anderen, indem wir sagen *„… das bedeutet für Sie …"*

5. Konstruktive Kritik üben

Dazu gehört nicht nur, Fehler und Verbesserungsmöglichkeiten aufzuzeigen, ohne den anderen dabei zu verletzen. Genauso wichtig ist es, Kritik zeitnah zu äußern, auf eine bestimmte Angelegenheit bezogen und niemals pauschal. Der andere muß sich auf das Gespräch vorbereiten können und die Gelegenheit erhalten, zu Beginn selbst die Situation einzuschätzen.

Nur so erreichen wir, daß Kritik angenommen und umgesetzt wird.

6. Widerstände offenlegen

Sonst wird jede weitere Kommunikation und Zusammenarbeit behindert oder eingeschränkt.

Da Widerstand nicht direkt geäußert wird, kommt es sehr stark auf die eigene Wahrnehmung an. Das heißt: Aktiv zuhören, Antworten thematisieren und hinterfragen. Häufig sind mehrere Gespräche nötig, um das notwendige Vertrauen zu schaffen.

Ist der Widerstand offen erkennbar, können wir ihn entweder auflösen oder sind mit einem Konflikt konfrontiert.

7. Konflikte ausräumen

Konflikte sind nicht per se eine negative Form der zwischenmenschlichen Kommunikation. Erstmal bedeuten sie nur, daß zwei Gesprächspartner nicht einer Meinung sind.

Die Strategien reichen von der harten Durchsetzung der eigenen Position bis hin zu deren Anpassung an die des Gesprächspartners (wenn es schlicht opportun ist oder), wenn er die bessere Lösung vorschlägt. Das ist ein Knackpunkt: Offen sein für die Ideen des anderen, notfalls bereit sein, eigene Positionen aufzugeben.

8. Gezielte Informationen

Die wahre Kunst des Informierens besteht darin, dem richtigen Menschen zur richtigen Zeit die richtigen Informationen zu geben. Keine Kleinigkeit! Das bedeutet: Kurze, prägnante, zielgerichtete Information, die für den anderen verläßlich in regelmäßigen Abständen gegeben wird. Das bedeutet auch, sich vorher genau zu überlegen, wer informiert werden soll.

Ein wenig Aufwand, aber der Vorteil ist offensichtlich. Gerüchte werden vermieden, Radio *„Korridor"* hat keine Chance.

halt bezieht, zum Feierabend pünktlich den Kugelschreiber fallen läßt.

Wohlverstanden: Es geht nicht um gelegentliche Überstunden, sondern um die grundsätzlichen Erwartungen, die korrekterweise an das Engagement von Vorgesetzten und Mitarbeitern gestellt werden dürfen.

Bloß keinen Streit vermeiden

Auch das gibt es: Konfliktscheue Führungskräfte, die aus verschiedenen Gründen versuchen, dem persönlichen Kritikgespräch aus dem Weg zu gehen.

Aber sicher: Die meisten sind ganz einfach ängstlich und hoffen, daß sich der Anlaß zur Kritik von selbst erledigt. Auch die Methode, andere, mit dem Chef eng verbundene Mitarbeiter vorzuschicken, ist verbreitet. Da entstehen Mitarbeiter erster und zweiter Klasse – in der Folge Neid und Aggressionen. Die Autorität der Führungskraft nimmt irreparablen Schaden.

Vergangenheit

Schon als hinterhältig müssen Verfahren bezeichnet werden, in denen Fehlleistungen von Mitarbeitern registriert werden – ohne sie zur Sprache zu bringen –, um den Betreffenden *bei passender Gelegenheit* damit zu konfrontieren. Vorgesetzte, die diesen schlechten Stil pflegen, bringen ihre schwarzen Listen besonders gern in Gehaltsverhandlungen oder Urlaubsanträge ein. Selbstverständlich bedarf es dazu nicht notwendigerweise einer Liste; auch ein *gutes* Gedächtnis mag da schlechte Dienste leisten.

Dies ist grober Mißbrauch! Das Kritikgespräch als Führungsinstrument gerät dabei unter die Räder. Das Verhalten ist unfair, massiv demotivierend und damit auch kontraproduktiv.

Als fruchtlose Form der Kritik wird es allenfalls noch von den unbegreiflicherweise sehr beliebten Anschlägen am schwarzen Brett übertroffen: *„Die Geschäftsführung weist zum wiederholten Male darauf hin, daß ...".*

Anstatt im Gespräch gegen benennbare Fehlleistungen identifizierbarer oder gar benannter Personen Lösungswege zu entwickeln, maskiert sich der Vorgesetzte als Oberlehrer, der Mitarbeiterkritik mit der Sense betreibt.

Resultat: Null, im Sinne der angestrebten Verhaltensänderung, jedoch Trotzreaktionen bei den Angeprangerten und Beleidigung der Unschuldigen. Dabei ist es so simpel.

Einen *„anderen Wind"* bringen nur solche Vorgesetzte ins Unternehmen, die ihre Führungsaufgabe als eine Kommunikationsaufgabe begriffen haben. Wo diese Erkenntnis fehlt oder mißachtet wird, bewegt sich nichts. Wie sagt der Dichter: *„Es gibt viel zu tun, reden wir darüber."*

KURZ:

TADEL
SIE HABEN EIN KLARES ZIEL: SCHLECHTES VERBESSERN!

Tadel ist eine persönliche, keineswegs wertfreie Angelegenheit! Aber auch der Tadel hat ein Ziel: Sie wollen Ihren Mitarbeiter motivieren! (Wenn Sie das nicht wollen, kündigen *Sie*!)

Zunächst gehen Sie davon aus, daß wir alle recht genau wissen, wo der Hase im Pfeffer liegt. Geben Sie Ihrem Mitarbeiter also die Gelegenheit, seinen Fehler selbst zu verurteilen! Geben Sie ihm keine Gelegenheit, sich rechtfertigen zu müssen.

Auch der Tadel braucht einen kurzen positiven Einstieg. Danach gilt es, die Fakten festzuhalten: Machen Sie eine konkrete Soll-Ist-Analyse. Fragen Sie – durchaus mit geschlossenen Fragen: *„Finden Sie das gut?"* – nach der Selbsteinschätzung des Mitarbeiters. Lassen Sie sich nach Möglichkeit nicht in die Richter- oder Übervaterrolle drängen. Folgt der Mitarbeiter Ihrem Selbstkritik-Angebot, so zollen Sie ihm dafür volle Anerkennung: Für das Urteil und für die Einsicht. Fragen Sie ihn nach seinen Vorstellungen mit Blick auf die gemeinsame Zukunft: *„Welche Konsequenzen ziehen Sie daraus?!"*

Nennen und fixieren Sie die Verabredungen für die Zukunft, und vermitteln Sie dem Mitarbeiter das Gefühl, daß Ihnen die Zukunft wichtiger ist als die Vergangenheit.

Vorsicht: Nicht nachkarten! Entweder, Sie haben die kritischen Punkte alle benannt, oder Sie warten auf eine andere Gelegenheit. Nachkarten schadet den bereits fixierten Zielen!

Beenden Sie auch dieses Gespräch mit einem positiven Ausstieg: Vermitteln Sie dem Mitarbeiter das Gefühl, in ihm den ganzen Menschen zu sehen.

Jesses-Herr-Gott-Maria-und-Josef! So schlimm wird's ja nicht gleich kommen ...

Hey, Boss, ich will ...

Seit Jahren schuften Sie Tag für Tag für Wadenbeißer, gelten als Stütze seines Aufstiegs, haben Ihr Privatleben den betrieblichen Anforderungen untergeordnet – und jetzt erhöht Ihr Hauswirt die Miete. Sie brauchen also eine Gehaltserhöhung, und Sie denken, daß Sie die paar Mark auch redlich verdient haben.

Hätten Sie's gewußt: Vor dem Gespräch mit dem Vorgesetzten fürchten sich mehr Menschen als vor dem Termin beim Zahnarzt. Dabei kommt es auf das jeweilige Thema gar nicht an: Ob das Bewerbungsgespräch ansteht, eine Gehaltserhöhung oder gar Kritik am Vorgesetzten – uns schlottern die Knie.

Für die Kommunikation mit Vorgesetzten gelten jedoch vor allem zwei Regeln. Nr. 1: Er ist auch nur ein Mensch, der mit Wasser kocht.
Und Regel Nr. 2: Sie auch!

Müller beim Chef

Vor–Bereit–en

Thema: Gespräche mit Vorgesetzten, männlichen und weiblichen, die wir aus Gründen der Faulheit allesamt „Chef" nennen. Das Verhältnis eines Angestellten zu seinem Chef ist ein Abhängigkeitsverhältnis – unabhängig davon, ob die/der Wadenbeißer sich kollegial gibt oder autoritär auftritt.

Für Sie führt kein Weg am Chef vorbei, also kommt es für Sie darauf an, den richtigen Ton zu finden.
Erstens: Was schon für jedes andere Gespräch gelten sollte – Sie finden das übertrieben? – für das Gespräch mit Vorgesetzten ist es Pflicht: Bereiten Sie sich gründlich vor. Vergewissern Sie sich dazu zunächst Ihrer Grundeinstellungen:

- Ich will mich kurz fassen; zudem werde ich mich klar und präzise ausdrücken – auf keinen Fall will ich irgendwelche Monologe halten.
- Mein Chef ist mein Partner, der (ebenso wie ich) nur das Beste für das Unternehmen will.

Nein, das ist nicht albern. Viel zu viele Gespräche verheddern sich in labyrinthischen Konfrontationen, weil den Gesprächspartnern die einfachsten Voraussetzungen ihres Gespräches just nicht gegenwärtig sind.

Wie sage ich's meinem Chef?

Gegenfrage: Was wollen Sie von ihm!? Allein davon hängt die Art der richtigen Ansprache ab. Wenn Sie nichts von ihm wollen, dann betrachten Sie ihn als einen Mensch unter vielen und verhalten sich freundlich, genau wie Sie es immer tun.

Im Alltag ist es meist so, daß Sie immer irgendetwas von Ihrem Chef wollen (müssen). So ein zielloses Geplauder mit dem Chef, gibt's das? Selbst in scheinbar beiläufigen Halbsätzen liegt Sinn – und oft auch Hintersinn.

Zur sozusagen alltäglichen Vorbereitung gehören immer auch Überlegungen darüber, wann für welches Thema der richtige Zeitpunkt, der beste Rahmen gegeben ist. Ob nun extra ein Termin anberaumt werden muß – oder ob man auch zufällig auf dem Gang reden kann, das unterliegt Ihrer sozialen Kompetenz, Ihrem Fingerspitzengefühl.

Auf eine angejerte Bewerbung ...

DER
BEWERBER

Das wichtigste vor jedem Bewerbungsgespräch sind die Fragen, die Sie sich bereits selbst beantwortet haben: Die werden Sie nicht überraschen, und Sie werden eine angemessene, überzeugende Antwort parat haben. Neben allen fachlichen Fragen interessiert Ihren Gegenüber besonders:

- Warum haben Sie sich gerade bei diesem Unternehmen beworben?
- Wie würden Sie dieses Unternehmen in drei Sätzen charakterisieren?
- Welche der Ihnen aus der Vergangenheit bekannten Unternehmenskulturen ist Ihnen besonders sympathisch?
- Weshalb glauben Sie, für die Position besonders geeignet zu sein?
- Weshalb möchten Sie Ihre jetzige Firma verlassen?
- In welche Richtung möchten Sie sich weiterentwickeln?
- Was wollen Sie in fünf, was wollen Sie in zehn Jahren erreicht haben?
- Wie kamen Sie zu der Überzeugung, Ihre Ziele gerade in diesem Unternehmen erreichen zu können?
- Sehen Sie sich eher als erfolgreicher Einzelkämpfer, oder kommen Ihre Stärken eher im Team zum Tragen?
- Nennen Sie Ihre drei größten Stärken (Schwächen)?
- Was erwarten Sie von Ihrem Vorgesetzten?
- Was können Ihnen unterstellte Mitarbeiter von Ihnen erwarten?

Die wichtigsten Anlässe für ein zielgerichtetes Gespräch sind gleichzeitig die prägnantesten Stationen einer beruflichen Karriere: Bewerbung, Gehaltserhöhung, Kritik, Kündigung. Die Gesprächsvoraussetzungen jedoch entstehen (meist) im täglichen Umgang. Das gilt – cum grano salis – sogar für die Bewerbung, wenn auch Sie Ihr Gegenüber vor Ihrer Bewerbung in aller Regel nicht gekannt haben.

Wir, ein innovatives Unternehmen mit Sitz in...

Bewerben Sie sich auf eine Stelle, die per Anzeige angeboten wurde, dann halten Sie sich *grundsätzlich* an das, was im Inserat gewünscht wird.
Eine Überlegung macht das klar: Stellenanzeigen kosten Geld, oft viele tausend Mark. Gehen Sie also davon aus, daß das jeweilige Unternehmen sehr wohl darüber nachgedacht hat, was gewünscht und was gefordert wird. So legen unvollständige Bewerbungsunterlagen den Verdacht nahe, daß der Bewerber die Stellenanzeige unkonzentriert gelesen hat oder, noch schlimmer, schlampig arbeitet. Solche Bewerbungen gehen meist ohne weitere Prüfung retour: *„Leider ..."*

Nun gibt es Fälle, da können Sie aus technischen Gründen nicht beibringen, was gefordert wird. Wenn beispielsweise die Ausfertigung der Prüfungsurkunde von der Uni mehrere Monate dauert, sollten Sie bereits im Anschreiben darauf hinweisen.
Ach ja, keine Regel ohne Ausnahme. So ist es denkbar, für eine Bewerbung in einer Film-, PR- oder Werbeagentur nicht den Weg über die in der Anzeige angebotene Adresse zu gehen, sondern einfach anzurufen und einen Termin auszumachen. Man weiß ja, daß in manchen Branchen Unkonventionalität geradezu gefragt ist ...
Achtung: Das könnte leicht nach hinten losgehen. Denken Sie nur, Sie bekommen wider Erwarten den Geschäftsführer an die Strippe. Und auf Ihre Frage nach einem Termin antwortet der: *„Jetzt. Sofort. Ja, hier am Telefon."* Soll heißen, wer sich unkonventionell präsentieren will, der sollte auf unkonventionelle Reaktionen gefaßt sein.

... ist kein hinreichender Grund, ...

3 Fotos: Simon

Es geht um Sie!

Grundsatz: Es ist Ihre Bewerbung, also schreiben Sie sie auch selbst! Ghostwriting führt selten zum Erfolg. Selbst wenn Sie einen begnadeten Herrscher über die deutsche Sprache kennen, sollten Sie der Versuchung widerstehen, diesen Fachmann zu beauftragen. Strahlt nämlich die Bewerbung in Haltung/Charakter/Souveränität etwas aus, das Ihrer Persönlichkeit nicht entspricht, droht die Entlarvung im Vorstellungsgespräch. Erfahrene Personalleute erkennen solche Unstimmigkeiten – garantiert. Es ist ihr Job! Das soll nicht heißen, daß Sie auf jede Beratung verzichten sollen. Gerade in der Selbstdarstellung pflegen die meisten von uns eine wackelige Mischung aus Hemmungen und Betriebsblindheit. Vielleicht hilft Ihnen ein Freund dabei, wie Sie das, was *tatsächlich* in Ihnen steckt, auch zur Geltung bringen. Wie im Schulaufsatz gilt: Herausholen, nicht hineininterpretieren.

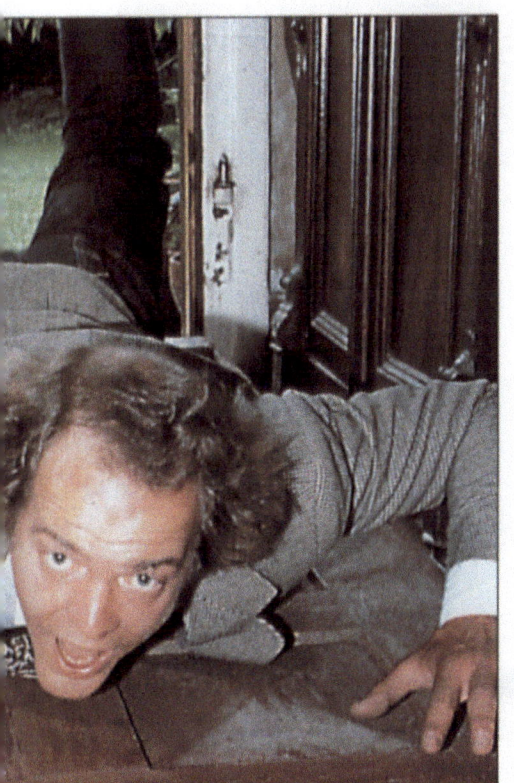

... gleich mit der Tür ins Haus zu fallen!

Die richtige Forrrm

Für die zahlreichen Formalien des Anschreibens und der Anlagen gibt es jede Menge nützlicher Ratgeber, in denen eigentlich immer das gleiche steht. Bei Bedarf schmökern Sie sich in Ihrer Buchhandlung durch den entsprechenden Regalmeter – und kaufen dann das dünnste Bändchen.
Es tut's!

Vorsicht vor Ratgebern, die den Leser für völlig dämlich halten. Der Hinweis, Bewerbung nicht mit dem Vermerk *„Porto zahlt Empfänger"* zu verschicken, ist schon ein starkes Stück. Wollten Sie tatsächlich ähnliche Unverschämtheiten begehen, käme vermutlich auch sonst jede Hilfe zu spät.

Das Interview

Wenn es stimmt, daß Sie in Ihrem Anschreiben keinen von allen Tatsachen unbeleckten Blödsinn behauptet haben, so dürfen Sie Ihre Bewerbung schon dann als erfolgreich betrachten, wenn Sie zu einem Vorstellungsgespräch gebeten werden: Offenbar passen Sie auf das Anforderungsprofil! (Selbst wenn Sie nicht eingestellt werden: Die Bewerbung war in Ordnung).

Kurz:

DAS UNTERNEHMEN

Jedoch sollten Sie sich auch solche Fragen überlegen, die Sie vom Unternehmen, bei dem Sie sich bewerben, beantwortet haben möchten. In jedem Bewerbungsgespräch gibt es zwei Bewerber! Sie und das Unternehmen. Folgende Fragen sollten Ihnen Ihr Gesprächspartner beanworten:

- Warum und seit wann ist diese Position zu besetzen?
- Wo in der Hierarchie des Unternehmens ist sie angesiedelt?
- Was sind die Hauptaufgaben?
- Sind Vollmachten, und wenn ja welche, mit der Position verbunden?
- Welche Entwicklungsmöglichkeiten bietet Ihnen die Position? Welchen Weg ging Ihr Vorgänger?
- Wie ist die Personalentwicklung organisiert?
- Wie hat sich das Unternehmen zuletzt entwickelt? Wie werden die kommenden drei Jahre beurteilt?
- Wer sind die Hauptkunden, wo sind die Hauptmärkte des Unternehmens? Wer sind die Hauptwettbewerber? Wie haben die sich in den letzten Jahren entwickelt?
- Welches sind die Kernaussagen der Unternehmenspolitik?
- Wem gehört das Unternehmen?
- Nach welchem System wird Leistung beurteilt?
- Welches sind die Besonderheiten der Branche?
- Was können Sie verdienen?

(Self-)Marketing

POWERTALKING
Die Sprache des Erfolgs

Morgen ist der Termin.

Die Präsentation steht kurz bevor, und noch hat fast nichts geklappt. Die Kollegin ist krank, der Schreibtisch überfüllt, ständig klingelt das Telefon, und mitten in diesem Chaos steht Wadenbeißer, Ihr Chef, und fragt nonchalant: *„Na, Frau Birkenstock, schaffen wir denn das alles bis morgen?"*

Natürlich schaffen *„wir"* das nicht bis morgen, (*wir* schon gar nicht, denken Sie), aber Sie beteuern, Sie würden es versuchen. *„Dann versuchen Sie mal".* Wadenbeißer wird denken, daß Sie total überfordert sind. Folgerichtig klettern immer nur die anderen auf der Karriereleiter hoch und niemand erkennt Ihre Leistungen an, denn wenn Sie tatsächlich am nächsten Tag alles geschafft haben, heißt es höchstens: *„Na sehen sie, Frau Birkenstock, es geht ja, wenn man nur will."*.

Also:

Hocken Sie nicht still an Ihrem Schreibtisch und warten auf Ihre Chance.

Nutzen Sie Power-Talking.

Machen Sie den ersten Schritt und streichen Sie das Wort „vielleicht" aus Ihrem Repertoire. Vergessen sollten Sie auch die platte Methode, sich selbst vor anderen zu loben: Das beeindruckt niemanden.

Denn Power-Talking ist kein neuer Modegag, sondern die logische Weiterentwicklung des positiven Denkens. Reden Sie positiv-optimistisch und begeistert, um die anderen von Ihren Fähigkeiten zu überzeugen.

Sätze wie *„Ich werde es versuchen"*, *„Ich kann nicht"*, *„Ich schaffe es wohl nicht"* klingen wehklagend und pessimistisch. Die negative Energie wirkt auf Sie zurück! Sie nehmen damit nicht nur der Sache, sondern auch sich selbst den Wind aus den Segeln.

Schwung und Mut dagegen helfen Ihnen weiter. Etwa so: *„Klar krieg ich das hin"*, *„Ich werde es schaffen." „Es ist eine Herausforderung, aber wo ein Wille ist, findet sich immer ein Weg."*

Entschuldigt wird später.

Wer sich ohne Not entschuldigt, wirkt unsicher. Zögerliches Sprachverhalten signalisiert Probleme, aber Probleme hat jeder und haßt jeder.

Und Wadenbeißer besonders.

Power Talker verzichten auch auf Selbstmitleid: *„Hätte ich bloß"*, *„Wie konnte ich nur"*, *„Immer passiert mir so etwas"*. Sie sind vielmehr wie Stehaufmännchen: *„Ich lerne aus meinen Fehlern"*, *„Das passiert mir nicht wieder"*, *„Es gibt immer ein nächstes, besseres Mal."*

Gute Zeugnisse, Berufserfahrung und der Wille zum Arbeiten sind wichtig, aber sie reichen nicht.

Zeigen Sie sich selbstbewußt! „Finden" Sie etwas, anstatt es nur zu „glauben". Weg mit der falschen Bescheidenheit.

Übrigens:

Sie haben auch nie Glück, sondern verdanken alles Ihren Fähigkeiten: *„Ich habe gut gearbeitet und freue mich über Ihre Anerkennung."*

Basta.

Wichtig: Der Umkehrschluß ist nicht zulässig: Wenn Sie schon im ersten Durchgang abgelehnt werden, so besagt das zunächst nur, daß Sie nicht dem Anforderungsprofil dieses Unternehmens entsprochen haben.

Es wäre allemal deprimierend, wenn Ihnen das zwanzig Mal hintereinander passieren würde, dennoch hieße das *nur*, daß diese zwanzig Firmen Sie nicht wollen – und zwar jede einzeln.

Also nochmal: Das Interview.

Ziel eines jeden Bewerbungsgespräches (aus Sicht des Bewerbers) ist es, sich in einem positivem Licht darzustellen – nur dann bekommt der Bewerber überhaupt eine Möglichkeit, etwas zu entscheiden.

Natürlich würden Sie nie lügen! Als begabter Kommunikator wissen Sie jedoch, wie Sie Wahrheiten in der für Sie zweckmäßigsten Form darstellen.

Rituale

Solche Gespräche sind Rituale. Ziel des Unternehmers/Personalentscheiders ist es, Sie daran zu hindern, einen *falschen* schönen Schein zu erwecken. Nur so sichert er seine Chance, eine Fehlentscheidung zu verhindern.

„You never get a second chance to make a first impression." Den ersten Eindruck erwecken Sie mit Ihrer äuße-

ren Erscheinung. Bei der Wahl der Garderobe sollten Sie sich auf Ihren guten Geschmack verlassen.

Früher unterschied und trennte die Kleidung die verschiedenen Gesellschaftsschichten. Das ist heute vorbei. Der Zweireiher ist im Kleiderschrank des Maschinenschlossers ebenso zu finden wie in dem seines Vorstands. Daß aber Ihre Kleidung etwas über Sie aussagt, ist nach wie vor richtig. Nur sind die Signale heute subtiler und erfordern manchmal ein wiederholtes Hinschauen (was Personalleute totsicher tun werden) – und häufig ausgedehnte Markenkenntnisse.

Übrigens erwartet niemand von Ihnen, daß Sie sich für das Bewerbungsgespräch neu einkleiden, zumal Sie sich in eingetragener Kleidung entschieden wohler fühlen werden und das auch ausstrahlen.

... ob ich das kann?

„Bescheidenheit ist eine Zier, doch weiter kömmt man ohne ihr." Wenn Sie wirklich nicht wissen, ob Sie die ausgeschriebene Stelle auch ausfüllen können, dann stehlen Sie sich und dem Unternehmen lediglich die Zeit.

Selbstbewußtes Auftreten schadet nicht, solange Ihre Stärke nicht aufgesetzt oder gar arrogant wirkt. Überhaupt ist die Stimmigkeit des Auftretens eines Kandidaten das A und O im Bewerbungsgespräch.

Daß Ihre formale Qualifikation stimmt, wurde ja bereits anhand der Unterlagen festgestellt. Jetzt geht es um Ihre persönlichen Eigenschaften und Einstellungen.

- Wie nervös sind Sie in dieser für Sie bedeutsamen Situation? Wie streßfest sind Sie?
- Wie glaubwürdig kommunizieren Sie Ihre Eigenheiten und Interessen?

Ihr Gegenüber hat viel Gesprächserfahrung und kennt daher zahlreiche Antworten auf diese Fragen. Der Versuch, durch schauspielerische Leistungen an einen Job zu kommen, scheitert deswegen fast immer.

Selbst wenn es mit einer filmreifen Leistung gelänge, Ihre real existierenden Qualitäten zu überspielen: Letztlich hat keiner was davon. Das Unternehmen stellt einen für seine Aufgaben (vielleicht doch) ungeeigneten Mitarbeiter ein, den dann ein (wahrscheinlich doch) frustrierender Job am neuen Schreibtisch erwartet.

Hinzu kommt noch eins: Wer anderen ein unechtes Profil vorspielt, der *WILL* offenbar mit aller Kraft etwas erreichen. Und das riecht man. *„Man spürt die Absicht und ist verstimmt."* heißt es im Sprichwort. Ihr Gegenüber bekommt den Eindruck, daß Sie ihm *etwas andreh'n* wollen – und rein psychologisch begeben Sie sich auf diese Weise der Möglichkeit, selbst *gewollt* zu werden.

Identität überzeugt

Wer sich im Bewerbungsgespräch so gibt, wie er nun einmal ist, verwickelt sich nicht in Widersprüche, muß keine Verhaltensweisen trainieren – und kann entsprechend ruhig in das Gespräch gehen. Stimmen dann neben den Fähigkeiten auch noch die Eigenschaften mit dem Anforderungsprofil des Unternehmens überein, kann eigentlich nichts mehr schief gehen?! Bleiben Sie also ruhig und selbstsicher. Wenn Geschäftsführer Wadenbeißer zu erkennen gibt, daß Sie den Job in der Tasche haben, ist es erlaubt, der Freude darüber Ausdruck zu geben – Unterwürfigkeit ist aber fehl am Platz. Wie man es nicht machen sollte, läßt sich auch bei vielen Interviews mit neu ernannten Ministern beobachten: Floskeln, wie: *„ ... werde mich aufrichtig/intensiv/nachhaltig bemühen ... "* haben Tradition.

WARUM STEHEN SIE DAVOR ?
IST NICHT THÜRE DA
UND THOR,
KÄMEN SIE GETROST
HEREIN,
WÜRDEN WOHL
EMPFANGEN SEIN.
GOETHE 1828

Oder, wie es bei Nina Hagen heißt: Wenn Du scharf bist, mußt Du ran gehn!

„Ich brauch' mehr Geld!"

Looogisch sind Sie jede Mark wert, die Sie als Entlohnung für die zeitweilige Überlassung von Kopf und Körper beziehen, bestimmt sogar mehr.

Aber: Wenn Sie eine Gehaltserhöhung anstreben, so kommen Sie nicht umhin, erst einmal Ihre Erfolgsaussichten zu prüfen. Geht es Ihrem Unternehmen wirtschaftlich gut, oder steckt es gerade in einer Krise? Ist seit der letzten Gehaltserhöhung ein angemessener Zeitraum vergangen? Haben Sie Ihre Leistungen sichtbar verbessert?

Im Zweifel vertagen Sie die Tarifrunde. Sind Sie aber der festen Ansicht, daß Ihnen eine Gehaltserhöhung zusteht, so können immer noch Meinungsunterschiede zwischen Ihnen und demjenigen, der das zu bezahlen hat, Ihren Vorsatz vereiteln. Wadenbeißers unter Stirnrunzeln hervorgebrachte Frage dürfte lauten: *„Wieviel muß es denn sein, wenn es denn sein muß?"* Egal, was Sie jetzt sagen – Wadenbeißer

wird blaß werden, etwas Unzusammenhängendes von „ ... *Auftragsmangel ... bevorstehender Konkurs ... Gehaltsgefüge sprengen"* murmeln und notfalls – wenn er weiß, daß Sie über die emotionale Schiene zu packen sind – auf die Zahl seiner unmündigen Kinder hinweisen.

Jetzt könnten Sie zum **Beispiel** anbieten, die angestrebte Erhöhung in mehreren, vertraglich festgelegten Steigerungsschritten zu erreichen. Zum einen signalisieren Sie Ihre Bereitschaft, Ihrem Chef in der Gehaltsfrage entgegenzukommen (*„Ich versteh' Sie, Chef!"*). Noch wichtiger ist dabei die implizite Aussage, daß es Ihnen im Unternehmen gut genug gefällt, um sich auch eine längerfristige Beschäftigung dort vorstellen zu können.

Vorbereitung!

In jedem Fall brauchen Sie Argumente zur Durchsetzung Ihres Anliegens. Wenn Sie auf folgende Feststellungen

mit einem ehrlichen *„So ist es!"* reagieren können, sind Sie gut gerüstet:

- Außer mir selbst meinen auch andere, daß ich meinen Job gut mache.
- Ich bin bereit, mich auch über das normale Maß hinaus für das Unternehmen zu engagieren.
- Mein derzeitiges Gehalt liegt nicht über dem Durchschnitt vergleichbarer Stellen.
- Meine Qualifikation wird auf dem Arbeitsmarkt gesucht.

Viele Vorgesetzte reagieren aufgeschlossen, wenn Sie von sich aus nicht von Geld, sondern geldwerten Vorteilen reden. Ein Dienstwagen rechnet sich oft für beide Seiten.

Sind solche Naturalien in Ihrem Unternehmen bislang nicht an der Tagesordnung, dann bereiten Sie Ihre Argumentation mit ein paar Rechenbeispielen auf. Auch dadurch signalisieren Sie Verständnis für die betrieblichen Belange und letztlich wieder Ihre Bereitschaft, sich länger an das Unternehmen zu binden.

Tip: Beim Gehaltsgespräch wollen Sie etwas von der Firma haben, nicht umgekehrt. Die Firma ist an den anderen 364 Tagen mit dem Wünschen dran. Deshalb vermeiden Sie es, schon in der Gesprächseinleitung die Waffen zu schärfen.

Aber: Mit Wendungen wie
- *Entschuldigen Sie,*
- *Verzeihung,*
- *Ich glaube,*
- *Vielleicht könnte,*

begeben Sie sich von vornherein in eine aussichtslose Verteidigungssituation. Ihr Gegenüber wird Ihre verbale Ka-

Konzentration ja! Zittern nein!

DU SOLLST KEIN FALSCHES ZEUGNIS ...
DER MITARBEITER WAR STETS BEMÜHT.

Alltägliche Praxis: Ein Mitarbeiter scheidet aus dem Unternehmen aus. Für die von ihm in der Vergangenheit geleistete Arbeit erhält er ein Zeugnis.

Es hat sich wohl herumgesprochen: Viele Arbeitgeber versuchen, in zunächst positiv klingenden Formulierungen tatsächlich negative Informationen über ihre Mitarbeiter zu vermitteln. Denn Schlechtes schreiben ist nicht.

Erstens: Wer solche Textstellen entdeckt, sollte Nachbesserung verlangen.

Zweitens: Nicht jeder Chef beherrscht die kleinen Gemein- und Hinterhältigkeiten der Zeugnissprache. Vielleicht sollte es ja tatsächlich ein Lob sein, was sich negativ interpretieren läßt?

Also doch **Erstens:** Nachfragen. Und jedenfalls macht auch bei gutwilligem Bösreden die Nachbesserung Sinn.

Denn so gehen Sie kein Risiko bei Ihren nächsten Bewerbungen ein, und Ihr (ehemaliger) Chef hat etwas über die Schlechtigkeit der Arbeitswelt gelernt.

Drittens: Bevor Sie herumrätseln müssen: Hier ein paar Beispiele für Wendungen, die Sie nicht akzeptieren sollten:

• *Herr Müller hat sich stets bemüht, den Anforderungen ...*

Δ Klartext: Er ist eine absolute Niete.

• *Herr Müller hat seine Aufgaben zu unserer Zufriedenheit ...*

Δ Klartext: Er ist bestenfalls Durchschnitt.

• *Herr Müller bestach durch seine Geselligkeit ...*

Δ Klartext: Er arbeitete selten. (Mitunter auch Hinweis auf Alkoholproblem.)

• *Herr Müller hat sich stets kritisch mit den Belangen ...*

Δ Klartext: Er ist ein stets nörgelnder Besserwisser.

• *Herr Müller verfügt über ein aus-*
geprägtes Selbstbewußtsein ...

Δ Klartext: Er ist arrogant und egozentrisch.

• *Herr Müller war bei Kollegen und Kolleginnen sehr beliebt ...*

Δ Klartext: Er steigt jedem Rock nach und läßt keinen Schnaps aus.

• *Herr Müller vertrat stets die Interessen seiner Kollegen ...*

Δ Klartext: Er ist ein militanter Gewerkschaftler.

• *Herr Müller kam mit seinen Vorgesetzten besonders gut aus ...*

Δ Klartext: Er ist ein profilloser Ja-Sager.

• *Herr Müller ging Spannungen stets aus dem Weg ...*

Δ Klartext: Er ist ein typischer Mitläufer.

• *Herr Müller scheidet im Einvernehmen aus ...*

Δ Klartext: Er ist gefeuert worden.

---

pitulation dankbar annehmen. Wie wollen Sie sich durchsetzen, wenn Sie schon vor der Diskussion zur Sache unterwürfig daherkommen?

Scheitert Ihre persönliche Tarifrunde schon daran, daß Ihr Chef nicht bereit ist, sich mit dem Nutzen Ihrer Arbeit für das Unternehmen auseinanderzusetzen und eine Neubewertung vorzunehmen, sollten Sie ihm deutlich sagen, daß Sie bereit sind, diese Bewer-

tung auch von anderen Unternehmen durchführen zu lassen.

„Unterhalten wir uns über mein Gehalt, sonst bin ich gezwungen, mich umzusehen" ist nicht sehr diplomatisch und verspricht nur dann Erfolg, wenn Sie Ihre Position in der Firma (zu Recht) als gefestigt einschätzen. Ihre Entschiedenheit sollte man merken, ohne daß Sie es sagen müssen! Denn: Niemand ist unersetzbar!

Da läuft was falsch

Wer von seinem Geschäft etwas versteht, darf selbstverständlich auch Vorgesetztenkritik üben. Da aber, wie eingangs angemerkt, Arbeitsverhältnisse immer auch Abhängigkeitsverhältnisse sind, ist *Vorsicht* geboten.

Wenn Sie zur Überzeugung gelangt sind, gerechtfertigte Kritik an einem Vorgesetzten üben zu müssen, sollten

WER WAR HARTMANN?
EINE TRAUERREDE ZUM NACHDENKEN

Wir sind zusammengekommen, um uns eine ernste Frage zu stellen.

Meine Damen und Herren! Ist es denn wirklich in diesen unseren Zeiten möglich, nein, denkbar!, daß die Karriere an einem begabten Mitarbeiter vorübergeht? Die Antwort mag manche überraschen und bei anderen neue Fragen aufwerfen: Es ist.

Hartmann blieb unbemerkt.

Die traurige Tatsache, daß trotz seiner 37jährigen Betriebszugehörigkeit viele Kollegen seinen Namen nicht kannten, spricht ein vernichtendes Urteil über die Fähigkeiten von Betriebsrat und Geschäftsführung und stellt die Prinzipien der modernen Kommunikationslehre in Frage.

Möge sich niemand aufschwingen und behaupten, Hartmann sei doch selbst schuld gewesen an seiner Anonymität: Denn Hartmann war mehr als ein Gehaltsempfänger. Er war Denker und Planer, Organisator und Motivator, ja, er war ein Revolutionär.

Die Frage ist: Wie konnte man, wie konnten wir alle ihn übersehen?

Keine falschen Ausreden!

Der Einwand, man habe Hartmann schon deshalb nicht wirklich kennen und auch nicht kennenlernen können, weil er mit niemand redete, gilt hier nicht. Vielmehr müssen wir uns fragen, warum wir nicht mit ihm gesprochen haben?! Etwa, weil er nicht wollte?

Nein. Hartmann hatte nur schon früh erkannt, daß ihm in „seinem Unternehmen" (wie er die Korfhals AG gegenüber seiner Frau immer liebevoll titulierte) kein Mensch eine Plattform anbieten würde. Die aber hätte er so dringend gebraucht, um sich und seinen Ideen Gehör zu verschaffen. Denn er war:

Ein Unbequemer im Denken.

Manchem Kollegen, nicht wenigen Kolleginnen hätte sein Glaube an permanente Veränderung mißfallen, seinen Abteilungsleitern wäre sein Pragmatismus nicht geheuer gewesen, und – ich muß es gestehen – auch einigen Vorständen hätten seine Visionen nicht gepaßt, hätten sie sie je zu Gesicht bekommen.

Im Geiste eckte er überall an, ohne auch nur eine Kante auszuschlagen. Hartmann geriet nie aus dem Schatten. Ich frage Sie aber: Wer trug die Schuld an der Mittelmäßigkeit seines Auftritts? Wir alle.

Sieben Ordner

Sein plötzliches Ableben war die tragische Pointe seines Lebens. Wäre etwas gewonnen gewesen, hätten sich Menschen gefunden, die ihn und seine Ideen verstanden hätten? Wir ahnen es dunkel, wollen wir es wirklich wissen? Hartmann hinterließ uns sieben Ordner mit niedergeschriebenen Ideen, Anregungen und Verbesserungsvorschlägen. Sieben Ordner, die sein Leben waren. Sieben Ordner, aus denen heute einer zu uns spricht, der jahrzehntelang nichts sagte.

Sie das Gespräch suchen. Kritik aus dem Schmollwinkel heraus ändert nichts am Sachverhalt und stört den Hausfrieden dauerhaft.

Machen Sie Ihrem Chef durch Ihr Verhalten deutlich, daß Sie sich selbst realistisch einschätzen können.

Nur dann haben Sie das Recht, die Handlungsweisen anderer zu beurteilen und zu kritisieren. Daß es einem Mitarbeiter, der seinen Chef kritisiert, nicht an Selbstvertrauen mangelt, beweist er ja schon durch die Kritik selbst. Auch im Gespräch mit dem Chef ist selbstsicheres Auftreten gefragt. Damit signalisieren Sie sofort, daß es sich um ein gut überlegtes Unterfangen handelt.

Ganz wichtig: Versuchen Sie nie, einen Dritten als Transportmedium Ihrer Kritik zu benutzen. Dieser indirekte Weg ruft nur Verärgerung hervor. Auch das Telefon ist kein geeigneter Weg. Den Mut zum Augenkontakt müssen Sie schon selbst aufbringen.

Kritik ist Nutzen!

Jede Kritik sollte positiv formuliert werden – und das heißt nutzwertorientiert. Chef und Unternehmen sollten davon profitieren, sollten aus Ihrer Kritik eine Veränderung ableiten (wollen).

Es kommt ja durchaus vor, daß einem Vorgesetzten eine Information fehlte und er deshalb eine falsche Entscheidung traf. Wenn Sie in Ihrem Sachgebiet diese Information haben, können Sie durch Verbesserungsvorschläge den Kommunikationsfluß beschleunigen.

Gesetz: Gleichgültig wie konstruktiv und erfolgversprechend Ihre Kritik am

Ziemlich hatte sich Müller mal wieder tief in die Nesseln gesetzt ...

Chef gemeint ist: Kritisieren Sie Ihn **nie** im Beisein anderer Mitarbeiter. Kollegen haben mit der Sache nichts zu tun. Sie erwarten ja auch, vor anderen nicht kritisiert zu werden!

Selbst (und gerade) wenn diese solidarisch zu Ihnen stehen – was im Ernstfall häufig anders ausschaut, als Sie gedacht hatten – und Sie geistig für das Gespräch aufrüsten, sollten Sie es unter vier Augen führen.

Und Hinweise wie *„Müller und Schulze sehen das genauso"* lassen lediglich an Ihrer Kompetenz zweifeln.

Ebenso wichtig wie der kurze und präzise Vortrag Ihrerseits ist eine positive Grundeinstellung. Sie sollten davon überzeugt sein, daß Ihr Chef bei guten Ideen stets aufgeschlossen ist und deshalb Ihre Kritik interessiert anhören wird. Mit diesem Wissen im Hinterkopf ist es wesentlich leichter, etwaige Nervosität unter Kontrolle zu bekommen. Haben Sie Kritik und Verbesserungsvorschläge vorgetragen, sollten Sie sich nicht mit einem *„mal sehen"* oder ähnlichem bescheiden lassen. Ihr Chef hat die Aufgabe, Entscheidungen zu treffen. Deshalb können Sie eine klare Antwort erwarten. Ein konkretes NEIN ist allemal besser, als ein *„Tja, ich werde es mir mal überlegen."*

Dann eben nicht

Sollten Sie es mit der Kritik übertrieben haben, könnten Sie sich mit einem anderen Sonderfall betrieblicher Kommunikation auseinandersetzen müssen, der Kündigung. Tatsächlich dürften in der Praxis andere Gründe für die Auflösung von Arbeitsverhältnissen häufiger vorkommen.

Wem gerade gekündigt wurde, der hat gewöhnlich keinen sonderlich hohen Kommunikationsbedarf. Bestehen keine Chancen, die Kündigung anzufechten – oder sieht der Gekündigte darin nicht den richtigen Weg –, dann wird der fällige Papierkram meistens mit dem Sekretariat abgewickelt. Kommunikation mit dem Chef findet dann hoffentlich bald in einem anderen Unternehmen statt.

„Ich geh!"

Etwas anders liegt der Fall, wenn die Kündigung vom Mitarbeiter ausgeht. Aus verschiedenen Gründen muß ihm an einem guten Abgang gelegen sein. Eine Trennung in Freundschaft ist sicher nicht nur angenehmer, sondern es ist auch sachlich vorteilhafter für Ihre Karriere, wenn ehemalige Arbeitgeber gut über Sie reden.

Innerhalb einer Branche und/oder einer Region kennen sich die Entscheider wichtiger Unternehmen – auch unter Führungskräften plaudert man gerne über Betriebsinterna.

Auch können Sie als Mitarbeiter doch nie wissen, ob sich Ihr Weg nicht nochmal mit dem Ihres alten Chefs kreuzt. Vielleicht möchten Sie später wieder im gleichen Unternehmen anfangen, oder aber Ihr Boss wechselt zur Konkurrenz. Man kann nie ausschließen, noch einmal mit ihm auskommen zu müssen.

Wer sich aus dem Angestelltenverhältnis in die Selbständigkeit begibt, hat besonderen Grund, in Frieden und Eintracht zu scheiden. Zum einen sind Selbständige in höherem Maß auf ihren guten Ruf angewiesen, und übellaunige Ex-Chefs können da einiges anrichten. Zum anderen ist ein gutes Verhältnis die beste Grundlage der Geschäftsanbahnung.

Merke: Die Chefs von gestern sind die Kunden von morgen.

... Ergebnis: Er hat je mit Zitronen gehandelt

(Self-)Marketing

Oben eine kleine Auswahl verschiedener Könige ...

Darf's ein Viertel mehr sein?

Natürlich könnten Sie Frau Waiblinger ein halbes Pfund Leberwurst aufschwatzen. Ob aber Frau Waiblinger dann wieder bei Ihnen einkaufen wird? Oder holt sie künftig die abgepackte Leberwurst im Supermarkt? Was haben Sie gewonnen? Nischte.

Hätte Frau Waiblinger jedoch vom Wochenendbesuch ihres Schwagers erzählt, ließe sie sich bei der Kaufentscheidung sicher gern beraten. Na, kapiert?

Es ist eine nützliche Philosophie: Wenn wir jeden Menschen, von dem wir etwas haben oder erreichen wollen, als Kunden betrachten und entsprechend behandeln, wird er sich geschmeichelt fühlen. Und im Gegenzug uns helfen, unseren Wunsch zu erfüllen.

Sie schütteln den Kopf? Sie glauben das nicht? Es leuchtet Ihnen nicht ein? Da gibt es nur eine Antwort:
Versuch macht kluch!

Der Kunde ist König

Privat, beruflich ...

Wer richtig kommunizieren kann, hat es im Leben leichter: Er gewinnt die Sympathie von Menschen, die ihm helfen, seine Ziele zu erreichen.
Kommunikationsfähigkeit ist längst eine Schlüsselqualifikation, nicht nur im Beruf. In acht von zehn Stellenangeboten ist sie notwendige Voraussetzung für die ausgeschriebene Position. Und wer in einem verkäuferischen Beruf tätig ist, weiß, daß hervorragende Produktkenntnisse allein nicht hinreichen, um einen Kunden zur Unterschrift zu bewegen.

Die Chemie, der Draht, *„das Händchen für den Kunden"* – alles Synonyme für den funktionierenden Kontakt zum Kunden.

Dienstleistungsbewußtsein

Unsere Gesellschaft hat sich in den letzten drei Dekaden so tiefgreifend und schnell gewandelt, daß viele Menschen Schwierigkeiten haben, diese Veränderung geistig und psychisch mitzuvollziehen.

Besonders gilt dies für die Arbeits- und Geschäftswelt: Wir sprechen zwar von einer *Dienstleistungsgesellschaft*, aber die entsprechende *Dienstleistungsmentalität*, die Bereitschaft, für den Kunden und seine Bedürfnisse da zu sein, ist kaum entwickelt.

Das Motto vom Kunden, der König ist, führen viele im Munde, aber nur wenige haben es auch in ihrem Stammhirn verankert.

Doch genau hier, im Kopf, entscheidet sich, ob wir beruflich erfolgreich oder nicht erfolgreich sind.

Denn: Kunde – und damit König – ist nicht nur der Käufer von Waren oder Leistungen. Ebensogut ist es unser Chef, unser Kollege, unser Partner, ja, auch unsere Kinder! Kunde in diesem Sinne sollte jeder Mensch sein, von dem wir etwas haben möchten: Einkommen, Hilfe, einen Rat, ... Liebe ...

Und weil insbesondere das Geschäftsleben auf dem Grundsatz der Gegenseitigkeit aufgebaut ist – *„Eine Hand wäscht die andere"* –, muß es unser erstes Ziel sein herauszufinden, was unser Gegenüber von uns haben möchte, womit wir ihm *dienen* können. Wir müssen Vorleistungen erbringen, um Leistungen zu erhalten.

Was will Herr Krause?

Nehmen wir einmal an, Sie verkaufen Lebensversicherungen und besuchen den Interessenten Bernd Krause, der sich schriftlich mit der Bitte um nähere Informationen an Ihre Hauptverwaltung gewandt hatte.

Sie haben also telefonisch einen Besuchstermin vereinbart, und jetzt sind Sie da. Krause bittet Sie in sein Wohnzimmer, und mit einem Blick erfassen Sie die Situation: Auf dem Couchtisch stapeln sich unzählige Angebote der lieben Konkurrenz; hastig hingekritzelte Rechenbeispiele bedecken den Boden; Krause wirkt auf Sie hektisch, nervös, genervt.

Als Profi erkennen Sie sofort, daß Krause zu den vorsichtigen Menschen zählt, die sich vor Abschluß eines Vertrages allerlei Informationsmaterial zuschicken lassen, um dann in Ruhe ihre Entscheidung zu fällen. In Ruhe ...?

Das ist freilich für den Laien nicht ganz einfach – wer wüßte das besser als Sie? Wenn Krause nicht gerade ein ausgebildeter Versicherungsmathematiker ist, sind Sie ihm mit Ihrem Fachwissen um Längen voraus.

Sie können ihm in doppelter Hinsicht helfen: Zum einen können Sie feststellen, welche die für Krauses Bedürfnisse optimale Versicherung ist – darum wird Sie Krause auch bitten.

Die eigentliche Dienstleistung, damit Herr Krause IHR Kunde wird, dürfte aber wohl darin bestehen, für ihn den Paragraphen-, Passi- und Prämiendschungel zu sichten und ihm das sichere Gefühl zu geben, richtig zu entscheiden – nur: Darum wird Sie Krau-

se gewiß nicht mit Worten bitten. Die Tatsache aber, daß Krause um eine persönliche Beratung gebeten hat, legt deutlich Zeugnis davon ab, daß er sich überfordert fühlt und Hilfe braucht. Aber wer gibt das schon gerne zu? Sie können ihm helfen und das sollten Sie auch tun. Wenn Sie jedoch sein

---

KURZ:

KÖNIG KUNDE
... KEINE SPIELCHEN

Falsche Spiele

Im Gespräch mit dem Kunden gibt es nicht nur Gebote, sondern auch Verbote. Riskieren Sie nicht den Abschluß von Verträgen durch Spiele und Spielchen jedweder Art.

Diese (Un-)Kommunikation ist immer eine „Under-cover-Aktion" mit dem Ziel, Ihre Gesprächspartner (bei Spielen wohl eher Gesprächsgegner) in eine Falle zu locken. Spiele kennen nur Sieger und Besiegte. Offenheit und eine kooperative Atmosphäre bleiben hier auf der Strecke. Versucht man, Sie in ein Spiel hineinzuziehen, beenden Sie diesen Versuch mit Offenheit.

Zeigen Sie, daß Sie es durchschaut haben, und schlagen Sie konstruktive, neue Schritte vor, die für beide Seiten fair und einsichtig sind.

Killerphrasen

„Das haben wir immer so gemacht" und Floskeln wie *„Ich möchte meinen"* bringen das Gespräch ebenfalls nicht voran. Derart leere Sprüche sind nur destruktiv und verhindern Lösungsvorschläge und den Austausch von Ideen.

Ebenso destruktiv und erfolgreichen Vertragsgesprächen hinderlich sind Konfliktstrategien.

Verkaufsgespräche sollen mit Verträgen enden und nicht mit Verletzten. Lassen Sie also Konfrontationen beiseite. Sie sind nur dort sinnvoll, wo sie zur Selbstbehauptung unbedingt notwendig sind.

Trotz aller Planungen

Gespräche laufen nicht immer wie geplant. Es wird immer wieder Situationen geben, in denen unvorhergesehene Schwierigkeiten auftreten und der Kunde dichtmacht. Solche Momente können einen sicher geglaubten Erfolg leicht in einen Mißerfolg verwandeln, wenn Sie nicht angemessen reagieren. Aufkommende negative Emotionen sollten Sie ins Leere laufen lassen. Versuchen Sie, mit gezielten, an Sachlichkeit orientierten Fragen Spannungen zu neutralisieren. Und vermeiden Sie in einer solchen Situation, mit einer Verteidigungshaltung zu kontern. Das Gespräch könnte allzuschnell in ein Feuerwerk verbaler Ausbrüche abgleiten.

---

wahres Problem nicht erkennen oder, schlimmer noch, ignorieren und ihm im Durchmarsch Ihr Versicherungsangebot aufzudrücken versuchen, dürfen Sie sich nicht wundern, wenn Krause dicht macht. Er würde den Eindruck gewinnen, Sie verstünden ihn nicht – und hätte damit vollkommen recht.

(Self-)Marketing

Hans Eisele

*studierte Politik, Germanistik
und Geschichte.
Er ist Inhaber der PR-Agentur
EISELE & PARTNER in Heidelberg*

Der schwierige Kunde

Da hilft kein Jammern, es gibt ihn: Den schwierigen Kunden. Wie führt man nun das Verkaufsgespräch mit so einem Kunden, der irgendwie nicht weiß, aber eigentlich ja doch weiß und irgendwie nicht will? Worum geht es in solchen Verkaufsgesprächen? Worüber wird eigentlich gesprochen? Ohne Berücksichtigung der Reihenfolge wird der Gesprächsinhalt meist folgender sein:

- Was ist der Bedarf des Kunden?
- Welches Angebot kommt in Frage?
- Welche Merkmale hat das Produkt? („*Wir sind besser*").

Weitere Themen könnten sein:

- Zusatzleistungen, Preis oder Konditionen, sonstige Leistungen für den Kunden etc.

So klappt es meist – nicht immer. Im Verkaufsgespräch versucht der Verkäufer, die Gedanken des Kunden zugunsten einer Entscheidung zu beeinflussen – zunächst will er den Kunden besser einschätzen. Mit dem Interesse des Kunden am Verkaufsgespräch wächst der Einfluß des Verkäufers auf den Kunden.

Der schwierige Kunde hat jedoch relativ viel weniger Interesse daran, was der Verkäufer zu sagen hat. Oft weiß er nicht, was er will – und hat Angst, jemand nutzt das aus. Oder sein Interesse zielt nur auf den Preis „*Entweder Sie können zu diesen Bedingungen liefern, oder ich entscheide mich anders.*" Ist es im ersten Fall eine Frage des Einfühlungsvermögens, den Kunden richtig zu beraten, so geht es im zweiten Fall eher um Psychologie und Durchsetzungskraft. Betrachten wir zunächst den ersten Fall:

Was nun?

Wechseln Sie die Perspektive und betrachten Sie nacheinander

- den Markt des Kunden (Aus welchem Sortiment wählt er?) und seine möglichen Aktivitäten in diesem Markt,
- die Pläne und die Kalkulation des Kunden,
- die internen Probleme und die privaten Themen des Kunden,
- die Spezifikation seines Bedarfs und
- *beweisen* Sie Ihre Vorüberlegungen durch Ihr Angebot.

Der Spitzenverkäufer

hat gerade bei schwierigen Kunden sehr oft ein gutes Gefühl für Zeitverschwendung: Er redet nicht über das Produkt. Er redet über alles Mögliche. *Trotzdem* verkauft er sehr gut!

Also was macht er wirklich? Er redet mit dem Kunden im Prinzip nur über dessen Sorgen und Probleme.

Das Produkt, das er verkaufen will, sowie die Ziele seines Unternehmens kommen in diesem Verkaufsgespräch fast gar nicht vor. Er empfiehlt sich als persönlicher Lebens-/Produktberater des Kunden. Verkaufen – das geschieht nebenbei. Manchmal geht es sogar soweit, daß der Verkäufer den Kunden richtiggehend managt. Der Verkäufer wird zum – Kundenmanager.

So entsteht Vertrauen, das Fundament positiver Entscheidungen. Natürlich

Vom Umgang mit schwierigen Kunden

verliert der Verkäufer sein Ziel nicht aus den Augen – es ist ja der Anlaß des Gespräches: Er verfolgt es aber anders.

Die Wippe

Wie aber gelingt es dem Verkäufer im zweiten Fall, sich mit seinen Argumenten beim Kunden durchzusetzten? Stellen Sie sich eine Wippe vor. Der Kunde links, der Verkäufer rechts. Beide haben je zwei gasgefüllte Ballons in den Händen. Die Ballons des Kunden repräsentieren seinen Bedarf an den Produkten, die der Verkäufer offeriert. Der Kunde will/muß/kann entscheiden, wo er seinen Bedarf deckt. Die Ballons des Verkäufers stellen seine Argumente dar.

Normalerweise halten sich beide im Gleichgewicht. Der Verkäufer hat gute Argumente für seine Produkte, der Kunde respektiert den Verkäufer als einen vernünftigen Gesprächs- und Geschäftspartner.

Trifft der Verkäufer mit denselben Argumenten auf einen schwierigen Käufer, so muß er erleben, das seine Argumente plötzlich nicht gelten. Sie interessieren den Kunden nicht, im Gegenteil: Der Kunde schießt dem Verkäufer ein Argument nach dem anderen ab.

Für diesen Kunden ist nur eines wichtig, nämlich der günstigste Preis. Diesem Kunden geht es also letztlich darum, den Verkäufer zu erpressen.

Das Bild von der Wippe hilft zum besseren Verständnis dessen, was zwischen Verkäufer und Kunde vorgeht: Hat der Kunde dem Verkäufer dessen erstes Argument vom Tisch gewischt (bildlich gesprochen: abgeschossen), wird der Verkäufer nach unten sinken und der Kunde nach oben schweben. Danach wird der Kunde auch alle anderen Argumente abschießen. Das Resultat ist klar: Der Verkäufer ist am Boden, der Kunde schwebt himmelhoch und ist unerreichbar geworden.

Argumentation, das heißt rationaler Austausch von Beweisgründen, funktioniert nur dann, wenn die Gesprächspartner auf gleichem Niveau sind. Der Kunde oben auf der Wippe *kann* nur diktieren. Im Ergebnis führen solche Verkaufsgespräche zu Aufträgen, die Sorgen statt Erträge einbringen.

Verkäufer und Kunde müssen sich also im Gleichgewicht befinden – überhaupt dann erst darf der Verkäufer argumentieren. Alles andere ist verschwendete Zeit. Wichtig: Beim Verlust des ersten Argumentes gerät die Wippe aus dem Gleichgewicht.

Nur ein Argument!
Wichtig:

Ein Verkäufer braucht keinen dicken Katalog, aus dem er ein Argument nach dem anderen ins Feld führt, bis der Kunde endlich anbeißt, sondern nur ein einziges Argument. Dieses Argument verteidigt er mit Händen und Füßen, wenn er gewinnen will.

Dieses Modell der Wippe öffnet uns die Augen für einen der wichtigsten Aspekte für die Durchsetzungsfähigkeit im Verkauf wie auch im Privaten: Gleichgewicht! Sobald das erste Argument

Nur wer sich in den Kunden und dessen Situation einfühlt und so dessen wahre Motive und Bedürfnisse erkennt, kann daraus Gewinn ziehen.

Königs-Regeln

Wie die meisten unserer Gespräche sind auch Verkaufs- und Kundengespräche Rituale. Sie folgen bestimmten, unsichtbaren Regeln. Oft genug hängen Geschäftserfolge davon ab, wie gut Verkäufer und Berater die hohe Kunst der verbalen und nonverbalen Kommunikation beherrschen. Kontaktfreude und Spontanität sind gut, allein nutzen sie aber nur wenig. Der Kunde möchte gekonnt umworben sein. Und das Wissen um das, was ein Verkaufsgespräch im Innersten zusammenhält, ist wertvolles Know how für jeden, der mit Kunden umgeht.

Zur Erinnerung: König Kunde ist jeder, von dem wir etwas wollen!

Harte Arbeit

Sie steht vor dem Erfolg! Und die beginnt mit der Gesprächsvorbereitung. Stellen Sie fest, worum es bei dem Treffen gehen soll und wer teilnimmt. Im ersten Schritt wird dann der Rahmen

Preisfrage: Wer ist hier der Kunde ...?

* Antworten:
a) der gezogen wird (bitte lesen Sie die Seiten 138/9 noch einmal)
b) der zieht (bitte lesen Sie die Seiten 138/9 noch einmal)
c) keiner von beiden (bitte blättern Sie weiter)

(Self-)Marketing

DIE 7 GEBOTE DES VERKAUFENS

1 Behandle alle Kunden wie Deinen besten: Manage und berate sie.

2 Du sollst nicht nur verkaufen: Mach Deinen Kunden glücklich!

3 Zeige Dich Deinem Kunden als Profi, *bevor* Du ihm etwas zu verkaufen versuchst.

4 Du sollst nur *ein* übergeordnetes Argument für Dein Produkt und Dein Unternehmen haben.

5 Alle Argumente richten sich stets auf die Bedürfnisse des Kunden.

6 Gestatte keinem Kunden Dein (Profi-)Argument *abzuschießen*; denn danach gibt es keinen Austausch der Argumente mehr, sondern nur noch das Kundendiktat.

7 Sei nicht untertänig, denn auf den Unbedeutenden hört man nicht! Du bekommst als Unbedeutender nur Gnadengeschäfte, bei denen der Kunde alles bestimmt (aber nicht zwangsläufig auch bekommt, was er braucht!).

8 Du sollst Dir von Deinem Unternehmen Unterstützung holen.

Niederlagen sind nicht Ihr Thema ...

Hans im Glück Ⓜ

---

des Gespräches festgelegt. Er beeinflußt wesentlich den Verlauf der Kommunikation.

Machen Sie sich klar – vielleicht mit Hilfe einer Checkliste –, welches Ihre eigenen Ziele und Interessen sind und worin Ihr Angebot besteht:

Kennen Sie alle Stärken des Kunden, auch seine Schwächen? Kennen Sie alle Argumente, die dafür sprechen, aber auch die Knackpunkte und K.O.-Fak-

---

toren? Wissen Sie, wie Sie widrige Argumente entkräften und für sich nutzen können? Fast jeder Einwand läßt sich in ein Pro-Argument umwandeln, wenn Sie mit Sachkenntnis und Kreativität überzeugen.

Selbst aus dem K.O.-Argument *„Das ist mir zu teuer!"* läßt sich noch die Erkenntnis gewinnen, daß dem Kunden die angebotene Ware oder Dienstleistung eigentlich gut gefällt.

Also: Führen Sie andere Vorteile an, die vielleicht den Preis in den Hintergrund treten lassen.

Ein selbstsicheres *„Ich will sprechen"* (oder: *„Lassen Sie mich das aufgreifen ..."*) in Verbindung mit einem spritzigen und humorvollen Gesprächsstil unterstützt Sie dabei.

Aber **Vorsicht:** Schauspielern Sie nicht! Nur die eigenen authentischen Stärken machen Eindruck.

Sie sollten auf jeden Fall der Versuchung widerstehen, Bezirksleiter Müller nachzuahmen, *gerade* auch dann, wenn Sie ihn als Verkaufskanone bewundern und als Vorbild verehren.

Reden ist Silber ...

Bevor Sie nach gründlicher Vorbereitung in die Höhle des Löwen gehen, machen Sie sich bewußt, daß Kommunikation über den verbalen Austausch von Worten weit hinausgeht. Sitzhaltung, Augenkontakt, Bewegungen, also alle nichtsprachlichen Botschaften Ihrer Gestik und Mimik nehmen die Gesprächsteilnehmer ebenso wahr wie Ihre Äußerungen.

Zeigen Sie mit Ihrer Körpersprache Interesse am Thema und an den Menschen. Wenden Sie Ihren Oberkörper Ihrem Gegenüber zu, und wecken Sie so in ihm den Eindruck Ihrer Aufgeschlossenheit.

Die Ohren auf ...

„Reden ist Silber, Schweigen ist Gold" – dieses Sprichwort bewahrheitet sich in jedem Verhandlungs- oder Verkaufsgespräch aufs Neue. Denn das Wichtigste am Gespräch ist nicht das Reden – das können Sie! – sondern das *aktive Zuhören*.

Schließlich geht es um die Bedürfnisse des Kunden, und nur er/sie kann Ihnen sagen, welche Wünsche Sie erfüllen sollen. Diese mehr oder minder eindeutigen Botschaften müssen Sie entschlüsseln.

So paradox es klingen mag: Aktives Zuhören trägt dazu bei, Sachverhalte mit den Augen des Kunden zu sehen. Professionelle Verkäufer wissen, welche elementare Bedeutung die individuelle Zuhörfähigkeit hat.

Zu den schönsten Fehlern gehört es, Kunden Lösungen anbieten zu wollen, zu denen diese gar nicht die passenden Probleme haben.

Wie lernt man aktives Zuhören? Die Methode ist recht simpel: Geben Sie Ihrem Gesprächspartner, nachdem er seine Aussagen beendet hat, eine kurze Zusammenfassung des Gehörten. Sie wird *Ihnen* zeigen, ob Sie die Worte des Kunden richtig verstanden haben, und Ihr Gesprächspartner *fühlt* sich von Ihnen verstanden. Wenn Sie ein Signal der Zustimmung erhalten – Worte, ein Nicken, die Hinwendung seines Körpers zu Ihnen – haben Sie die erste Stufen zum Abschluß genommen. Hätte sich der Kunde mißverständlich ausgedrückt und/oder haben Sie deshalb den Gesprächsinhalt falsch wiedergeben, so hat der Kunde nun Gelegenheit, Sie zu korrigieren und seine tatsächlichen Bedürfnisse wissen zu lassen. Wiederholen Sie erneut, was Sie verstanden haben, solange, bis keine Mißverständnisse zwischen Ihnen mehr bestehen.

... und intelligent zuhören!

Aktives Zuhören meint freilich mehr als ein bloßes Nachplappern des Kundenproblems. **Beispiel:** Ein aufgrund seines Outfits gutsituiert wirkender Kunde betritt ein Juweliergeschäft und äußert nach freundlichem Gruß den Wunsch nach einem goldenen Armband. Aktives Zuhören bedeutet nun weiß Gott nicht, daß der Juwelier wie ein Papagei fragen sollte: *„Habe ich Sie richtig verstanden: Sie suchen ein goldenes Armband?"*

Der Profi hört nicht nur zu, sondern denkt auch mit. Er sagt im richtigen

Tonfall: *„Dann möchten Sie sicher jemandem eine große Freude machen?"* Auch wer sich selbst beschenken will, kann dazu nicht *„Nein!"* sagen?! Häufiger aber wird die Antwort etwa so lauten: *„Ja, meine Frau hat Ihren Doktor gemacht."*

„Herzlichen Glückwunsch", sagt darauf der Verkäufer, *„das ist sicher ein Grund, stolz zu sein."* Und fragt jetzt nicht etwa, welche Preislage oder welches Gold es sein soll, sondern: *„Darf ich fragen, in welchem Fachgebiet?"*

„Sie ist Medizinerin …"

Durch Empathie, durch Einfühlung also, entstehen Sympathien. Der Käufer fühlt sich wahr-genommen, an-erkannt. Der Kauf des Armbandes wird kaum noch zu verhindern sein.

Der Schlüsselsatz: *„Da möchten Sie sicher jemandem eine große Freude machen?"* verdeutlicht das aktive Zuhören. Er zeigt die Fähigkeit des Verkäufers, sich in den Kunden einzufühlen.

... weil Sie haben Rudi.

Kurz:

RAUS AUS DEM PSYCHOTIEF

Ein 10-Punkte-Programm

1 Gehen Sie positiv an Ihre Aufgabe heran. Haben Sie keine Angst und keinen Zweifel an Ihrer Leistungsfähigkeit.

2 Lassen Sie sich nicht von Ihren schlechten Gefühlen beherrschen. Steuern Sie Ihre Gedanken selbst.

3 Verbannen Sie negative Gedanken aus dem Arbeitsalltag. Beschäftigen Sie sich in ruhigen Stunden damit.

4 Überlegen Sie, wie Ihre persönliche Erfolgsformel lautet, die Ihnen hilft, in Verhandlungen konzentriert zu sein und auftauchende Probleme erfolgreich zu bewältigen.

5 Knüpfen Sie an Ihre vorangegangenen Erfolge an. Versetzen Sie sich vor der nächsten Verhandlung in Ihre frühere Erfolgsstimmung.

6 Spielen Sie schwierige Situationen in der Phantasie durch, und entwickeln Sie Bewältigungsstrategien.

7 Lernen Sie Entspannungstechniken kennen. Wer entspannt ist, kann keine Angst haben, auch nicht vor Mißerfolgen.

8 Analysieren Sie ihre persönlichen Erfolgsmotive. Wer weiß, was er erreichen will, ist motiviert.

9 Tanken Sie so oft wie möglich positive Energie auf.

10 Machen Sie sich klar, wie Sie Niederlagen am besten überwinden und auf neue Erfolge hinsteuern können.

(Self-)Marketing

Sieglinde Schneider

*ist Diplom Kauffrau und Geschäfts-
führende Gesellschafterin der
Accente Public Relations GmbH,
Frankfurt/Main*

Wie fasziniert man Zuhörer, wie zieht man sie in seinen Bann? Und wie vermeidet man Vortragskiller? Hier ein paar Techniken, Tricks und Hilfsmittel für eine erfolgreiche Präsentation.

1. Jetzt sind Sie der Boss!

Sie sind der Hauptdarsteller! Wenn Sie die Rolle bewußt und mit einem guten Gefühl annehmen, dann präsentieren Sie sich in Bestform. Für die Dauer Ihres Vortrags haben Sie die Chance, den Takt vorzugeben.

2. Keine Unterbrechungen!

Fragen und Diskussionen sind wichtige Rückmeldungen, aber erst nach Ihrem Vortrag. Lassen Sie sich nicht aus dem Konzept bringen. Gestatten Sie Fragen während der Präsentation nur als Ausnahme. Manche Frage klärt sich aus den folgenden Ausführungen. Hinterher läßt sie sich in den meisten Fällen umfassender beantworten und setzt Diskussionen in Gang. Außerdem entlasten Sie sich durch diese Vorgehensweise von zusätzlichem Streß.

3. Zuhörer sind Menschen!

Deshalb muß man sie faszinieren. Dafür ist (fast) jedes Mittel recht, etwa Emotionen schüren oder auf Hobbies eingehen: Greifen Sie die individuelle Situation der Zuhörer auf. Suchen Sie Parallelen im Sport, wenn Sie wissen, daß Sie es mit Sportfans zu tun haben.

4. Halten Sie Augenkontakt!

Der Einstieg ist auch für souveräne Referenten die schwierigste Phase der Präsentation. Ein fremdes Auditorium wirkt anfangs wie eine gesichtslose Masse. Nähern Sie sich durch Augenkontakte. Ringen Sie den Zuhörern ein bestätigendes Lächeln oder Nicken ab. Das gibt Sicherheit und lockert die Atmosphäre. Konzentrieren Sie sich dabei auf freundliche und interessierte Gesichter. Mit den Skeptikern können Sie sich auseinandersetzen, wenn Sie sich warmgeredet haben.

5. Schnell auf den Punkt!

Sprechen Sie eine einfache Sprache. Keine gedrechselten Schachtelsätze, kein verbales Imponiergehabe oder Fachchinesisch. Klare Satzkonstruktionen, bildstarke Wörter, ein logischer Aufbau: Reden Sie nicht um den heißen Brei, kommen Sie auf den Punkt. Vermeiden Sie Konjunktive und Passivformen. Zeigen Sie Selbstbewußtsein, auch sprachlich.

6. Sprechen Sie frei!

Ein abgelesener Vortrag, womöglich noch aus einem Manuskript, das den Zuhörern vorliegt, ist tödlich! Andererseits sind nur wenige begnadete Redner in der Lage, ganz ohne Manuskript zu sprechen. Schreiben Sie Ihre Hauptthesen und die Grundstruktur Ihrer Präsentation auf Karteikarten. Und halten Sie sich auch während des Vortrags an diesen Fahrplan. Sonst laufen Sie Gefahr, sich in Nebensächlichkeiten zu verhaken.

7. Bilder unterstützen!

Machen Sie Ihrem Publikum das Zu-

Wie Sie richtig reden und präsentieren

hören leicht: Lassen Sie Bilder sprechen. Zahlen werden in Grafiken anschaulich. Schwierige Zusammenhänge sind so leichter zu erklären, Schwerpunkte deutlicher herauszustellen. Nutzen Sie Dias mit farbigen Grafiken, schematische Darstellungen – oder auch reale Bilder. Kurze Videos können ebenfalls Aufmerksamkeit und Interesse auslösen.

Vorsicht: Weniger ist oft mehr! Zuviel Material zerfleddert Ihren Vortrag!

8. Charts sind Spickzettel

Bewährt ist die Methode, wichtige Aussagen auf Charts per Overhead-Projektion zu präsentieren. Das hat einen doppelten Effekt: Das Publikum nimmt zentrale Aussagen doppelt auch – mit Augen und Ohren. Der Vortragende hat seinen roten Faden, auf den er seine Ausführungen aufbauen kann. Und er kann auf seinen Spicker verzichten.

9. Dynamik im Vortrag

Nutzen Sie nicht nur statische Charts mit Grafiken. Bereiten Sie Grafiken vor, die Sie ergänzen können, in die Sie hineinmalen können. Ergänzen Sie. So zeigen Sie flexible Souveränität. Durch ein aktives Vorgehen ziehen Sie ihre Zuhörer immer wieder in Ihre Ausführungen hinein.

10. Bilder passend zur Aussage

Charts und Grafiken, mit denen Sie Ihre Präsentation unterstützen, müssen genau aufeinander abgestimmt sein. Ihr Vortrag muß das visuelle Bild, das Sie Ihren Zuhörern zeigen, unterstreichen,

ergänzen und präzisieren. Das Bild selbst muß die Hauptaussage enthalten, ohne überladen zu werden. Auch hier ist weniger mehr. Zu viele Informationen auf einem Chart verwirren, lenken von den ergänzenden Ausführungen des Vortragenden ab.

11. Die richtige Grafik!

Sachzusammenhänge sollen eindeutig und widerspruchsfrei ablesbar sein.

- **Kreisdiagramme** eignen sich für Strukturvergleiche, wenn Teilgrößen eines Ganzen in Prozent dargestellt werden sollen, etwa Branchenanteile einzelner Unternehmen.
- **Balkendiagramme** verdeutlichen Rangfolge-Vergleiche. Sie bewerten Objekte untereinander, zum Beispiel die Rangfolge der wichtigsten Wettbewerber auf dem Markt.
- **Säulendiagramme** zeigen Veränderungen in bestimmten Zeitabschnitten. Sie eignen sich für Zeitreihenvergleiche, etwa der Umsatzentwicklung im Mehrjahresvergleich.
- **Kurvendiagramme** veranschaulichen Veränderungen über längere Zeiträume.

12. Kompetenzbeweise

Stellen Sie Ihren Vortrag in Zusammenhang mit bekannten großen Denkern, neuen Theorien oder zeitaktuellen Ereignissen. Wagen Sie Thesen, auch wenn Sie damit Kontroversen auslösen. Das bringt Bewegung in Ihr Publikum. Nutzen Sie Zitate, aber achten Sie darauf, daß Sie Originalität beweisen und Ihre Zuhörer nicht mit dem

Zitatenschätzlein aus alten Schultagen langweilen.

13. Stellen Sie Nähe her!

Dozieren Sie nicht aus Ihrem Fachgebiet. Sammeln sie Informationen über Ihr Publikum und deren Informationslücken. Nehmen Sie, wo immer dies möglich ist, Bezug auf sie, auf ihre Branchenprobleme. Reden Sie in der Sprache Ihrer Zuhörer.

Greifen Sie Fragen auf, die Sie am Rande Ihrer Präsentation aufgeschnappt haben oder im Vorgespräch gefallen sind. Beziehen Sie Anwesende mit ein, indem Sie sie namentlich in Ihrem Vortrag erwähnen. Dies schmeichelt jedem.

14. Tagesaktuelle Bezüge

Informieren Sie sich zur Vorbereitung rund um Ihr Vortragsthema. Seien Sie auf dem aktuellen Stand der Tages- und Fachdiskussion. Sie zeigen so, daß Sie gut informiert sind und aktuelle Trends schon in Ihre Überlegungen mit einbezogen haben. Man schließt daraus auf Ihre Flexibilität.

15. Zwischenergebnisse

Ihr Publikum soll Ihren Gedanken und der Logik Ihrer Präsentation folgen. Wiederholen Sie wichtige Aussagen. Machen Sie Schnitte, und fassen Sie Zwischenergebnisse zusammen.

16. Seien Sie unkonventionell!

Erlauben Sie sich einen Scherz, als Einstieg etwa. Aber bitte nur, wenn Sie dafür eine Ader haben. Nichts ist peinlicher als ein Kalauer, der danebengeht.

(Self-)Marketing

WAS IST SOZIALE KOMPETENZ?
DIE SPRACHE DES ERFOLGS

Schon gehört: Wer die Karriereleiter hinaufklettern will, braucht mehr als Ehrgeiz & Ellenbogen - man (und frau) braucht „Soziale Kompetenz".
Was heißt das eigentlich?

Definition: Soziale Kompetenz entsteht durch das synergetische Zusammenwirken von Selbstbewußtsein, Verantwortungsbewußtsein und Mündigkeit. Nur wenn die drei Aspekte verknüpft werden und in Einklang stehen, kann sozial kompetente Handlungsfähigkeit entstehen. Soziale Kompetenz bedeutet demnach im menschlichen Miteinander: Das Ausmaß, in dem der Mensch fähig ist, im privaten, beruflichen und gesamtgesellschaftlichen Kontext selbständig, umsichtig und nutzbringend zu handeln.

Mehr als Funktionieren

In der gängigen Managementliteratur wird soziale Kompetenz häufig auf die Fähigkeit zur Teamarbeit reduziert. Zudem wird suggeriert, mit (ein wenig) Toleranz, Sensibilität, Verständnisbereitschaft und Kommunikationsfähigkeit ließe sich sozial kompetentes Verhalten erlernen und auf Kommando abspulen.

Soziale Kompetenz geht jedoch weit über diese „Effektivitätskriterien des menschlichen Miteinander" hinaus!

Man könnte soziale Kompetenz vielleicht mit dem Musizieren in einem Orchester vergleichen: Zwar kann man dem angehenden Musiker die Handhabung seines Instrumentes erklären und die Bedeutung der Noten lehren. Um jedoch ein harmonisches Klangbild im Ensemble zu erzeugen, ist ein gewisses Können erforderlich. Und das erfordert jahrelange Übung und setzt voraus, daß sich die Mitglieder des Orchesters innerlich aufeinander einstellen und einlassen.

Zwei Hauptaspekte vor allem bestimmen das Maß an sozialer Kompetenz, die ein Mensch vorweisen kann. Zum einen die Entfaltung der eigenen Persönlichkeit als Voraussetzung für selbständiges und selbstbewußtes Handeln. Zum anderen die Fähigkeit, in der Gemeinschaft (in Familie, Schule, Betrieb, Gesellschaft) zu leben, zu arbeiten, Verantwortung zu übernehmen und aktiv als mündiger Bürger an der gesellschaftlichen Entwicklung mitzuwirken.

Es ist also vorrangige Aufgabe jedes einzelnen, sich mit seinem Selbstbewußtsein, seinem Können und in voller Verantwortungsbereitschaft für den Erhalt der Gesellschaft, der Natur und der Umwelt aktiv einzusetzen. Selbstbestimmung und Verantwortung sind Recht und Pflicht zugleich!

Soziale Kompetenz ist also immer ein Balanceakt zwischen Selbstverwirklichung und gelungener Anpassung an die Normen, Werte und Anforderungen, die Dritte an uns stellen.

Gelingt dieses Ausbalancieren zwischen den beiden Polen nicht, so können zwei extreme Verhaltensweisen auftreten:

Zum einen orientiert sich der Mensch ausschließlich an sozialen Normen und Rollenerwartungen und verliert so als *gesellschaftliche Marionette* sein Eigenleben. Im anderen Fall zieht er sich in egozentrischer Weise in seine Individualität zurück. In beiden Fällen ist das soziale Zusammenleben erschwert oder unmöglich gemacht: Fälle für den Psychiater.

Ein Fähigkeitsbündel

Im Umgang mit sich selbst addieren sich folgende Aspekte zu sozialer Kompetenz: Aufrichtig-, Kritikfähig- und Konfliktfähigkeit, Frustrationstoleranz, Selbststeuerung und Rollendistanz. Ergänzend kommen sowohl die Sensibilität für die eigenen Bedürfnisse, wie auch die Fähigkeit zum Bedürfnisaufschub hinzu.

Im Umgang mit anderen sind Kooperations-, Kommunikations-, Integrations- und Kompromißfähigkeit besonders gefragt. Dazu kommen natürlich Toleranz und Respekt, Offenheit, Verständnis- und Vertrauensbereitschaft. Soziale Kompetenz wirkt gewissermaßen als Abpufferungs- und Stabilisierungsmittel, welches das *System Mensch* vor dem Umkippen bewahrt. Es geht nicht nur um ein mechanistisches Funktionieren, sondern um ein komplexes Gefüge aus Wahrnehmungs-, Denk- und Handlungsstrukturen, Grundlage für ein erfolgreiches Miteinander.

Als kommunikationsfähiger Mensch können Sie sich in die Problemsituation – und vor allen Dingen in die emotionale Lage – Ihres Kunden hineinversetzen und seinen Wunsch verbalisieren. Durch Ausrichtung auf den Menschen zeigen Sie zugleich professionelles wie menschliches Verkaufen.

Wer fragt, führt

In einem Dialog mit Kunden oder Verhandlungspartnern kann es natürlich nicht nur ums, wenn auch intelligente Zuhören gehen. **Stellen Sie Fragen.** Denn auch sie lassen Probleme und Wünsche der Befragten erkennen und erleichtern den emotionalen Zugang zum Kunden. So fördern *offene* Fragen den Dialog – das sind solche Fragen, die nicht mit Ja oder Nein zu beantworten sind. Darüber hinaus sichern Sie sich das Interesse und die Initiative des Gesprächsverlaufs.

Fragen dürfen niemals zu weit in die Intimsphäre des Gesprächspartners reichen oder – wo das nicht ganz zu vermeiden ist – müssen dem Kunden Möglichkeiten eröffnen, einer Frage umschreibend auszuweichen.

Es ist nicht schwierig und erfordert nur ein wenig Übung, den Punkt im Gespräch zu erkennen, an dem Ihr Gegenüber den Sachgegenstand verlassen und auf die persönliche Ebene hinüberleiten will (weil vielleicht genau da das eigentliche Problem sitzt). Folgen Sie ihm, aber nur so weit, wie er Sie mitgehen läßt. Wechselt er wieder zum ursprünglichen Thema, so verharren Sie nicht bei der Schilderung Ihres geplanten Sommerurlaubes, son-

dern schwenken elegant zum Business zurück. Ein zuvor erstellter Fragen- und Gesprächsthemenkatalog kann helfen, das Gespräch zu strukturieren.

Die aktive Aussage

Kunden wollen aber nicht nur selbst reden, sondern – natürlich – auch zuhören! Schließlich suchen sie Antworten, wollen Lösungsvorschläge und Ideen kennenlernen. Dazu sind Präsentationen geeignet.

Sie sollten die Gunst der Stunde gleichwohl nicht zu einer ausgiebigen Selbstdarstellung mißbrauchen. Nicht Sie – sondern der Kunde und dessen Wünsche stehen im Mittelpunkt.

Damit sein Informationsbedürfnis ohne aufkommende Langeweile befriedigt wird, sollte eine Präsentation folgende Grundsätze befolgen:

- Eine einfache Darstellung des Themas, auf den Punkt gebrachte, klar gegliederte Inhalte, *merk*-würdige Formulierungen in schwungvollem

Vortragsstil – damit wecken Sie das Interesse des Kunden und lassen ihn nicht einschlafen.

- Stellen Sie zu Beginn der Präsentation Ihre eigene Sicht der Dinge dar, begründen Sie diese und machen Sie sie an einem Beispiel deutlich.
- Fordern Sie Ihren Partner in einem letzten Schritt zu einer praktischen Entscheidung auf, mit der er sich auseinandersetzen muß.

Und: Ihre Stimme ist ein wichtiger Kommunikationsbaustein im Gespräch. Artikulation und Aussprache bestimmen den Eindruck, den Sie bei den Kunden hinterlassen. Deswegen sind Übungen, die zu lautes oder undeutliches Sprechen korrigieren helfen, keineswegs albern-überflüssige oder gar eitle Anstrengungen.

Am besten ist es, sachlich, ruhig und klar zu sprechen und wichtige Punkte der Rede durch eine angehobene Stimme hervorzuheben. Sparsam, aber wirkungsvoll eingesetzte Gesten unterstreichen das Gesagte.

Der erste Eindruck täuscht: Das (erfolgreiche) Geschäftsgespräch bei Tisch ist selten einfach.

KURZ:

KOMPETENZGERANGEL
HANDLUNGS- UND SOZIALE KOMPETENZ

Steigende Anforderungen

Fachwissen und eine gute Allgemeinbildung alleine reichen heute nicht mehr aus, um im Berufsalltag durch Leistung auf- und nach oben zu fallen. Frei nach Goethe: Weise sei der Mensch, schnell – und handlungskompetent. Handlungskompetenz steht seit ein paar Jahren ganz oben auf der Wunschliste von Personalchefs und Vorgesetzten.

„Was ist das nun wieder?"

Antwort: Wer über Handlungskompetenz verfügt, kann …

- sich systematisch einer Fragestellung nähern;
- auch unorthodoxe Wege einschlagen, wenn andere nicht greifen;
- Informationen richtig einordnen;
- logische Schlußfolgerungen ziehen;
- Zusammenhänge und Interdependenzen verstehen;
- Informationen neu kombinieren;
- Bestehendes in Frage stellen und
- Entscheidungen treffen.

Doch auch jetzt sind Sie noch nicht umfassend vorbereitet: Trotz Handlungsspielraum, Fachwissen und vorhandenen Informationen, trotz modernster Technik und weltweitem Datenaustausch geht nichts ohne soziale Kompetenz.

Und das bedeutet im Klartext, mit sich im Einklang zu stehen, Ziele klar artikulieren zu können sowie fähig zu sein zu Kommunikation, Interaktion und Kooperation mit anderen.

Soziale Kompetenz

Den Umgang mit anderen lernen Sie seit frühester Kindheit: In Kindergarten, Schule und Universität, spätestens aber am Arbeitsplatz. Denn: Intriganten, Büromuffel, Buckler und Fieslinge sind im Kollegenkreis unbeliebt bis verhaßt, und das merkt jeder Chef sehr schnell (nicht selten dank eines dezenten Hinweises …) Daß Ihre Kollegen Sie nicht (mehr) akzeptieren, könnten Sie vielleicht noch verwinden; aber Sie haben sich dadurch auch die Aussicht auf eine Beförderung verbaut: Wie soll man Ihnen in Zukunft die Motivation von Mitarbeitern zutrauen, wenn Sie nicht mal unter Kollegen ankommen?

Sein oder Nicht-Sein

Das Verhalten Ihrer Kollegen gibt Ihnen darüber Aufschluß, ob man Sie für sozial kompetent hält, oder eben nicht:

- Verstummen die Kollegengespräche, wenn Sie den Raum betreten?
- Erfahren Sie von privaten Verabredungen unter den Kollegen meist erst im nachhinein?
- Übergeht man Sie bei Sammelaktionen für Geburtstagsgeschenke?

Haben Sie hier ein-, zweimal mit JA geantwortet, ist Ihre soziale Kompetenz noch nicht stark genug entwickelt. Hier sollten Sie an sich arbeiten.

Aber *Vorsicht:* Soziale Kompetenz bedeutet nicht, sich bei Kollegen und Vorgesetzten einzuschmeicheln. Das wird in der Regel schonungslos geahndet.

Hinterher

Die Nachbereitung des Gesprächs ist ebenso wichtig wie seine Vorbereitung. Überprüfen Sie den Erfolg und besonders den Mißerfolg. Analysieren Sie, wo Ihre Stärken und Schwächen gelegen haben. Pflegen Sie entstandene Kundenkontakte durch regelmäßige Gespräche. So bleiben Sie auf dem laufenden und König Kunde wird so vielleicht zum *Königskunden*.

Denke nie an Niederlagen

Gute kommunikative Fähigkeiten erhöhen die Aussicht auf den Erfolg, aber das Ergebnis hängt nicht nur davon ab. Wenn Sie in Ihrer Verhandlung nicht zum gewünschten Ziel gelangt sind, nehmen Sie es nicht als Katastrophe. Versuchen Sie, möglichst schnell aus dem Tief herauszukommen.

Wer resigniert, überträgt seine Stimmung leicht auf Kollegen, Vorgesetzte, Kunden – und den Partner; er gerät schnell in die Rolle eines Loosers, dem dann auch weiterhin das Glück nicht beschieden sein wird.

Denken Sie positiv – und an den berühmten Satz von Winston Churchill: *„Denke nie an eine Niederlage. Halte durch und höre nie auf, es zu versuchen. Habe eine hohe Meinung davon, was du sein kannst. Ein Fehler oder eine Niederlage sind kein Grund, an sich selbst zu zweifeln. Sie sind lediglich ein Hinweis, daß wir uns in dieser Situation nicht optimal verhalten haben. Positiv denken heißt nicht, Unerfreuliches nicht wahrzunehmen und die*

Augen vor der Wirklichkeit zu verschließen, sondern aus jeder Situation das Beste zu machen und an Herausforderungen zu wachsen."

Kritische Analyse

Gehen Sie im Geiste die schiefgelaufene Verhandlung noch einmal durch:

• Wie klang Ihre Stimme?

• Welchen Gesichtsausdruck haben Sie gezeigt?

• Wie war Ihre Körperhaltung?

• Wie haben Sie sich gefühlt?

• Wie haben Sie auf die Einwände Ihres Gegenübers reagiert?

• Und vor allen Dingen: Mit welchem Gefühl sind Sie in das Gespräch gegangen?

• Waren Sie begeistert und überzeugt davon, die Verhandlungsrunde gewinnen zu können, oder waren Sie unsicher und hatten schon im vornherein Angst, zu versagen?

Klar: Mißerfolge gehören zum Leben. Berühmte Persönlichkeiten wurden auf ihrem Weg nach oben mit Niederlagen konfrontiert. Jeder Forscher wird viele Fehlversuche durchstehen müssen, bevor er sein Ziel erreicht. Aber jeder Schritt bringt ihn näher an sein Ziel. Nehmen Sie sich ein Beispiel an Sportlern, die immer mit Niederlagen umgehen müssen.

Boris Becker gestand nach seiner Wimbledon-Niederlage 1991 einem Sportjournalisten: *„Ich habe erst am Tag danach so richtig realisiert, was los war. Der Michael hatte mir mein Wimbledon genommen, meine zweite Heimat! Auf dem Heimweg nach Deutschland saß ich allein im Auto und habe geweint. Das erste Mal nach einer Niederlage. Zu Hause bin ich drei Tage lang unruhig durch die Wohnung geschlichen, habe keinen Tennisschläger angerührt. Das mache ich jetzt immer so. Weit weg von dem, was man sonst täglich tut. Mal etwas anderes machen, nicht über Tennis reden. Nur so kann man auch wieder heiß darauf werden. In der Zeit nach Niederlagen lese ich, versuche, mit ganz normalen Menschen zu reden, oder ich fahre irgendwo hin, wo ich relaxen kann."*

Bis zum nächsten Sieg.

„Niederlagen bedeuten nichts, wenn sie vom Erfolg abgelöst werden. Es kommt nicht darauf an, ob du verlierst, sondern ob du dich mit deiner Niederlage abfindest", sagte Abraham Lincoln, der selbst zahlreiche Niederlagen einstecken mußte, bevor er zu einem der berühmtesten amerikanischen Präsidenten wurde.

(Daß er 1865 während eines Theaterbesuchs von einem Rassenfanatiker erschossen wurde, beweist nur die Absurdität des Lebens – jenseits menschlicher Anstrengungen.)

Sicher, Mißerfolge machen Sie kurzfristig fertig – aber sie machen Sie langfristig stärker. Wenn Sie den festen Willen entwickeln, Fehler beim nächsten Mal nicht mehr zuzulassen (oder zumindest die alten Fehler nicht zu wiederholen), werden Sie künftig aus jeder Niederlage als Sieger hervorgehen.

Gewinnen + Verlieren: Können

Noch eins: Nur Mißerfolge bereiten Sie auf den Erfolg vor. Gewinnen oder verlieren ist oft nicht so wichtig. Wichtig ist die Einstellung, in der Sie mit Niederlage oder Sieg umgehen. Lassen Sie sich Ihre Begeisterung nicht rauben. Denn: Niederlagen gehören zu ihrem Leben wie das Rot an der Verkehrsampel. Und die nächste grüne Welle kommt bestimmt.

Niederlagen sind allseits beliebt. Viele finden sogar, sie seien geradezu die ...

(Self-)Marketing

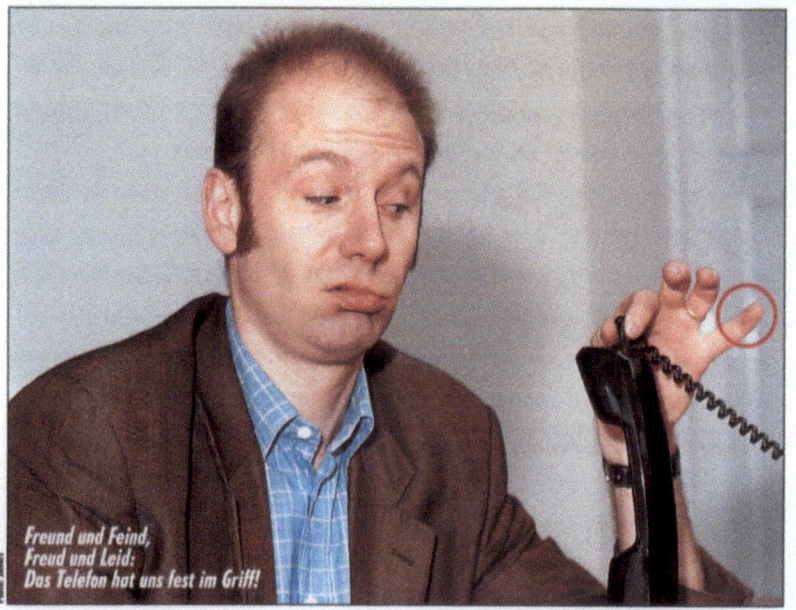

Freund und Feind,
Freud und Leid:
Das Telefon hat uns fest im Griff!

Hallo, wer da? Hier auch!

Können Sie sich ein Leben ohne Telefon vorstellen? Wir auch nicht.
Es wird mehr telefoniert als geschrieben: Schnurlos zu Hause, mobil im Auto, rücksichtslos im Restaurant.
Auch kein Problem, gleichzeitig mit Onkel Richard, Cousine Mabel und Tante Trude (HongKong/Boston/Pellworm) ein Konferenzgespräch über die anstehenden Weihnachtsgeschenke zu führen. Und fehlen wir an Ort und Stelle, hört unser Anrufbeantworter, was anliegt, und sagt es uns später. Zweifellos hat Alexander Graham Bells Erfindung tief in unser Berufs- und Privatleben eingegriffen, wie vielleicht nur noch das Auto, das Fernsehen oder der Computer. Grund genug, der do's und dont's der fernmündlichen Kommunikation nachzugehen und einmal unter den Hörer zu schauen. Oder wollen Sie auf der Leitung stehenbleiben?

Ruf doch mal an!

Seit 1876, da schau her!

Das Telefon gibt es – dank Alexander Graham Bell, übrigens Schotte – seit 1876. Wie anderes auch, etwa Feuer, Eisenbahn oder Wolkenkratzer, ist die fernmündliche Kommunikation über wieviele tausend Kilometer hinweg zugleich Fluch und Segen. Schlimmer noch:

Konnte man früher einfach mal abwesend sein, so ist man heute, dank(?) allgegenwärtiger Anrufbeantworter, immer und immer anwesend, auch dann, wenn man lieber mal ganz und gar fort wäre. So sehen wir uns gezwungen, auch die belanglosesten Anrufe zu beantworten, nur um dabei allzuoft wiederum selbst mit irgendeiner Maschine zu sprechen.

Die Komparative (das sind Steigerungsformen) der Erreichbarkeit sind bekanntlich (in dieser Reihenfolge) die Fernabfrage, das Autotelefon, der Euro-Piepser – das geht schlußendlich bis zum Handy, sozusagen als Dauerfolter. Böslippige Mitmenschen erkennen auch darin nur wieder das *Prinzip Aufklärung*, mit dem wir seit fast dreihundert Jahren für eine stete Verschlimmbesserung der Welt sorgen. Also telefonieren wir ruhig weiter. Aber:

Wenn schon, denn schon!

Über Privatgespräche müssen wir Ihnen nicht viel erzählen. Sie wissen selbst, wie es stundenlang die Leitung blockiert, wo Liebesgesäusel, Liebeskummer oder Tante Annas Ratschläge für den Irland-Urlaub – *„Kind, dat is' Regen, Regen, Regen, wie inne Tropen, nur kälter!"* – kein Ende nehmen wollen. Oder wie man sich fühlt, wenn man mit der Ex-Freundin besprechen muß, wann sie ihren Jugendstil-Schrank abholen kann.
Einer der Vorteile des Telefons (beim Gespräch nicht gesehen zu werden) gerät nicht selten zum Pferdefuß: Wenn wir als Beurteilungskriterium nur die Stimme, nur gesprochene Worte zur Verfügung zu haben. Da wird jede emotionale Unsicherheit akustisch unmittelbar übermittelt, ohne daß sie durch persönliches Auftreten, durch Mimik oder Gestik, relativiert wäre.
Nun gibt es starke und schwache Telefonierer. *weiter auf Seite 151*

KURZ:

TURBOLADER
POWER JETZT AUCH BEIM PHONING!

Merke:

Das brandaktuell-neuste Erfolgsrezept heißt: Power-Phoning. Und – was sollen wir uns da nun schon wieder drunter vorstellen? – Nichts anderes, als die *Sprache des Erfolgs* zu sprechen. Aha, hhm! Soso!?

Verkaufen

Also gut, ein ***Beispiel:*** Nehmen wir an, unser Freund Wadenbeißer hätte beschlossen, seinen privaten Finanzen mit Hilfe des eigenen Computers auf die Spünge zu helfen. Gesagt, getan: Greift sich das Branchenbuch, findet zwei Softwarehändler in der Nähe und ruft sogleich an.

Sagt ihm bei *„Maus und Soft"* der Verkäufer: *„Hhm, das ist ein Probleehm! Und zwar, weil: Da gibt es soo viele verschiedene Programme – fast unmöglich, auf Anhieb das für sie am besten geeignete herauszufinden. Ich möchte nicht, daß Sie am Schluß mit einem falschen Programm dastehen. Deshalb müßten Sie erstmal wissen, was Sie da genau erwarten …"*

Sagt der Verkäufer von *„Hard and Heavy"* zehn Minuten später unserem Wadenbeißer folgendes: *„Die Herausforderung besteht darin, ein Programm zu finden, das Ihren Bedürfnissen am besten entspricht, und ich helfe Ihnen gerne dabei. Ich möchte sicherstellen, daß wir eine Software auswählen, mit der Sie auch wirklich restlos zufrieden sind. Unterhalten wir uns doch erst einmal darüber, was Sie von dem Programm erwarten, und ich empfehle Ihnen dann das Beste, was ich anzubieten habe."*

Preisfrage

Welcher der Verkäufer macht Ihrer Meinung nach das Rennen?

Beide Verkäufer sprachen/agierten auf der Grundlage gleicher Informationen, keiner konnte durch *„Surplus-Informationen"* den Kunden für sich gewinnen. Beide agierten am Telefon, hatten also nur Worte, um zu überzeugen.

Aber sie haben sich unterschiedlich ausgedrückt.

Es wird Sie nicht wundern: Der zweite Verkäufer zeigte mehr Wirkung auf Herrn Wadenbeißer. Und das lag vor allem an der positiven Wortwahl. Der Verkäufer machte *das Problem* von Herrn Wadenbeißer zunächst einmal zu seinem eigenen – deklarierte es sodann positiv zur *Herausforderung* – und zeigte den offensichtlichen Willen, diese zu bewältigen.

(Zurück-)Gewinnen

Umgekehrt können Sie mit dieser Regel auch einen aufgebrachten Kunden zurückgewinnen:

Der Kunde ist enttäuscht, genervt, erbost: Identifizieren sie sich mit seiner Position – so können Sie das Gefühl mit ihm teilen. Zeigen Sie ihm, daß er im Mittelpunkt steht. Er soll fühlen: *„Man kümmert sich um mich"*. Zeigen Sie Verständnis: *„Das tut mir aber leid, da haben Sie jetzt aber eine Menge Unannehmlichkeiten"*. Wechseln Sie auf die Seite des Kunden. Geben Sie ihm die Möglichkeit, den Frust los-zu-werden, ab-zu-laden. Das erleichtert!

Vielleicht können Sie daran anschließend sogar ein wenig Verständnis für die Nöte Ihres Unternehmens erzeugen. Das versöhnt.

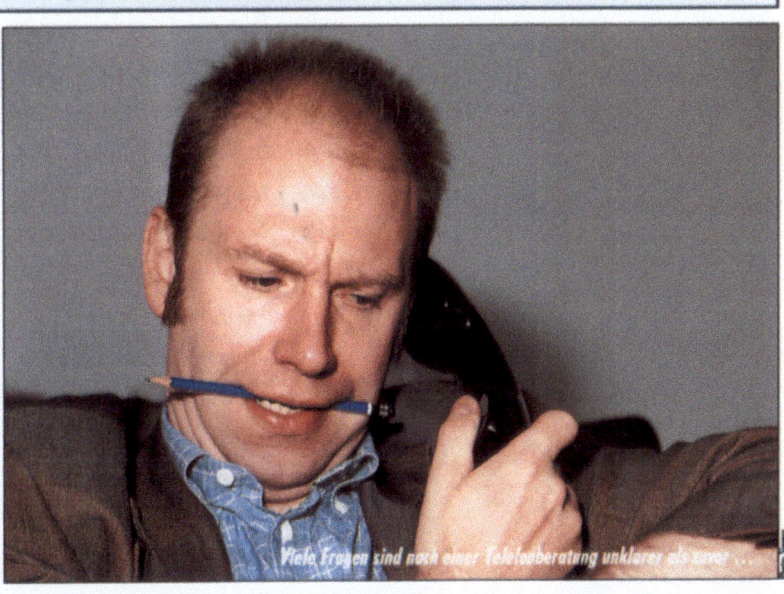

Viele Fragen sind nach einer Telefonberatung unklarer als zuvor …

(Self-)Marketing

Karim Eichinger

ist Geschäftsführender
Gesellschafter von
Eichinger + Partner, Nürnberg.

10 Tips zum Telefonieren

Die ersten 10 Tips

- Ich stelle mich freundlich vor. Der Telefonempfang als Visitenkarte des Unternehmens erfordert eine gleichermaßen informative wie charmante Begrüßung des Anrufers. *„Guten Tag, hier spricht …"* So hat Ihr Partner vier Worte Zeit, seine Ohren zu spitzen, Ihren Namen auf Anhieb zu verstehen.

- Ich lasse mir (fast) jeden Namen buchstabieren. Jeder ärgert sich – vielleicht nur ein bißchen? – über falsche Anschreiben.

- Ich telefoniere mit viel Fingerspitzengefühl. *„Ich störe Sie vielleicht gerade …?"* Lieber nochmals anrufen, bevor der Gesprächspartner nicht wirklich Zeit für mich hat.

- Mein Lächeln kann man hören! Ein freundliches, ehrliches Lächeln läßt die Stimme wärmer klingen und macht sie sicherer und optimistischer.

- Mit Fragen führe ich das Gespräch. Offene Fragen – *„Welcher meiner Vorschläge hat Ihnen besser gefallen?"* oder Alternativfragen – *„Ist Ihnen der Vormittag lieber, oder wollen wir gemeinsam zu Abend essen?"* – erleichtern dem Partner die Entscheidungsfindung.

- Ich höre aktiv zu. Durch hörbare Rückmeldungen – *„Wenn ich Sie recht verstanden habe, wollen Sie …"* – zeige ich meinem Gegenüber Aufmerksamkeit. Ich vermeide damit, in größtem Einvernehmen über verschiedene Dinge zu reden und gebe ihm überdies das Gefühl, nicht ins Leere zu reden. Mein Kunde fühlt sich und sein Anliegen in guten Händen.

- Ich benutze positive, starke Formulierungen, die zur Identifikation einladen – am besten in den Worten meines Gesprächspartners. *„Wer wollte uns jetzt noch an einer erfolgreichen Umsetzung unserer Pläne hindern!"*

- Ich spreche im Präsens – jedenfalls nicht im Konjunktiv. Das Präsens ist die schwungvollste Zeitform und verspricht Effizienz. Statt *„Ich könnte mir vorstellen, daß Sie vielleicht …"* sage ich *„Das … ist sicher die beste Entscheidung!"*

- Ich freue mich über jede Reklamation, denn nur der reklamierende Kunde bietet mir die Möglichkeit, eventuelle Schwachstellen zu erkennen oder meine Leistungen noch kundenorientierter zu gestalten. Mehr noch: Kunden, die sich beschweren, *wollen!* reden – diese Chance ergreife ich, um mehr über mein Produkt zu erfahren. Und noch eins: Ich habe Zeit! Kundengespräche führe ich ohne Termine im Nacken (ggf. vereinbare ich einen Rückruf – und halte mein Versprechen); achte aber auch darauf, wieviel Zeit mein Kunde hat.

- Der positive Gesprächsabschluß bleibt in Erinnerung! Ich gebe meiner Freude Ausdruck. Ich bestätige dem Kunden nochmals die Möglichkeit, Fragen zu stellen und verabschiede mich höflich.

10 Tips zum Telefonmarketing

10 weitere Tips

- Entscheiden Sie gemeinsam mit Profis, ob Telemarketing intern oder extern – durch einen Dienstleister durchgeführt – werden soll. Den schlechthin besten Weg gibt es auch hier nicht, jedoch: Falsche Werbung erreicht nichts – falsches Telemarketing aber zerstört viel.

- Jedes professionelle Telemarketingprogramm sollte vor dem endgültigen Start durch einen ausgebildeten Telemarketier einem Test unterzogen werden.

- Wählen Sie sich ihren Agenturpartner kritisch aus. So gibt es z. B. unübersichtliche Abrechnungsmodalitäten, die Ihnen die wirkliche Leistung verschleiern. Telefonieren Sie mit – und besuchen Sie verschiedene Anbieter, um sich von deren Arbeitsweise zu überzeugen. Machen Sie einen Praxistest indem Sie in die Kundenrolle schlüpfen.

- Planen Sie internes Telemarketing als eigene Abteilung, und bauen Sie diese sukzessive auf. Ohne versierten Vorgesetzten, so nebenbei (zusätzlich zum Tagesgeschäft), funktioniert Telemarketing nur in Ausnahmefällen.

- Binden Sie das Telefon langfristig in Ihre Kommunikationsstrategie ein. So erst kommen alle seine Vorteile voll zur Geltung. *Deshalb:*

- Schulen Sie Ihre Mitarbeiter/innen regelmäßig. Kundenorientierung ist wie ein schöner Holzofen – auch der muß laufend geschürt werden.

- Informieren Sie alle „betroffenen" Mitarbeiter von Anfang an, und aktivieren Sie sie für das Programm. So sollte der Außendienst unbedingt in die Gesprächsplanung einbezogen werden – jedenfalls sollte er nicht erst davon erfahren, wenn die ersten Termine telefonisch vereinbart wurden.

- Telemarketing ist *„wie"* Außendienst. Motivieren Sie also richtig. Die bloße Devise *„Geld für jedes erfolgreiche Gespräch"* läßt gelegentlich auch Telefonprofis zu Telefondrückern werden. Das Ergebnis sind verärgerte Kunden. Belohnen Sie deswegen etwa auch qualifizierte Berichte, geldwerte Privat-/Sonderinformationen, Kundenprofilanalysen, echte, vielleicht neuigkeitsbezogene Rückruftermine etc.

- Richten Sie die Arbeitsräume dialogorientiert ein. Ihre Telemarketing-Crew profitiert vom Erfahrungsaustausch. *Aber:* Stellen Sie zugleich eine streßarme Umgebung sicher. Wer ständig gegen Lautstärke und Gesprächsdynamik von Kollegen antelefonieren muß, der fühlt sich schon zu Mittag wie eine ausgepreßte Zitrone.
Noch eins: Telefontechnik und dialogorientierte Computerunterstützung sind direkte Erfolgsfaktoren!

- Wichtig: Kommunikation ist kein Fließbandjob, sondern Arbeit mit Kopf *und* Seele. Jeder Anruf ist wie ein Flirtversuch – mal klappt es, mal nicht; immer gehören zwei dazu. Leistung ist hier das falsche Wort.

Die Starken sind Meister im Überspielen und Vortäuschen, im Modulieren der Stimme und bei der Klarheit der Artikulation. Gegenüber schwachen Telefonierern sind sie besonders deshalb im Vorteil, weil sie ihre ganze Persönlichkeit in die Stimme legen können, aber auch in der Lage sind, sie zu verbergen. Jedenfalls machen die starken Telefonierer gehörigen Eindruck auf die schwachen.

Sie gehören zu jenen?

Die eher schwachen Telefonierer sollten sich an ein paar Punkte halten:

- Stehen Sie beim Sprechen – so machen es viele Manager –, dann klingt ihre Stimme freier und fester.

- Überlegen Sie sich genau, was Sie sagen wollen. Wenn nötig, machen Sie sich ein paar Stichpunkte.

- Sprechen Sie langsam. Dann sprechen Sie auch klarer! Wer klar und deutlich spricht, hat immer einen Sympathievorsprung

- Auf keinen Fall sollten Sie dem Gegenüber vor lauter Aufregung ins Wort fallen.

- Eins nach dem anderen. Sonst vergißt Ihr Partner, was Sie ihm vermitteln wollten!

Telefonieren heißt Verkaufen

Ob Sie mit Ihren guten Freunden *stark* oder *schwach* telefonieren, ob Sie sich gegen Tante Erna durchsetzen – im Berufsleben ist das keineswegs egal. Wer vom Büro aus telefoniert, muß einen starken, jedenfalls kompetenten Eindruck machen – denn hier verkaufen Sie sich *und!* das Unternehmen. Neben der Tatsache, daß längst *sehr* viele Geschäfte – nicht nur bei Versandhäusern – per Telefon abgewickelt werden und der Kundenkontakt häufig sogar überwiegend über die Strippe läuft, ist das Telefonverhalten wie die Visitenkarte eines Unternehmens.

Wo sich eine Zentrale wie's Finanzamt meldet oder eine Sekretärin schnippisch verkündet, Herr Wadenbeißer sei in der monatlichen Abteilungsleiterkonferenz – und die könne dauern, da wird sich mancher überlegen, ob er noch einmal durchklingelt.

Aber: Da satte siebzig Prozent aller Führungskräfte dem Telefon eine überragende Bedeutung für die Unternehmenskommunikation zumessen, treffen wir doch schon relativ häufig auf jene samtweiche, gleichwohl bestimmte Frauenstimme, die uns auf der Woge ihrer Freundlichkeit gleichsam am Hörer bis in die Lobby zieht.

Sie signalisiert uns, daß wir willkommen sind und unser Anliegen an die richtige Adresse geleitet wird. Sie liest

nicht Vogue oder Bild nebenher, behandelt uns wie einen wichtigen Kunden und nicht wie einen Bittsteller, den man abwimmeln muß. Professionell bietet Sie ihre Hilfe an. So repräsentiert sie die Offenheit und Kundenorientierung ihres Unternehmens.

Telemarketing

Für den Weg vom Unternehmen zum Kunden steht ein Begriff: Telemarketing, deutsch: Verkaufen durch Telefonieren. Und damit ist kein fernmündliches *Follow-up* auf ein schriftliches oder im Gespräch formuliertes Angebot gemeint, sondern eine eigenständige Kommunikationsform.

Merke: Telemarketiers unterscheiden zwischen dem *inbound* – und dem *outbound*-Telemarketing.

- Inbound, das meint passives Telemarketing und bezeichnet Programme, bei denen der Kunde selbsttätig zum Hörer greifen soll.
- Outbound wird die aktive und zielgruppenorientierte Telefonof-

fensive genannt, mit der Unternehmen versuchen den Markt zu erobern. Gerade hier kommt es ganz entscheidend darauf an, ob der Auftritt am Telefon unmittelbar überzeugt, das heißt Sympathie, Aufmerksamkeit und Interesse weckt. Erst dann läßt sich in Ruhe und mit Erfolg reden und verhandeln.

Telefon ist Service

In Deutschland dient das Telefon viel zu selten als Instrument des alltäglichen Kundenservice: Anderwärts sitzen am extra eingerichteten Kundentelefon längst geschulte Kommunikationsprofis, die, wenn es geht, rund um die Uhr für Anfragen und besondere Wünsche zur Verfügung stehen.

Das entlastet nicht nur die Telefonzentrale und Frau Langbein im Versand. Zum Konsumenten ist es schlechthin *die* on-line-Verbindung.

Das Telefon ist der kurze Draht zum – womöglich – langen Dialog, der eine weitaus intensivere Kommunikation erlaubt als konventioneller Schriftwechsel in gestelzt-schlechtem Deutsch.

In den letzten Jahren hat sich das Telefon auch außerhalb des Unternehmen-Kunden-Verhältnisses als gutes Instrument etabliert, Meinungen über Waren, Dienstleistungen und politische Entscheidungen einzuholen.

Kaum ein Radio- oder TV-Sender, der nicht den TED oder TELLME benutzt, um Hörer- und Zuschauermeinungen live abzufragen. Tendenziell wächst dem Telefon hier eine demokratische Zusatzaufgabe zu: Ob als Fluch oder oder als Segen – ist noch offen.

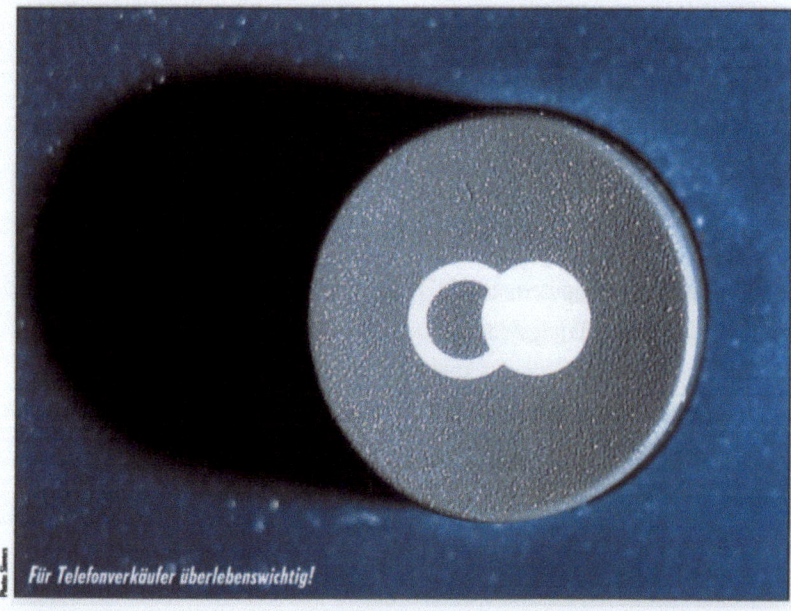

Für Telefonverkäufer überlebenswichtig!

Photo: Reinzke

Schwarz auf weiß

Geben Sie's zu: Schon vor etwa 30 Seiten haben Sie höhnisch in sich hineingegrinst und gedacht: „Kommunikation – ha! An das Wichtigste haben die mal wieder nicht gedacht. Denen werd' ich einen gepfefferten Brief schreiben ..."

Nur zu: Schreiben Sie! Das geschriebene Wort gehört zu den älteren Formen der Kommunikation, und daß wir darüber überhaupt noch ein paar Worte verlieren, zeigt eigentlich seine Zeitlosigkeit.

Aber! Wir fühlen uns nie sicher! Einerseits fragen wir uns bei jedem zu schreibenden Brief, ob wir den Stapel Papierverbrauch wirklich und unbedingt um diese 0,3 μm erhöhen müssen. Andererseits quält uns bei jedem geschriebenen Brief die Frage, ob dieser auch wirklich die ganze Höhe unserer Ausdrucksfähigkeit widerspiegelt. Skatspieler wußten eins aber immer schon: Wer schreibt, der bleibt.

Geschäftsbriefe

Hochachtungsvoll ...

Es gibt ihn! Den Prophezeiungen von Technik-Aposteln, den Verfechtern eines papierlosen Büros zum Trotz: Der traditionelle Geschäftsbrief hat noch immer eine wichtige Funktion inne. Trotz Telefon und Video wird geschrieben, trotz Datex-P und Diskette wird eingetütet und frankiert.

... für die Richtigkeit

Nun leben wir in einer Gesellschaft, die uns täglich unvergleichlich viel mehr Informationen zur Verfügung stellt als wir, möchte man schon sagen, im Leben verarbeiten können.

Doch wir haben nur mehr oder weniger gut gelernt, Medien nach ihrem Informationsgehalt zu selektieren.

Ja und? Was hat das nun mit einem Geschäftsbrief zu tun?

Jede Menge! Denn es nimmt den Absender in die Pflicht, seine Message tunlichst so zu gestalten und abzufassen, daß sie sich vom Empfänger sofort als wichtig dechiffrieren läßt. Andernfalls gerät das Dokument leicht, rasch und ohne Zwischenstop nach des verhinderten Lesers Ablage P.

Die Fassade

Ob es um ein Angebot geht, ob eine Liefernachricht oder gar dringend benötigtes Geld zu lang auf sich warten lassen: Sie möchten etwas Wichtiges mit Ihrem Geschäftsbrief erreichen. Und nur wenn der Adressat reagiert, hatten Sie Erfolg.

Ob bewußt (etwa bei Bewerbungen, Angeboten etc.) oder unbewußt: Bevor Ihr Brief inhaltlich wahrgenommen wird, beurteilt der Adressat zunächst einmal die äußere Form.

Das meint sowohl den Umschlag, die Sauberkeit, die Adresse (wollen Sie Herrn Meyer erreichen, dann sollten Sie nicht nur seine Firma anschreiben) – und nicht zuletzt Ihre Absenderadresse (mysteriös absenderlose Briefe wirken mindestens negativ, wenn nicht briefbombenverdächtig)! Vermeiden Sie aber Aufdrucke oder Aufkleber, die allzu werblich wirken.

Am Rande: Umschläge, die mit einer Briefmarke freigemacht wurden, erzeugen mehr Interesse als deren freigestempelte Kollegen!

(Self-)Marketing

Schnell ansage mir frisch ...

Um dem Empfänger eine rasche Orientierung zu ermöglichen, sollten Sie noch vor der Anrede in einem Kurzbezug Aufschluß über den Anlaß des Briefes geben. Dabei machen die altmodischen *„Betreff:"* oder *„Betrifft:"* eher betroffen. Sinnvoller ist die Hervorhebung durch Fettschrift.

Einige Profis vertreten darüber hinaus die Meinung, Sie sollten möglichst sogar das eigentliche Ziel Ihres Schreibens in dieser Zeile vorwegschicken. Dem Einwand, Sie würden dem Brief damit seine Spannung nehmen, halten diese entgegen, daß Sie im Gegenteil mit lakonischer Kürze oder sympathischer Frechheit richtig Neugier auf die Begründung wecken. (Siehe unten)

Sicherheitshalber: Meist wandert der Umschlag in den Müll, bevor der Inhalt des Briefes zur Kenntnis genommen wurde. Deshalb gehören alle notwendigen Informationen natürlich auch auf das Briefpapier.

Angaben über den Absender oder Ansprechpartner, Adresse, Telefon, Fax sind also im Briefkopf (oder -fuß) unabdingbar – übrigens auch Hinweise zur Briefform, etwa Einschreiben, Wertbrief o.ä.

Natürlich darf auch das Datum nicht fehlen – schon gar nicht, wenn Ihr Brief Rechtsfolgen haben könnte! Auch macht es einen schlechten Eindruck, wenn zwischen Briefdatum und Poststempel mehr als eine Woche liegen. Im Zweifel sollten Sie den Brief noch einmal schreiben oder ausdrucken – das macht ja kaum Arbeit.

Hauptsache lesbar

A propos Computer: Weniger ist mehr. Ein gute Regel, sie gilt fast immer; besonders aber gilt sie für die Textmenge pro Seite. Briefe wollen schnell gelesen – und weder entziffert noch studiert werden müssen!

Verwenden Sie, falls Ihr Brief mit einem Computer geschrieben wird, in der Regel nur *eine* Schriftart. Unterschiedliche Schriftarten sind (vielleicht, höchstens) für Vertreter von Typenrädern oder Herstellern von Computerschriften erlaubt – oder für Typographen, die das gelernt haben. Auch sollten Sie sich mit Hervorhebungen (Unterstreichungen, Kursiv- oder Fettdruck) eher zurückhalten.

Viele von Ihnen können sich eine persönliche Schrift aussuchen, weil Ihr Computer über viele Möglichkeiten verfügt. Für Ihre Wahl sollten Sie eine einfache Maxime berücksichtigen: Das Ziel des Schreibens ist das Lesen! Überlassen Sie also auffällig-eigenwillige Schrifttypen Ihrem Lieblingsmagazin. Wählen Sie eine einfache, zweckmäßige, gut lesbare Schrift ohne allen Schnickschnack. Was spricht denn gegen die gute alte Courier? Müssen Sie denn irgendwem beweisen, was Ihr Computer so alles kann?

Corporate Cooltour ...

Damit Ihr Schreiben vom Empfänger sofort als Brief aus Ihrem Hause erkannt wird, ist Kontinuität bei der Gestaltung angesagt.

Dazu definieren Sie eine einheitliche Typographie, benutzen stets das gleiche Papier und auch nur eine Sorte Umschläge.

Und natürlich sollte Ihr Layout klar definiert sein, das heißt: Wiederkehrende Informationen immer an der gleichen Stelle plazieren.

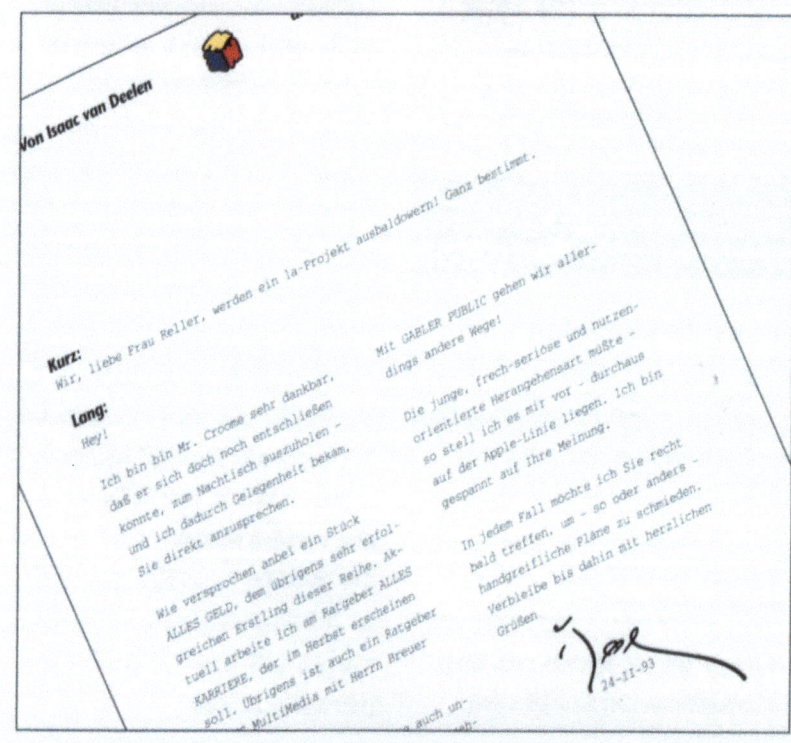

... Stilblüten

Sicher: Schreiben haben wir in der Schule gelernt. Aber das heißt noch lange nicht, daß wir es können.

Wie anders sonst ließen sich all die ... interessanten Vorschläge erklären, seien sie nun syntaktischer oder grammatikalischer Provinienz, mit denen etwa Ämter und Verwaltungen so an uns herantreten? Man möchte vermuten, daß vielerorts eigene Stabsstellen (A 13) *„für sprachlich markante Gestaltung"* ihr Wesen treiben.

An dieser Stelle wird ein **Beispiel** immer gern gelesen: Nehmen wir den Postdienst – ein Unternehmen immerhin, das immer mal wieder mit Briefen zu tun hat – und blättern in der neuen Broschüre mit den Portogebühren: (siehe auch rechts)

Kostenübernahmeerklärung („Gebührenzettel") ...

- bei nachträglichem Verlangen für die Übermittlung des nachträglichen Verlangens* ...

...*zzgl. Entgelt für den Telekommunikationsdienst bzw. EMS-Kurierdienst, den der Absender zur Übermittlung des nachträglichen Verlangens wünscht.

Was immer das ist – es kost' 3-fuffzich.

Deutsch ist schwer

Jene Zeiten, in denen ausschließlich steilgeschraubte Elaborate mit Kantschen Satzlängen Ihren schwierigen Weg mitten ins Zentrum eines Geschäftsbriefes finden konnten, sind – Gott sei Dank – vorbei.

Satzfragmente wie *„Von Ihren hochge-*schätzten Ausführungen haben wir dankend Kenntnis genommen und erlauben uns höflichst bittend ..."* muß, soll und braucht sich heute keiner mehr merken. Wie überall in gesellschaftlicher Öffentlichkeit sind die Sitten umgänglicher geworden.

Aufgeblasene Standardformulierungen finden freilich immer noch Verwendung. Meist wären sie leicht durch einfachere Formulierungen ersetzbar, nur selten kommt jemand aber auch auf die Idee, das zu tun. Da ist zuweilen regelrecht eine verbale Fettsucht in den Alltag eingedrungen, von der viele (vielleicht) glauben, dergestalt irgendwelchen juristischen Vorschriften zur unverdienten Geltung zu verhelfen?

Warum um alles in der Welt lesen wir so häufig die bedeutenden Worte *„In meiner Eigenschaft als Präsident des Gesangsvereins Liederkranz ..."*?

Ein schlichtes *„Ich ..."* mit abschließendem *„... (Präsident)"* täte genug. Wo ein Schaden *„unter Zuhilfenahme"* irgendeines Werkzeugs repariert wurde, wäre die gute Tat wohl auch *„mit"* diesem gelungen. Beispiele dieser Art gibt es zuhauf.

Dabei ist die Entrümpelung der persönlichen Phrasensammlung simpel. Was sich wie ein in den Barocktisch gedrechselter Holzfuß liest, das klingt auch nicht besser. Lesen Sie es sich einmal laut vor; schon hören Sie den ganzen Überfluß. Kein Mensch spricht so, wie manche schreiben.

Wer heute einen Brief verfassen möchte, der nicht nur gelesen wird, sondern auch in angenehmer Erinnerung bleibt, sollte sich eines natürlichen, lebendigen Tonfalles bedienen und sich in in-

telligent-persönlicher Form an den Empfänger wenden.

Wenn Sie also Ihren Kunden in der Sprache anschreiben, die Sie auch bei einem Gespräch benutzen würden, liegen Sie meist richtig – vorausgesetzt, Sie *babbeln kaa Frankforterisch net.*

Maggi-Kürze

- Zeit ist knapp. Kommen Sie auf den Punkt (s.o.), ohne dabei gleich unhöflich zu erscheinen. Bereits im ersten Absatz sollte der Anlaß des Schreibens erwähnt werden.

- Was Sie mit dem Brief erreichen wollen, wissen Sie. Machen Sie sich aber auch vor dem Schreiben ein paar Gedanken, was der Empfänger lesen möchte. Verärgern Sie den

Empfänger nicht achtlos. Wenn Sie etwa auf ein Kundenanschreiben reagieren, sollten Sie tunlichst nicht zeilenlang Ihre Firma darstellen oder lobpreisen. Ihr *KUNDE* weiß das längst, will mehr davon oder bessere Konditionen, Service etc.

• Schreiben Sie übersichtlich. Für jede Aussage sollten Sie einen eigenen Absatz vorsehen. Je länger Ihre Zeilen, desto schwerer sind sie lesbar! Und: Mehr als zehn Zeilen in einem Absatz eines Briefes beinträchtigen ebenfalls dessen Lesbarkeit.

Verstehen Sie?

• *Merke:* Diese, zugegebenermaßen recht eigenwillige Regel ist für viele engagierte Schreiber eine sinnvolle, weil regulativ eingreifende Methode, um das grammatikalische Feingefühl, das sich in nicht enden wollenden Bandwurmsätzen, aufgebläht durch eine Unzahl ebenso eingeschobener wie überflüssiger Nebensätze und großzügig verteilter, ungemein zierender Adjektive, nachhaltig dokumentiert, in geord-

nete Bahnen zu lenken, die nicht nur einen promovierten Literatur- oder Sprachwissenschaftler, sondern auch einen vom täglichen Arbeitsalltag schon genug mitgenommenen Leser ganz allein aus dem Grund erfreuen, weil er eine Chance sieht, den Satz auch inhaltlich zu begreifen und nicht auf halber Strecke erschöpft und frustriert auszusteigen. Oder?

Pullinski bittet zu Tisch

Das Gros der Briefsendungen gewerblicher Absender sind also keine Geschäftsbriefe im Sinne sachbezogener Korrespondenz zwischen Unternehmen, die geschäftliche Beziehungen unterhalten. Es sind vielmehr Anschreiben, die eine solche Beziehung erst anbahnen oder lose Kontakte vertiefen wollen. Für derlei werbliche Briefe hat sich der Terminus *(Direct-)Mailing* nebst einer zugehörigen Branche etabliert.

Autohäuser, Telefonhersteller, Fluggesellschaften – alle haben etwas anzubieten; und alle glauben, der Kunde müßte – und wollte – es nur wissen! Immer häufiger erkennen auch völlig Ungeübte die schiere Notwendigkeit, Mailings abzufassen – und, was schlimmer ist, auch zu versenden.

Was unterscheidet ein gutes Mailing von einem schlechten? Erstens wandern wohl die meisten Umschläge nach Ablage P., wenn sie schon von außen signalisieren, welch wenig reizvolles Angebot sie überbringen (Firmenaufdruck, Freistempler, ermäßigte Gebühren, falsche Namen, Sie kennen

```
An die
Syntech GmbH
Kurt-Tucholsky-Straße 4
61237 Wiebaden



                                          Wiesbaden, im August 1993

Sehr geehrte Damen und Herren !!

Wir würden uns sehr freuen, Sie bei uns begrüßen zu dürfen! Besonders
interessant ist ein Besuch in unserem Restaurant für Sie ab dem 23.
August, dann wird der Küchenchef nämlich sein bestes geben und extra
für Sie, sehr geehrte
alles das kochen, was Sie zuhause nie auf den Tisch bekommen, weil es
zuviel Arbeit macht!

Wir wollen Sie essenstechnisch mal so richtig verwöhnen und zwar mit
gerichten die sich alle RUND UM DIE ENTE drehen. Sie haben die Auswahl
zwischen Ente in Orangensoße, Entenragout und gebratener Entenbrust mit
Maronen. Und das alles auch für den schmalen Geldbeutel, denn schon für
28 Mark können Sie sich verwöhnen lassen (ohne Getränke).

Worauf warten Sie noch?

Wir erwarten sie in Ihrer nächsten Mittagspause oder abends zum
Geschäftsessen.


                     i.A. Christian Remmler
                     Restaurantleiter
```

das). Es kommt natürlich auch auf das Angebot selbst an: *Me-too*-Produkte hauen niemanden vom Hocker –, und dem weltläufigen Großstädter müßte man schon etwas ganz Besonderes vorschlagen!

Nehmen wir an, diese Hürden wären genommen: Nun entscheidet das Anschreiben selbst über seine Wirkung. Am **Beispiel** wollen wir das verdeutlichen. Die Abbildungen auf diesen beiden Seiten zeigen Ihnen zwei Briefe eines für seine gute Küche bekannten Restaurants mit Namen, sagen wir mal: *Pullinski*. Damit wird versucht, potentiellen Gästen im Rahmen einer zeitlich befristeten Aktion Gerichte *rund um die Ente* schmackhaft zu machen. Die Unterschiede zwischen den beiden Schreiben beginnen bereits in der Adresse und bei der Anrede.

Wer bin ich

Es lohnt sich, Mailings zu personifizieren, also den Empfänger namentlich anzuschreiben. Viele gehen weiter und sagen: Andere Mailings scheitern bereits als geschlossener Brief. Sagen Sie selbst: Wer Sie nicht einmal kennt, dem werden Sie kaum Ihre knappe Zeit widmen! Natürlich hat dies einen erhöhten Aufwand bei der Pflege des Adressbestandes zur Folge.

Weiter: Nun kommen die da mit diesen Ausrufezeichen daher – das soll wohl die Dringlichkeit des Anliegens verdeutlichen: Aber ein Schreiben ohne Datum ist niemals dringlich. Hier hat jemand „*im August*" mit einem Text gerungen; im anderen Fall vermittelt die Datumsangabe mehr Klarheit!

Weiter: Mailings brauchen einen originellen Aufhänger, um überhaupt beachtet zu werden. Die Sache mit der doppeldeutigen Ente ist pfiffig, sympathisch und regt zum Weiterlesen an. Dagegen fällt das andere Schreiben mit der Tür ins Haus, ist unfreiwillig komisch – und obendrein noch unverschämt. Denn daß der Koch erst nach dem 23. August sein Bestes geben wird, interessiert besonders diejenigen Gäste, die zuvor bei Pullinski essen mußten. Die anmaßende Aussage zu den Kochgewohnheiten des Adressaten geht

so daneben, wie das für ein anspruchsvolles Restaurant grauslich ungeschickte Preisangebot – der Zusatz (ohne Getränk) soll das Angebot wohl von den Kompaktvorschlägen der Fastfoodketten unterscheiden. Der offene Raum für einen (handschriftlichen?) Nachtrag des Namens bedarf keiner gesonderten Kritik. Zum schlimmen Ende die polternde Frage „*Worauf warten Sie noch?*" – Verständlich, daß der Restaurantleiter das Machwerk nur „*im Auftrag*" verantworten will und seine Unterschrift verweigert.

LE RESTAURANT

persönlich
Herrn Günther Wildhagen
Syntech GmbH
Kurt-Tucholsky-Straße 4
61237 Wiesbaden

Wiesbaden, am 11. August 1993

Guten Tag, sehr geehrter Herr Wildhagen,

CV 3427 8903A-001

Auch mit dieser Bestellnummer bekommen Sie ein to-Entenschenkel. Das Stück der Marke Citroen 2CV ist garantiert rostfrei und mit dem Zusatzkürzel /m in metallic lieferbar.

Die komplizierte Bestellnummer müssen Sie sich nicht merken! Bei uns gibt Ente – ob Schenkel oder als gebratene Brust, ob als Ragout oder mit Orangensauce – à la carte, und weitaus schmackhafter!

Versprochen:
Vom 23. bis zum 29. August servieren wir
Köstlichkeiten Rund Um Die Ente

Wir würden uns sehr freuen, Ihren Gaumen einmal rundrum verwöhnen zu dürfen.

Manfred Walich
Direktor

Christian Remmler
Restaurantleiter

Vielleicht möchten Sie auch wissen, was wir uns außerdem noch haben einfallen lassen? Ein kurzer Anruf – und wir faxen Ihnen gern unsere Menuekarte!

PULLINSKI
· LE RESTAURANT ·

Am Landgraben 14 · 61223 Wiesbaden-Erbenheim · Telefon 0611/64320 · Fax 643299

Im zweiten Beispiel steht die Aktion im Mittelpunkt und hebt sie optisch gelungen hervor. Als Leser erkennt man sofort, worum es geht. Zuletzt bietet das Haus einen originellen und sinnvollen Service an.

Pullinski konnte mit Hilfe dieses Mailings zahlreiche neue Gäste begrüßen!

Briefmülltonne

Vor Ihnen liegen die drei Stapel. Blatt um Blatt wachsen die Häuflein *Belästigung*, *Überflüssig* und *Langweilig* zu Türmen, während sich daneben unter dem Label *Interessant & Informativ* bestenfalls fünf lausige Brieflein versammeln.

So oder ähnlich werden alle deutschen Männer zwischen 14 und 88 Jahren just heute mit dem 37. Angebot einer Kreditkarte, jetzt neu mit lila Querstreifen, umschmeichelt. Sie lassen Ihren Briefkasten nur fünf Minuten unbeaufsichtigt, schon müssen Sie sich zwischen vierwöchigen Gratisabos, Sensationstiefstpreisen und dem Zehntel-Los „... *das Sie zum Millionär macht*" entscheiden.

Nicht genannt die neueste Unsitte, die Besitzer eines Telefaxes mit Mitteilungen zu behelligen, die keiner angefordert hat und auch niemand haben will (dazu siehe unten). Der Unbelehrbarkeit, mit der Hunderte von Absendern Hunderttausende von *Briefen* jeden Tag kreuz & quer durch die Republik jagen, steht das ganze Wissen des geschulten Empfängers gegenüber: Der erkennt den Müll meist schon von außen und expediert das Ding in den eigens dazu von der Hausgemeinschaft angeschafften Papierkorb – gewissermaßen als Akt tätigen, auch geistigen, Umweltschutzes.

Fixe Faxe

Kaum getippt, schon ist es da: Das Fax. Haben wir alle nischt wie drauf gewartet, denn anders ist der Boom bei diesen zauberhaften Geräten kaum zu erklären. Brauchen die Schnarchies vom Postdienst doch Tage für – und dann der Streß mit den Postleidzahlen. So ein Fax, das ist doch ein ganz ein anderer Schnack! Und es ist häufig sogar billiger, vorausgesetzt, man beschränkt sich.

Umgekehrt hat sich schon mancher totgefaxt, wenn er sein Gerät mit einem Müllschlucker verwechselt. Wer den Angefaxten nicht durch Berge gerollter Blätter zur Verzweiflung bringen will, der faxt sich kurz.

- Natürlich ließe sich so ein 4-zeilig geschriebenes Telefax mit fünf cm Rand links und rechts von jetzt 14 – locker – auf drei Seiten reduzieren, ohne unlesbar zu werden. Auch käme das für beide Seiten billiger!
- Nehmen Sie kein liniertes oder gar kariertes Papier. Nämlich: Der Technik ist es egal, ob sie Text oder Karos (Kästchen für Kästchen für Kästchen) überträgt. Und das dauert.
- Besonders schnell dagegen wird weißes Weiß übertragen.
- Ein Deckblatt macht schon Sinn: Absender, Zahl der übertragenen Seiten und eine Rufnummer, für den Fall einer Übertragungsstörung. –

Aber: Mit etwas Grips bringen Sie diese Informationen auch auf dem eigentlichen Schreiben unter – und sparen. (Und den echten Schnüffler schreckt das Deckblatt nicht!)

- Numerieren Sie die Seiten. Denn was Sie ordentlich absenden, verstolpert sich unterwegs leicht zu einer chaotischen Sammlung von Papierwürsten.

Schnuckelchen

Es gilt das Postgeheimnis – jedoch! Man soll nur fordern, was man auch durchsetzen kann. Und bei Faxen weiß man eben nie, wer sein zauberhaftes Näschen da hineingesteckt hat.

Der ganz private Tonfall *„Schnuckelchen an Kuschelbär"* erheitert zunächst die lieben Kollegen. Vermerke wie *vertraulich* oder *persönlich* verstärken diesen Effekt totsicher.

Es soll sogar schon Fälle von Fax-Terrorismus gegeben haben, wo Mitarbeitern größerer Unternehmen höchst verfängliche Texte zugefaxt wurden, die jeder Grundlage entbehrten. Bis so ein Attentat durch die Abteilung durch ist, ist auch der Inhalt flächendeckend bekannt.

Tip: Probieren Sie das ruhig mal aus und faxen Sie einem Eingeweihten herzliche Geburtstagsglückwünsche auf das Abteilungsgerät. Der Kollege sollte mitzählen, wie oft ihm gratuliert wird. – So bekommen Sie ein prima Kommunikationsmuster Ihrer Firma.

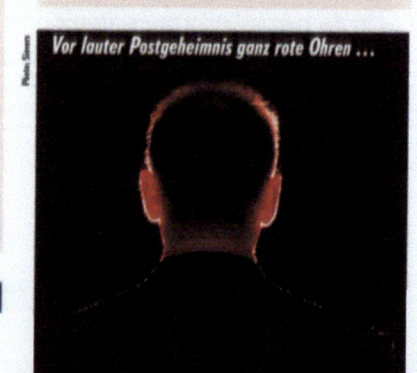

Vor lauter Postgeheimnis ganz rote Ohren ...

SALVE

Sei gegrüßt! (Immerhin, kein schlechter Anfagn!)

Ende zumindest respektvoll-höflicher Beifall kommt.

Leicht gesagt ...

Wer sich noch nie vor eine Gruppe von Menschen hingestellt hat – um mit Worten und Gesten, mit gehobener und gesenkter Stimme, mit sachlichen Argumenten oder mit Appellen Gehör zu finden –, mag sich das leichter vorstellen, als es ist. Nur wenige Menschen sind rhetorische Naturtalente. Die meisten müssen es lernen und sich auf jede Form der Rede gut vorbereiten.

Am Anfang allen öffentlichen Redens steht die Absicht, bei den Zuhörern Interesse zu wecken für einen Gedanken oder ein Anliegen, sich Gehör zu verschaffen, verstanden zu werden und das Publikum zu beeinflussen.

Hhm; oft genug geht es auch nur darum, einen guten Eindruck zu machen; oder sich für höhere Aufgaben zu empfehlen. Oder auch nur um Eitelkeit. (Dies der Vollständigkeit wegen – denn wie wenige Redner wollen mit ihrer Rede wirklich etwas erreichen?!) Gelingt das eine (Einfluß) oder andere (Eindruck) nicht, ist die Rede umsonst, sagen wir mißlungen; sie bleibt wirkungslos.

Vorbereitung

Ein guter Redner bereitet sich auf alle Rahmenbedingungen vor, die seine Rede beeinflussen könnten. Doch nur die negativen Beispiele werden be-

Reden ist – goldig!

Nur wenigen Menschen ist es in die Wiege gelegt, perfekt in der Öffentlichkeit zu glänzen: Als Moderator im kleinen Kreis, als Redner vor kundigem Publikum, als Talkshow-Gast oder Interviewgeber in Fernsehen oder Radio.

Das macht aber gar nichts, denn bekanntlich kann man (fast) alles lernen. Wer sich einmal mit einer solchen Situation auseinandergesetzt hat oder es mußte, der hat schnell verstanden, daß es hier weder um Reden, noch um Inhalte geht – sondern vor allem anderen um Technik:

Wie vermeide ich rote Köpfe, Schweißausbrüche, Lampenfieber und folgenschwere Blamagen? Wie gehe ich mit schwierigen Gesprächssituationen um, wie setze ich mich durch? Wie gestalte ich meinen Inhalt spannend? Es ist gar nicht so wichtig, was Sie dann sagen; Hauptsache, Sie werden verstanden.

Öffentlich ist wie nackt

„Sehr geehrte ..."

Wo immer sich eine gewisse Mindestzahl von Menschen an einem Ort versammelt, ist mit hoher Wahrscheinlichkeit eine Rede zu gewärtigen. Kindstaufen und Hochzeiten, Abiturfeiern, Museumseröffnungen und Beerdigungen sind nur einige möglich Anlässe für jene Form der öffentlichen Kommunikation, der viele mit Bangigkeit entgegenzittern. Michaela (wo sie nun Klassensprecherin ist), Onkel Max (der sucht sogar jede Gelegeheit), Frau Dr. Mittenweg (sie macht in Sachen Kultur ...), Ministerialdirigent Häberlein (von Amts wegen) ... Es trifft jeden mal, privat oder beruflich: Man/frau soll, muß eine Rede halten. Darauf sollten Sie gut vorbereitet sein, auf daß am

rühmt, wie bei Heinrich selig, jenem deutschen Bundespräsidenten, der gelegentlich nicht wußte, wo und oder vor wem er redete („*Meine Damen und Herren, liebe Neger …*"). Solche Ausrutscher finden viele Leute so unterhaltsam, daß sie gleich noch ein Dutzend andere (er-)finden.

Positive Beispiele dagegen müssen gründlich analysiert werden, um zu erkennen, wieviel Klugheit (oder kalte Berechnung) und Arbeit hinter dem Gelingen steckt.

Interesse wecken

Seit dem klassischen Altertum war es nie einfach, das Interesse der Menschen zu wecken, besonders wenn es sich um Themen handelt, die nicht im Mittelpunkt des allgemeinen Interesses stehen.

„*Wohin mit dem Müll?*" Darauf hätten die meisten Menschen vor ein paar Jahren noch fröhlich geantwortet: „*In die Mülltonne!*" Und einen Redner, der ihnen erzählt hätte, daß sie in wenigen Jahren in ihrer Wohnküche Müll sortieren und Joghurtbecher spülen würden, hätten sie belächelt.

Es gibt aber auch Themen, die so oft und so wenig überzeugend ausgebreitet wurden, daß ihre bloße Erwähnung schon Gähnen auslöst. Wer würde heute zu einem Vortrag mit dem Titel „*Die Emanzipation der Frau - Schrecken oder Verheißung?*" gehen?

Also: Wenn Sie sich auf eine Rede vorbereiten, so ist ein Gespür für die geistige Verfaßtheit Ihrer Zuhörer, für die Zusammensetzung des Publikums, seine Grundstimmung, seine Zugehörig-

keit zu Berufen oder Funktionen, zu Parteien oder Konfessionen usw. wichtig. Denn: Ob Sie Ihrem Publikum etwa schmeicheln wollten oder es eher provozieren, Sie müssen wissen, zu/mit wem Sie sprechen.

Man hat nur selten das Glück, vor einem kohärenten und à priori aufmerksamen Kreis zu sprechen, wie zum Beispiel bei einem Vortrag über plastische Chirurgie bei einer Fachtagung von Fotomodellen.

Mind-Catcher

Jetzt haben Sie sich auf Ihre Zuhörer gut eingestellt, jetzt müssen Sie – zuvörderste Bedingung, um überhaupt verstanden zu werden – sich Gehör verschaffen. Schon der simpelste Aspekt, der akustische nämlich, ist oft genug einer der prekärsten. Wer kennt sie nicht, die knarzenden oder übersteuerten Mikrophonanlagen?

Merke: Wer Technik benutzt, sollte deren Funktion zuvor (und zwar mehrfach) überprüfen. Je komplizierter Ihr

Equipment, desto wichtiger ist das! Seien Sie, wenigstens geistig, auf Pannen vorbereitet, etwa: Was mache ich, wenn das Mikro ausfällt?

Um diese Frage zu beantworten, müssen Sie auch wissen, in welcher Art Raum (Größe, Ausstattung, Licht etc.) Ihre Veranstaltung stattfindet.

Außerdem: Selbst wenn Sie überhaupt keine Technikpannen befürchten müssen – etwa, weil das Sache des Veranstalters ist – sollten Sie sich mit dem Raum in jedem Fall vor der Veranstaltung vertraut machen. Denn: Sie machen, indem Sie sich die Arena aneignen, Ihren *Auswärtsauftritt* zum Heimspiel.

Soviel zu den äußeren Bedingungen.

Hören und verstehen

Richtig unangenehm wird so ein Vortrag, wenn der Zwischenrufer nicht die mangelnde Lautstärke moniert, sondern den Inhalt: „*Wir verstehen nur Bahnhof, reden Sie mal Deutsch!*" Sprachlich, inhaltlich verstanden zu

Unterhalten Sie Ihr Publikum, und es behält Sie in guter Erinnerung!

GRUPPPENPROZESSE MODERIEREN

Was will Moderation?

Moderation zielt darauf, die Kommunikation unter den Mitgliedern einer Gruppe so zu gestalten, daß

- die Mitglieder einander überhaupt erstmal hören – oder, anders gesagt, ein Gespräch gewissen Regeln folgt;
- unterschwellige Konflikte, die die Gruppe vom Gruppenziel, vom Gruppenzweck abhalten, zunächst einmal aufgedeckt werden, und daß sie sofort dann kommunikativ behandelt und überwunden werden können (nicht etwa verdrängt oder gar destruktiv ausgelebt werden);
- schließlich das kreative Potential einer Gruppe optimal genutzt wird, sowohl im Hinblick auf ein gegebenes Ziel wie auch bezüglich der Zufriedenheit der Teilnehmer.

Den Menschen sehen

Moderation unterscheidet sich von anderen Verfahren der Gruppensteuerung durch vier zentrale Merkmale. Insgesamt liegt der Moderation ein anderes Menschenbild zugrunde. Das zeigt sich in der Vorgehensweise wie in ihrer Anwendung im pädagogischen Sinn:

Eigenverantwortlichkeit. Jeder trägt die Verantwortung für das, was er tut (oder läßt), und die sich daraus ergebenden Konsequenzen. Indem wahrgenommene Probleme an der eigenen Person mitverankert werden (als Diskrepanz zwischen Erwartung und Erfüllungsgrad), rücken autonome Lösungs-

chancen klar in den Blick, aber auch ihre durch soziale Gegebenheiten gesetzten Grenzen.

Gleichzeitig gibt das Bewußtsein der Eigenverantwortlichkeit die Energie, eine Situation bzw. ein Problem im gegebenen Rahmen zu verändern und Verantwortung in übergeordneten Zusammenhängen zu übernehmen.

Gleichberechtigung. Jeder steht zu dem anderen in einem Verhältnis der Gegenseitigkeit und trägt Verantwortung dafür, daß der andere sich eigenverantwortlich entfalten kann. Wertschätzung und gegenseitiges Aufeinander-Bezogensein fördern eine günstige Entwicklung des einzelnen und der Gruppe.

Handlungsorientierung. Der Mensch strebt nicht nur nach Selbsterhaltung und Bedürfnisbefriedigung, sondern sein Verhalten ist darüber hinaus ziel- und sinnorientiert. Diese Orientierung erfolgt an der Umwelt entnommenen und reflektierten Werten.

Ganzheit. Jeder handelt als *ganzes Subjekt*, als biologisches, psychisches und soziales Wesen in einem und ist als solches Ausgangs- und Bezugspunkt der Betrachtung.

Vom Umgang in Gruppen

Diese vier am Individuum ausgerichteten Prinzipien der Humanistischen Psychologie münden in sechs analoge Leitlinien für den gegenseitigen Umgang in kleinen und großen Gruppen:

Demokratie. Die Beteiligung aller an Gruppenentscheidungen setzt auf die Prinzipien der Eigenverantwortlichkeit und der Gleichberechtigung.

Toleranz. Die gegenseitige Gewährung von Spielräumen entspricht den individuellen Prinzipien der Eigenverantwortlichkeit und der Ganzheit.

Souveränität nach außen. Die Selbstbestimmung der Ziele und des Verhaltens gründen auf Eigenverantwortlichkeit und Ganzheit. Es ist nicht mehr nur psychologisches Fachwissen, sondern fast schon Allgemeingut, daß selbstgesetzte Ziele bei reifen Menschen mehr Motivation, Kreativität und Ausdauer freisetzen als fremdbestimmte, weil sie à priori eine höhere Identifikation mit der Aufgabe schaffen.

Transparenz nach innen. Die Offenlegung der sachlichen und persönlichen Komponenten in der Kommunikation korrespondiert mit den Prinzipien der Gleichberechtigung und der Handlungsorientierung.

Effizienz. Daß ein gestecktes Ziel mit minimalem Zeitaufwand erreicht werden soll, folgt aus den Prinzipien der Eigenverantwortlichkeit und der Handlungsorientierung.

Homogenität. Das kohärente Zusammenwirken der einzelnen in der Gemeinschaft ist die Umsetzung der Prinzipien der Ganzheit und der Handlungsorientierung.

Fortsetzung nächste Seite

GRUPPPENPROZESSE MODERIEREN

Sekundäre Ziele

Damit sind die sekundären Ziele der Moderation abgesteckt:

Eine Gruppe, die ein Leistungsziel und hohe Zufriedenheit ihrer Mitglieder erreichen will, ist

- zu stabilisieren,
- zu steuern,
- transparent zu machen,
- weitestgehend von Fremdbestimmung freizuhalten,
- die Teilnehmer sind (als Sachlöser) zu beteiligen
- und (als Menschen) zu tolerieren.

Um für diese Ziele zu arbeiten, braucht der Moderator ein sicheres Gespür für das Verhalten von Individuen und Gruppen und muß sich flexibel auf wechselnde Situationen und Anforderungen einstellen.

Moderation kann somit als eine zielgerichtete Regelung von Gruppenprozessen auf einer humanistischen Grundlage verstanden werden.

Sie ist ein Element eines kooperativen und partizipativen Führungsstils.

Gut – oder? Aber wozu?

Der Hauptzweck der Moderation kann, auf die Praxis bezogen, folgendermaßen umdefiniert werden: Er besteht in der Schaffung und Aufrechterhaltung einer Gesprächsfähigkeit und Gesprächsbereitschaft der Beteiligten.

In diesem Sinne ist eine Moderation so etwas wie die **Produktion von Verständnis,** von Verstehen und von problemlösungsförderndem Verhalten.

Um seinem Zweck gerecht zu werden, muß der Moderationsprozeß folglich teilnehmer- und themenbezogene Aufgaben erfüllen:

Teilnehmerbezogen:

- Der Moderator muß von den Teilnehmern in seiner Funktion und Rolle akzeptiert werden.
- Die Akzeptanz der Teilnehmer untereinander muß gegeben sein.
- Spielregeln müssen vereinbart und eingehalten werden.
- Jeder akzeptiert seine eigene Verantwortung für die Lösung.
- Jeder fühlt sich auch verantwortlich für den Problemlösungsprozeß.

Inhaltsbezogen:

- Die Teilnehmer sind derart an das Thema zu binden, daß sie weder ab- noch umschalten.
- Die Teilnehmer sind mit Informationen so zu versorgen, daß zu jedem Zeitpunkt eine ausreichende und verarbeitbare Menge an Stoff zur Debatte steht.
- Alle wichtigen Informationen aus dem Teilnehmerkreis sind aufzunehmen und abrufbar zu speichern.
- Die Informationen sind für die Mitarbeiter (Gruppenmitglieder) so zu strukturieren, daß ihnen eine thematische Orientierung gelingt.

Potentiale ausschöpfen

Wenn die genannten Bedingungen erfüllt sind, zapft die Moderationstechnik das kreative Potential aller Beteiligten an, bringt frische Ideen zum Sprudeln, schafft eine pragmatische Handlungsorientierung und sorgt für mehr Effizienz und Identifikation in Besprechungen, Arbeitssitzungen und Konferenzen, bei Kleingruppenarbeiten, in Projektsitzungen und in Workshops .

Die mit Hilfe einer Moderation entstandenen Arbeitsergebnisse sind folgerichtig primär nicht die Produkte eines Leiters, sondern sind vielmehr Teamprodukte und entsprechen damit auch dem wachsenden Anspruch an Kooperation und interdisziplinäre Zusammenarbeit zugunsten von Kreativität und Qualität. Moderation erschließt damit ein breites Einsatzspektrum. Sie ist auch bei Problemen von hoher Komplexität und bei großer Beteiligtenzahl durchführbar.

Quelle: Uwe Böning, Moderieren mit System, Gabler, Wiesbaden 1991

---

werden, ist für manchen Redner, und gerade für Spezialisten, noch schwieriger als in einer alltäglichen Situation. Eine Rede ist eine flüchtige Angelegenheit, und ein gesprochenes Wort, das unverstanden bleibt, ist verloren. Ein Zuhörer kann nicht im Text zurückblättern, kann keinen zweiten Anlauf nehmen, um es besser zu verstehen. So ist ein unverstandener Ausdruck, eine fremde Redewendung nicht nur ein ins Leere verschossener Pfeil, es ist eine massive Störung der Rede selbst – und es gibt sogar Situationen, in denen sich darin eine gewisse arrogante Publikumsverachtung erkennen läßt. Warum aber – so lautet dann die Frage – machen Sie sich die Mühe?

Also: Wer etwas sagen will, der muß sein Publikum mögen!

Klare Sprache

Ein Zuhörer, der einen Ihrer Gedanken nicht sofort versteht, wird sich mit diesem Problem beschäftigen, anstatt Ihnen weiter zu folgen. Ist der Anschluß einmal verpaßt – vorausgesetzt, die Rede hat ein gewisses Niveau – so stellt sich dem Zuhörer rasch eine Art Rauschen ein, nicht selten begleitet von wachsendem Ärger. Natürlich: Die Reaktionen sind so vielfältig wie die Menschen. Manch einer sucht den Fehler bei sich, hält sich für zu blöd, andere geben eine plötzliche Langeweile vor, sehr viele aber fühlen sich schlicht nicht ernst genommen.

Ein Schriftsteller, der kunstvoll, aber schwer verständlich schreibt, zwingt niemanden, sein Buch zu lesen.

Der Redner aber, der sich nicht verständlich machen kann oder nicht verständlich ausdrücken will, quält sein Publikum. Unruhe, Protest, Zischeln und Tuscheln breiten sich aus. Die Katastrophe ist komplett, wenn das Publikum vor dieser Art Folter flieht.

Kühle Berechnung

Auf der anderen Seite kann es kein Redner jedem rechtmachen. Er muß abwägen, wie allgemeinverständlich er

---

Tacheles (III):

DER MODERATOR
DIE INSTRUMENTE

Aktives Zuhören

Die wichtigsten Regeln zur Gesprächsführung sind für den Moderator die des aktiven Zuhörens und Techniken aus dem Bereich der Konfliktregelung.

Ziele dieses Verhaltens sind die Versachlichung der Diskussion und die Möglichkeit, daß alle Teilnehmer der Sitzung zu Wort kommen können.

Durchsetzung und politisches Taktieren stehen hier bewußt *nicht* im Vordergrund.

Im Sinne dieser Zielsetzung stehen dem Moderator folgende Instrumente zur Verfügung:

* Spiegeln von sachlichen Beiträgen:
Verdeutlichende Wiederholung von Beiträgen in eigenen Worten, durch Anwendung angemessener Metaphern. *„Nach Ihrer Auffassung sind für die weitere Strategiediskussion also drei Aspekte wichtig ...“*

* Spiegeln von emotionalen Anteilen in den Beiträgen:
Verdeutlichendes Herausstellen von emotionalen Anteilen in den Aussagen von Gesprächsteilnehmern, allerdings nur in beschreibender, nicht aber in bewertender oder gar abwertender Form: *„Sie fühlen sich offenbar übergangen, weil ...“*

* Nachfragen:
Auf zentrale Aspekte vorangegangener Beiträge zielende Fragen, die zur Wiederholung und Abgrenzung anregen sollen: *„Habe ich Sie richtig verstanden, daß ...“*

* Anstoßen:
Aufgreifen von Beiträgen oder Teilaspekten daraus und Nachfragen mit dem Ziel, den Gedanken weiterzuspinnen: *„Bedeutet das in der Konsequenz ...?“*

* Relativieren:
Neutrale Gegenüberstellung einander konträrer Positionen: *„Vorhin hörten wir die Meinung ... – Jetzt kommt der Standpunkt zum Ausdruck ...“*

* Zusammenfassen:
Kurze Wiedergabe des Diskussions- oder Arbeitsstandes mit Nennung der wichtigsten Aspekte. *„Ich darf die wesentlichen Punkte wie folgt zusammenfassen ...“*

Quelle: Uwe Böning, Moderieren mit System, Gabler, Wiesbaden 1991

---

sein muß und wie spezifisch, fachsprachlich oder komplex er argumentieren kann, um seine Aussage angemessen zu vermitteln.

Achtung: Bekanntlich ist nur weniges schwerer, als einen komplizierten Gedanken einfach auszudrücken. Gerade darauf sollten Sie also die meiste Mühe verwenden. Hochtrabend Banalitäten breitzutreten ist dagegen viel einfacher und scheint gerade jenen in die Wiege gelegt, die bei jeder Gelegenheit das Wort erheben.

Frage: Wie gelingt es einem Redner, uns zu faszinieren, wie schafft er es, unsere Aufmerksamkeit zu behalten,

Öffentlich

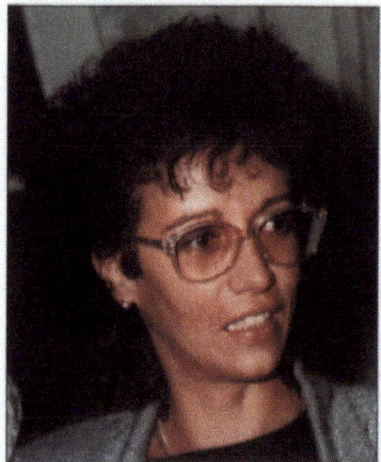

Ingeborg Fleischer

ist selbständige Management-beraterin in Frankfurt mit den Schwerpunkten Rhetorik und Konfliktmanagement

Gekonnt provozieren ...

Sie müssen eine Rede halten – seien Sie auf Störfälle vorbereitet! (Bleiben sie aus, um so besser für Sie.)

Die beste Form, mit dem langweiligen oder ärgerlichen Wortbeitrag eines Zuhörers umzugehen, ist, sich in schweigsamer Toleranz zu üben.

Sollten Sie allerdings beschließen einzugreifen, dann tun Sie es so, daß Sie sich keine Feinde schaffen. Feinde sind auf Dauer zu anstrengend.

Provozieren Sie unerwartet und höflich: Mit Gemeinheit; genauer: Mit *feiner Gemeinheit*.

Bedienen Sie sich der Rabulistik (Kunst der Wortverdrehung) oder der eristischen Dialektik Schopenhauers (die Kunst, Recht zu behalten).

Wie so häufig tritt gerade in der Rede die Wahrheit in Form der Versionen auf! Wortverdreher und eristische Dialektiker kennen viele Techniken: Attitüden und Platitüden, verblüffende Plausibilität, Fremdwörter und Fachbegriffe, Umkehrung der sprachlichen Logik, Witze, Sprichwörter, Zitate, Halb- und Unwahrheiten, Täuschungen durch Gestik und Mimik, Mehrdeutigkeit, Mitleidheischerei, Angriffe auf Ethik und Moral, Angriffe auf die Person, jemanden der Lächerlichkeit preisgeben und vieles mehr.

Das Ziel ist, den Sprecher zu verunsichern, bis er die Selbstkontrolle verliert. Sie sind fast am Ziel, wenn er aus dem Konzept gerät, den Faden verliert, sich zu verteidigen beginnt oder blind zurückschlägt. Damit diskreditiert und disqualifiziert er sich selbst!

Behalten Sie bei groben, unsachlichen Attacken die Ruhe und haken Sie nach Möglichkeit nach, so daß der Angreifer seinen Vorwurf wiederholen muß. Das kostet Zeit, und damit handelt er sich Gemurre und Empörung im Auditorium ein.

Werden Sie direkt persönlich angegriffen (der indirekte Angriff zielt auf die Argumente, die Sie vertreten), so antworten Sie in ruhigem Ton, daß Sie den Angriff sehr wohl gehört hätten, aber nicht darauf eingehen würden. Laden Sie den Angreifer ein, mit Ihnen im Anschluß an Ihren Vortrag über die persönlichen Belange zu sprechen: *„Wir sollten die Zuhörer damit nicht langweilen."*

Vorsicht: Wer das Wort führt, steht im Rampenlicht. Vergessen Sie deshalb nie, für wen Sie reden: für Zuhörer, nicht für Fans oder Gläubige. Und die Gefühle von Zuhörern sind wankelmütig; die Identifikation mit Angreifer oder Opfer wechselt schnell.

Greifen Sie deshalb nie persönlich an! Zeigen Sie statt dessen Verständnis für die Auffassung des anderen. Fügen Sie Ihre eigene Sichtweise als Ergänzung hinzu, freilich mit anderen Schlußfolgerungen!

Eine *feine Gemeinheit* kann nur aus der Entspannung entstehen. Warten Sie also nicht, bis Sie aggressiv geworden sind. Sonst geraten Sie in den Sog negativer Gefühle.

Sie werden unaufmerksam, und noch vor Ihrer Stimme verrät Ihre Körpersprache Angriffsbereitschaft.

Die Feine Gemeinheit

... und elegant kontern

Zunächst ist es legitim, wenn ein Redner darum bittet: *„Lassen Sie mich bitte zunächst im Zusammenhang vortragen. Ich werde im Anschluß auf Ihre Fragen eingehen."*

Für den Fall, daß es gleichwohl zu einer Unterbrechung kommt, hier ein paar Tips, wie man eine feine Gemeinheit (*FG*) plaziert und – wie man eine solche abwehren (*A*) kann:

FG: Unterbrechen Sie den Redner, indem Sie das Gesagte kurz und präzise zusammenfassen, und fügen Sie dann bruchlos Ihre Argumente hintan – auch und gerade, wenn Sie genau das Gegenteil vertreten. *„Sie haben deutlich gemacht, daß … Ich bin der Meinung, daß…"*

A: Hören Sie genau zu, wenn Sie unterbrochen werden. Achten Sie auf die Argumentation: *„Vielen Dank für Ihre Zusammenfassung; daraus schließe ich …"*

FG: Bieten Sie abweichende Definitionen an. Erklären Sie Fremdwörter und Fachausdrücke in anderer Weise, in Ihrem Sinn. Das müssen Sie zu Hause vorbereiten! Und bauen Sie darauf Ihre Argumentation auf.

A: Achten Sie bei der Redevorbereitung auf mehrdeutige Begriffe, Fremdwörter und Fachausdrücke. Wie können sie eventuell anders definiert werden?

FG: Nehmen Sie das Gesagte wörtlich oder mit Humor. Die Schlußfolgerungsfrage bietet sich hier als Technik an: *„Bedeutet das etwa, daß …?"*

A: Auf humorvolle Einwürfe humorvoll reagieren. Wenn Ihnen nichts dazu einfällt, lächeln Sie. Lächeln ist die charmanteste Art, Zähne zu zeigen.

FG: Bejahen Sie die Absicht des Redners, Klarheit zu schaffen, und ordnen Sie das Gesagte neu.

In einem anderen Sinn – in Ihrem: *„Ich bin Ihnen dankbar für Ihren Einwurf. Für mich macht dies in folgender Weise klar: …"*

A: Stellen Sie Ihre eigene Ordnung wieder her: *„Da Konzeption und Konfusion durchaus nicht identisch sind, hier die Klärung: …"*

Die feine Gemeinheit ist eine sich stets wandelnde, auf die Situation, den Inhalt, das Auditorium und den Redner bezogene Kunst. Es ist ein Cocktail aus Gelassenheit und Pragmatismus mit Humor als Grundlage, und einem Schuß Ironie und Freude am Reden als Würze.

Die Basis der feinen Gemeinheit: Sie sollten in Ihrem Thema sattelfest sein – Besonnenheit und Geistesgegenwart entstehen dann, ganz wie im Dialog, beinahe wie von selbst.

Die wahre Krönung der Gemeinheit ist allerdings die Klugheit: *„Nicht wer grimmig, sondern wer klug dareinschaut, sieht furchtbar und gefährlich aus –: so gewiß des Menschen Gehirn eine furchtbarere Waffe ist als die Klaue des Löwen."*

(Arthur Schopenhauer, Aphorismen zur Lebensweisheit)

uns an seinen Ausführungen zu interessieren? Warum schalten wir bei dem einen ab, bei dem anderen nicht? Manche Redner sind mit jenem Charisma gesegnet, das uns in seinen Bann zieht. Es gibt sie, diese Menschen, die nur den Mund aufzumachen brauchen, und die Zuhörer hängen an demselben. Wir allermeisten anderen müssen ohne diese Ausstrahlung leben, die man nicht *lernen* kann. Uns bleiben da nur die Kunstgriffe und Tricks, die wir live – öfter auf dem Bildschirm – bei Berufsrednern oder Dauertalkern abspitzen können.

Die Stimme

Seit der Antike zählt Rhetorik zu den hohen Künsten. Diese beginnt mit der Stimme, die man sich zwar nicht aussuchen kann. Aber ob Sie leise und eindringlich sprechen oder laut, ohne jedoch zu schreien, das kann man lernen und trainieren.

Erste Voraussetzung: Sie sollten keine Gelegenheit auslassen. Suchen Sie die Öffentlichkeit, denn auch hier gilt, wie überall: Übung macht den Meister! Nächster Schritt: Machen Sie Aufnahmen oder lassen Sie Ihre Rede mitschneiden. Erst beim späteren Wiederanhören haben Sie Gelegenheit, sich störende Elemente wie nervöses Zittern in der Stimme oder häufiges Räuspern bewußt zu machen – um diese nach und nach zu beseitigen.

Eine wichtige Rolle spielt dabei Ihre psychische Disposition, Ihre Sicherheit in der Sache: *„Ich weiß, was ich will, und ich weiß, was ich sage."* Damit eng verbunden ist eine kontrollierte At-

Öffentlich

mung. Ohne diese Kontrolle läßt sich Ihre Stimme nur schwerlich modulieren. Unangenehm für Sie und das Publikum überträgt ein Mikrofon etwa heftiges Schnaufen. Das läßt Ihre Redeweise abgehackt wirken, japsend oder gar von Kieksern untermalt.

Überhaupt sollte man die Stimme, die Stimmlage, die Intonation nicht unterschätzen: Manchen Politikern kann man ihre Fettleibigkeit regelrecht anhören, anderen ihre Unsicherheit oder mangelnde Sachkenntnis, wieder anderen die sprichwörtliche Seelenruhe und Gelassenheit.

Bei manchen Frauen führt die Kombination von Unsicherheit und unkontrollierter Atmung zu dem Eindruck, sie würden jeden Moment anfangen zu weinen.

Tempo

Gelegentlich empfinden wir Sprechtempo als anregend, als dynamisch – in anderen Fällen überzeugt uns eine moderate Ruhe. Je nach Dauer des Vortrages fällt uns beides rasch lästig. Nichts unterläuft die Konzentration des Publikums wirkungsvoller als falsches Sprechtempo, mangelnde oder falsche Sprechpausen und unpassende oder übertriebene Gestik.

Langsames, schleppendes Sprechen lädt zum Nickerchen ein, ein Dauerstakkato dagegen macht unruhig und aggressiv. Gedehnte Worte (*„wir geben davon nicht ab"*) sind nur als wohlerwogener Effekt zumutbar. Unterbrechungen, die in keinem Zusammenhang zu Satzbau oder Aussage stehen, irritieren. Redner, die ohne Punkt und Komma vor sich (nämlich *für sich!*) hinsprechen, sind ebenso schwer zu ertragen.

Eine Rede besteht aber nicht nur aus Worten und Tönen. Denn mindestens ist Ihr Gesicht in Bewegung, nicht selten zappelt der ganze Körper. Wirkungsvollstes Erfolgsrezept ist Disziplin und Übung!

Grundsätzlich gilt für jeden Vortrag: Den nachhaltigsten Eindruck erzeugen die gezielten, relativ seltenen, kleinen Wechsel. Demnach sollten Sie auch etwaige gestische Erläuterungen sparsamer einsetzen. Andererseits entscheidet letztlich Ihr Publikum über die einzusetzenden Mittel. Es gibt, wie im Bundestag oder im Karneval zu beobachten, durchaus Konstellationen, wo

auf einen groben Klotz ein grober Keil gehört.

Auch wann (oder wen) Sie mit Manierismen überzeugen, hängt davon ab ... z.B. verweist wohl das häufige Auf- und Absetzen der Brille oder das halbintelektuellen Hantieren mit derselben auf die erfolgreiche Alphabetisierung des Redners. Häufigere Sprech- und Denkpausen des Redners sollen profunde Nachdenklichkeit darstellen; ... Erfolg oder Blamage beim Einsatz auch billigerer Tricks also hängt davon ab, wen Sie vor sich haben.

Einfach auslassen

sollten Sie, ganz gleich vor welchem Publikum, unerwartete Griffe an Hosen, Röcke etc., lenkt es doch die Imagination in eine ganz andere Richtung. Auch raten wir davon ab, sich bei ernsten Fragen am Kopf zu kratzen, es sei denn um eines Witzes Willen.

Ebenfalls eher dem *Amüsemang* dient jene Übung bei der, statt des ebenfalls nervigen *„Zitat Anfang ... Zitat Ende"*, die Hände des Redners hoch in der

Gestik und Mimik, wohldosiert eingesetzt, unterstützen Ihre Aussagen.

Luft mit den gekrümmten Zeige- und Mittelfingern wackeln.

Hilfsmittel

Über Erfolg und Mißerfolg einer Rede entscheidet nicht selten auch der Umgang mit Hilfsmitteln, seien es Stichwortzettel, Demonstrationsmaterialien, Flipchart, Overheadprojektor. Wir hatten es oben schon angesprochen: Eine Rede sollte mit wenigen, dafür aber genau geplanten Hilfsmitteln auskommen. Viele Redner, die Ihre Materie gut beherrschen, stehen genau hier vor einem Dilemma: Sie wollen ALLES sagen/zeigen/vorführen, was sie wissen/können/haben.

Solche Reden/Präsentationen sind als Feuerwerk gemeint, hinterlassen aber öfter ein Publikum, dem inmitten der Rauchschwaden die Orientierung verloren ging. Die Kompetenz und Souveränität eines Redners zeigt sich auch und gerade in der Fähigkeit, zu reduzieren, auszuwählen, auf das Wesentliche zu kommen.

Vom Blatt

Es gibt Themen, bei denen es darauf ankommt, genau zu sein, keinen Unsinn zu reden, etwas exakt darzustellen. Solche Themen müssen vorbereitet sein – und da ist es nicht immer zu vermeiden, daß Sie die Fülle des Materials zum Vortrag vorstrukturieren und niederschreiben.

Wir – das Publikum – wollen aber den Redner sehen und hören und seinem Vortrag in dem Gefühl folgen, er spreche jetzt zu uns mit eben den Worten,

die er im Augenblick gewählt hat. Andernfalls könnten wir das ja auch lesen! Stellen Sie sich einmal den Politiker vor, der mit den Worten beginnen würde: *„Ich lese jetzt das Manuskript meines Mitarbeiters Müller-Senftenberg über die Europäische Agrarpreisordnung vor"* oder: *„Mein Wirtschaftsreferent hat dazu notiert …"* Der Charakter des gesprochenen Wortes sollte folglich auch dann gewahrt bleiben, wenn die Rede in Wirklichkeit wortwörtlich nach einem Manuskript vorgetragen wird.

Sie haben jetzt zwei Möglichkeiten, die Sie ohne falsche Eitelkeit nach Veranlagung, nach Ihren persönlichen Stärken wählen sollten. Wenn Sie sich in der Lage fühlen, auch einen komplexen Sachverhalt frei darzustellen und vorzutragen, dann sollten Sie mit einer Stichwortliste nur den groben Gang Ihres Vortrages fixieren. **Beispiel:**

Begrüßung

Meine Company

Unser Thema

    Abschnitt eins: **Grundlagen**

                                        Zitat

                                        Zitat

                                        Zitat

    Abschnitt zwei: **Thesen**

                                        I: …

                                        II: …

    Abschnitt drei: **Probleme**

...

(Natürlich wären die einzelnen Thesen und Zitate *tatsächlich* auch niedergeschrieben.) Diese Technik, für die viele Redner handliche Karteikarten benutzen, überläßt Ihnen die Freiheit einer spontanen Wortwahl. Das macht Ihre Rede farbig.

Im Gegenzug kassieren Sie aber das Risiko, daß Ihnen vielleicht plötzlich

nicht mehr einfällt, was Sie an einer Stelle gemeint haben, oder Sie die vorgegebene Zeit überschreiten – und dann Probleme haben, unwichtigere Passagen auszulassen, weil Sie den Anschluß nicht mehr finden.

Routinierte Redner benutzen zuweilen ein dreifach gefaltetes Blatt. Links haben sie ihre eingeplante Redezeit, z.B. *„max. 2 min"* notiert, in der Mitte die Stichwörter für diesen Abschnitt, zum Beispiel *„Zunahme der Beschaffungskriminalität"*, rechts eventuell Zitate oder Namen zu der geplanten Aussage wie *„LKA Statement vom …"*. So hindern Sie sich an ausufernden Argumentationen, kommen leichter auf den Punkt und sind auch gegen Einwürfe und Zwischenrufe gewappnet. (Es macht sich immer gut, besser informiert zu sein. Auf Ihrem Zettel stünde zum Beispiel in der rechten Spalte ein Sie bestätigendes Zitat der Oppositionspartei. Kommt kein kritischer Einwurf, lassen Sie es weg; kommt er doch, etwa *„Das ist eine unglaublich reaktionäre These!"*, kontern Sie lässig mit *„Das haben Sie doch in Ihrem Berliner Programm selbst mit festgeschrieben, Herr Kollege, wenn ich Sie erinnern darf …"*

Lesen

Die andere Möglichkeit ist, daß Sie genau aufschreiben, was Sie sagen werden. Blackouts oder massive Zeitüberschreitungen sind dabei nicht zu befürchten. Denn den Text haben Sie schwarz auf weiß, und die nötige Zeit können Sie ja zuvor messen.

Die Gefahr dieser Methode liegt in der Durchführung, im Vortrag selbst. Mal geraten Sie ins Leiern, mal lesen Sie zu schnell (wollen die Sache hinter sich bringen), mal sind Ihre Sätze zu lang und Ihnen geht mittendrin der Atem aus. Und noch eins: Da Sie jetzt Ihren Vortrag auf dem Papier stehen haben – nicht im Kopf – müssen Sie ständig auf das Papier schauen. Wollen Sie gelegentlich einen Blick ins Publikum riskieren, laufen Sie Gefahr, die Zeile zu verlieren.

Aber auch hier gibt es *Rat:* Schreiben Sie groß, gut lesbar; kurze, leicht überschaubare Zeilen und wenig Zeilen auf eine Seite. Vielleicht sogar immer nur einen Absatz. Denn: Wie *oft* Sie an Ihrem Rednerpult blättern, merkt Ihr Publikum gar nicht, solange Sie fließend vortragen. *Aber:* Bedenken Sie auch, daß diese Art Reden – die Sie immer dann bevorzugen sollten, wenn Sie keinen Fehler machen wollen – einen quasi natürlichen Hang auch zu Trivialität und Banalität mit sich bringen. Es ist, wenn man so sagen will, die staatsmännische Rede.

Der dritte Weg

Begabt oder unbegabt: Jeder kann einen Vortrag, eine Rede, eine Präsentation abhalten. Denn in der Mitte zwischen der freien Improvisation und dem sklavischen Ablesen eines Textes liegt der chart-gestützte Vortrag.

Mit dem Scharnier Chart können Sie zwischen frei gesprochenen und abgelesenen Sequenzen gerade so hin- und herspringen. Achten Sie aber darauf, daß Sie als Vortragender im Mittelpunkt bleiben.

Wenn auf Ihrem Chart Texte stehen, sollten sie so kurz sein, daß sie mit einem Blick wahrgenommen werden können. Auf das bloße Ablesen von Charts sollten Sie aber möglichst verzichten; die Wirkung ist nämlich die, daß die Charts zum eigentlichen Redner werden, Sie rücken in den Hintergrund, und eine Neigung zu Kritik und

Komplizierte Inhalte/Charts sollten Sie mit dem Publikum gemeinsam erarbeiten.

Diskussion setzt ein, bevor Ihre Rede überhaupt auf den Punkt kommt.

Grafiken oder Abbildungen sind eine oft ideale Ergänzung zum Vortrag. Sie beziehen die Augen in die Informationsaufnahme mit ein und steuern so parallel zu Ihren Worten eine assoziative Ergänzung bei. Ihre Rede wird angereichert. Besonders anschaulich wird es, wenn Sie in eine abstrakte Grafik per Hand Linien, Schraffierungen oder Erläuterungen hinzufügen. Dann vollzieht Ihr Publikum den Gedankengang aktiv mit – und kann den Inhalt später besser erinnern.

Die wichtigsten Fragen

Wer sich aus Interesse oder um die eigenen Fähigkeiten zu verbessern intensiver mit der Analyse von Reden beschäftigt, dem kann eine kleine, hilfreiche Systematik empfohlen werden.

Erstens: Welches sind die Grundbedingungen meiner Rede:

• Wer bin ich?
• Wo bin ich?
• Was will ich?

Zweitens: Welche semiotischen Gesichtspunkte muß ich berücksichtigen oder bedienen? Darunter werden alle Aspekte verstanden, die *öffentliches Sprechen als System von Zeichen und Symbolen* ausmachen, also

• sprecherische (Betonung, Dialekt …),
• sprachliche (Wortwahl …),
• semantische (wechselnde Wortbedeutungen …),
• syntaktische (Satzlängen, Satzaufbau …) und
• pragmatische (Hörbarkeit …)

Funktionen meiner Rede.

KURZ:

LAM–PEN–FIEBER!

Pitschnasse Pfötchen?

Sie erwischen sich, wie Sie immer wieder versuchen, Ihre feuchten Hände an Hose oder Rock zu trocknen. Ihr Magen unterstützt Sie mit deutlichem Sodbrennen, im Kopf ist vor allem ein schwarzes Loch. *Wo ist hier die Toilette?* Ihre Halsschlagader pocht wie bei einem Frosch – und Sie ahnen, daß man es sieht. Sicher sind Sie dagegen, daß der nächste Laut aus Ihrer zugeschnürten Kehle recht genau wie das letzte Röcheln eines Dahinscheidenden klingen wird. Das souveräne Statement eines Machers wäre etwas anderes …

Es ist Ihnen klar, daß Sie KEINER Rauschmittelvergiftung unterliegen. Doch was hilft das. Die Symptome kennen Sie seit der Schulzeit, wo Sie (und Ihr Körper) in einer tragenden Nebenrolle Theater spielten. Und Sie konnten die Symptome ziemlich verlustlos bis ins Berufsleben retten: LAMPENFIEBER!

Schnaps ist tabu

Also heißt es, das Übel an der Wurzel zu packen, statt immer wieder seine Auswirkungen zu betäuben.

Lampenfieber entspringt aus Erwartungsangst, aus der Furcht vor dem Unbekannten und der Angst, womöglich jämmerlich zu versagen.

Diese Überlegungen zu vertiefen führt Sie in eine Abwärtsspirale. Der erste Ansatz kann daher nur heißen: *Da denk ich gar nicht hin!* Vergleichen Sie die neue unbekannte Situation mit einer, die Sie schon gemeistert haben. Alles wiederholt sich, Unterschiede sind Nuancen! Lampenfieber findet seine Nahrung gerade in der Angst vor der Bewertung durch andere – wenn aber zwischen Ihnen und Ihrem Publikum ein Wissens- oder Machtgefälle besteht, so gibt es für Bewertungsängste gar keine Verhandlungsmasse. Sachliche Kompetenz und Überlegenheit ist der natürliche Feind des Lampenfiebers.

Deswegen ist eine solide Vorbereitung das eigentliche A und O. Vorbereitung gibt Sicherheit und ist schon die halbe Miete zum Erfolg. Übrigens gilt das auch für jene, die tief im Thema stecken; ja, für sie besonders: Ihnen hilft Vorbereitung, allzu spezielle Überlegungen, Begriffe, Zusammenhänge für das gewöhnliche Verständnis herunterzubrechen! Lehnen Sie also Vortragstermine ab, die Ihnen keine Vorbereitungszeit lassen, und konzentrieren Sie sich vor wichtigen Gesprächen eine halbe Stunde auf Thema und Argumentation.

Erinnern Sie sich: An den Spickzettel, auf dem Sie das Prüfungsthema mit wachsender Perfektion zu einer Miniaturvorlage komprimiert haben. Am Ende kannten Sie den Inhalt in- und auswendig und brauchten keinen Spickzettel.

Das Prinzip funktioniert noch heute. Die gleiche Sicherheit entsteht, wenn Sie Ihren Stichwortzettel sorgfältig ausarbeiten und die einzelnen Schritte, etwa eines Vortrages, häufig überarbeiten, noch einmal abschreiben etc.

Beginnen Sie mit knappen Sätzen. Zungenbrecher lassen sich vermeiden! Sind die ersten Minuten vorüber, legt sich meist das Lampenfieber von selbst.

Der Gefahr, sich zu verhaspeln oder steckenzubleiben, können Sie dadurch entgehen, daß Sie frei sprechen: Niemand erwartet einen Nachrichtensprecher. Es ist für Sie und das Publikum leichter verständlich, wenn Sie in Bildern sprechen statt in abstrakten Begriffen. Sie können sich so besser Eselsbrücken bauen, und die Rede fließt.

Legen Sie ruhig kleine Pausen ein. Das Publikum nutzt sie, um über das zuvor Gesagte nachzudenken – und erwartet den nächsten Schritt.

Macht nix!

Falls Sie doch einmal steckenbleiben sollten, wiederholen Sie das Zuletztgesagte oder bitten Sie einfach die Zuhörer, Ihnen wieder auf die Sprünge zu helfen. Das ist nur menschlich und verschafft Ihnen Sympathie.

Sprechen Sie beim Ausatmen. Tiefes Ausatmen entspannt und signalisiert Sicherheit im Gegensatz zu einer hingehechelten Rede. Verstärktes Einatmen hingegen fördert Verkrampfungen und Anspannung. Atmen Sie auch vor dem Auftritt ein paarmal tief durch. Es hilft, auch wenn man nicht dran glaubt!

Sie kennen Murphy's Law?

Alles, was schief gehen kann, geht auch schief. Na und! Den Kopf wird's nicht kosten. Und überhaupt.

Ihr Gesetzt lautet: Alles, was machbar ist, klappt auch!

VORSICHT
KAMERA

Beim Fernsehauftritt – und sei es nur hier! – müssen Sie Äußerlichkeiten beachten. Einige, mitunter ernst gemeinte Tips für Ihre Begegnung mit Kamera, Licht und Interviewer:

• Nehmen wir mal an, Sie werden zum Fernsehinterview geladen, und Sie haben gerade Ihren *„flauen Tag"*. Jetzt können Sie entweder auf das Piqué-Shirt aus dem Tennis-Koffer zurückgreifen (was ihnen den Touch von Freiheit und Abenteuer verleihen könnte), oder: Sie haben vorsorglich ein Sacco im Schrank. (Vielleicht das Kleinkarierte; es wird Ihnen etwas Schillerndes geben und dem Zuschauer Tränen in die Augen treiben. Fachleute nennen das Interferenz.)

• Fernsehkameras machen es Ihnen leicht, auch mit einem Ein-Tages-Bart auszusehen wie ein Don Johnson für Arme. Gnadenlos zaubern sie Ihnen einen Schatten auf Wangen und Hals, der aussieht, als hätten Sie dreieinhalb Tage daran gearbeitet.

Also: Hände weg vom Rasierer! Nur eitle Softies (Sorte Engholm) greifen vor abendlichen Fernsehauftritten zum BRAUN, lassen sich schminken oder gehen gar auf die Sonnenbank. Alles Unsinn! Die Kameras werden Sie so weiß 'rüberbringen, daß selbst der gleichnamige Riese neidisch wird.

Genug der Äußerlichkeiten

Schließlich haben Sie auch was zu sagen. Das wird sich zumeist kaum mit dem decken, was der Interviewer oder die Moderatorin (alles Wadenbeißer!) von Ihnen wissen möchte.

Die einfachste Möglichkeit ist die, eine Frage elegant zu ignorieren und das zu sagen, was Sie loswerden möchten. *„Also zunächst einmal …"* ist dazu eine probate Floskel und wird (denken Sie an Hans-Joachim Vogel) gern genommen. Das suggeriert, daß Sie später auf die Frage eingehen werden, was Sie aber glatt vergessen.

Das wird aber vielleicht auch Ihr Gegenüber merken – *Vorsicht* Nachfrage! Jetzt haben Sie noch die Chance, die Frage falsch zu verstehen oder sie zu korrigieren: *„Das dürfen Sie mich nicht fragen …"* oder *„Es geht doch um eine ganz andere Frage …"*

Eher selten – es sei denn, Sie sind Berufspolitiker, Konkursgeschäftsführer … – dürfte es sie erwischen, wenn Sie lieber nichts sagen möchten und dennoch gefragt werden. Hier mag die Unterscheidung zwischen offenen und geschlossenen Fragen weiterhelfen: Bei ersteren wird von Ihnen ein einigermaßen vollständiger Satz erwartet, auf geschlossene Fragen können Sie mit ja oder nein antworten. Einmal als solche erkannt, helfen geschlossene Fragen Ihnen und dem Interview, denn in der Kürze liegt bekanntlich die Würze. Nervenstärke gehört indes dazu, gar nicht zu antworten. Take the easy way: Freundlich unverbindliche Antworten. Das wirkt kommunikativ, kompetent und höflich. Die Wahrheit heben Sie sich für später auf.

Drittens: Welches sind meine rhetorisch-stilistischen Figuren? Hierunter versteht man sprachliche Besonderheiten, die sich dadurch auszeichnen, daß sie nicht der üblichen grammatischen Ausdrucksweise entsprechen (*Beispiel:* Juristendeutsch, Slang-Ausdrücke …) und dadurch besondere Wirkung entfalten.

Viertens: Was sind meine wesentlichen Argumente? Wie muß ich argumentieren, um zu überzeugen, zu beeinflussen und Handlungen zu veranlassen?

Auch eine einfache, aus der Werbung stammende Formel kann helfen, einen Text, der als öffentliche Rede gedacht ist, zu entwerfen: Die AIDA-Formel.

AIDA steht für *A*ttention/*I*nterest/*De*sire/*A*ction. In unserem Zusammenhang kann man das so übersetzen:

Attention: Was muß ich tun, um die Aufmerksamkeit der Zuhörer auf mich, auf meine Absicht, auf mein Thema zu lenken?

Interest: Was muß ich tun, um das Interesse der Zuhörer für meine Ausführungen zu wecken und bis zum Schluß wach zu halten bzw. zu steigern?

Desire: Was muß ich tun, um den Zuhörer in die Bereitschaft zu versetzen, meinen Absichten entsprechend zu handeln?

Action: Was konkret verlange ich vom Zuhörer, was er tun soll?

Lehrstück

Eine der berühmtesten Reden der Weltliteratur ist zweifellos Mark Antons Leichenrede auf Caesar aus William Shakespeares *„Julius Caesar"*. Sie bietet eine hervorragende Grundlage, den Geheimnissen der Überzeugung oder Verführung durch Redekunst auf die Schliche zu kommen. Mit dem Satz: *„I come to bury Caesar not to praise him* (Ich komme, Caesar zu beweinen, nicht ihn zu preisen) …"* eröffnet der Redner – der sein Publikum genau kennt und weiß, daß das Publikum ihn und seine (gegenüber Caesars Politik negative) Ansichten kennt – ein Feuerwerk von argumentativen und rhetorischen Kunstgriffen, an dessen Ende diejenigen, die Caesar gehaßt und gefürchtet haben, um Caesar weinen und bereit sind, in den Kampf zu ziehen gegen die Feinde Caesars, denen sie gerade noch gefolgt waren. Wahrlich eine Meisterleistung, und warum sollten wir nicht von Shakespeare lernen, wenn wir etwas bewegen wollen?

Vor der Kamera

Das Objektiv einer Kamera ist natürlich alles andere – nur nicht objektiv! Denn dieses mediale Auge, diese Linse/Lupe/Fernrohr/Weitwinkel, durch das wir Realität längst mehr wahrzunehmen gewöhnt sind als durch unsere eigenen Augen, verkleinert oder vergrößert jeden Gegenstand und jede Person, schafft seine eigene Aufmerksamkeit und Perspektive!

„Vorsicht, Kamera!" Die Warnung ist bekannt, wird aber viel zu selten auch beachtet. Dabei verfolgt uns das täuschende, lügende, verzerrende und zuweilen auch schöntuerische Auge der Kamera, kaum das wir geboren sind und überwacht unseren Lebens-

weg, unsere Freundschaften, Intimitäten. Jeder von uns versteckt jene unmöglichen Fotos von erstarrten Augenblicken. Schlimmer noch: Heute werden bei jedem Familienfest gnadenlose Privatvideo gedreht, auf dem fast jeder wie eine Karikatur seiner selbst erscheint.

Drum: Wer aus irgendeinem Grund sich anheischig macht oder gar gezwungen ist, vor der laufenden Kamera einen Satz zu sagen, sollte sich seine Sache gut überlegen.

Glücklich der Schauspieler, der seinen Text so oft wiederholen kann, bis der Regisseur zufrieden ist. In seiner Rolle als Columbo jedenfalls werden wir keinen schlecht geschminkten Peter Falk zu sehen bekommen, wie er erregt herumstottert – weil er in einer Talk-Show nicht weiß, was er antworten soll auf eine Frage, die er schon wieder vergessen hat. Auch wird er kein kleinkariertes Hemd tragen, das auf dem Bildschirm so flimmert, daß

Ungeschminkt wirkt blaß!

Frau Meier glaubt, ihr Gerät sei kaputt. Doch wie leicht kann uns dies oder das oder alles zusammen widerfahren, sollten wir mit einem mal irgendwie vor irgendeine Kamera geraten. Der Sieger im sportlichen Wettkampf, der wichtige Zeuge eines Verbrechens, der Gewerkschaftsboß, der Politiker, Du und ich, wir alle machen, wenn es drauf ankommt, mit größter Leichtigkeit eine schlechte Figur!

Immer gepudert!

Versuchen wir das Thema, das uns wahrscheinlich nie, vielleicht aber eben doch (weil früher oder später kriegen sie uns) einmal angeht, von den Grundlagen her aufzurollen.

Das *erste Gesetz* vor der Kamera lautet: Jeder glänzt! Also lassen Sie sich schminken, selbst wenn Sie sich dabei albern vorkommen sollten.

Das *zweite Gesetz* vor der Kamera lautet: Jeder schwitzt, denn es ist heiß! Also halten Sie sich vor Ihrem Auftritt möglichst zurück, lassen Sie Ihren Körper ruhig ein wenig trocken fallen. Sie werden sich wohler fühlen, wenn nur kleine Flecken in den Achseln wachsen und nur wenige, kleine Perlchen auf Ihrer Oberlippe glänzen.

Das *dritte Gesetz* vor der Kamera lautet: Alle sind gleich – groß oder klein! Wenn Sie also von Haus aus zu den niederen Kleidergrößen neigen, (be)stehen Sie auf einem Podest! Sonst schaut der Moderator, und mit ihm das Publikum, stets auf Sie herab.

Das gilt auch bei Tische: Verlangen Sie ein Kissen auf Ihren Sitz, solange die Kamera nicht hinschaut!

A propos Formalien: Kommen Sie auf der Studiocouch zu sitzen – das erfragen Sie vor dem Gespräch – so sollten Ihre Socken lang resp. der Rock nicht *zu* kurz sein. Was die Schuhe betrifft, so dürfen es ruhig die guten sauberen sein. Wenn Sie sich bequem eingesessen haben, sollten Sie noch einmal Ihre Jacke im Rücken nach unten ziehen, damit sich am Hals keine Wulste aufwerfen.

Das *vierte Gesetz* vor der Kamera lautet: Der Miesling da drüben fragt immer etwas anderes, als vorher verabredet. *„Das bringt doch erst Leben in die Bude."*

Seien Sie darauf vorbereitet. Willy Brandt selig sagte dann: *„Das istè… durchausè … eine interrressante Frrrage. Lassen Sie mich aber, ichè… komme darrrauf zurrrückè…, zunächst etwas anderrres sagen, das mir am Herrrzen liegt …"*

Oder der/die Moderator/in ist nett; warum nicht?! Will etwas von Ihnen wissen, denn *weil* Sie mehr wissen, deswegen sitzen Sie ja dort!

Rollenspiele …

Jedenfalls sollten Sie wissen, wie Ihr Gegenüber heißt! Trennen Sie sich von der Vorstellung, bereits vor der Sendung das Gespräch führen zu müssen. Eine kurze Absprache genügt – denn, was vorher gesagt wurde, ist Ihnen (vielleicht) vor der Kamera nicht mehr präsent. Ihre Unsicherheit können Sie dadurch abbauen, daß Sie dem Moderator knapp ansagen, worüber Sie gerne sprechen möchten oder worauf Sie sich vorbereitet haben.

Doch auch mit wohlmeinenden Gesprächspartnern mag es zu einem blöden Rollenspiel kommen:

… Männer und Frauen

So befragen zum *Beispiel* männliche Moderatoren weibliche Gäste oftmals weniger zur Sache als vielmehr zu ihrer Haltung als Frau dazu. Männer unter sich spielen gerne ein wenig Hahnenkampf, … ja, … Frauen untereinander sind davon auch nicht ganz freizusprechen. Dann wieder werden weibliche Moderatoren von männlichen Gästen gerne als *Hörsaal* mißbraucht („*Ich erklär Ihnen das mal …"*); auch beim Publikum gewinnt der Gast, wenn er die Frau gegenüber ohne Pfauengehabe als kompetenten Partner akzeptiert.

Dabei ist niemand gezwungen, in der Einbahnstraße Frage/Antwort steckenzubleiben. Warum überraschen Sie Ihren Moderator nicht mit einer Rück- oder Gegenfrage?

Das *fünfte Gesetz* vor der Kamera lautet: Jeder hat Lampenfieber! Das ist normal und gut, spült es uns doch das nötige Adrenalin ins Blut.

Lampenfieber produziert aber gelegentlich auch eine Sprechhemmung, ähnlich einer Eintrittsbarriere.

Einen *Trick,* damit fertig zu werden, kann man bei Daniel Cohn-Bendit abspitzen: Beinahe überall, wo er öffentlich auftritt, gelingt es ihm, etwas zu sagen, bevor er gefragt wird: Ein Zwischenruf, eine Frage; so erheischt er Aufmerksamkeit, ist im Gespräch, *„wo es noch nichts kostet".*

Tip: Sie sollten auf jeden Fall eine VHS-Kassette mitbringen. So können Sie später überprüfen, wo Sie Ihre guten Vorsätze verlassen haben und wie Sie sich künftig noch professioneller darstellen können.

Pflicht und Kür

Haben Sie diese fünf Gesetze verstanden und verinnerlicht und für Ihre persönlichen Verhältnisse umgesetzt, so haben Sie die ersten dreißig Sekunden überlebt und – eigentlich schon gewonnen. *Obwohl:* Die besseren Fehler kommen erst jetzt.

Wer meint, den Gesetzen der Massenkommunikation zu folgen und den vielen unbekannten Zuschauerinnen und Zuschauern *„draußen vor den Bildschirmen"* näherzukommen, indem er in eine Pseudointimität verfällt, wird eher abstoßen als anziehen.

Pseudointim ist, wer in der Talkshow immerzu das Wort an *„Freunde"* richtet oder wer um den Zuschauer buhlt: *„Sie zu Hause wissen genau…".*

Der Kleinste steht auch noch im Schatten!

MANIEREN SIND KOMMUNIKATIONSSTRATEGIEN

Stolpersteine

„Man spricht nicht mit vollem Mund", so der Vater bei Tische, wenn es Knirps oder Knirpsin von der wilden Balgerei *aufm Pielplatz* nur so herausprudelte.

Das fing also schon früh an, denn: Keine Manieren, keine Karriere.

Regeln erleichtern den zwischenmenschlichen Umgang; *gute* Manieren signalisieren Respekt und Wärme zugleich. Im professionellen Alltag ist das richtige Auftreten nicht nur eine Verpflichtung gegenüber dem Unternehmen, für das man arbeitet. Wer die gültigen Verhaltensnormen kennt und souverän anwendet, kann sich besser und damit teurer verkaufen als andere.

Sitz gerade

Keine Frage: Der Begriff *Manieren* ruft bei vielen von uns zuerst einmal widersprüchliche Gefühle hervor. Diese Form der Erziehung erlebten wir als Kinder regelrecht als Zurichtung, als Piesacken. Stets war irgendetwas zu tun, wozu man überhaupt keine Lust hatte!

„Sitz gerade!"

„Gib der Tante schön die Hand!"

„Sag Danke!" und dann beim Essen …!

Am schlimmsten aber hat sich wohl die Erfahrung ausgewirkt, daß es immer Elkes oder Klaus-Peters gab, die – gestiefelt und gespornt – diese ungeheuer einschränkenden Anweisungen der Erwachsenen tatsächlich beherzigten. Und ausgerechnet diese, die man sowieso nicht ausstehen konnte, bekam man dann als Beispiel hingestellt.

Und nun soll sich der ausgewachsene Erdenmensch ausgerechnet mit diesen Manieren beschäftigen, denen er sich als Kind mehr oder weniger erfolgreich widersetzt hat?

Man macht so seine Erfahrungen, sicher. Ist es nicht gerade dieser *zurückhaltend-korrekt-freundliche* Stil, der allen erfolgreichen Menschen gemein ist?

Und immer mal wieder müssen wir einräumen, daß wir empfindlich reagieren und peinlich berührt sind, wenn dieser Stil verletzt wird – etwa durch einen unserer Volksvertreter, der schlechte Manieren an den Tag legt.

Nicht genug damit, daß wir einen höflichen Menschen für feiner und dadurch meist auch für sympathischer halten als einen unhöflichen. Ebenfalls ist das Verhalten entscheidend dafür, ob wir anderen Kompetenz unterstellen oder an ihren Fähigkeiten Zweifel haben. Und wenn auch die Gründe hierfür mehr im Emotionalen liegen, dennoch: So isses!

Stil

Der persönliche Stil ist zweifellos auch heute ausschlaggebend für die Einordnung der Persönlichkeit. Wir empfinden gute Manieren auch als Zeichen von Selbstbewußtsein und Souveränität. *Durch* gute Manieren kann man also nie etwas falsch machen!

Es kommt aber durchaus darauf an, daß man sich im Rahmen der – jeweils gültigen – Verhaltensnormen bewegt und Höflichkeitsgesten nicht übertreibt.

Das rechte Maß – das man kennen soll-te – ist der entscheidende Indikator dafür, ob wir Manieren als gut einstufen oder aber als unterwürfig oder gar kriecherisch.

Das A & O im Business

Wir erleben augenblicklich einen Boom bei jenen Seminaren, in denen korrekte Umgangsformen vermittelt werden. Vor allem sind es die jüngeren Führungskräfte, denen diese Seminare gelten. Offenbar hat eine Betriebsatmosphäre, die durch Höflichkeit und gute Manieren der Führungskräfte geprägt ist, einen positiven Einfluß auf die Motivation der Mitarbeiter. Das fördert die Identifikation mit dem Unternehmen. Daneben tritt auch eine unumstrittene Tatsache, daß nur diejenigen Mitarbeiter ihre Kunden wichtig nehmen, die sich selbst wichtig genommen wissen. Deshalb ist ein höflicher Umgangsstil auch bestimmend für das positive Image eines Unternehmens.

Manieren als Selektionskriterium

Mit einem Mal ist wieder zu beobachten, daß gute Manieren und Umgangsformen nicht mehr nur beschreibend die *wohlerzogenen* von den *schlecht erzogenen* Menschen unterscheiden. Manieren sind wieder zur Grundvorausetzung einer Karriere geworden.

Das liegt vor allem auch an der Ökonomie: In immer enger werdenden Märkten zählen die guten Manieren der Mitarbeiter zu den **Fortsetzung nächste Seite**

MANIEREN SIND KOMMUNIKATIONSSTRATEGIEN

Bestandteilen von Durchsetzungsstrategien gegenüber der Konkurrenz. Denn: In dem Maße, in dem die Kommunikation an Bedeutung gewinnt, haben die Verhaltensweisen der Mitarbeiter entscheidenden Anteil am wirtschaftlichen Erfolg ihres Unternehmens.

Die Qualität der Produkte, Erzeugnisse, oder Dienstleistungen gilt heute als selbstverständlich. Über geschäftlichen Erfolg oder Mißerfolg, die Durchsetzung der Produkte auf dem Markt entscheidet heute die Qualität der Kommunikation. Aus diesem Grunde ist es für Unternehmen geradezu unerläßlich, daß diese Kommunikation durch gute Manieren ihrer Mitarbeiter optimiert wird, anstatt das Risiko einzugehen, sie durch unzulängliche Manieren und Umgangsformen gestört zu sehen.

Kommt darauf an ...

Gute Manieren sind im allgemeinen – bis auf wenige Standards – situationsgebunden und rollenabhängig.

Wir können uns nicht überall gleich verhalten, und wären wir auch die höflichsten Menschen auf Erden. Der ungeprüfte Gebrauch der Höflichkeitsregeln, wie sie zuweilen unvermeidbar sind, wäre in anderen Situationen eine Garantie dafür, sich lächerlich zu machen oder zumindest sehr aufzufallen. Im allgemeinen kennen wir die Verhaltenserwartungen, weil wir sie als Kleinkind, in unserer sogenannten Sozialisationsphase, bereits erlernt haben, und wir stellen unser Verhalten meist unbewußt auf die gegebene Situation ein. Das trifft aber nur auf Situationen zu, die unserem täglichen Leben, unserem normalen Umfeld entsprechen.

Bei außergewöhnlichen Anlässen müssen wir uns bewußt darauf einstellen. Voraussetzung ist, daß wir die gültigen Verhaltenserwartungen für diese Situation kennen. Das gleiche gilt für die unterschiedlichen Rollen, die ein jeder von uns je nach den Lebensumständen, in denen er sich gerade befindet, einnimmt. So wird innerhalb eines Tages derselbe Mann zu Hause der Familienvater, im Betrieb der Vorgesetzte und am Abend als Freizeitsportler zu jeweils anderen Verhaltensformen kommen. Die Verhaltenserwartung ihm gegenüber wird jeweils auf die Standards der jeweiligen Rolle abgestimmt sein, in der er gerade steckt.

Das Wort ist Gold wert

Selbst die geschliffensten Manieren können ihre Glaubwürdigkeit vor dem anderen abrupt einbüßen, wenn nicht auch die Sprache diesem Anspruch folgt. Oft ist es Unüberlegtheit oder Nachlässigkeit, oft aber auch alte Gewohnheit, daß man eine Wortwahl trifft, die eher auf Mißachtung als auf Achtung der Menschenwürde schließen läßt.

Die Wortwahl der Sprache entlarvt die innere Einstellung. Zugleich kann sie gute Manieren als nur aufgesetzt und strategisch eingesetzt entlarven, wenn die Wortwahl dokumentiert, daß dahinter nicht eine wirkliche Achtung vor dem anderen stehen kann. Die richtigen Schauspieler beherrschen natürlich auch das Wort. Am besten man hält es mit Goethe und spricht jedes großes Wort gelassen aus, nachdem man es zuvor auf die Goldwaage gelegt hatte! Quelle: Rosemarie Wrede-Grischkat, Manieren und Karriere, Gabler 1990

Das Publikum denkt

Es stößt auch nicht nur auf Wohlwollen, wenn man ungefragt Zeugen aufruft: *„Jeder Klempner weiß"* ..., oder *„Jede Mutter, die einkauft ..."*. So ärgert man Klempner, die sich über andere Klempner ärgern, und auch jene Mütter, die wissen, daß andere Mütter beim Einkaufen das entscheidende Bißchen mehr auf der Kralle haben. Schließlich stellt auch ein penetrantes, stieres In-die-Kamera-Blicken keinen wirklichen Kontakt zum Fernsehpublikum her.

Letztlich helfen gegen die Tücken des Mediums nur echte Spontaneität oder (und!) professionelle Vorbereitung.

Entweder man hat etwas zu sagen, was die Zuschauer berührt und interessiert – dann wird auch fehlende Schminke, das karierte Hemd und eine gewisse Atemlosigkeit vergeben –, oder man versteht es, die diplomatische Nichtaussage *genscheristisch* zu verpacken, so daß selbst die Worthülsen noch angenehm emporperlen.

Ein Abgrund an Fremdheit lag über dem Tisch ...

Laßt Körper sprechen

Wenn Menschen aufeinander treffen, zählt zunächst das Gefühl. Wir kommunizieren sofort – mit gesprochenen und geschriebenen Worten, wir vermitteln uns über Bilder (das Bild von uns selbst), wir setzen non-verbale Signale – aber all unsere Aussagen werden als Lüge erkannt, wenn unser Körper etwas Gegenteiliges sagt.

Unser Gegenüber dechiffriert, ob wir mit der linken (Emotionen) oder mit der rechten Hand (Vernunft) gestikulieren. Er sieht, was unsere Beine sprechen, ob wir die Handflächen öffnen oder die Fäuste ballen.

Die Sprache des Körpers ist entlarvend, und wenn wir sie nicht verstehen, brauchen wir gar nicht erst zu warten, bis uns ein anderer unsere Maske herunterreißt. Das tut unser Körper ganz gern.

Bodytalk

Sind Sie nervös?

Wer denkt, bei der Verständigung käme es nur auf das Wort, nur auf den Inhalt an, der hat sich geschnitten! Der weiß weder, was sich während einer Rede auf seinem Gesicht abspielt, noch wie der Körper die Worte kommentiert – und zwar meistens, ohne daß es Ihnen bewußt ist. Der weiß nichts davon, daß 80 Prozent aller Kommunikationsinhalte nonverbal ausgetauscht werden. Kommunikation kommt ohne Worte – und sie spricht dennoch Bände.

So können wir beispielsweise einen anderen Menschen auf tausend unterschiedliche Arten betrachten (verachtungsvoll, arrogant, mitleidig, verehrungsvoll, liebevoll ...) und ihm damit unsere Einstellung wortlos mitteilen.

Beispiel: Sie stellen sich in eine Fußgängerzone und richten Ihre Aufmerksamkeit ausschließlich auf den Gang von Leuten, die sich entfernen. Es ist faszinierend, wieviele Informationen (Selbstbewußtsein, Kummer, Schmerz, Unsicherheit, die sicher aussehen soll ...) allein im Gang eines Menschen zum Ausdruck kommen.

Beispiel: Denken Sie an den Gang eines Modells; vergleichen Sie ihn mit dem einer Prostituierten. Beide wiegen sich in den Hüften. Auf der einen Seite wirken die langen, musikalischen Bewegungen elegant, auf der anderen Seite wirken die kurzen, beinahe etwas eckigen Bewegungen anzüglich.

Beispiel: Wir können uns inmitten einer Gruppe von Menschen höchst differenziert bewegen (leger, verkrampft, kampfbereit, ergeben ...) und damit schweigend viel von uns selbst preisgeben. Mehr noch, wir können uns so bewegen und verhalten, daß wir garantiert von niemandem angesprochen werden.

Beispiel: Wie gut das wirkt, läßt sich in Zügen beobachten, in denen Menschen allein mit der Art, wie sie ihren Sitz/den Raum einnehmen, signalisieren, ob sie jemanden neben sich dulden wollen oder nicht. Und Sie wissen aus Erfahrung auch, wie Sie regelrecht über eine Hürde hinweg müssen, wenn Sie gegen den wortlosen Willen eines anderen einen freien Platz in *seinem Abteil* einnehmen wollen.

Wenn wir die Sprache des Körpers verstehen, können wir damit unsere Worte unterstreichen. Und umgekehrt: Wir verwirren unseren Gegenüber, indem wir widersprüchliche verbale und körpersprachliche Botschaften aussenden.

Offenheit?

Ein schööner Tag! Stellen Sie sich folgendes vor: Sie haben im Lotto gewonnen – den Schreck haben Sie verdaut, nun geht es an die Wünsche. Einen Silvershadow, das ist Ihr Traum, den wollen Sie sich jetzt erfüllen.

Familienausflug – und dann: In der noblen Rolls Royce-Niederlassung baut sich ein Verkäufer in der unten dargestellten Pose vor Ihnen auf.

Was denken Sie: Ist ihm an einem Geschäft mit Ihnen gelegen? Wird er Sie freundlich und in Ihrem Interesse beraten? Sieht er in Ihnen den König Kunden? Sicher nicht.

75 Kilo Widerstand

Im Gegenteil, es sieht ganz danach aus, als ob er in Ihnen einen Gegner wittert, vor dem er sich mit vor dem Oberkörper verschränkten Armen schützen wollte. Die ganze Körperhaltung ist abweisend, lädt nicht zum Gespräch ein. Der Gesichtsausdruck (die Mimik) unterstreicht die Sprache des Körpers: Der Mund ist fest zusammengepreßt (es scheint, als wolle er ihm kein freundliches Wort entschlüpfen lassen!), und die Mundwinkel sind, fast schon verachtungsvoll, nach unten gezogen. Fehlte noch, daß er mit den Fingern der linken Hand unablässig auf seinen Arm klopfte und gelangweilt mit dem Fuß wippte. Haben Sie das nötig? Wir vermuten, Sie ändern Ihren Traum in – vielleicht in einen Porsche/Daimler/Jaguar und – verabschieden sich recht schnell.

Die Sprache unseres Körpers verwendet keine Benennungen (Wörter, Sätze) für ihre Aussagen, sondern sie bezeichnet. Mit Armen und Beinen zeichnen wir Gefühle und Einstellungen in Bildern und Signalen, die das geschulte (im gleichen Kulturkreis sozialisierte) Auge eines aufmerksamen Menschen ebenso leicht versteht wie Worte.

Weg damit

Nehmen wir nächste Illustration (auf dieser Seite oben): Mit einer wegwerfenden Handbewegung fegt da jemand einen unliebsamen Gedanken oder einen Vorschlag hinter sich. Wäre das störende Element hinter ihm („Aus den Augen …"), so könnte sich das

Gehirn mit etwas anderem, Erfreulicherem beschäftigen („… aus dem Sinn!"). Es ist dem Mann unangenehm, ja lästig, sich damit zu beschäftigen, nein, er lehnt es geradezu ab. Es ist möglich und kommt gar nicht so selten vor, daß ein abstrakter Gedanke vom Körper schneller in eine von anderen Menschen lesbare Übersetzung gebracht wird, als dem Handelnden zu Bewußtsein kommt.

Schneller als der Kopf

Wegwerfende, fortwischende Handbewegungen eines Gesprächspartners sollten uns aufmerksam machen: Diese Äußerung hat etwas Störendes für ihn, er will etwas nicht hören, wahrhaben, akzeptieren oder tun. (Mit weitreichenden Folgen: Das kann soweit gehen, daß derjenige sich – beim besten Willen – nicht mal mehr daran erinnert!) Seien Sie auf der Hut, wenn Ihr Chef Ihrer Bitte um eine Gehaltserhöhung so ausdrucksvoll begegnet.

Oder wenn Ihre Frau mit einer solchen Geste Ihren Vorschlag, ein neues Auto zu kaufen, beantwortet. Beide verweigern sich dem Thema; beide machen dicht. Sie haben in dieser Situation, wo der Körper dem Gespräch vorgegriffen hat, eigentlich nur zwei Möglichkeiten: Konfrontation & Eskalation oder Abfedern, Ausweichen, Themawechsel. Suchen Sie die Verständigung, so sollten Sie am besten später auf das Thema noch einmal zurückkommen. *Aber:* Beide sind jetzt gewarnt. Sie wissen um die Ablehnung des Gegenübers. Nun müssen Sie mit geschickter Argumentation dieser Voreingenommenheit entgegenwirken. Auch Ihr Gegenüber hat sich eine Abwehrstrategie zurecht legen können.

In jedem Fall kommt es darauf an, daß Sie eindeutige Körpersignale wahrnehmen und in Ihrer Vorgehensweise darauf reagieren – anders sind Lösungen unmöglich!

Sagt er, was er meint?

Die Sprache unseres Körpers ist sehr

viel direkter und ehrlicher als unsere Worte. Sollten Sie sich etwas von dem Herrn in der Abbildung oben erhoffen wollen, so hören Sie nicht nur darauf, was er sagt (und wie er es sagt!). Achten Sie vielmehr auf seine verschränkten Arme sowie auf seinen nach vorn – gegen Sie! – ausgestellten *Bremsfuß*, die beide klar ausdrücken: *„Dafür bin ich im Augenblick verschlossen".*

Ein ganz schlimmer Finger!

Unsere Gliedmaßen können freilich noch mehr, als unsere Gefühle und unausgesprochenen Gedanken deutlich zu machen. Wir können damit auch Handlungsanweisungen an unseren Gesprächspartner adressieren.

Aus der Kindheit kennen Sie die Bedeutung des erhobenen Zeigefingers sicherlich recht gut.

Der Finger ermahnt und warnt: *„Das darfst Du nicht!"* Richtete ein Erwachsener eine solche Botschaft an

uns, so will er das ernste Wort – mit dem er möglicherweise Widerstand evoziert oder einen Konflikt heraufbeschwört – vermeiden.

Spielerisch, auf kindliche Art und Weise bringt der Zeigefinger nun die Warnung herüber, die wir sofort verstehen. Wenn wir jetzt ungehalten reagieren und uns mit den Worten eines Erwachsenen die Ermahnung verbitten, könnte unser Gesprächspartner die Auseinandersetzung noch elegant abwenden: *„Es war doch nur ein Scherz."*

Augen, Lächeln …

Wie, glauben Sie, beginnt jeder Flirt? Klar: mit Blicken. Unbeabsichtigt wirkender Blickwechsel, sich steigernder Augenkontakt, ein aufforderndes, ein verstehendes Lächeln …
Jeder kennt solche Werbungsrituale. Irgendwann sind wir dann mit der

Dame oder dem Herrn unseres Gefallens im Gespräch.

Jedoch: Während unsere Sprache ein beredtes Zeugnis vom hohen Niveau der erreichten Zivilisationsstufe ablegt, spricht unser Körper noch einen wahrlich archaischen Dialekt. Offensichtlich will die Frau (oben) dem Mann gefallen. Kokett wirbt sie mit ihren weiblichen Reizen, wirft beifallheischend ihr langes Haar in den Nacken und präsentiert ihren Hals.

Die Kopfneigung signalisiert immer: *„Ich bin Dir freundlich gesonnen"*, und der entblößte Hals entspricht dem aus dem Tierreich hinlänglich bekannten Unterwerfungsgebahren: *„Ich halte Dir meine ungeschützte Kehle hin, und ich weiß genau, daß Du nicht zubeißt."* Unbewußt setzt die Frau darauf, daß der Mann diese Signale richtig interpretiert und beantwortet.

Hinschauen, auch ...

Die vom Körper des Gesprächspartners ausgesandten Signale verstehen zu können ist bei Verhandlungen – naturgemäß – von besonderem Vorteil.

Deutet der seitlich geneigte Kopf auf Frieden hin, so verheißt das ruckartig nach vorn gezogene Haupt eher das Gegenteil: Seien Sie auf eine Attacke gefaßt. Signalisieren die verschränkten Arme, daß Ihr Gegenüber Ihnen und/oder der Sache gegenüber zugeknöpft ist, so können Sie eine offene Körperhaltung, bei der die Arme den Oberkörper frei lassen, als positive Gesprächsbereitschaft interpretieren.

... auf die Beine!

Vergleichen Sie die Abbildung links mit der Abbildung oben: Nicht nur die Arme, auch die Beine sprechen mit. Die Gesprächspartner oben sitzen zwar an einem Tisch und mögen verbal nichts als Komplimente austauschen, aber Haltungen sind unüberhör-/-sehbar entgegengesetzt.

„Geh' weg!", so scheint der eine zu sagen und seine Beine unterstützen die abwehrende Einstellung: *„Ich stemme mich gegen Deinen Vorschlag!"*

Dagegen erscheint das Angebot des linken eher als Attacke: Die sprungbereiten Beine sind kurz davor, zumindest aber bereit, sich auf den Gegenüber zu stürzen.

Vor anderen reden

Um vor einer Gruppe von Menschen zu reden oder etwas zu präsentieren, sollten Sie Ihren Körper einsetzen!

Ihr Anliegen soll bis ins Gehirn Ihrer Zuhörer durchdringen. Der Weg dorthin führt nicht allein über das Ohr, sondern auch durch die Augen.

Wir nehmen Botschaften visuell weitaus schneller wahr als akustisch. Bilder vermitteln den ersten Eindruck – der nur schwer und selten vom zweiten überprüft wird.

Nutzen Sie Ihre Arme und Hände zur Demonstration dessen, was Sie sagen, machen Sie die Dinge „an-schau-lich", „be-greif-lich".

Körpersprache lernen

Zugegeben, bei abstrakten Sachverhalten und Ideen ist das nicht ganz einfach, und Sie benötigen dazu eine Menge Phantasie und Kreativität.
Hier ein paar *Beispiele:*

- Sie wollen Mitarbeitern eine unternehmerische Vision vorstellen? Verpacken Sie sie in Bilder!
Bei den Worten: *„In drei Jahren rangieren wir an der Spitze unserer Branche!"* wippen Sie auf die Zehenspitzen und recken Ihre rechte Hand mit lang und kerzengerade ausgestrecktem Finger nach oben. Lächerlich wirkt das nur, wenn es aufgesetzt scheint.
- Die Stimmung ist matt, Sie wollen ermuntern. Bei den Worten: *„Heute haben wir die Talsohle noch nicht ganz durchschritten."* führen Sie Ihre Hand in die Höhe Ihrer Hüften. *„Aber wenn wir unser Reorganisationsprogramm wie bisher durchhalten und SIE so wie bisher mitziehen, dann sind wir*

im nächsten Jahr schon hier ..." dabei beschreiben Ihre Hände einen nach aufwärts gerichteten Bogen *„.... und 1995 kann die Konkurrenz AG den Hals nach uns recken!"* und kommen jetzt ganz oben an. *Aber:* Gesten kommen aus dem Körper, nicht aus dem Kopf!

- Sie sind anderer Meinung – und zwar gründlich. (Wir unterstellen: Sie haben sich die Konsequenzen genau überlegt.) Machen Sie es ähnlich wie Nikita Chruschtschow in seiner berühmten Rede vor den Vereinten Nationen: Mitten im wütenden Wortschwall hatte er seinen Schuh ausgezogen und damit kraftvoll das Rednerpult maltraitiert.
Das war klar und deutlich – und nicht ohne Charme. Und Sie müssen ja

nicht unbedingt dazu Ihren Schuh ausziehen, ein Stift oder ein Stapel Papier tun's genauso.

Aus dem Bauch

Zusammengefaßt hier noch einmal das Wichtigste: Zur Körpersprache gehören Mimik, Gestik, Haltung und Bewegung. Jede dieser Komponenten kann unsere Worte bestätigen und unterstreichen oder auch Lügen strafen.
Trainieren, prüfen, testen Sie körpersprachliche Signale vor einem Gespräch, damit Ihre Bewegungen überzeugend wirken.
Wenn Sie Erfahrung gesammelt haben und Ihre Gesten gezielt einsetzen können, notieren Sie am besten neben Ihrem Redetext ein paar Stichworte zu Ihrer Körperhaltung.
Treten Sie auch einmal vor das Rednerpult. Sie signalisieren: Ich bin stark, meine Argumente sind unangreifbar, ich brauche keinen Schutzwall.
Gehen Sie sogar ein paar Schritte zum Publikum hin, zeigen Sie, daß Sie auch ohne Distanz überzeugen können.
Merke: Sie glauben vielleicht, nur mit Worten zu kommunizieren.
Aber Ihr Publikum sieht auch, was Ihr Körper dazu sagt!

So kommen Sie in die Zeitung

Gehören Sie zu den Menschen, die sich sehnsüchtig wünschen, einmal – nur EIN-MAL! – Ihren Namen in der Zeitung gedruckt zu sehen?
Dann tun Sie etwas:
Lassen Sie sich zum Bundeskanzler wählen oder spenden Sie einen mehrstelligen Millionenbetrag an „Terre des Femmes" - schon geraten Sie in die Schlagzeilen.
Wenn das Ihr Höchstes ist ...

Oder möchten Sie mit einem Artikel, einem Gedicht oder einem Foto viele Menschen ansprechen und wissen nicht, wie Sie in die Zeitung kommen?
Nichts leichter als das. Redakteure bekommen täglich Briefe und Beiträge von Nicht-Zeitungsmenschen, und sie müssen schließlich jeden Tag (!) eine ganze (!) Ausgabe herausbringen. Manch' Redakteur wird Ihnen vielleicht dankbar für Ihre Hilfe sein. Packen Sie's an!

Ich will das veröffentlichen!

Würden Sie es drucken?

Am Stammtisch gilt jede Meinung – erst was (ver)öffentlich(t) wird, wird ernst genommen – ist wichtig.
Wollen Sie selbst wahrgenommen werden, wollen Sie in Ihrer Tätigkeit oder für Ihre Ziele und Ideen ernstgenommen werden, so müssen aus dem Reich des Privaten heraustreten.

Da gibt es viele Möglichkeiten. So kennen Sie sicher diese Anzeigen, in denen nicht Produkte beworben, sondern Meinungen kundgetan werden – etwa von Parteien, aber auch von Privatpersonen, Menschenrechtsorganisationen etc.
So geht's, sicher eine Möglichkeit, aber leider: Das kostet Geld, immense Summen; z.B. kostet eine Fläche von der

Größe einer A4-Seite in einer Wochenend-FAZ DM 11900,- (plus MwSt.).
Und es bleibt die Frage, ob so ein Meinungsinserat wirklich ernstgenommen wird, ob es einer Meinung, für deren Veröffentlichung man bezahlen mußte, nicht irgendwie an Glaubwürdigkeit mangelt.

Das gilt umso mehr, sobald es obendrein auch noch um Produkte geht, also um PR. Gelegentlich ist auch PR gut, wenn Sie wirklich informiert; meistens empfinden wir es aber doch als *schmierig*, wenn uns offensichtlich (mit Anzeigenaufträgen) bezahlte Berichte als objektive Meinungen verkauft werden. Um das Mindeste zu sagen, haben solche Aktivitäten nicht die Überzeugungskraft eines redaktionellen Beitrags in Zeitung, Hörfunk oder Fernsehen.
Auf den richtigen Ton, den Sound von kommerziell ausgerichteten PR-Aktivitäten kommen wir später noch einmal zurück.
Jetzt geht es zunächst um Sie, um eine Person also, die es sich zum Ziel gesetzt hat, öffentlich wahrgenommen zu werden.

Der Leserbrief

Wer in die Zeitung kommen möchte, kann verschiedene Wege beschreiten. Richtig angepackt, ist es gar nicht so schwer, doch einmal gedruckt zu werden. Erstens der Leserbrief: Man soll ihn nicht gering schätzen!
Die Leserbriefe gehören zu den best

gelesenen Texten gedruckter Medien. Kein Wunder, denn Leserbriefe eröffnen in der (definitionsgemäßen) Einbahnstraße von der Redaktion zum Leser wenigstens für einen Augenblick, für ein Thema den Gegenverkehr. Dialog entsteht, Meinungsbildung durch Zustimmung oder Widerspruch. Das interessiert! In manchen Medien (z.B. Stern, Spiegel …) geht es vor allem um Stimmung. Hier sind Leserbriefe (und sei es durch redaktionelle Kürzung) knackig, knapp: Statements. In anderen Medien (z.B. der FAZ) wird schon mal richtig ausgeholt und argumentiert.

Unerhört!

Das Motiv für einen Leserbrief läßt sich grob, aber zutreffend so beschreiben: *„Na, denen von der Zeitung müßte man mal die Meinung sagen!"*
Also gut, warum denn nicht?
Kommt Ihnen so ein Gedanke zwischen weichem Ei und Müsli am Morgen, so sollte dieser noch vor der Mittagspause formuliert sein; denn **merke:** Morgen kommt schon die nächste Zeitung. Der schnelle Brief (Fax) eignet sich am besten, um zu widersprechen oder beizupflichten, um zu korrigieren oder zu ergänzen (etwa wenn ein Thema nur in Klischees oder Platitüden, zu generalisierend, zu spezifisch, zu kurz oder zu simpel behandelt wurde).
Logisch: Journalisten sind auch nur Menschen. Da herrscht Hektik in der Redaktion, da wird um Zeilen gekämpft – nicht selten geht das zu Lasten einer Darstellung. Vielleicht merkt es der Redakteur sogar, er/sie kann aber das-

selbe Thema nicht tags drauf schon wieder abhandeln.
Eingekleidet in die Meinungsäußerung eines Lesers aber, darf sich jedes Thema wiederholen.
Aber: Es gibt keinen Rechtsanspruch auf Abdruck eines Leserbriefes, doch ist ein solcher meist willkommen; schließlich ist Meinungsvielfalt das Lebenselixier der Medienlandschaft. Außerdem – Stichwort *Leserblattbindung* – trägt die aktive Teilnahme der Leserschaft am Diskussionsprozeß eines Mediums dazu bei, die Leser bei der Stange zu halten.
Es gibt Chefredakteure, die mit sorgenvoller Miene in der Redaktionskonferenz sitzen und über den Mangel an veröffentlichungswürdigen Leserbriefen klagen. *„Wird die Zeitung überhaupt noch gelesen? Sind die Kommentare zu stromlinienförmig, die Artikel nichtssagend?"*
Leserbriefe sind für Zeitungen und Magazine wichtig. Dieses Feedback zeigt die aktuelle Stimmung bei den Lesern – und Volkes Stimme wird sehr ernst genommen. Sie sind also als Leserbriefschreiber prinzipiell wohlgelitten, vorausgesetzt, er stimmt (siehe Expertenrat auf der nächsten Seite).

Anlässe

… finden sich immer. Man kann sich darin echt oder künstlich aufregen, Dampf ablassen, Mißstände aufzeigen, Tadel oder Lob austeilen. So können weitere Gedanken eingebracht und eine öffentliche Diskussion in Gang gesetzt werden.
Über diesen persönlich tief befriedigenden Primäreffekt hinaus ist der Leserbrief das ideale Medium, um regelrecht imagebildende Nebenwirkungen zu erzielen.
Denn: Bei fast allen Abonnementspublikationen ist die Leserbriefseite die meistgelesene Rubrik. Nicht nur Tante Emma aus dem Laden an der Ecke und der neugierige Nachbar von gegenüber sind Stammleser. Leserbriefe gehören vielmehr zur Pflichtlektüre für Politiker sowie in den oberen Etagen von Behörden und Unternehmen.
So gesehen ist es kein Hexenwerk, sich auf ganz subtile Art und Weise bei Entscheidungsträgern in Politik, Verwaltung und Wirtschaft ins Gedächtnis zu schmuggeln. Legal und kostenlos noch dazu – für viele Berufe (beispielsweise Ärzte, Anwälte, die keine Werbung machen dürfen) eine willkommene

Leserbriefe werden gern und viel gelesen!

Öffentlich

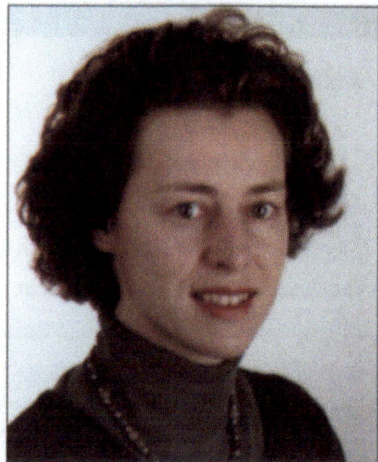

Dr. Dorothee Ostle

*ehemals Ressortleiterin
einer führenden deutschen
Tageszeitung; jetzt freie
Journalistin in Frankfurt/M.*

Frech kommt weiter

„In der Kürze liegt die Würze" – dies ist allemal ein guter Hinweis, und was den Leserbrief betrifft, so ist er Gesetz! Weil diese in der Regel knappe Rubrik das gesamte Meinungsspektrum der Leserschaft widerspiegeln soll, sollen möglichst viele Briefe unterschiedlicher Tonart und zu unterschiedlichen Themen veröffentlicht werden.
Aber: Natürlich wird nicht einfach wahllos gedruckt, was der Redaktion unter dem Etikett Leserbrief auf den Schreibtisch flattert.
Folgende Checkliste führt (wenn auch nicht garantiert) zum Erfolg:

Reaktion

- Leserbriefe haben meist nur dann eine Veröffentlichungschance, wenn sie als Reaktion auf einen erschienenen Artikel geschrieben sind.
Am besten geben Sie Schlagzeile, Erscheinungsdatum und Seite oder Ressort des Artikels an, auf den Sie sich beziehen wollen.

Zeit

- Warten Sie nicht zu lange: Nach vier Wochen erinnert sich nur noch der Redakteur (und manchmal nicht einmal er) daran, was seinerzeit in der Zeitung stand.
Zudem vergehen vom Eingang des Leserbriefs über die Bearbeitung bis zum Abdruck meist gut eine Woche.

Anrede

- Am besten beginnt der Brief mit der Floskel *„Sehr geehrte Redaktion"* oder *„Sehr geehrte/r Herausgeber"*. Die Anrede an den Autor des Artikels empfiehlt sich deshalb nicht, weil er häufig nicht Redaktionsmitglied, sondern freier Mitarbeiter ist.

Knapp und klar

- Drücken Sie Ihre Meinung klar, prägnant und in kurzen, griffigen Sätzen aus.
Bei schwierigen Sachverhalten hilft ein Beispiel oder ein Vergleich.

Beschränkung

- Alle Aspekte zu einem Thema können Sie im Leserbrief nicht anreißen, sonst wird er zu lang und als Folge gar nicht oder nur drastisch gekürzt abgedruckt.
Beschränken Sie sich daher auf einen oder zwei Punkte, die Ihnen wirklich wichtig sind.

Sachlich

- Hüten Sie sich vor persönlichen Angriffen, Beleidigungen, Diffamierungen oder Verunglimpfungen des Autors oder der im Artikel genannten Personen oder Sachverhalte.
Falls Sie anderer Meinung als der Schreiber sind, kontern Sie argumentativ und bestechen durch sachliche Beweisführung.
OK: Ein wenig Polemik darf sein.
Falls Sie dem Artikel beipflichten wollen, tun Sie das ohne Überschwang und profilieren sich durch Betonung eines weiteren Aspekts, der vom Schreiber nicht oder nicht so deutlich ausgeführt wurde.

Der Leserbrief

Länge

• Ihr Leserbrief sollte eine normale Schreibmaschinenseite keinesfalls überschreiten.
Bei den meisten Redaktionen ist bei 50 Druckzeilen die Schmerzgrenze erreicht.

Namentlich

• Anonyme Leserbriefe wandern ungelesen in den Papierkorb.
Daher ist eine genaue und leserliche Angabe von Vor- und Zuname, Titel, Berufsbezeichnung oder Firma sowie mindestens des Wohnorts wichtig.
In besonderen Fällen bitten Sie die Redaktion, Ihren Namen nicht zu nennen (Etwa so: *Name und Anschrift sind der Redaktion bekannt.*)
In seriösen Zeitungen wird zudem jede Leserzuschrift überprüft, damit nicht unter falschem oder fremdem Namen Meinung gemacht wird.
Sie erleichtern diese Arbeit, wenn Sie Ihre Telefonnummer für Rückfragen angeben.

Übrigens:

Die Leserbriefseite ist oft die meistgelesene Rubrik! Dort erreichen Sie einen Aufmerksamkeitsgrad, von dem Sie als Privatmann auf anderen Seiten nur träumen können. Zwar haben Sie **keinen Rechtsanspruch** darauf, daß Ihr Leserbrief (gekürzt oder ungekürzt) gedruckt wird. Wenn Sie jedoch die Checkliste beherzigen, stehen die Chancen dafür gut.

Gelegenheit, auf sich aufmerksam zu machen. Es wird nach außen Kompetenz demonstriert, wenn die vertretene Meinung argumentativ schlüssig und griffig formuliert dargeboten wird. Daraus kann sich für den Schreiber im Einzelfall sogar eine Expertenstellung ergeben, so daß er bei ähnlichen Problemen um eine Stellungnahme gebeten wird.

Die Pressemitteilung

Wer als Geschäftsmann die Öffentlichkeit unterrichten möchte, wählt mitunter die Form der Pressemitteilung. Darunter versteht man vor allem (Produkt-)Informationen über Entwicklungen, Veränderungen, Verbesserungen, Trends, die an interessierte Medien im näheren und/oder weiteren Umkreis, bundes-, europa- oder weltweit verschickt werden.
Obwohl es in großen Unternehmen meist eine eigene Abteilung für Presse- und Öffentlichkeitsarbeit gibt und sich daneben hunderte kleiner und großer Agenturen auf diese wertvolle Dienstleistung spezialisiert haben, wandern die meisten Pressemitteilungen vom Schreibtisch direkt in den Müll.
Ein Grund: Die tägliche Redaktionspost bemißt sich in jedem Ressort nach Kilogramm.
Wer seine *news* möglicherweise auf dem letzten Blatt versteckt, der fällt einfach durch das redaktionelle Wahrnehmungsraster.
Ein anderer, bereits genannter Grund: Mitteilungen von Interesseninhabern gelten zumeist als nicht objektiv und allzuoft nicht einmal als informativ.

Interesse ist da!

Aus guten Pressemitteilungen (siehe Expertenrat S. 187) fertigen Redakteure eine Nachricht oder verpacken die dargebotenen Informationen in einen Artikel, holen sich Anregungen für ein Interview oder eine Hintergrundstory. Manchmal werden die Texte sogar nur mit kleinen Änderungen versehen und fast wörtlich übernommen.
Beispiel: Ein hessischer Verlag verfaßt seine Pressemitteilungen wie ganz normale Artikel.
Entscheidend: Statt gestelzte Lobhudeleien zu verbreiten, die niemand lesen will, wird hier in sehr legerem Ton informiert. Es wird das Interesse der Zielgruppe dargestellt, die auf schwierige Fragen nach kompetenten Antworten sucht. Zugleich wird das Interesse von Redakteuren bedient, die Ihren Lesern nützlich sein wollen. Produktnachrichten des Verlages werden so häufig ganz ohne Änderungen gedruckt.
Es gilt der Grundsatz: *„Je mundgerechter serviert, desto leichter gefressen".*
Der Verlag verschickt seine Mitteilungen in drei Versionen: Kurz, mittel und ausführlich – so kann sich jeder Redakteur die für sein Medium passende Version aussuchen. Darüber hinaus sind die Texte auch formal *für das Auge des Redakteurs* aufbereitet:
Die Zeilen sind kurz, die Textlänge ist genau angegeben; Überschrift und Aufmacher wecken das Interesse, Zwischenüberschriften vermitteln den Inhalt wie in einem Schnellesedurchgang. Obendrein ist eine reprofähige Abbildung beigelegt, falls der Redakteur den Text illustrieren möchte.

Es empfiehlt sich, in einem ersten Telefongespräch den für das Thema zuständigen Redakteur ausfindig zu machen. Nur so stellen Sie sicher, daß Ihr Text an der richtigen Stelle ankommt! Haben Sie nach einigen Wochen weder Feedback noch Belegexemplar auf Ihre Pressemitteilung erhalten, kann eine telefonische Nachfrage helfen; manches geht ohne Absicht verloren! Vielleicht ist die Information doch nicht bis an die richtige Stelle gelangt – an Ihnen soll's nicht liegen: Schicken Sie Ihre Information gleich noch einmal. Sollte sich im Gespräch herausstellen, daß die Information für diese Redaktion wertlos war, sollte man nachfragen: Welches ist die richtige oder welche Informationen sind für diese Redaktion grundsätzlich von Interesse? Das erleichtert die künftige Arbeit. Und vielleicht kommt ganz nebenbei sogar ein Interview oder ein Unternehmensportrait Ihres Hauses zustande.

Merke: Profis mögen Profis. Je mehr Sie sich in die Interessenlage Ihres Gegenübers hineinfinden können, desto eher erkennen Sie den Punkt, wo Ihre Interessen zur Deckung kommen.

Logisch: Ein Recht auf Abdruck einer Pressemitteilung gibt es nicht. Wer also lästig, aufsässig, aufdringlich oder gar ausfallend wird, beißt direkt auf Granit: Sie wollen etwas, das Ihnen – kostenlos – Vorteil/Bekanntheit einbringt! Oft zeigt ein Bericht in der Zeitung mehr Wirkung, als eine ganze Anzeigenserie. Sie selbst tragen dazu bei, ob dies positiv oder negativ ausfällt. Und wer höflich und freundlich bleibt, beweist nicht nur gute Kinderstube, sondern auch Professionalität.

So denken Redakteure

Überhaupt: Professionalität ist die Eigenschaft, die Redakteure im Umgang mit Privaten oder Unternehmensrepräsentanten, die in die Zeitung kommen wollen, am meisten schätzen.

Denn zur Professionalität gehört auch, die Denk- und Arbeitsweise der anderen Seite in Grundzügen zu kennen und sich ein wenig in deren Lage versetzen zu können. Dabei ist der erste Schritt sicher die Einsicht, daß Redakteure grundsätzlich auf der Suche sind!

Das ist ihr Job:

Zunächst herrscht in den meisten Medien ein starker Aktualitätsdruck. Wer die Nase vorn hat, der verkauft sein Produkt. Ein großes deutsches Nachrichtenmagazin beherrscht diese Lektion meisterhaft: Regelmäßig vor Erscheinen der neuesten Ausgabe heißt es landauf, landab in den Nachrichtensendungen des ereignisarmen Sonntages: *„Wie der Spiegel in seiner neuesten Ausgabe berichtet …“.* Gorbatschows Grundsatz *„Wer zu spät kommt, den bestraft das Leben“* regiert die Redaktionen. Nur sehr wenige Medien arbeiten mit dem Anspruch, ihre Leser mit der besseren Qualität an Information zu versorgen.

Nicht nur Aktualität weckt Interesse: Auch Themen, die trendy, die interessant oder witzig sind, sensationell oder katastrophal, machen Auflage.

Haben Sie einmal grundsätzlich verstanden, welche Themen von einer Redaktion gesucht werden – sei es, weil Sie es als Leser verfolgen, oder weil Sie es als Zeitgenosse erahnen – dann werden Sie bei Redakteuren rasch offene Ohren finden. Und das ist nicht schwer zu verstehen: Sie erleichtern Ihrem Gegenüber seinen Job!

Hauptkriterium für alles journalistische Arbeiten **Forsetzung Seite 190**

Anonym wird nicht akzeptiert. Auch bei Schutzinteresse wollen Redaktionen Roß und Reiter kennen.

Expertenrat: Die Pressemitteilung

Rolf Hoerner

ist Diplom Betriebswirt, Fachautor und PR-Texter; Mitinhaber des Textbüros „Doppelpunkt" in Karben bei Frankfurt/M.

Sie möchten etwas mitteilen und machen sich die Mühe – jetzt sollte das nicht umsonst sein! Wer in der täglichen Briefeflut auf den Redaktionsschreibtischen mit seiner Information nicht baden gehen möchte, unterzieht seine Pressemitteilung folgendem Test:

Zielgruppe

Hat die Information einen (Neuigkeits- oder Service-) Wert für die Leser einer Tageszeitung? Oder einer Spezialpublikation?

Danach bestimmen Sie den Adressatenkreis für Ihre Pressemitteilung. So vermeiden Sie eine unnütze, lästige Papierschwemme in den Redaktionen und sparen dabei noch bares Geld.

Aufmacher

Ist der News-Wert in der Pressemitteilung auf den ersten Blick zu erkennen? Die Kernaussage vorneweg: Eine Pressemitteilung ist kein Rate- oder Suchspiel, sondern soll die Redaktion bei der kompetenten Information der Leser unterstützen.

Achtung: Durch VERSALE Schreibweise (Großbuchstaben) im Text wird Ihr Produkt oder Unternehmen übrigens NICHT wichtiger, im Gegenteil, die Information wirkt UNSERIÖSER.

Vollständig?

Enthält die Pressemitteilung alle notwendigen Informationen?

Die fünf großen „W's": Wer, was, wann, wo und warum (zu welchem Zweck, Nutzen) müssen eindeutig, klar und verständlich im Text enthalten sein.

Reduktion

Beschränkt sich die Pressemitteilung auf das Wesentliche, das kommuniziert werden soll?

Die Pressemitteilung ist nicht der richtige Platz für Ihre Unternehmensgeschichte oder weitschweifige Erklärungen über Sachverhalte. Nur das wirklich Neue ist wichtig.

Es sollte auf maximal zwei Schreibmaschinenseiten Platz finden, wobei Sie jeweils einen breiten Freiraum am rechten Rand lassen.

Geben Sie für weiterführende Informationen einen Gesprächspartner mit Telefon- und Fax-Nummer an, und fügen Sie eventuell eine Pressemappe über Ihr Unternehmen oder das neue Produkt bei.

Richtig?

Entspricht der kommunizierte Inhalt in Pressemitteilung (und eventuell beigefügter Pressemappe) den Tatsachen? Keine Redaktion ist an Märchen, Werbeaussagen und Übertreibungen interessiert. Nur überprüfbare Fakten zählen, deren Bewertung Sie den Redakteuren überlassen müssen.

Frage:

Alle Fragen mit Ja beantwortet? Dann ist der Test bestanden und Ihre Pressemitteilung auf dem besten Weg, in den Redaktionen beachtet zu werden. Wollen Sie noch ein Übriges tun, fügen Sie ein kontrastreiches Foto bei, das Ihr neues Produkt zeigt. Farbbilder bester Qualität können in fast allen Redaktionen verarbeitet werden.

Öffentlich

Manfred Kremer

ist Dipl.-Ing. und als Leiter der Öffentlichkeitsarbeit bei der 3M Deutschland GmbH in Neuss.

Erwartungen

Selbst in *„gewöhnlich gut unterrichteten Kreisen"* herrschen oft unklare oder falsche Vorstellungen darüber, was externe Kommunikation (Public Relations, Öffentlichkeitsarbeit) in einem Unternehmen oder für ein Unternehmen bewirken können.

- Leistet sich die Firmenleitung eine PR-Abteilung, damit sie immer jemanden zum Redenschreiben hat?
- Damit der Geschäftsbericht in angemessener Form und ohne Setzfehler erscheint?
- Damit die Produkte oder Dienstleistungen des Hauses eine „gute Presse" haben?

Sicher ist das alles nicht falsch, aber ebenso sicher steckt hinter den meisten seriösen Kommunikationsaktivitäten von Unternehmen viel mehr. Was erwartet also ein Unternehmen von der Funktionseinheit Öffentlichkeitsarbeit? Notwendig ist generell strategisches Vorgehen in allen Kommunikationsbereichen, und zwar orientiert an den Unternehmenszielen. *„Tue Gutes und vermittle den anderen, daß Du es zu Recht und wahrhaft getan hast"* ist der bewährte Weg. Das Ziel? *„Wir sind erst dann ein gutes Unternehmen, wenn alle anderen sagen, daß wir es sind."*

PR = Image?

Der Zusammenhang von Public Relations und Firmenimage in der Öffentlichkeit ist eng, sicher ist aber auch, daß einiges mehr dazu kommt! Das Firmenimage, sozusagen als Gesamtgröße, setzt sich aus einer Reihe von Faktoren zusammen, darunter eben auch die Firmenpolitik, der Umsatz, das Sozialverhalten und – nicht zu vergessen – das Markenimage der Produkte des Hauses.

Beziehungsnetz

Insofern spiegelt das Image die Beziehungen des Unternehmens zu den unterschiedlichen internen und externen Gruppen:

- Zu der Belegschaft im Hause selbst,
- zu den Schwestergesellschaften und zur Muttergesellschaft,
- zur Nachbarschaft an den Firmenstandorten,
- zu Behörden, Verbänden, Lieferanten und Banken,
- zu Interessenten, Kunden und Anwendern,
- zu den Medien,
- zu Wettbewerbsunternehmen
- sowie der Öffentlichkeit insgesamt.

Und dieses Beziehungsspektrum gilt es, so positiv wie möglich zu gestalten.

Eine Sprache

Zum Maßstab einer erfolgreichen PR im Unternehmen gerät zunehmend, was sich hinter dem Begriff einer integrierten Kommunikation verbirgt. In diesem Kontext heißt das: Die Ausrichtung aller Kommunikationsmaßnahmen auf die gesetzten Ziele, das *„Sprechen mit einer Sprache"*.

Wichtig ist es dabei, an die zuerst zu denken, die einem am nächsten sind: Die Mitarbeiterinnen und Mitarbeiter des eigenen Unternehmens. Jede und

Unternehmenskommunikation nach innen und außen

jeder von ihnen fungiert auch als *„Imagebildner und -träger"*, als Botschafter für das Unternehmen.

Information nach innen

Ebenso, wie das Unternehmen Informationen von seiten der Mitarbeiter erwartet, können diese auch Informationen von der Unternehmensleitung erwarten – nicht nur über ihren direkten Arbeitsbereich, sondern idealerweise über alle wesentlichen übergeordneten Belange.

Diese Auskünfte oder Stellungnahmen benötigen die Mitarbeiterinnen und Mitarbeiter, damit sie gute Botschafter sein können.

Alle Informationen sollen deshalb aktuell, wahr und umfassend sein; sie sollen die Mitarbeiter auf direktem Wege erreichen, **bevor** sie an die Öffentlichkeit gelangen.

Die Instrumente

Die Mittel für die Kommunikation nach innen sind zahlreich.

- Sie fangen beim Personalmarketing an,
- reichen über die Kollegialität, die von den Führungskräften ausgeht,
- über Medien der innerbetrieblichen Information wie Mitarbeiter-Zeitung, Aushänge, PR-Filme und sachbezogene Informationen
- bis zu Image-Broschüren.
- Auch Vorträge sind geeignet: Wenn der Generaldirektor persönlich viermal jährlich über die wirtschaftliche Lage des Unternehmens referiert und für Fragen zur Verfügung

steht, dann setzt das Zeichen. Erfolgreiche Kommunikation nach innen bewirkt Identifikation, Gruppenbewußtsein, gutes Betriebsklima, höhere Qualität der Arbeit und sicher einen Gewinn an Image.

Signale nach außen

Bei der Information der externen Gruppen ist proaktives Vorgehen gefragt: Bei allen „öffentlichkeitsrelevanten" Maßnahmen – ob Lärmschutz-Investitionen oder das Fällen von Bäumen auf dem Werksgelände – sollte sich die Öffentlichkeitsarbeit vorab an den Informationsbedürfnissen der verschiedenen Zielgruppen orientieren.

So werden diese rechtzeitig identifiziert, selektiert und maßgeschneidert informiert. Meist geschieht das auf dem Weg der Pressearbeit, also durch Kommunikation mit den Medien.

Krisenvorbereitung

Darüber hinaus ist eine wohlorganisierte Kriseninformation sicherzustellen. Bei Unfällen, Kurseinbrüchen oder Massenentlassungen: Durch schnelle, gezielte, ehrliche Kommunikation kann Imageschaden abgewendet und Verständnis für bestimmte Situationen oder Verhaltensweisen erzielt werden. Krisenerscheinungen oder gar Katastrophen lassen sich nur dann relativ *„schadlos"* vermitteln, wenn Kommunikationsabteilungen frühzeitig in die Prozesse eingeweiht sind. Auch sollten Handlungsszenarien sowie Trainings der Verantwortlichen im Vorfeld auf mögliche Krisen vorbereiten.

Markenimage

Für Unternehmen, die Produkte auf vielen Märkten vertreiben, ist Medienarbeit unter dem Aspekt der Markenimage-Pflege ebenso bedeutend.

Sie orientieren sich mit strategischen Kommunikationsplänen für jede einzelne Produktgruppe an Zielen und Maßnahmen des Marketing, die sie unterstützen – beispielsweise bei Produkteinführungen oder Messeauftritten. Persönliche Kontakte zu vielen Journalisten, entsprechende Dateien und deren Pflege sowie zielgruppengerecht aufbereitete, journalistische Texte gehören zum selbstverständlichen Handwerkszeug.

Nicht zu vergessen: Die aussagekräftigen Pressefotos. Denn ein Bild sagt mehr als tausend Worte.

Sonderformen

Sponsoringmaßnahmen zählen zu den Sonderformen der externen Kommunikation, die ständig an Bedeutung zunehmen. Wenn ein Unternehmen in eine Sportart investiert, dann soll daraus auch eine echte Beziehung entstehen, verstärkt durch die Bereitstellung von Produkten und von Know-how. Doch der Sport ist nur eines der möglichen Aktionsfelder. Ebenso gewinnen Engagements im sozialen Bereich, im Naturschutz sowie bei kulturellen Ereignissen an Bedeutung. Sie verdeutlichen die Stellung des Unternehmens im gesellschaftlichen Kontext – auch gegenüber öffentlichen Gruppen, die für andere Kommunikationsmaßnahmen schwer erreichbar wären.

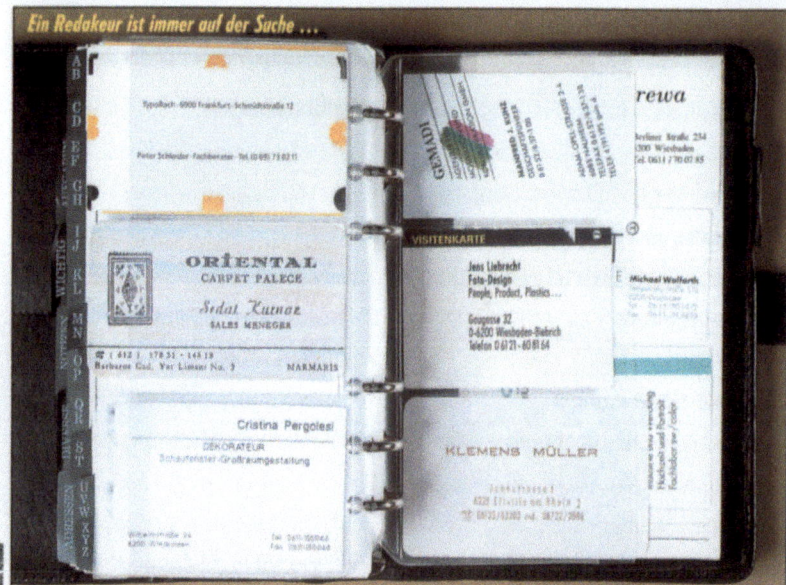

Ein Redakteur ist immer auf der Suche ...

ist dabei das (imaginäre) Leserinteresse, informiert und unterhalten zu werden. Je nach Medium und Zielgruppe wird die Antwort auf die Frage *„Welchen Nutzen hat der Leser/Hörer/Seher davon, wenn er das liest/hört sieht?"* unterschiedlich ausfallen.

Den Lesernutzen mehren

Beantworten Sie diese Gretchenfrage vor der Aussendung einer jeden Pressemitteilung!

Nehmen wir ein *Beispiel: „In Weißderhimmelwo läuft bis zum 24. Juni dieses Jahres ein Versuch, Dieselkraftstoff rosarot einzufärben und mit Himbeergeruch zu versetzen. Dadurch soll die Fahndung nach Steuersündern, die mit billigem Heizöl fahren, erleichtert werden."*

Die Meldung hat unterschiedliche Veröffentlichungschancen.

- In Weißderhimmelwo werden sich sofort alle regionalen Medien, vom kostenlosen Anzeigenblatt bis zum Lokalfernsehen, darauf stürzen. Für ihre Konsumenten hat diese Nachricht großen Nutzwert (warnend für alle, die nicht an der Zapfsäule tanken, unterhaltend für alle anderen).
- Darüber hinaus könnte diese Information als Kurznotiz für die Wirtschafts- und Autoressorts aller überregionalen Medien interessant sein, die vor dem 24. Juni Erscheinungs- oder Sendetermin haben.
- Damit ist das Pimärinteresse abgedeckt.

Für den Rest der Welt wäre erst die Nachricht über das Ergebnis eines solchen Versuches (*„... bat sich bewährt und wird ab sofort bundesweit eingeführt ..."*) von echtem Interesse. Diese jedoch hätte für eine enorm große Zielgruppe Unterhaltungs- oder Informationswert:

- Für Frauenzeitschriften liegen die Vorteile von Himbeergeruch beim Tanken auf der Hand.
- In Technikmagazinen könnten die Auswirkungen bei der Verbrennung abgehandelt werden.
- Das weltweite Interesse der betroffenen Auto-, Öl-, Farb- und Duftstoffindustrie ist offensichtlich.
- Tankstellen- und Polizeizeitschriften werden das Thema aufgreifen.
- Die Europa-, Rechts-, Steuer- und Umweltpolitik ist tangiert.

Explosion einer Nachricht

Plötzlich enthält eine auf den ersten Blick banale Meldung ein ganzes Füllhorn von Stories für fast alle Ressorts einer Redaktion.

Dagegen kann eine noch so aufregend verpackte Information völlig untergehen, wenn sie für die Leser/Hörer/Seher keinen erkennbaren Nutzwert hat.

Diese Denk- und Arbeitsweise ist den meisten Medien – Zeitungen, Magazinen, Hörfunk und Fernsehen – grundsätzlich gleich. Information ist nicht Selbstzweck, sondern bestimmt sich allein nach dem Nutzwert für die Öffentlichkeit. Von seiner Bedeutung hängt dann ab, nach welchem journalistischen Stilmittel der Redakteur greift, um die Information zu präsentieren. Folglich kommt es darauf an, daß Sie den jeweiligen Nutzen Ihrer Information für eine Zielgruppe herausstellen können.

Welches Medium?

Für die Auswahl des Mediums, für das Sie Ihre Information aufbereiten, gilt: Obwohl wir immer weniger Zeit mit Lesen und immer mehr mit Fernsehen verbringen, gelten die Printmedien (Zeitungen, Zeitschriften) als diejenigen mit der stärksten Außenwirkung.

Sie können das leicht überprüfen: Der schönste Skandal – von *Fakt*, *Frontal* oder *Monitor* der Nation mit Verve präsentiert – zieht erst dann wirklich seine Kreise, wenn die Printmedien ihn aufgreifen.

Offenbar ist, was täglich durch den Äther rauscht, ebenso schnell gehört, wie dementiert und schon wieder vergessen. Oder es ist gar nicht wahr! Nicht zuletzt sorgt der gestrüppartige Zuwachs sensationsgeiler Privatsender für mediale Unübersichtlichkeit. Gedrucktes dagegen kann man getrost nach Hause tragen; es repräsentiert Ruhe, Ordnung, Seriosität, Übersichtlichkeit, ein Mindestmaß gedanklicher Orientierung im Chaos der Welt.

Namentlich gekennzeichnet

Bevor Sie von Talkshow zu Talkshow reisen – und so zu einiger Berühmtheit durchstoßen, ist der Höhepunkt öffentlicher Repräsentanz der namentlich gekennzeichnete Aufsatz. Übrigens werden Sie es *geschafft* haben, wenn Sie nicht mehr nur zu den schmalen Themen fachlichen Interesses – sondern zu den größeren Problemen der Welt, oder des Landes, oder der Branche befragt werden. Bis dahin – ist es ein langer Weg.

Wer nicht als Journalist arbeitet – und deswegen eine breite Themenpalette bearbeitet – der wird wohl den Einstieg in die Welt der Veröffentlichungen über sein besonderes oder beispielhaftes berufliches Know-how suchen und finden.

Wenn wir den Sonderfall der wissenschaftlichen Veröffentlichung hier ein-

mal vernachlässigen – zumal der Zugang zu den einschlägigen Medien von einschlägigen Zerberussen verwaltet wird – so haben wir es zunächst mit der Unzahl von Fachpublikationen zu tun („*Ärztezeitung*", „*VDI-Nachrichten*", „*Marketingjournal*", „*Textilwirtschaft*", „*Funkschau*", „*Der Journalist*", „*Der Polygraph*" – um nur ein paar zufällige Beispiele zu nennen), in denen mannigfache Berufsgruppen über die sie interessierenden Themen informiert werden.

Lean editing

Was ist der Job eines Redakteurs, einer Herausgeberin? Er/sie muß das Heft – stets unter Zeitnot, immer mit hauchdünner Personaldecke – termingerecht fertigstellen. Er/sie muß die Themen finden, die Leser interessieren und für Anzeigenkunden ein vielversprechendes Umfeld bereitstellen. Sie/er muß in der Branche präsent sein, die neuesten Entwicklungen ken-

nen, Klatsch und Tratsch hören und verbreiten; schließlich ist da noch der elende Verwaltungskram – kurzum: Er/sie ist dankbar für jeden ordentlichen, fertigen Artikel.

Denn das bedeutet wenig Arbeit und mehr Zeit für schlechte, unfertige Artikel und all das.

Und jetzt kommen Sie.

Bevor Sie in die Tasten (wenn möglich: Ihres Computers!) greifen, sollten Sie sich mit dem Redakteur, der Redakteurin in Verbindung setzen. Stellen Sie Ihr Thema vor. Grundsätzlich interessant sind vier Kategorien:

- Neues; welche Entwicklungen stehen vor dem Durchbruch.
- Vertiefendes; was sollte der Fachmann wissen.
- Zusammenfassendes, Vergleichendes; welche praktischen Erfahrungen wurden gemacht.
- Kommentierendes; welche politischen/branchenspezifischen Ereignisse sind in aller Munde, beherrschen die Meinungen.

... dennoch sollten Sie Ihren Vorschlag zunächst telefonisch unterbreiten.

Auch noch so schöne Themen werden mit Leichtigkeit gegen die Wand gefahren ...

Schildern Sie dem Redakteur, welche Art Aufsatz Ihnen vorschwebt und fragen Sie nach, ob und wann Ihr Thema ins Heft paßt. Überlegen Sie auch, ob Ihr Vorhaben einmalig ist oder ob Sie Interesse (Zeit/Lust) an einer dauerhaften Zusammenarbeit haben.

Enttäuschungen

Es kommt immer wieder vor, daß auch ein verabredeter Aufsatz nicht die Erwartungen des Redakteurs erfüllt. Häufig sind Verständigungsprobleme die Ursache: Unklare oder allgemein gehaltene Beschreibungen (des Autors) erzeugen Vorstellungen, um nicht zu sagen: Phantasien. Es ist nützlich, wenn Sie vor dem ersten Telefongespräch in Stichworten den Gang Ihrer Überlegungen aufgelistet haben. Damit machen Sie sich und dem Redakteur Ihr Vorhaben klar.

Ein anderes Problem: Viele Autoren können zwar ein interessantes Thema in den schönsten Farben darstellen, doch was sie dann schreiben, ist ein dröger Text, ohne daß etwas Lesenswertes darin steht.

Da werden allzu betuliche Rücksich-

ten genommen; wo es gilt, Stellung zu beziehen, verbleibt alles im Relativen; oder es werden die verstaubtesten Allgemeinplätze in epischer Breite ausgewalzt. Zur regelrechten Plage werden auch solche Autoren, die stets und immer wieder Ihren alten Wein in nicht mehr ganz neue Schläuche umfüllen – ein unter Effizienzgesichtspunkten immerhin attraktives Unterfangen.

Drum singe, ...

Natürlich ist das Schreiben selbst auch eine Hürde, die genommen sein will. Wer so rein gar kein Talent zum Schreiben hat, der wird und der sollte andere Wege suchen.

Die allermeisten sind mittelbegabt – das macht nichts, solange sie ohne falsche Eitelkeit und lernwillig an die Aufgabe herangehen.

Denken Sie als Redakteur: Wer auf seinem schlechten Stil auch noch krümelkackerisch beharrt, der wird (vielleicht) einen Aufsatz unterbringen – sicher aber keinen zweiten.

Das gilt auch für jene, die trotz vielfacher Anleitungen nichts dazulernen – und letztlich nur Arbeit machen.

Was guter und was schlechter Stil sei, das ist nicht immer ganz leicht zu beurteilen. In aller Regel dürfen Sie auch davon ausgehen, daß kein Redakteur etwas gegen Ihren eigenen Stil hat, im Gegenteil, das bringt Farbe!

Um zu verstehen, was in dem jeweiligen Medium als akzeptabel gilt, genügt es, Texte, Editorial und Themenaufsätze des Herausgebers, der Chefredakteurin aufmerksam zu lesen.

Niemand erwartet von Ihnen journalistische Brillianz; mindestens aber sollten Ihre Sätze, laut vorgelesen, einen Anfang haben und ein Ende. Texte, die aus knappen Thesen und ellenlangen Spiegelstrich-Aufzählungen bestehen, sind in jedem Fall eine (wenn auch weitverbreitete) Zumutung!

... wem Gesang gegeben

Ähnliches gilt für den gesamten Text: Das zu behandelnde Thema sollte dem Leser zunächst vorgestellt werden, sozusagen Einleitung und Problematisierung. Dann sollte der Text zu seinen eigentlichen Aussagen durchstarten: Thesen, Belege, Widersprüche, Zitate, Beispiele, Erläuterungen und (wenige) Exkurse. Schließlich sollte der Text irgendwo, nämlich bei einem möglichst eindeutigen Ergebnis, ankommen – insgesamt sollte er sich von blankem Unsinn unterscheiden.

Nur – das reicht nicht! Sie sollten dem Leser auch einen Nutzwert vermitteln. Dabei können Sie sich selbst als recht brauchbare Versuchsperson betrachten: Was Sie nicht lesen, lesen mögen, furchtbar finden oder unwichtig, das wird andere auch nicht interessieren.

Wie finden Sie die richtige Literatur wo?

Ausgewählte Werke

Einleitung

Geo Wissen:

„Kommunikation". Hamburg 1989.
ISBN 3-570-03365-1, DM 13,50.

- Eine umfassende, wissenschaftlich
  aufgearbeitete Einführung.

Friedemann Schulz von Thun:

„Miteinander Reden"; Reinbek 1989.
Bd.1: ISBN 3-499-17489-8, DM 10,80.
Bd.2: ISBN 3-499-17496-6, DM 10,80.

- Das Standardwerk für Familien- und
  Kommunikationstherapeuten ist so
  verständlich geschrieben, daß es jedem Erkenntnis und Nutzen bringt.
  Typische Kommunikationsstörungen werden analysiert und erklärt.

Kapitel 1

Constanze Elsner:

„Allein lebt sich's glücklicher."
München 1990.
ISBN 3-453-02070-7, DM 7,80.

- Lebenshilfe für jede Art Single.

Beatrice Hecht-El Minshawi:

„Zwei Welten, eine Liebe."
Reinbeck 1992.
ISBN 3-499-19141-5, DM 12,80.

- Es geht um die Schwierigkeiten inter-
  kultureller Beziehungen. An Beispie-
  len werden lebbare Hilfen gezeigt.

Claus Peter Müller-Thurau:

*„Laß uns mal 'ne Schnecke angra-
ben."* Düsseldorf/Wien 1983.
ISBN 3-442-06747-2, DM 8,80.

- Das Buch behandelt alle Ausdrücke,
  die heute *„hip"* sind. Endlich verstehen Sie Ihre Kinder!

Deborah Tannen:

*„Du kannst mich einfach nicht ver-
stehen."* Hamburg 1991.
ISBN 3-8225-0161-1, DM 39,80.

- *„Warum Männer und Frauen aneinander vorbeireden"* – so der
  Untertitel. Dagestellt werden die
  Gründe für die Un- und Mißverständnisse und wie man/ frau in Zukunft die Ohren schärfen könnten.

Senta Trömel-Plötz:

*„Frauensprache – Sprache der Ver-
änderung."* Frankfurt/Main 1982.
ISBN 3-596-23725-4, DM 12,80.

- Die Autorin behandelt die Zusammenhänge zwischen gesellschaftlicher Wirklichkeit und Sprache. Wie
  soll man/frau reden, ohne damit zugleich man/frau zu diskriminieren!

Wolfgang Schmidbauer:

„Du verstehst mich nicht."
Reinbeck 1991.
ISBN 3-498-062581-1, DM 32,00.

- Der Autor ist Psychoanalytiker und
  Partnertherapeut – das merkt man:
  Mehr Lehr- als Lesebuch, werden
  die Verständnisschwierigkeiten zwi-
  schen den Geschlechtern aus der
  Sicht des Therapeuten betrachtet.

Kapitel 2

Bernard Asbell & Karen Wynn:

„Du bist durchschaut."
Hamburg 1993.
ISBN 3-8225-0224-3, DM 46,00.

- Ein Nachschlagewerk der anderen

Art. „Wie attraktiv sind Sie?", „Wie beeinflußt Ihr Name Ihr Leben?" oder „Wie reagieren Sie auf Verbrechen und Gewalt?".

Alphons Silbermann:

„Alle Kreter lügen oder Die Kunst, Vorurteile zu pflegen."
Bergisch Gladbach 1993.
ISBN 3-7857-0678-2, DM 29,80.

- Jeder hat Vorurteile – doch wie mit ihnen umgehen, wie mit ihnen leben? Der Soziologe Silbermann analysiert verschiedene Lebensbereiche und legt die jeweils spezifischen Vorurteilsstrukturen offen.

Kapitel 3

D. W. Schneider, W. Rechtien:

„Die Macht des Arguments."
Wiesbaden 1991.
ISBN 3-409-19149-6, DM 68,00.

- In jeder Situation das passende Wort finden, klar formulieren, seine Ideen wirkungsvoll präsentieren, andere überzeugen und motivieren ist oftmals schwer, aber mit diesem Buch liegt Ihnen eine Anleitung vor.

Roger Fisher, Scott Brown:

„Gute Beziehungen."
Frankfurt/New York 1988.
ISBN 3-593-34116-6, DM 38,00.

- Beziehungsprobleme überall: Zwischen Freunden, Kollegen, Mitarbeitern, unter Geschäftspartnern – und Politikern. Die beschriebenen Techniken und Strategien lassen sich „ohne Schwierigkeiten" umsetzen.

Kapitel 4

Wolfgang Maderthaner:

„Der Kundenmanager."
Wiesbaden 1991.
ISBN 3-409-23713-5, DM 84,00.

- Ein Erfolgskonzept auf fundierter Basis. Es vermittelt Marketingphilosophie und zugleich ein zukunftsweisendes Rezept für erfolgreiches Verkaufen.

Heinz Lindholz:

„Wie Chefs Konflikte meistern."
Wiesbaden 1990.
ISBN 3-409-19145-3, DM 49,80.

Werner Faix, Angelika Laier:

„Soziale Kompetenz."
Wiesbaden 1991.
ISBN 3-409-13805-6, DM 58,00.

Horst Maeck:

„Das zielbezogene Gespräch."
Düsseldorf 1990.
ISBN 3-18-401077-5, DM 38,00.

- Gespräche führen, Ziele erreichen! Mit vielen praktischen Tips verbessert Maeck die Erfolgschancen zielorientierter Gespräche.

Roger Fisher & William Ury:

„Das Harvard-Konzept."
Frankfurt/New York 1993.
ISBN 3-593-34804-7, DM 39,00.

- Das Buch richtet sich an Verkäufer, Manager und alle, die Kundenkontakt haben. Vorgestellt werden Methoden und Strategien, um Verhandlungspositionen zu meistern sowie auch verfahrene Situationen zu überwinden.

Kapitel 5

Uwe Böning:

„Moderieren mit System."
Wiesbaden 1991.
ISBN 3-409-19152-6, DM 78,00.

Gerd Koch:

„Die erfolgreiche Moderation."
Landsberg a. Lech 1992.
ISBN 3-478-11963-4, DM 48,00.

- In erfrischend unkomplizierter Sprache bietet dieses Buch Nützliches für jeden, der im Beruf oder in der Freizeit Vorträge halten bzw. Gruppen leiten muß. Aus zahlreichen Tips, Tests und Checklisten läßt sich gut – und schnell lernen.

Rosemarie Wrede-Grischkat:

„Manieren und Karriere."
Wiesbaden 1992.
ISBN 3-409-29146-6, DM 68,00.

- Ohne Manieren keine Karriere – das Buch zu diesem Thema.

Samy Molcho:

„Körpersprache als Dialog."
München 1988.
ISBN 3-576-02891-9, DM 39,80.

- Körpersprache-Papst Molcho zeigt, wie sich eine Brücke zwischen Ratio und Emotion bauen läßt.

Anhang

Sie sollen jetzt ALLES erfahren!

erscheint jährlich neu.

erschien im Herbst 1993

Damen & Herren, verehrtes Publikum!

Auch der traditionsreiche, hochaltehrwürdige
Betriebswirtschaftliche Verlag Dr. Th. Gabler GmbH
geht neue Wege.

Beispiel: GABLER PUBLIC im GABLER VERLAG.

Ein Verlag im Verlag. Da geschieht Unerhörtes, Neues!
Etwas ganz anderes, nie Dagewesenes! Frisches.
Wir machen die S-Klasse unter den Sachbüchern!

Ein Exemplar aus dieser Reihe halten Sie in Händen!
Es sind Ratgeber, die Ihnen nützen und Spaß machen!

Lesen macht Spaß – aber.
Aber wer liest schon gern, was er lesen muß?!
Unsere Frage war: Wie nehmen wir Ihnen die Unlust bei den
staubtrockenen Themen? Sagen Sie doch selbst:

Was macht Bücher oft so ... BLÄAÄCH??

Sie sind ZU schwer geschrieben – eigentlich unleserlich! Oder:
Sie sind ZU leicht geschrieben – fast ohne jeden Inhalt! Oder:
Sie sind ZU langweilig – eigentlich echte Schlafpillen! Oder:
Sie sind ZU langsam – wie oft braucht man ganze Jahre?!

... halten Sie in der Hand ...

erscheint im Sommer 94

erscheint im Sommer 94

GABLER PUBLIC im GABLER VERLAG.

Über die S-KLASSE unter den Sachbüchern

Muß das sein? Wir machen eine andere Art Sachbücher.
Höchster Lesekomfort – und das zu einem attraktiven Preis

Informativ, na klar! Kompromißlos auf den Lese-*Nutzen* zugespitzt. Zugleich aber mit Witz, Geist, Esprit, sozusagen locker bis frech geschrieben, kurzum ein *Lesespaß*.

Noch eins: Lesen – ist gut. Wahrnehmen ist – besser.
Unsere Welt ist voller *Bilder*, Zeichen, Signale. Wir denken in Assoziationen, Strukturen, komplexen Zusammenhängen. *Information heute* soll vor allem *schnell* sein.

Durch unsere *Farbsprache* erkennen Sie Inhalte schon beim Hinsehen. Dazu kommen Bilder, Tabellen und Grafiken. Plus Themenkästen. Und Expertentips.
So kommt Information auf den Punkt.
Und *DEN* finden Sie umstandslos durch unsere klare Gliederung. Oder durch das Schlagwortregister. Dazu kommt der Adressteil. Plus Literaturtips. Plus Begriffserklärungen.

Kurzum, wir machen Sachücher so, daß Sie Tips und Informationen rasch – ja – regelrecht *aufsaugen* können.

Wir informieren Sie gern*!*

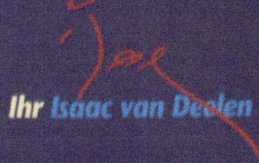

Ihr *Isaac van Deelen*

ALLES
was Sie schon immer über
WERBUNG
wissen wollten

So verkaufen Sie Ihr Produkt!

von
Gundolf Meyer-Hentschel

in Vorbereitung

ALLES
was Sie schon immer über
MANAGEMENT
wissen wollten

Handeln in Organisationen!

von
Fredmund Malik

in Vorbereitung

BÜCHER für HUNGRIGE.

Impressum

ALLES
was Sie schon immer über
KOMMUNIKATION
wissen wollten

*von Christine Demmer
und Kathrin Langer*

HERAUSGEBER
GABLER PUBLIC im GABLER VERLAG

LEITUNG
Isaac van Deelen

VERLAGSLEITUNG
Dr. Hans-Dieter Haenel

VERLAGSANSCHRIFT
Postfach 15 46 – 65005 Wiesbaden
Telefon: 06 11 - 534 280 / Fax: 06 11 - 534 412

KONZEPTION DER REIHE
HEADLINE MEDIA KONZEPTE

REDAKTION
Isaac van Deelen (verantw.),
Reinhard Mohr, Ira Wundram;

BILDNACHWEIS
Titel: Fotostudio Werneke, Wiesbaden
Autorinnen: Fotostudio Raab, Hamburg
Inhalt: Headline; Krienke, Wiesbaden;
Sievers, Bierbergen; Bundesbank, Frankfurt;
NDR, Hannover; die Expertenfotos wurden uns
von diesen zur Verfügung gestellt.
Illustrationen: Annette Ehmcke, Hamburg

AUSLIEFERUNG FÜR DEN HANDEL
VVA, Frau Linnemann,
An der Autobahn
33310 Gütersloh
Telefon: (0 52 41) 803 840

DRUCK
Mohndruck, Gütersloh

Die Deutsche Bibliothek – CIP Einheitsaufnahme
DEMMER, CHRISTINE:
Alles, was Sie schon immer über Ihre Wirkung
wissen wollten : Ratgeber Kommunikation ; privat
& beruflich erfolgreich kommunizieren / Christine
Demmer ; Kathrin Langer. -
Wiesbaden : Gabler, 1994
ISBN 3-409-14306-8
NE: Langer, Kathrin:

Verkaufen wie die Besten!

In SALES PROFI —
dem Magazin für
Top-Verkäufer
lesen Sie
alles über

▶ die Erfolgs-
geheimnisse
von Spitzenver-
käufern

▶ die lukrativsten
Branchen und Märkte

▶ die raffiniertesten Psycho-
Tricks für den Verkauf

▶ die neuesten Verkaufs-
Techniken und -Strategien

▶ und jede Menge
Insider-Infos…

MIX
Papier aus verantwortungsvollen Quellen
Paper from responsible sources
FSC® C105338

If you have any concerns about our products,
you can contact us on
ProductSafety@springernature.com

In case Publisher is established outside the EU,
the EU authorized representative is:
Springer Nature Customer Service Center GmbH
Europaplatz 3, 69115 Heidelberg, Germany

Printed by Libri Plureos GmbH
in Hamburg, Germany